U0689413

浙江民间文化的早期教育价值与传承的系列研究丛书

民间故事的学前教育价值与传承研究

——以浙江为例

MINJIANGUSHI DE XUEQIANJIAOYU JIAZHI
YU CHUANCHENG YANJIU

章 红 等著

ZHEJIANG UNIVERSITY PRESS
浙江大学出版社

课 题 组 主 要 成 员

章　红　　徐　丹　　叶建军
朱　良　　叶小红　　章　瑛
施林红

《木屐咯叽叽》故事导读

文/浙江师范大学杭州幼儿师范学院"浙江文化研究工程"课题组

咯叽叽　咯叽叽

　　这个故事真是好听又好玩。故事中不断出现的象声词"咯叽叽……咯叽叽……"相信一定能引起宝宝的兴趣。恰到好处的象声词,生动形象地表现了故事中老爷爷、老奶奶因为有了木屐咯叽叽的声音,而不再担心黑熊会出来。这会使宝宝有种身临其境的感觉。

　　象声词逼真地模拟了自然界万物的声响,是构成语言美质的要素之一,能引起人们对某种抽象事物所具有的特性的想象。恰当地运用象声词,不但能吸引宝宝的注意,还可以增强故事的趣味性,让宝宝通过声音感知事物的大小、远近、强弱等。这个故事非常适合全家一起来玩角色扮演的游戏。

1

　　如果家里没有木屐,可以用拖鞋代替。妈妈在前面穿着爸爸的大拖鞋"吧嗒吧嗒"地走,宝宝在后面穿着妈妈的大拖鞋"踢拖踢拖"地走,爸爸扮演黑熊,悄悄地靠近,再夸张地逃走。

　　在亲子共读的过程中,父母可以和宝宝一起学一学老爷爷和老奶奶的喊话;找一找黑熊在哪里;模仿一下木屐"咯叽叽"的声音……让宝宝伴着"咯叽叽、咯叽叽"的语言节奏,用肢体语言模仿这一行为过程,能够使他们更加兴趣盎然、乐此不疲。

2

木屐咯叽叽

文/浙江师范大学杭州幼儿师范学院"浙江文化研究工程"课题组
图/程思新

老婆婆上山去，老爷爷担心黑熊会出来。他大声地喊：
"老婆婆，小心啊！"
老爷爷上山去，老婆婆担心黑熊会出来。她大声地喊：
"老爷爷，小心啊！"
老婆婆和老爷爷不停地喊，黑熊不敢过来了。

可是，老爷爷和老婆婆的嗓子都喊哑了。怎么办呢？
他们做了一双"咯叽、咯叽"响的木屐。

"咯叽叽，咯叽叽……"老婆婆穿着木屐上山去。
"咯叽叽，咯叽叽……"老爷爷穿着木屐上山去。
"咯叽叽，咯叽叽……"大家都穿着木屐上山去。
木屐不停地响，黑熊吓得逃走了。

新年

文/浙江师范大学杭州
幼儿师范学院"浙江文
化研究工程"课题组
图/刘 宁

有一个怪物喜欢吓唬人。
它的名字叫"年"。

"年"害怕火光和红
色的东西，吓得逃跑了。

"年"想让大家喜欢自己，
它给小宝宝送去红包。

大家喜欢新的"年"，叫它"新年"。"新年"
跟着大家一起玩，再也不怕火光和红色了。

狮子和龙也来一起玩。老虎把虎
头帽子、虎头鞋送给小娃娃。从那以
后，"新年"一来，就会热闹、好玩。

快乐是这样开始的

文/浙江师范大学杭州幼儿师范学院"浙江文化研究工程"课题组
图/程思新

看见蜗牛爬上很高的大石头，蜘蛛说："真棒！这么高的石头你都能爬上来。"听到蜘蛛的夸奖，蜗牛很高兴，给了蜘蛛一个快乐的微笑。

蜗牛对蚯蚓说："真棒！你堆出的土堆真漂亮。"蚯蚓很高兴，给了蜗牛一个快乐的微笑。

小蚂蚁整整齐齐地走来，蚯蚓说："真棒！你们的队伍真神气。"听到蚯蚓的夸奖，蚂蚁很高兴，走得更神气、更整齐了。

蚂蚁对蚯蚓说："谢谢你！听到你的夸奖，我们很快乐。"蚯蚓说："我也很快乐，因为蜗牛夸奖了我。"

蜗牛说："我也很快乐，因为蜘蛛夸奖了我。"蚂蚁和蚯蚓都说："哦，是蜘蛛开始的，他第一个给我们带来快乐。"

蜘蛛说："我们都很了不起，把这些了不起大声说出来，大家都会很快乐。"

浙江文化研究工程成果文库总序

习近平

　　有人将文化比作一条来自老祖宗而又流向未来的河,这是说文化的传统,通过纵向传承和横向传递,生生不息地影响和引领着人们的生存与发展;有人说文化是人类的思想、智慧、信仰、情感和生活的载体、方式和方法,这是将文化作为人们代代相传的生活方式的整体。我们说,文化为群体生活提供规范、方式与环境,文化通过传承为社会进步发挥基础作用,文化会促进或制约经济乃至整个社会的发展。文化的力量,已经深深熔铸在民族的生命力、创造力和凝聚力之中。

　　在人类文化演化的进程中,各种文化都在其内部生成众多的元素、层次与类型,由此决定了文化的多样性与复杂性。

　　中国文化的博大精深,来源于其内部生成的多姿多彩;中国文化的历久弥新,取决于其变迁过程中各种元素、层次、类型在内容和结构上通过碰撞、解构、融合而产生的革故鼎新的强大动力。

　　中国土地广袤、疆域辽阔,不同区域间因自然环境、经济环境、社会环境等诸多方面的差异,建构了不同的区域文化。区域文化如同百川归海,共同汇聚成中国文化的大传统,这种大传统如同春风化雨,渗透于各种区域文化之中。在这个过程中,区域文化如同清溪山泉潺潺不息,在中国文化的共同价值取向下,以自己的独特个性支撑着、引领着本地经济社会的发展。

　　从区域文化入手,对一地文化的历史与现状展开全面、系统、扎实、有序的研究,一方面可以藉此梳理和弘扬当地的历史传统和文化资源,繁荣和丰富当代的先进文化建设活动,规划和指导未来的文化发展蓝图,增强文化软实力,为全面建设小康社会、加快推进社会主义现代化提供思想保证、精神动力、智力支持和舆论力量;另一方面,这也是深入了解中国文化、研究中国文化、发展中国文化、创新中国文化的重要途径之一。如今,区域文化研究日益受到各地重视,成为我国文化研究走向深入的一个重要标志。我们今天实施浙江文化研究工程,其目的和意义也在于此。

千百年来,浙江人民积淀和传承了一个底蕴深厚的文化传统。这种文化传统的独特性,正在于它令人惊叹的富于创造力的智慧和力量。

浙江文化中富于创造力的基因,早早地出现在其历史的源头。在浙江新石器时代最为著名的跨湖桥、河姆渡、马家浜和良渚的考古文化中,浙江先民们都以不同凡响的作为,在中华民族的文明之源留下了创造和进步的印记。

浙江人民在与时俱进的历史轨迹上一路走来,秉承富于创造力的文化传统,这深深地融汇在一代代浙江人民的血液中,体现在浙江人民的行为上,也在浙江历史上众多杰出人物身上得到充分展示。从大禹的因势利导、敬业治水,到勾践的卧薪尝胆、励精图治;从钱氏的保境安民、纳土归宋,到胡则的为官一任、造福一方;从岳飞、于谦的精忠报国、清白一生,到方孝孺、张苍水的刚正不阿、以身殉国;从沈括的博学多识、精研深究,到竺可桢的科学救国、求是一生;无论是陈亮、叶适的经世致用,还是黄宗羲的工商皆本;无论是王充、王阳明的批判、自觉,还是龚自珍、蔡元培的开明、开放,等等,都展示了浙江深厚的文化底蕴,凝聚了浙江人民求真务实的创造精神。

代代相传的文化创造的作为和精神,从观念、态度、行为方式和价值取向上,孕育、形成和发展了渊源有自的浙江地域文化传统和与时俱进的浙江文化精神,她滋育着浙江的生命力、催生着浙江的凝聚力、激发着浙江的创造力、培植着浙江的竞争力,激励着浙江人民永不自满、永不停息,在各个不同的历史时期不断地超越自我、创业奋进。

悠久深厚、意韵丰富的浙江文化传统,是历史赐予我们的宝贵财富,也是我们开拓未来的丰富资源和不竭动力。党的十六大以来推进浙江新发展的实践,使我们越来越深刻地认识到,与国家实施改革开放大政方针相伴随的浙江经济社会持续快速健康发展的深层原因,就在于浙江深厚的文化底蕴和文化传统与当今时代精神的有机结合,就在于发展先进生产力与发展先进文化的有机结合。今后一个时期浙江能否在全面建设小康社会、加快社会主义现代化建设进程中继续走在前列,很大程度上取决于我们对文化力量的深刻认识、对发展先进文化的高度自觉和对加快建设文化大省的工作力度。我们应该看到,文化的力量最终可以转化为物质的力量,文化的软实力最终可以转化为经济的硬实力。文化要素是综合竞争力的核心要素,文化资源是经济社会发展的重要资源,文化素质是领导者和劳动者的首要素质。因此,研究浙江文化的历史与现状,增强文化软实力,为浙江的现代化建设服务,是浙江人民的共同事业,也是浙江各级党委、政府的重要使命和责任。

2005年7月召开的中共浙江省委十一届八次全会,作出《关于加快建设文化大省的决定》,提出要从增强先进文化凝聚力、解放和发展生产力、增强社会公共服务能力入手,大力实施文明素质工程、文化精品工程、文化研究工程、文化保护工程、文化产业促进工程、文化阵地工程、文化传播工程、文化人才工程等"八项工程",实施科教兴国和人才强国战略,加快建设教育、科技、卫生、体育等"四个强省"。作为文化建设"八项工程"之一的文化研究工程,其任务就是系统研究浙江文化的历史成就和当代发展,深入挖掘浙江文化底蕴、研究浙江现象、总结浙江经验、指导浙江未来的发展。

浙江文化研究工程将重点研究"今、古、人、文"四个方面,即围绕浙江当代发展问题研究、浙江历史文化专题研究、浙江名人研究、浙江历史文献整理四大板块,开展系统研究,出版系列丛书。在研究内容上,深入挖掘浙江文化底蕴,系统梳理和分析浙江历史文化的内部结构、变化规律和地域特色,坚持和发展浙江精神;研究浙江文化与其他地域文化的异同,厘清浙江文化在中国文化中的地位和相互影响的关系;围绕浙江生动的当代实践,深入解读浙江现象,总结浙江经验,指导浙江发展。在研究力量上,通过课题组织、出版资助、重点研究基地建设、加强省内外大院名校合作、整合各地各部门力量等途径,形成上下联动、学界互动的整体合力。在成果运用上,注重研究成果的学术价值和应用价值,充分发挥其认识世界、传承文明、创新理论、咨政育人、服务社会的重要作用。

我们希望通过实施浙江文化研究工程,努力用浙江历史教育浙江人民、用浙江文化熏陶浙江人民、用浙江精神鼓舞浙江人民、用浙江经验引领浙江人民,进一步激发浙江人民的无穷智慧和伟大创造能力,推动浙江实现又快又好发展。

今天,我们踏着来自历史的河流,受着一方百姓的期许,理应负起使命,至诚奉献,让我们的文化绵延不绝,让我们的创造生生不息。

2006 年 5 月 30 日于杭州

《浙江文化研究》序

赵洪祝

　　浙江是中国古代文明的发祥地之一,历史悠久、人文荟萃,素称"文物之邦",从史前文化到古代文明,从近代变革到当代发展,都为中华民族留下了众多弥足珍贵的文化遗产。勤劳智慧的浙江人民历经千百年的传承与创新,在保留自身文化特质的基础上,兼收并蓄外来文化的精华,形成了具有鲜明浙江特色、深厚历史底蕴、丰富思想内涵的地域文化,这是浙江人民共同创造的物质财富和精神财富的结晶,是中华文化中的一朵奇葩。如何更好地使这一文化瑰宝为我们所用、为时代服务,既是历史传承给我们的一项艰巨任务,也是时代赋予我们的一项神圣使命。深入挖掘、整理、探究,不断丰富、发展、创新浙江地域文化,对于进一步充实浙江文化的内涵和拓展浙江文化的外延,进一步增强浙江文化的创新能力、整体实力、综合竞争力,进一步发挥文化在促进浙江经济、政治和社会建设中的作用,具有重要的现实意义和深远的历史意义。

　　改革开放以来,历届浙江省委始终高度重视社会主义文化建设。早在1999年,浙江省委就提出了建设文化大省的目标;2000年,制定了《浙江省建设文化大省纲要》;2005年,作出了《关于加快建设文化大省的决定》,经过全省上下的共同努力,浙江文化大省建设取得了显著成效。

　　浙江文化研究工程是浙江文化建设"八项工程"的重要内容之一,也是迄今为止国内最大的地方文化研究项目之一。该工程旨在以浙江人文社会科学优势学科为基础,以浙江改革开放与现代化建设中的重大理论、现实课题和浙江历史文化为研究重点,着重从"今、古、人、文"四个方面,梳理浙江文明的传承脉络,挖掘浙江文化的深厚底蕴,丰富与时俱进的浙江精神,推出一批在研究浙江和宣传浙江方面具有重大学术影响和良好社会效益的学术成果,培养一支拥有高水平学科带头人的学术梯队,建设一批具有浙江特色的"当代浙江学术"品牌,进一步繁荣和发展哲学社会科学,提升浙江的文化软实力,为浙江全面建设惠及全省人民的小康社会和实现社会主义现代化,提供强大的精神动力、正确的价值导向和有力的智力支持,为提升浙江文化影响力、丰富中华文化宝库作出贡献。

浙江文化研究工程开展三年来,专家学者们潜心研究,善于思考,勇于创新,在浙江当代发展问题研究、浙江历史文化专题研究、浙江名人研究、浙江历史文献整理等诸多研究领域都取得了重要成果,已设立10余个系列400余项研究课题,完成230项课题研究,出版200余部学术专著,发表大量的学术论文,产生了广泛而深远的社会影响。这些阶段性成果,对于加快建设文化大省提供了新的支撑力和推动力。

党的十七大突出强调了加强文化建设、提高国家文化软实力的极端重要性,并对兴起社会主义文化建设新高潮、推动社会主义文化大发展大繁荣作出了全面部署。为深入贯彻落实党的十七大精神,浙江省第十二次党代会提出"创业富民、创新强省"总战略,并坚持把建设先进文化作为推进创业创新的重要支撑。2008年6月,省委召开工作会议,对兴起文化大省建设新高潮、推动浙江社会主义文化大发展大繁荣进行专题部署,制定实施了《浙江省推动文化大发展大繁荣纲要(2008—2012)》,明确提出:今后一个时期我省兴起文化大省建设新高潮、推动文化大发展大繁荣的主要任务是,在加快建设教育强省、科技强省、卫生强省、体育强省的同时,继续深入实施文明素质工程、文化精品工程、文化研究工程、文化保护工程、文化产业促进工程、文化阵地工程、文化传播工程、文化人才工程等文化建设"八项工程",着力建设社会主义核心价值体系、公共文化服务体系、文化产业发展体系等"三大体系",努力使我省文化发展水平与经济社会发展水平相适应,在文化建设方面继续走在前列。

当前,浙江文化建设正站在一个新的历史起点上,既面临千载难逢的机遇,也面对十分严峻的挑战。如何抓住机遇,迎接挑战,始终保持浙江文化旺盛的生命力,更好地发挥文化软实力的重要作用,是需要我们认真研究、不断探索的重大新课题。我们要按照科学发展观的要求,全面实施"创业富民、创新强省"总战略,以更深刻的认识、更开阔的思路、更得力的措施,大力推进浙江文化研究工程,努力回答浙江经济、政治、文化、社会建设和党的建设遇到的各种新问题,努力回答干部群众普遍关心的热点问题,努力形成一批有较高学术价值和社会效益的研究成果。

继续推进浙江文化研究工程,是一件功在当代、利在千秋的事业。我们热切地期待有更多的优秀成果问世,以展示浙江文化的实力,增强浙江文化的竞争力,扩大浙江文化的影响力。

2008 年 9 月 10 日于杭州

目 录
CONTENS

第五章　民间故事传承实践的研究

第一章 概 述

感谢您浏览本书,了解"民间故事的学前教育价值与传承研究——以浙江为例"的课题报告。

本课题的研究,可以用三个词语予以概括:出场、缺场、在场。

本章的第一节简述民间故事的出场意义;第二节以调查数据说明民间故事缺场的现实及其原因;第三节根据我们的实证研究,提出民间故事如何有效传承的在场策略。

本课题研究所说的"民间故事"是广义的概念,泛指人民群众口头创作、改编,经由口头流传的叙事类文学作品,包括神话、传说、寓言,以及狭义的民间故事等。

第一节 民间故事的出场意义

民间故事的出场表明一个民族从无意识,走向了自觉认识生活、表现生活、深入揭示生活意义的阶段,表明这个民族的智慧已经相当成熟。民间故事以生动的情景反映人民群众的累积性生活智慧,成为历史文化知识的载体和娱乐性情的重要途径。不仅如此,它还是促进历代儿童高级心理机能发展的重要工具。民间故事的历史文化意义及其娱乐价值已有相当多的研究,此处着重阐释民间故事对于早期儿童成长的意义。

一、对于儿童成长中的心理冲突与困境的缓解意义

国内外的研究表明,民间故事中的人物与行为只是被赋予形体的自我意识、人格面具和心理机制,故事中的事件是儿童内心进程的外化。故事中的森林、旷野等可视地域象征着儿童的无意识领域,作为接受主体的儿童对故事的反应主要是投射与认同。

浙江民间故事中较为常见的仰赖英雄拯救和求神拜佛的场景,反映了人们无奈面对命运的集体无意识。无论是洪水描写,还是干旱山景的描述,经常表现出人们面对难以认识的世界的潜意识恐惧。故事角色克服困难、战胜恐惧、征服自然、解决社会矛盾、赢得各种胜利的事件,为儿童勇敢面对世界树立了榜样。

从精神分析的角度,认识民间故事中蕴含的心理冲突,为民间故事的矛盾冲突改编提供了充分的依据。这方面的详细阐释在本书第四章的第二节中展开。

二、对于儿童自我意识和性格形成的意义

民间故事中英雄人物的生活经历以及成年标志——“成为英雄”,往往成了儿童实现自我价值的象征。故事中的对立面、反面角色则象征着儿童内心的阴影(自我的阴暗面)。民间故事就是一部自我成长的英雄史诗,其中的角色就像是一个征服困难的屠龙者,具有激励和精神抚慰、治疗的作用。可以说,民间故事就是一种心理象征体系。正面人物体现了自我意识中积极的、建设性的力量。反面角色的负面行为则对应于儿童人性中的负面因素,如虚荣、贪婪、嫉妒、懒惰、色欲等。民间故事中的正面形象以及他们所采取的斗争策略和获胜,尤其是故事角色克服自我意识形成中的阻碍因素,解决和消灭内心冲突的历程,使儿童自然地习得了掌握命运、实现自我价值的策略。

三、对于儿童高级心理机能发展的意义

维果斯基和布隆芬布瑞纳等人认为,我们不仅是产生文化的人,而且被文化所产生。在人的成长过程中,社会文化和历史因素起着决定

性作用。人所特有的高级心理机制发展是以社会文化产物为中介的,正是通过心理工具的运用和符号的中介,人才有可能实现从低级心理机能向高级心理机能的转化。维果斯基认为,精神文化工具是指向人的内部的文化产物,区别于指向外部的物质工具。这种精神文化的心理工具包括语言、文学作品、艺术成果,以及各种符号系统等。

民间故事自诞生以来,就是一种蕴藏着丰富文化内涵和历史因素的精神文化工具。它对于儿童的高级心理机制形成以及产生新一代浙江人具有不可或缺的价值。可以说,民间故事产生、流传的过程,就是它作为重要心理工具帮助儿童成长的历程。

四、对于儿童社会化发展的意义

民间故事产生、流传的过程中,儿童与成人教养者以及同伴分享。在这一分享过程中,儿童的社会性得到了有效的发展。维果斯基、埃里克森、布隆芬布瑞纳等人认为,人的发展不是内部的自然力量驱动的,而是处于一定关系中的人积极合作而得到发展的。在民间故事的分享中,儿童与其他主体发生着有益、有效的社会性互动。交流情感,交流感悟,这种心理间的互动使得儿童的社会性智慧不断发展、成熟。通过民间故事潜移默化的作用,儿童的民族认同感、归属感也因此而形成。可以说,儿童的类属性、群体属性以及个性,很大程度上是在分享民间故事中实现的。

五、对于儿童文本化语言学习的意义

人的语言学习可以分为两种,一种是日常语言的习得,另一种是文本化语言的学习。日常语言来源于日常生活,运用于日常生活,也称自然语言。文本化的语言是经过组织的、有结构的语言形式。它主要通过视觉的书面语言形式学习,也可以通过听觉的口耳相传途径学习。口耳相传的民间故事是儿童学习文本化语言的起始,是他们开始书面语学习必须经历的阶段,必不可少的基础。

日常语言往往不够精确、简练,显得含混、模糊。文本化语言的词语虽然来自日常语言,但是更加简练精确、更加严谨、更加正式,不容易

产生歧义。更重要的是,文本化语言的结构是精心编织的。维特根斯坦指出:作为人这个主体来讲,语言的界限就是世界的界限。只有在语言之中,存在才能"敞开",才能得到显现。海德格尔同样认为,语言是存在之家。他说:"即使我们生了千眼、千耳、千手以及其他众多的感官、器官,只要我们的本质不是植根于语言的力量,一切存在者就仍然对我们封闭着……"儿童的语言一直植根于日常语言,他们的语言以及同语言交织在一起的思想意识,就将是模糊不清的、含混的,有歧义的。而他们在接受民间故事的过程中,感知了文本化的语言形式,他们的语言以及意识就会逐渐地清晰起来、组织起来,形成结构严谨的思想和语言形式。存在就会在他们的面前显现得更加清晰,更加有条理。更多的存在就会在他们面前富有逻辑和因果关系地展开。

民间故事的口头传述所引发的文本信息加工,是儿童通过视觉途径学习文本的重要准备。认知心理学的研究表明,儿童的文本信息加工是一个双加工的过程。接受主体会根据不同性质的信息,交替发生不同的加工活动。当没有呈现或捕捉到焦点信息时,接受主体进行的是连贯加工活动,以维持文本语义的局部连贯或整体的连贯。当文本鲜明地呈现出,并由接受主体捕捉到焦点信息时,就会引发焦点信息加工活动。民间故事的接受理解过程中,连贯信息加工和焦点信息加工交替发生,有助于儿童了解故事文本中的因果联系事件,把握文本主旨,理解文本的逻辑框架,为他们今后阅读文本做好充分准备。

第二节 民间故事的缺场窘境

民间故事的传承现实表明,它正面临着缺场的窘境。

对于学前儿童来说,民间故事的传承主要是两个途径:一是家庭;二是幼儿园。我们对 1738 名家长、409 名教师进行了问卷调查,了解民间故事在家庭和幼儿园中的传承现状以及影响传承的原因。以下分别简述。

一、民间故事在家庭中的传承现状

在家庭中,儿童通过三种方式接受民间故事:听故事,阅读图画书和收看视频节目。其中,最主要的方式是听故事。

调查表明,31.2%的家长从来没有给孩子讲过民间故事,讲过1~5个民间故事的占55.2%,讲过6个以上的占13.6%。从来没有阅读过民间故事类图画书的孩子高达47.2%,只读过1~3本民间故事图画书的孩子占到39.0%。也就是说,读过3本以下民间故事图画书的孩子占了86.2%。收看视频的情况同样不容乐观,七成以上的孩子只收看过3个以下有关民间故事的视频节目。

问卷调查的受访者近九成是三岁以上孩子的家长。三岁前,孩子每天期待听故事、阅读故事类的图画书或收看相关的视频节目。如果,每天接受一个故事,一年就需要365个。如果,民间故事只是每周接受一个,一年就需要50个;即使一个月接受一个民间故事,一年也有12个。

通过上述三个途径接受的民间故事,大多数的孩子均在个位数。可以说,民间故事在学龄前儿童生活中已经处于缺场的窘境。

二、民间故事在幼儿园中的传承现状

在幼儿园里,儿童接受民间故事主要是三个途径:一是日常活动;二是集体教学活动;三是区域活动。其中的日常活动是讲故事频率最高的场合。入园之后、离园之前以及午餐和进食点心前后,教师均会以讲故事的形式帮助儿童安静下来。也就是说,在这些日常生活环节,儿童每天都需要听故事。每年按照10个月,每月20天,每天一个故事计算,儿童仅仅日常活动中就需要听故事200个。即使其中只有五分之一是接受民间故事,也应该能听到40个民间故事。

调查表明,给儿童讲述过1~5个民间故事的教师只占52.2%,讲过6~10个的占22.5%,讲过10~15和16~20个的分别占8.2%和3.2%,还有7.9%的教师从来没有给孩子讲过民间故事。调查结果比我们预想的情况更为严峻,将近七成多的教师给儿童讲述的民间故事在 10 个以下。每一名教师负责数十名儿童的生活与学习。四百多名教师的这种传承现状,意味着数千名儿童的民间故事接受处于严重匮乏的状态。

幼儿园教育教学中,集体教学是目的性、计划性最强,教师作用最突出,教育价值最显著的活动形式。然而,教师安排的民间故事教学活动屈指可数。将近三成(28.5%)的教师从来没有组织过有关民间故事内容的集体教学活动,组织过 1～3 个活动的,占 45%,组织过 4～6 个活动的占 19.6%。三项数据相加,将近九成(93.1%)的教师只组织了 6 个以下的集体教学活动。前面已经计算过,每年 10 个月的在园时间,集体教学活动中,每周两个单位时间是语言教学,一年有 80 个单位时间。即使其中的五分之一安排民间故事内容,也应该有 16 个单位时间可以开展民间故事的教学。

区域活动是儿童在相关区角自主学习的一种形式,所有的幼儿园几乎都有阅读角。儿童在其中自主或与同伴、教师分享图画书是最为常见的形式。一般来讲,儿童进入区角的活动频率,每天不少于 2～3 次,每周 10～15 次,每次半小时以上。也就是说,一年将近 40 周下来,儿童至少进入区角活动 350～600 次。

调查结果表明,幼儿园班级里拥有民间故事图画书在三册以下的占了一半以上。其中 1～3 册的占 36.3%,一册都没有的占 19.3%。没有民间故事内容的图画书,儿童就无法通过自主阅读或分享阅读的形式接受民间故事。

三、民间故事传承窘境的产生原因

民间故事没有得到有效传承的原因是以下两个方面:一是文本因素;二是非文本因素。其中文本因素是制约传承的主要因素。

（一）影响民间故事传承的文本因素

家庭中和幼儿园中的调查均表明,影响民间故事传承的文本因素主要是三点:一是不容易理解;二是缺乏趣味性;三是现实意义不明显。

1. 民间故事的文本不容易理解

调查表明,八成多的家长认为孩子不能很好地理解民间故事。其中,30.6%的家长认为孩子不能理解民间故事,50.9%的家长认为孩子只能大致理解民间故事。幼儿园中的调查结果与家庭中的调查惊人相似。70%以上的教师认为,民间故事不容易理解。只有26.6%的教师认为民间故事容易为儿童所理解。

儿童不能理解民间故事的原因是三点:一是民间故事同孩子的生活经验有着明显的距离;二是故事中的一些词语无法理解;三是民间故事的思想意识陈旧。

我们针对不同年龄的儿童、不同年龄的教师以及不同文化程度的教师和家长进行了方差分析。有关结果在第三章"民间故事传承现状的调查"中进行了讨论,此处不再展开。

2. 民间故事缺乏趣味性

调查表明,55.1%的家长认为孩子不喜欢民间故事,其中非常不喜欢的占1.5%,不喜欢的占7.4%,不太喜欢的占46.2%。四成多的家长认为孩子喜欢民间故事。其中,认为孩子非常喜欢民间故事的家长仅占4.0%,喜欢的占40.9%。面向教师的调查表明,57.7%的教师认为,孩子喜欢民间故事,其中非常喜欢的占7.2%,喜欢的占51.1%。四成多的教师认为孩子不喜欢民间故事。其中,不太喜欢的占40.3%,不喜欢的占1.2%,非常不喜欢的占0.2%。

教师讲述故事的技巧以及引导儿童开展对话交流,帮助儿童理解的能力远远高于家长。因此,认为孩子喜欢民间故事的教师人数比例比家长高了十多个百分点,并不是一个令人宽慰的数据。

孩子不喜欢民间故事的原因,家长的看法与教师的看法基本相近。主要有两点:一是民间故事经常以居高临下的姿态说教,不能像现在流行的国外绘本故事那样走进儿童的心里,自觉地理解儿童,顺应儿童的接受期待,符合儿童的理解水准;二是民间故事的情节结构比较松散,矛盾冲突与儿童的生活感悟不一致。这一调查结果,为我们改编民间故事的文本起到了重要作用,成为改编时的主要依据。

3. 民间故事的现实意义不够显著

调查中,八成以上的家长认为有必要传承民间故事,九成以上的教师也认为有必要传承。但是,决定民间故事能否为教养者选取并实施有效传承,不是主观上认识到必要性,而是民间故事的价值能否吸引人,更确切地说,不是有没有价值,而是具有什么价值。面对社会的竞争压力,家长和教师都非常现实。对儿童成长具有直接意义,能帮助儿童解决成长中的现实问题,教养者才会主动地选择民间故事。否则,就不会主动地、自觉地选择民间故事作为孩子的学习内容。

民间故事的价值是互相交织的,我们采用不定选项调查了六项主要的指标,分别是娱乐作用;历史知识和民俗风情的了解;陶冶思想情操、培养道德品质;诱导良好生活习惯;开发智力,发展认知水准;培养意志品质。①

调查表明,家长认为民间故事的价值主要体现在四个方面,一是了解历史文化知识,持有这一看法的占 37.1%;二是陶冶思想情感,培养道德品质,持有这一看法的占 21.2%;三是开发儿童的智力,持有这一看法的占 12.4%;四是诱导儿童的生活习惯,持有这一看法的占10.2%。持有其他看法的,均未超过 10%。依据集中程度,教师的看法依次如下:一是认为民间故事具有了解历史文化知识的占34.5%;二是认为具有陶冶思想情感价值的占 26.9%;三是认为具有培养意志品质作用的占12.5%;四是认为具有诱导儿童生活习惯的,占10.5%;持有其他看法的,均在 10%以下。

比较家长和教师的看法,可以看出以下两个问题。第一,家长和教师的看法比较多地集中在三个方面的价值上:了解历史文化知识、陶冶思想道德情感、诱导良好的生活习惯;第二,在开发儿童智力和培养意志品质这两个选项上,家长和教师的看法发生了分歧:家长认为民间故事具有开发智力作用的更多一点,教师认为民间故事具有培养意志品质作用的更多一点;仅有 8.7%的家长认为民间故事具有意志品质培养作用,同样,也只有 7.8%的教师认为民间故事具有开发智力的作用。以下对这两个问题逐一分析。

家长和教师都认为,了解历史知识、民俗风情是民间故事最主要的

---

① 此一题项为多项选择题,以下论述中呈现的数据为"频数百分数",而不是"样本百分数"。

价值。我们认为这样的看法是客观的,但也是值得深入分析的。学前期是儿童知情意行等个性品质形成的关键期,而不是知识的系统学习阶段。此时的历史知识了解,类似于旅游时听导游介绍一般。能够了解一些当然会有所获,没有了解也无妨。换言之,对于学前儿童来讲,体现在故事中的历史知识和民俗风情,纯属"有之必然,无之未必然"的内容。而这一时期的个性品质培养方面的学习则是"无之必不然"的需要。从这个意义上讲,民间故事如果更多地具有了解历史文化知识,对于学前儿童来说其现实意义还不够显著。从某种意义上讲,这也是民间故事的传承一直没有真正受到学前教育工作者和家长重视的一个原因。

家长和教师看法不完全一致的问题,也值得讨论。就我们对家长和教师的访谈来看,家长经常将开发智力和知识的学习看得比较重要一点,因此他们容易注意故事中体现的知识性内容,而教师则比较看重儿童的个性品质培养,容易对故事中蕴含的意志品质意义给予更多的关注。不同的期待,导致关注重点的不同和评价的不同。从学前儿童发展需要的角度来看,应该更多地期待民间故事具有个性品质培养的意义。

根据这样的认识,我们在文本改编阶段,根据儿童的成长需要,挖掘和彰显民间故事的个性培养价值和现实意义。改编以后的民间故事,在幼儿园的教学实践和家庭中的分享活动实践中,受到了家长和教师的肯定。有关出版机构听闻了民间故事传承实践活动,主动联系我们,分别在低幼画刊和幼儿园教材等正式出版物中,采用我们改编的民间故事绘本十余篇。

(二)影响民间故事传承的非文本因素

这方面的因素主要是以下三个方面:一是传述者不熟悉民间故事;二是教养者缺乏自觉的传承行动;三是缺乏图书资料等必要的客观条件。

1. 教养者熟悉的民间故事很少

传述者熟悉民间故事是实施传承的前提。调查表明,七成多的家长熟悉并且能够自主讲述的民间故事不超过三四个,其中不了解民间故事的占 6.9%,只熟悉一两个的占 29.1%,熟悉三四个的占 24.1%。

教师的情况略好一点,但仍然不容乐观。近五成的教师只熟悉两三个民间故事,4.8%的教师一个民间故事都不熟悉,熟悉六个以上民间故事的教师只占18.6%。

以上事实表明,民间故事的传承链已经出现断裂。这一代孩子的教养者已经很难依靠自身的力量完成传承任务。

2. 教养者缺乏自觉的传承行动

前面提到,绝大部分教师和家长都认为有必要传承民间故事。但是,他们对于传承必要性的认识大多停留在主观上,没有付诸实际行动。调查表明,55.7%的家长从来没有为孩子寻找过民间故事方面的图书资料,还有26.9%的家长从来没有想到要为孩子寻找这方面的图书。17.9%的教师也从来没有给孩子寻找过相关图书资料,35.3%的教师没有给孩子选择过相关的视频节目。

教师缺乏自觉行动也受到领导要求和课程安排的影响。25.4%的教师表示,领导从来没有要求,课程中也没有安排有关民间故事方面的内容。有25.7%的教师自己对民间故事并不熟悉。38.9%的教师表示,自己的幼儿园里缺乏民间故事内容的图书。[①] 既缺乏图书资料,又没有安排在课程中,领导漠然视之,这些都是造成教师缺乏自觉行动的重要原因。

3. 缺乏图书资料等必要的客观条件

32.8%的教师和27.8%的家长反映,缺乏适合阅读的民间故事图书是影响传承的第一位客观因素,并且认为改进民间故事传承现状的首要任务是出版这方面的图书。14.6%的家长还认为应该出版一些适合家长阅读的民间故事图书,以便阅读后讲给孩子听。

还有19%的家长认为,即使有了图书资料,还需要教育机构的专家或教师给予传述民间故事的指导。[②] 比如,如何选择民间故事,如何帮助孩子理解,如何掌握同孩子对话交流的方式等。

晚餐至就寝前是家长同孩子分享故事最好的时间段。这段时间长

---

① 有关题项为不定选项,相关数据为"样本百分数"。
② 同①。

达数小时,而分享一个故事只要十几分钟。在问卷中,我们设计了有关题项,了解家长是否具有这样的分享机会。调查表明,72.7%的父母、21.4%的祖辈老人,这段时间同孩子生活在一起。也就是说,九成以上的孩子同自己的父母或祖辈老人一起度过睡前时光。可是,只有33.9%的父母和39.7%的祖辈老人给孩子讲过民间故事,还有17%的家庭从来没有利用这个机会与孩子一起分享民间故事。以上数据还提示我们,祖辈老人给孩子讲过民间故事的比例高于父母。这一事实表明,年轻父母的精力不足以及本身对民间故事了解不多,可能是导致他们给孩子讲述民间故事的比例下降的原因。

问卷调查之外,我们对数十名教师进行了访谈。教师普遍认为,出版图文结合的民间故事绘本将有效地推动民间故事的传承。有了直观形象的民间故事绘本,他们不但会自觉地运用于教育教学之中,还会向家长推荐。现实生活上,很多家长经常向教师了解应该给孩子购买哪些图书。

调查与访谈的结果启示我们,不但要改编出适合传承的民间故事文字文本,还必须改编出图文结合、适合孩子与教养者分享的民间故事绘本。为此,我们调整了原定计划,投入很大精力研究民间故事的绘本改编方法。

第三节　民间故事的在场策略

民间故事的有效传承需要解决三个问题:一是探寻民间故事文本的改编原则和方法;二是探索幼儿园中传承的有效策略;三是寻求家庭中分享民间故事的方法。这三个问题分别运用了不同的研究方法,第一个问题运用文本分析方法进行研究;第二和第三个问题运用了行动研究、观察研究以及问卷调查等研究方法。

一、民间故事的改编策略

民间故事能否焕发新的生机,继续传承下去,首先取决于故事文本的改编能否获得成功。民间故事改编需要实现四个目标：一是容易理解；二是饶有趣味；三是具有显著的现实意义；四是适合教养者与儿童分享。为实现上述目标，我们从五个方面着手改编：一是文本语言的改编；二是情节的改编；三是角色形象的改编；四是思想内涵的诠释；五是民间故事的绘本改编。限于篇幅，本节只简述第一、第二以及第四个方面的改编原则及理论依据。具体的改编方法，在第四章中展开。

（一）文本语言的改编

民间故事的文本语言改编，突破了两个难点：一是如何处理词语的具体与抽象的关系；二是如何处理文本化语言形式与口耳相传的传承方式的关系。

第一，具体与抽象的关系处理。儿童文学和语言学的相关研究大多认为，面向低龄儿童的语言表述应该具体。越具体，儿童越容易理解。着手民间故事文本改编时，我们发现：越具体，儿童越不容易理解；抽象一点，儿童反而容易理解。奥古斯丁在《忏悔录》中提出，并由维特根斯坦在《哲学研究》中深入探讨的"家族相似"原理，给我们指出了研究的方向。维特根斯坦认为，家族相似性质的概念一般都是上层概念，归属于这个概念之下的各类现象也许没有一个共同的性质，但这些子类所含的现象却可能具有相同的性质。民间故事中的大量词语是儿童难以理解的，如巡抚、刺史、衙役、半瞎子、传香火、担盐客等。根据家族相似原理，我们将这些概念予以抽象，以上层概念的词语来替换或者以种差加属的方式予以解释。例如，以"官老爷"替换"巡抚""刺史"等官吏职衔，以"会用竹子做东西的人"解释"篾匠"，以"小山村"替换具体的景点山岭名称。上位的属概念所指的范围扩大之后，涵盖的外延范围相应扩大，家族相似的可能性就增加，儿童就能利用有限的生活经验更容易地实现理解。

在具体与抽象的关系处理上，我们不仅借鉴了家族相似原理，还借鉴了索绪尔的语言学思想和维特根斯坦关于"语言与生活形式交织为一体"的观念。索绪尔认为，词语本身是没有意义的，词语的意义是在词语与词语的关系之中。对生活经验极为匮乏、语汇十分有限的学前儿童，一味运用词语来解释词语的方法是无法帮助他们实现理解的。

维特根斯坦指出,语言是生活的一部分,语言只有作为生活的一部分才能被理解。维特根斯坦的意思是说,词语坐落在环境中,坐落在生活形式中。根据索绪尔和维特根斯坦的理论,我们采用"实指与样本"的方式帮助儿童理解生活中难以看见,相对比较陌生的词语。在民间故事的传承中,我们配发了一些相应的实物图片,以帮助儿童理解陌生的词语。当这些实物图片直观地呈现出来,儿童就能比较容易地实现对陌生词语的理解。

第二,文本化语言形式与口耳相传的关系处理。民间故事经过收集整理已经转化为比较严谨的书面语形式,而面向学前儿童的传述却主要通过口耳相传的方式。鲁迅先生指出了书面语形式同口语传述方式的差异,他认为,诗歌有"眼看"和"嘴唱"两种,对于儿童来讲,究以嘴唱为好。实践表明,即使是散文体的作品,对于儿童来说也以能够吟诵的为好。为此,我们采取了多种方式增强语言形式的韵律感:一是减少只有语法意义的虚词;二是采用状语前置的方式,缩短句子主干;三是较多地运用象声词,凸显音响形象;四是注意语言的音乐性以及创编朗朗上口的儿歌。

(二)情节的改编

民间故事情节的改编需要解决的问题主要是两点:一是解决矛盾冲突与儿童生活感悟不相吻合;二是情节结构比较松散与儿童接受需要集中紧凑的矛盾。限于篇幅,此处只阐述第一个问题的解决依据和解决原则。

第一个问题的解决,主要借鉴了精神分析学的理论。民间故事情节中的矛盾冲突反映了农耕时代的生活现实,大多为阶级之间、人与自然之间以及家庭伦理等方面的现实冲突。今天的儿童很难理解这些矛盾,并由此而导致无法理解整个故事的情节。

精神分析学为我们解决这个问题提供了以下依据:第一,儿童前五年内心的持久紧张与冲突,对他们一生的心理机能和人格发展有着极为重要的影响;第二,人的精神意识可以由浅入深划分为三个层次,即意识、个体潜意识、集体潜意识;第三,集体潜意识是生物进化和历史文化的积淀,它包括人的祖先在内的世世代代的生活方式与经验,是"历史在种族记忆中的投影"。它是人们认识世界、改造世界的最深层的价值取向与行为准则。民间故事凝聚了一个民族的集体潜意识,透过故事角色的阶级身份以及伦理关系,可以清晰地显现其内心欲望与社会现实或历史文化积淀之间的冲突。这种冲突同样存在于儿童的心灵之中。为此,我们透过故事情节中的表层冲突,深入剖析角色内心的集体潜意识,并以其作为情节冲突的基点。

经过改编的民间故事文本中呈现出来的冲突,大致有以下几类:一是认识幼稚与客观现实的冲突。这一类冲突有利于儿童反思自己的认知方式,在联想与反思中省悟正确的认知方式,完善自身的认知结构;二是本能欲望与社会现实的冲突。早期儿童经常以本能支配自己的行为,并由此而产生亲子之间、同伴之间的各种社会冲突。观照民间故事中呈现的这类冲突,可以帮助儿童正确地对待各种社会关系及冲突;三是情绪与理性的冲突。早期儿童处于情绪化的阶段,他们还没有掌握调控自身情绪的策略。民间故事根据一定的价值取向来表现角色的情绪行为,或正面肯定,或辛辣嘲讽,或歌颂,或贬抑。故事中体现的价值取向会潜移默化地渗入儿童的心田,成为他们日后调控自身情绪、评价他人情绪行为的重要依据;四是幼稚行为与社会规范之间的冲突。由于生活经验不足,学前儿童难以了解自身行为与社会规范之间的冲突可能导致的结果,他们在一次次试误中才认识到自身行为的结果。民间故事是一种形象生动的间接经验,有助于儿童借此了解各种行为的后果,反思自己行为的正确与否。正面角色的行为可以成为他们直接模仿的榜样,反面角色的行为会成为他们抑制相应行为的典型。民间故事蕴涵的大量间接经验,可以使儿童减少失误,更顺利地成长。

（三）思想内涵的诠释

民间故事产生与流传过程中,已然凝聚着人们的共识,然而,民间故事的一些思想内涵又同时代精神以及儿童需要不相符合。如何处理这一矛盾,需要借鉴解释学理论。

传统解释学认为,理解一个文本,是为了重建作者的思想,把作者的思想在理解者的头脑中重新建立起来,恢复起来。实用主义解释学认为,理解一个作品是为了实用,为了实现自己的实用目的。理解文本,与作者的原来思想和文本原意无关。海德格尔和伽达默尔认为,理解者的理解赋予作品生命,赋予作品意义。理解作品是为了指导自己的生活实践,理解主体是根据作品与自己生活的关联,根据自己的"前理解"经验实施理解的。我们认为,传统解释学的"复原说"虽然是一种绝对的理解,具有形而上学的色彩,但仍然有着合理的成分。任何理解都不能完全不顾文本的原意、作者的思想。实用主义解释学取消了文本的原意、作者的原本思想,很容易走向虚无主义、相对主义。但是,它强调了理解的现实意义。海德格尔、伽达默尔的"意义创造说",同实用主义解释学一样都注意到了理解者的生活实践需要,但没有从根本上取消文本的原意和作者的思想。这三种解释学理论对我们诠释民间故事文本的思想内涵都有一定的指导意义。

根据上述认识,我们确立了两个原则:一是提炼社会共识;二是彰显时代意义和早期教育价值。这两个原则互相交织、循环作用。

第一个原则的意思是,尽可能精炼社会共识。越精炼,改编时腾挪的空间越大;第二个原则的意思是在精炼的社会共识基础上,尽可能彰显时代意义和教育价值。广义的民间故事中所包含的民间传说都依据一定的事实进行创作。一旦违背这些事实,人们就会产生强烈的排斥心理。然而,完全照搬故事原文又难以实现时代意义,符合儿童的接受需要。我们的处理原则是保留事实依据中不可改变的部分,同时根据现实生活的需要诠释时代意义和早期教育价值。例如三潭印月、虎跑泉等传说,我们既保留了三个葫芦状石塔、黑鱼精发怒喷水和老和尚夜梦虎跑寻水的细节,又根据现实的需要,重新诠释角色行为的动机以及事件发展的因果联系。《三潭印月》原文中的黑鱼精为了强娶民女,发怒喷水,我们将之改编为贪吃葫芦,因为无法满足而发怒喷水;原文将三个石塔描述为香炉的三只脚,因为香炉已经较为少见,我们将之改为三只石葫芦。这样改编,既符合人们的共识,又符合儿童不能满足欲望时作出愤怒举动的生活经验。《虎跑》传说的原文将寻找泉水的老虎,描述为观音/神人派遣而来的神奇动物。我们将之改编为,僧人昼见猛虎崖下刨土,夜寐之时,忽然顿悟:动物焦渴难耐,方才刨土。展现僧人焦虑于百姓之苦,夜梦顿悟,以致寻得泉水的情节。这样改编既符合人们根据动物习性寻找水源的科学原理,又能避免封建迷信思想污染儿童心灵。

我们在思想内涵的诠释中把握三个操作性原则:第一,外在的、至今依然存在的事物,因为其直观性,不能随意改变。例如,景点、特产等的外形以及本质特征;第二,故事中的主要角色不能随意改变,但是配角可以改变;第三,角色的主要行为不能随意改变,但是角色行为的内在动机以及事件的因果联系,可以根据现实的需要予以诠释。

二、民间故事的传承策略

民间故事的传承分为两个途径:一是幼儿园的传承实践;二是家庭中的传承实践。幼儿园里的传承实践又分为三种形式:一是集体教学活动;二是日常活动;三是区域活动。其中集体教学活动是幼儿园课程中的主干部分。在这种形式的活动中探索出来的策略,对其他活动形式具有直接的指导意义。因此,我们主要对民间故事的教学活动进行了研究。家庭中的传承活动大多是亲子分享形式(以下简称"亲子分享活动"),我们着重于此进行研究。

(一)民间故事传承的研究方法

民间故事传承的实践研究是在前期的传承现状调查和文本改编基础上展开的。目的有两个,一是根据现状调查中发现的问题,探寻有效的传承方式;二是检验民间故事文本改编的有效性。

1. 观察法与问卷法

为了客观、科学地了解民间故事传承的有效方式,我们采用了观察法与问卷法相结合的方式进行研究。幼儿园的教学活动比较容易观察,我们采用观察的方式;同时辅以问卷调查,了解现场无法观察的问题以及教师的主观感受及理性反思与分析。家庭中的亲子分享活动难以逐个观察,我们采用问卷法。

我们选取杭州市两所省一级幼儿园中大班年龄的全体儿童,运用观察法进行民间故事传承实践的研究,并以问卷调查的方式了解了参与研究的全体教师的意见。参与研究的有 19 个班级,37 名教师以及 3 名园长和多名高校科研人员、研究生等;采用民间故事 52 个,实施活动

52 次,有效观察表 52 份。观察儿童的现场反应,近 600 人次。

参与亲子分享活动的有 427 名中大班儿童及其家长,回收有效问卷 410 份。

2. 解释性研究与描述性研究

民间故事传承的策略是否有效的问题,需要结合解释性研究和描述性研究两种方法进行研究。民间故事的理解需要通过个案的观察来解释两个互相交织的问题:一是儿童怎样才能实现理解;二是儿童有哪些难以理解的内容。同时又要具体描述现场发生了什么。解释性研究与描述性研究的结合,能够避免简单描述容易导致的"事实堆砌"以及笼统解释的弊病。故事理解是一种内在的信息加工活动,同时,影响理解的因素又很多;如何客观地了解儿童理解故事的程度,又全面地了解影响故事理解的相关因素,必须将儿童的客观表现与教养者的主观判断结合起来。为此,我们采用了较为客观的两项指标:儿童的专注程度与回应交流的出声思维活动,以这两项比较直观的儿童表现来观察儿童的理解程度,同时辅以教师对影响儿童理解的因素的主观判断。

3. 排除竞争性假设

传承实践研究的设计阶段,我们注意了"竞争性假设"的问题,有意识地予以排除。譬如,根据文本分析的结果,我们认为改编以后的民间故事更适合学前儿童的接受需要。然而,这一假设的背后隐含着"民间故事原文更适合儿童的接受需要"这样一个"竞争性假设"存在的可能。为此,我们将民间故事的原文和改编稿,同时提供给教师、家长,由他们自主选择,以排除可能产生的"竞争性假设"。

(二)民间故事传承实践的策略与效果

民间故事传承是否有效,取决于传承活动能否走进幼儿园课程的主要活动形式——集体教学活动以及家庭中的亲子分享活动之中。现场的观察与问卷调查的结果表明,只要采用适宜的故事文本、运用适宜的传承形式与方法,民间故事完全能够实现有效传承。

1. 教学活动的支持性行为方式

根据民间故事难以理解的特点,我们和一线教师运用各种方式来帮助儿童实现理解,激发兴趣。经过反思与分析,教师认为有效的方式包含以下四个方面:一是讲述过程中与儿童积极互动交流;二是配合图片与实物帮助儿童直观地理解;三是利用故事中可以表演的因素,开展情景表演等活动;四是精心设计师生互动的设问,以利交流能够积极有效。有关数据及分析、讨论见第五章。

2. 教学活动的效果

从现场观察的结果看,儿童接受民间故事的专注程度较高,始终专注的占 66.3%,多数时间专注的占 19.8%,这两种情况共占 86.1%。学龄前的儿童,在集体活动中能够多数时间专注就已经是比较理想的学习状态。在传承活动现场,能够进行交流和回应的儿童人数也比较理想。观察表明,回应与交流非常积极的人数占 50.8%,比较积极的占 29.2%,两者共占 80%。

故事的词语、情节内容以及整体意义三个方面,是关系儿童理解的主要因素。研究表明,接受民间故事时,能够理解所有词语的儿童,占了 69.2%;只有 1~2 个词语不理解的,占了 21.2%,两者共占 90.4%。情节内容的理解同样比较理想,能够实现理解和完全理解的儿童达到 94.2%。故事意义的理解,稍低于前两个指标。"完全理解"和"理解"的儿童分别占 65.4% 和 23.1%,两者共占 88.5%。儿童对民间故事感兴趣的程度和人数,出乎我们的意料。"非常喜欢"民间故事的占 51.9%,"喜欢"民间故事的占 40.4%。也就是说,九成以上的儿童都喜欢民间故事。

需要指出的是,教师在自主选择民间故事文本时,全部选用了改编稿,弃用故事原文。这与我们在文本改编过程中充分吸收教师意见,使文本更符合教师期待有关。应该指出,我们始终没有对教师选择文本给予硬性要求。

上述数据充分证明了民间故事改编稿在幼儿园教学活动中的适应性和有效性,同时,也验证了教学活动中传承民间故事的方式的适宜性和有效性。

3. 亲子分享的支持性行为方式

家庭中的民间故事分享,所采用的活动方式主要是讲述与交流。一般而言,家长既不会耗费时间、精力去准备图片、实物或者视频片段,也没有能力同孩子一起进行肢体表演。只是运用口耳相传的方式进行故事讲述,很难实现充分理解和激发兴趣的目的。家长认为提供适合亲子分享的图画书是实现民间故事有效传承的最重要措施。这一部分家长占了受访家长的44.6%,还有14.7%的家长认为应该出版适合家长阅读的民间故事图书,以便家长阅读之后讲给孩子听。

4. 亲子分享活动的效果分析

亲子分享活动中,87.6%的家长选择了民间故事改编稿,这一比例低于教师的选择比例。12.4%的家长选择了民间故事原文。根据我们的访谈,这部分家长的文化程度较高,他们对当前的一些影视剧改编非常不满,他们认为历史题材的作品就应该原汁原味,不能改编。这一数据,也让我们庆幸设计阶段能够考虑到"竞争性假设"的问题,将故事原文和改编稿同时提供给教师和家长,并在问卷中设计了相应的题项。我们对改编稿与原文对儿童接受民间故事的情况是否有差异,进行了 T 检验。有关结果及分析见第五章。

以下从儿童在分享民间故事中的专注程度和回应交流情况两个方面,简述家长的反馈:第一,专注程度。家长对孩子专注程度的评价如下,29.7%的家长认为,孩子听故事时非常专注;37.5%的家长认为,孩子能做到"专注";25.2%的家长认为,孩子能比较专注。这三部分家长占92.4%。但是,非常专注的比例低于教学活动的人数。第二,回应交流。21.0%的家长认为,孩子能够非常积极地回应交流;57.1%的家长认为,孩子能够积极地回应交流。认为孩子的回应交流不太积极的家长占20.2%,认为孩子不积极或非常不积极的家长分别占1.4%和0.3%。从词语和情节的理解两个方面来看,儿童的词语理解和情节理解程度低于教学活动中的表现。第一,词语的理解。家长的反馈意见表明,能够理解民间故事中所有词语的儿童占了46.5%,有一两个词语理解困难的儿童占了31.9%。这两部分共计78.4%。显而易见,家长对孩子理解词语的水准低于教师的判断。[①] 我们认为,这同教师较

---

① 我们的实验点有两所幼儿园,在两所园的教学活动和亲子分享活动中,分别使用同一文本的民间故事,因此,教师的反馈与家长的反馈具有可比性。

多地运用了各种直观的手段(图片/视频/实物)帮助儿童理解有关;第二,情节的理解。57.7%的家长表明,孩子理解故事情节时,完全没有困难;22.3%的家长表示,理解情节中只有一处困难。这两部分家长共占80.0%。

从家长反馈的意见来看,儿童在亲子分享活动中的表现明显不如教学活动中的情况。这一事实表明,民间故事在家庭中的传承需要教师进行一定的辅导和帮助。

为方便您有选择地阅读,再做一些导引:第一章简述整个课题的概貌以及相互关系;第二章阐释了民间故事的早期教育价值;第三章是民间故事传承现状的调查;第四章是民间故事文本的改编,为了给读者以借鉴,附上了民间故事的改编稿和原文。有些还附上了故事的"作品分析和活动建议";第五章是民间故事传承实践研究,附上了部分活动设计,希望从事实践工作的读者能够从中获得参考价值。为了接受读者的批评,我们将调查问卷和观察量表附在有关章节后面,希望您反馈更多的意见。

感谢您浏览本章,希望能帮助您有选择地阅读本书。

第二章　民间故事的研究及其早期教育价值

第一节　民间故事研究综述

本节包括国内外民间故事的研究两个部分,国内外的民间故事研究是我们课题研究的起点和重要支持。

一、国内相关研究综述

这一部分内容,分为两个方面:一是聚焦浙江民间故事的研究;二是国内的民间故事研究,即不分区域的相关研究综述。

(一)聚焦浙江的民间故事研究

聚焦于浙江民间故事的研究源远流长,对于本课题研究有着直接意义的,主要有以下几个方面。

1. 民俗学等方面的研究

20 世纪初期,以周作人、茅盾、钟敬文等为代表的学者,运用民俗学理论研究民间故事,以了解浙江民众乃至中国百姓的思想信仰、行为方式特点,寻找教育民众的途径。当时的研究者不仅运用民俗学的理论,还结合社会学、历史学、文化人类学等多种理论进行研究。有的研究者,站在社会学的立场上,提倡学术研究同社会文化实践相联系。有的研究者透过历史学的角度研究民间文化,以打破“圣贤”为中心的历史观,进而用“大众”的眼光来认识社会、体验生活,建设“全民众的历史”。

那一时期研究者心目中的"民众"、"百姓",以近现代历史时期的成年人或学龄期少年儿童为主要对象,以"国弱民穷"历史时期的"维新国家,维新人民"愿望为价值取向。对于今天的学前儿童而言,当时收集整理的浙江民间故事从内容到形式上都存在着明显的"历史间距"和理解困难。

近年来随着传统文化研究的不断升温,这些方面的研究正在不断深入。有的研究,透过民间故事考察浙江区域民众的鸟崇拜信仰、节庆活动方式,借以认识历时态的浙江民众信仰观念;有的研究,透过民间故事中的恋爱婚姻情节,揭示浙江民众的情爱心理意识;有的研究,将不同国度的相同母题民间故事加以比较,透视浙江民间故事中蕴含的生活智慧。

学前教育工作者基本没有介入上述研究,没能开掘浙江民间故事中意蕴丰富的、有利于学前儿童成长的滋养因素。因此,浙江民间故事在我省的学前教育中处于漠然视之的境遇。这种局面与建设文化强省、培养具有浙江精神的未来者这一要求非常不适应。

2. 民间故事的类型研究

这方面的研究不但有中国学者的努力,还有国外学者的贡献。德国学者艾伯华根据浙江等区域的民间故事撰写了《中国民间故事的类型》。这是第一部系统研究中国民间故事类型的著作。艾伯华特意题词将此书献给曹松叶先生,因为后者将自己收集的 500 个金华及周围地区的民间故事资料提供给作者。艾伯华不仅通过与杭州民俗学会的交流获得了文献资料,还专程去金华等地收集口头流传的浙江民间故事。顾希佳先生的"浙江民间故事史"研究则是中国首部地方民间文学史,他的民间故事类型研究运用广义的民间故事概念来构想研究范围,避免了神话、传说、狭义民间故事之间难以截然界分的困窘。这项研究还参照了国际民间叙事文学研究会(ISFNR)提倡的神话、传说、故事一体化研究方法,为浙江民间故事的研究开展国际交流奠定了基础。

民间故事的类型研究主要以主题和情节为标准来划分。这种"异文共相"的类别定型,基本上以成人的理解方式来确定,没有专门从学前儿童的成长需要考虑。将浙江民间故事运用于学前教育阶段,则需要以学前儿童的不同成长需要为主题进行类别整理和诠释,以方便学前教育实践工作者选择使用。

3. 民间故事的收集整理

立足浙江区域的民间故事收集工作,自"五四"以来一直受到人们的重视,取得了丰硕的成绩。最突出的是在政府的统一规划、倾力支持下,20世纪末以及本世纪初开展的民间文化集成和文化工程项目,这些研究整理工作取得了划时代意义的成果,为开展进一步的研究奠定了基础。

在浙江民间故事的已有研究基础上,有必要根据不同年龄段的儿童进行细分受众的研究,以使浙江的民间文化瑰宝得到有效的传承。首先要从内容和形式上根据不同受众的接受特点及前理解经验,进行选择性整理和诠释;其次,要探索不同受众的接受特点与接受方式,唯此方可使浙江民间故事浸入不同受众的心灵。

(二)国内的民间故事研究

为避免与前面的论述重复。以下内容将侧重于民间故事价值方面的研究。

近代中国,在民间童话与儿童教育的相关研究中,周作人的《童话略论》、《童话研究》和《儿童的文学》堪为代表作。他在进化论儿童观的影响下和民俗学研究的基础上提出儿童本位的童话教育观,其观点概括如下:

第一,从起源考察童话教育的心理基础:儿童的个体成长与人类童年时期(原始人)的生长发育程序相似,趣味也相近,因而充满幻想的民间童话契合儿童身心的自然发展进程和审美心理,以其进行教育更为自然、有效。

第二,归纳童话在审美和认知上的教育效用:培养儿童的想象力和感受力;增加儿童有关自然与社会人文的知识,使他们亲近自然,并为融入社会作准备。

第三,确定童话教育的适用年龄范围(3~10岁),并根据不同年龄特征有针对性地选择童话:供给幼儿前期的童话不能过于悲苦、恐怖、残酷,以免残害儿童的情感与理智;供给幼儿后期的童话针对儿童对现实与幻想的界限有所辨别的思维状况,适于在幻想中掺有一定的现实性。

第四,提倡成立相关团体采集民间童话,并确立其艺术选择标准:优美、新奇、单纯、匀齐。

周作人主张以充满活力的民间童话对儿童进行教育,尤其要滋养儿童幻想的天性,目的是要把儿童从封建文化的桎梏中解放出来,还他们以自由、活泼的个性。这些基于儿童身心发展规律的民间故事教育观点在今天仍然有效。

当代有关民间故事与儿童教育的研究视野遍及文化人类学、民俗学、文艺学、心理学和教育学学科。

1. 心理学视野的研究

舒伟、丁素萍的《20世纪美国精神分析学对童话文学的新阐释》和《童话心理学的童话艺术观》在精神分析学的理论背景下,对布鲁诺·贝特尔海姆的《愉悦之术:童话的意义与重要性》进行了梳理与评述,重点探讨了童话精神分析话语、童话的表现艺术(外化与投射、裂变与整合)、童话接受美学和童话教育诗学。

李育辉、张建新的《童话故事测验(FTT)在儿童个性测量中的应用》和《7～10岁儿童的人格研究——童话故事测验的跨文化比较》介绍了希腊心理学家Coulacoglou于1992年编制的童话故事测验法,论述了其心理动力学和发展心理学的理论基础(弗洛伊德等前人的观点:童话以象征形式反映儿童成长中的矛盾冲突并提供人际交往的良好典范;童话具有连接、转换和中介的功能;童话可以训练精神分裂症儿童的行为;童话可用于临床诊断和精神治疗等)、实用功能(评估儿童的个性动力系统、心理发展变化及环境对儿童的影响;应用于特殊教育领域)、内容与结构(使用民间童话中的人物和场景图片作为刺激材料,使儿童通过指认而投射自己的思想、情感和冲突,测验共涉及26种人格变量)。关于童话故事测验的介绍及对中外儿童不同测试结果的比较研究为以往心理学视野下所匮乏的童话应用研究打开了可行的窗口。但此类评述并未质疑——儿童能否在更新的当代文化环境中理解童话中的人为象征意义,进行精确的移情和投射,并无误地辨识自己相应的困境。

　　张莉的《童话心理分析及其在幼儿心理教育中的运用》和白静的《论童话对儿童心理发展的价值》运用精神分析学派的观点(学前儿童心理发展的表现——自我力量的增强是通过处理亲子关系矛盾和自我发展冲突而实现的),选取弗洛伊德的人格发展理论、荣格的原型理论以及纽曼的自性发展理论为童话心理分析的理论支撑,对经典民间童话的主题内容、情节结构和表现手法进行整体上的探讨,分析其中所蕴含的心理意义,并依此论述童话在幼儿心理教育中三方面的运用:幼儿园中的童话教育活动、童话测验和诊断以及童话治疗。

　　中国大陆的幼儿教育无论在教学实践还是理论研究方面,都较重视语言能力和品德教育,轻忽心理发展和人格成长,在此种现状下提出幼儿园童话心理教育的设想颇具现实意义。这些理论上的推测和建议尚未投入教育实践,关于中国民间故事是否适用于幼儿的心理辅导、幼儿园教师能否挖掘故事的心理内涵并进行童话教学以促进幼儿心理发展等问题,还需要更为深入的研究。

　　台湾地区关于民间故事教育功能的研究大多沿袭童话心理学的思路,但在近年来沸沸扬扬的儿童阅读活动背景下,重在探讨教育策略。洪志明的《谈童话的结构与用处》指出,为了让童话透过潜意识的对话,发挥其克服儿童成长中多种焦虑的功用,必须有针对性地研究童话的各种结构及其承载的功能。该文归纳了"丑小鸭模式"、"对比模式"、"老三模式"、"奇遇模式"、"魔法模式"、"时空压缩模式"、"梦游仙境模式"等常见的童话结构模式,并一一指出它们所对应的焦虑及其解决方式。施常花的《童话在心理教育辅导上的应用》在肯定了童话以其文学美感和艺术技巧来达成教育的功能时,不仅论述了故事教育的丰富内容,更提出了儿童和成人各自要遵从的心理教育辅导的操作步骤——儿童要有阅读或听讲的意愿,认同故事中的情境或主人公,分享主人公的经验,洞察到解决自己问题的方法,调整自己的行为及改变态度;成人则要了解儿童的基本需要,选择适当的童话(可能配合使用录音带、录影带、幻灯片等)呈现给儿童,分享儿童的心灵感受,在讨论和追踪活动中观察儿童态度或行为的改变。在社会问题和家庭问题频仍、儿童成长过程中发生的偏差日趋严重的当代文化环境中探讨故事阅读治疗的具体方法,对儿童的人格教育可能会起到一些正面作用。

周山华的《民间故事对幼儿的永恒魅力》、蒋名智的《民间故事与当代儿童教育》和牟群英的《民间故事与幼儿教育》从接受者的角度来论述民间故事的适用性:

第一,幼儿接受民间故事的心理基础:幼儿心理发展与人类童年心理发展一致,作为人类童年时期产物的民间故事便切合儿童集体无意识的心理需要;富于幻想性、游戏性和幽默气质的民间故事契合儿童好幻想、好动、好奇的心理。

第二,民间故事作用于幼儿的内外因素:以儿童敏感期的求知欲为发生机制;以儿童发展的社会生态环境为依托。

此类接受研究较为粗浅,尚未自觉运用系统的接受美学理论和实证性的调查研究方法对民间故事与幼儿成长的相互关系作深入、全面的阐述。

2. 教育学视域的研究

相关研究均指出,民间故事具有文化启蒙、情感熏陶(以培养亲子感情为主)、个性(包括性格、气质与能力)教育、伦理道德教育(包括人际交往的伦理与面对大自然的生态伦理)、审美教育(以培养艺术感受力、想象力与创造力为主)、知识教育、语言教育等功用;应用于幼儿教育时,提出在作品选择阶段、讲述阶段和表演阶段的一些具体策略,或在故事讲述之外其他载体(儿童戏剧和影视改编作品等)的利用方式。

台湾地区金荣华的《卑南族学前教育中的口传文学》则调查研究了台湾地区少数民族的民间故事在学前教育中应用的现状。该文考察了卑南族中具有强烈教育含义的三类口传民间故事(故事本身具有直接教育目的,内容常为不乖的孩子受到某种惩罚;故事本身不含教育意义,其道德教诲由口述者自行添加;在其他民族中本不含教育意义,在卑南族中发展为明显的教育含义,往往在结尾刻意添加教育类的对话或情节,教育主题通常为驯服与孝顺),并分析了故事中教育色彩的缘由——严整的教育体系(12岁以下儿童被教导要服从和勤奋,在父母外出时要看家;12岁以上儿童则要接受为期十年的类似成年仪式的团体教育,被教导要勇敢、尊敬长者、区别两性的权利与义务、认识部落的崇高理念等)。该文可帮助我们了解并借鉴少数民族民间文学中的教育资源。

以上研究较全面地概括了民间故事对儿童成长各种可能的教育效用,但此类面面俱到的教科书式论述经常模糊各种概念的界限,如将道德品质和情感特质相混淆,同时分析流于肤浅,理论深度和实践意义都显不足。

陈静的《民间故事中智慧老人形象的社会伦理功能》聚焦研究民间故事中某类人物典型,论述其传播善恶伦理观的功能。王青的《从"孝道"的习俗化过程看民间故事中的"孝道"思想》在"倒孝"的社会人伦情状下,按照情节结构的类型分析含有"孝道"思想的民间故事,并论述它们在"孝道"习俗化过程暨幼儿的家庭道德建设方面的作用。王中华的《童话:儿童诚信教育的新途径》论述了民间童话对儿童诚信的价值及相关的教育策略。赵凤玲的《撕裂的亲情:中外民间故事中家庭关系探析》以比较研究的方法论述了父母教育不当造成的手足冲突问题,从反面对幼儿家庭教育起到警醒作用。祝秀丽的《积极的家庭教育与青少年人生发展——从"浪子回头"故事说起》也以比较研究的方法论述了不同国家的民间故事文本中透露的不同的青少年发展任务与教育方式(中国提倡使青少年注重务实美德的疏导式教育;前苏联鼓励引导青少年发现生活意义的激发式教育;伊朗暗示了让青少年领悟友爱真谛的挫折式教育),并针对文化差异提出适合中国本土的"积极家庭教育"理念(包括正视成长中的迟滞或倒退、引导儿童自我成长、建立积极的亲子关系),鼓励家长培养青少年的爱心、力量和美德。

汤梅的《民间文学应用到儿童情商教育中的可行性研究》指出在幼儿阶段进行正规、系统的情商教育的必要性,而积淀了历代民众传承的人生态度、情感方式、思维模式和价值观念等深层民族文化心理的民间文学契合儿童的生理与心理发展特点,是最形象的情商教科书。

刘丽萍的《幼儿民间故事教育研究——民间故事用于幼儿语言教育的实践探索》以心理学(霍尔的"复演论"和皮亚杰的认知发展理论)和教育学(儿童语言获得理论和儿童语言教育理论)理论为依据,与幼儿园实践紧密相连,探讨了民间故事用于幼儿语言教育的必要性和可能性,以及幼儿园民间故事教育和家庭幼儿民间故事教育的具体实施原则及策略。论述全备,对幼儿园教师和家长都具有实用手册式的意义,但在探索教育策略时,很多环节的设计并未突出民间故事本身的文体特性,使之与一般的语言文学教育方式没有本质的区别。

白庚胜的《民间文化传承论》涉及包括民间故事在内的民间文化教育传承问题,指出,教育传承的目的在于传播民族民间文化的形式、内容、价值观与审美方式,培养民间文化的消费群体,注入民族精神的生命力,其具体形式包括家庭教育传承(尤其要培养儿童的感悟力与想象力)、社区教育传承、学校教育传承(改变学校主要传承精英文化的状况,让儿童认识、接近、关爱民间)和场馆教育传承,为丰富幼儿民间故事教育的媒介和手段提供了借鉴。

二、国外相关研究综述

国外的民间故事研究中,直接论述故事教育价值的并不多。儿童在成长过程中接受的一切影响皆有可能成为教育,尤其是那些作用于高级心理机制的影响,或者说,教育即为健全的成长提供适宜的条件。因而,有关民间故事与儿童成长的研究,虽然未必以教育学理论为支撑,而多以人类学、民俗学、社会学、心理学等理论探讨故事对儿童的身心发展意义,也可以归入儿童教育的范畴,且拓宽了教育研究的视野。

(一)心理学视野的研究

以下我们即对童话(以下论述中的"童话"皆属民间故事中的"幻想故事"一类,即"民间童话")心理学研究略作综述。

1976年,美国儿童心理学家布鲁诺·贝特尔海姆(Bettelheim·Bruno)的论著《愉悦之术:童话的意义与重要性》(*The Uses of Enchantment：The Meaning and Importance of Fairy Tales*)运用接受美学理论和精神分析方法论述了童话(也包含少量神话和传说)的形成、演变、流传及其艺术特点,并探讨了童话对于儿童成长的意义,开创了童话心理学研究的先河。

该书认为教育最重要的任务在于帮助儿童(包括心理严重失衡的

儿童)寻找或恢复生活的意义,以顺利过渡到成熟期;而较之于那些仅具娱乐和认知功能的文学作品,呈现了人类普遍性问题的传统民间童话(以经典故事《三只小猪》、《小红帽》、《杰克与豆茎》、《睡美人》等为例)更能从儿童的真实心理和情感状态出发,以幻想的形式揭示成长中儿童所遭遇的各类心理问题(如自我中心、自恋、分离焦虑、阉割恐惧、手足嫉妒、恋母情结、亟需获得自我价值感和道德义务感的愿望、性别同一性问题等),从而帮助儿童(尤其 3～6、7 岁的幼童)了解并妥善处理自己的心理冲突和情感纠葛,从内心生活的混乱中创造出秩序,减缓潜意识和无意识中的压力,促进心理整合和人格形塑,获得心理上的独立和道德上的成熟,超越幼年期而确定人生的意义。

　　对于童话的意义如何在儿童身上得到实现的问题,该书借用了弗洛伊德的人格发展理论,并立足于民间故事的基本艺术形式,指出童话在语言和结构上强烈而直接的幻想性契合儿童的心理发展特点,从而能作用于儿童人格结构中的本我、自我和超我。比如童话简化所有细节,直接陈述现存的困境,符合儿童单纯的认知水平;童话展开情节的方式与儿童思考、体验世界的方式(如泛灵论)相一致;童话以象征的方式引导理性不足感性有余的儿童认识自己的内心倾向,并暗示发展性格的途径(如森林和旷野等可视的地域象征儿童难以测知的无意识领域;具有善恶道德意义的人物或动物及其行为象征儿童在道德成长时期的双重自我意识、人格面具和心理机制;充满斗争与挫折的事件进程及其美满幸福的结局象征人格的矛盾及其整合过程、自我的完善所带来的生存的更高形式……)。而儿童出于投射和居同反应,会将自己难以澄清或启齿的内心进程外化到故事中的人物身上,最终完成心理上的成长。

　　该书融合了儿童文学与心理学乃至教育学的跨学科视野,结合了童话自身的艺术特性和儿童的心理特性,在理论上较为严密地阐述了童话对儿童人格心理发展所具有的重要价值,从而拓展了童话研究的领域,对儿童文学研究者、儿童教育工作者和精神治疗师都有了一定的启示。但所运用的精神分析理论本身的一些缺陷也成为该书的偏颇之处——片面扩大潜意识的作用,强调人格教育中本能的动力作用,而弱化了理性与意志、文化与社会因素在教育中的功能,表现出某种生物学化的倾向。另外,使用童话对儿童进行精神治疗的理论缺乏普遍性的实证,对于儿童教育实践的影响便不得而知。

雪登·凯许登的《巫婆一定得死——童话如何形塑我们的性格》在探讨古老童话(也包括少数神话)在现代社会对儿童成长的应用价值时,沿用了贝特尔海姆的精神分析阅读策略,认为幼儿时期是善恶分化的开始,也是童话发挥重大影响力的时期——童话是结合剧场理念与心理治疗原则的治疗法,为儿童提供一个可演练内心冲突的舞台(儿童聆听时不自觉地将内心对立的各种特质投射并"存放"在各角色身上),以缓解他们的罪恶感及其他负面情绪,给予精神安慰。

较之于贝特尔海姆,雪登·凯许登进一步挖掘了童话中的心理象征体系,认为多数故事都在处理某项独特的个性缺陷或不良特质,女巫形象及其负面行为便象征"童年的七宗罪"——虚荣、贪食、嫉妒、欺骗、色欲、贪婪和懒惰;探索未知世界的旅途所囊括的"跨越(crossing)、遭遇(encounter)、征服(conquest)及欢庆(celebration)"四个阶段(此处借用了人类学中关于原始成年仪式的定义)象征儿童探索自我的心路历程;最终的胜利中女巫的死亡象征内心障碍的消除和自我当中正面力量的获胜。关于罪恶之外的问题,该书也以童话中的意象探讨了现实中幼儿早期(尤其是两岁前的母子共生阶段 symbiosis)的分离焦虑及相应的移情体验,还有孤独和疾病所带来的精神困境及其出路。

较之于贝特尔海姆,雪登·凯许登也更贴近当代多元、矛盾的文化情境,忠实地展示了民间童话的同一原始母题所衍生的各种异文及其文化差异,解读了拥有相关主题的小说等其他文学文体及影视作品,并辅以各种社会新闻事件和心理咨询、治疗的个案,以例证法赋予童话的精神治疗功能一定的现实依托。最后也提供了具体的儿童解读策略,欲使成人教养者以步步为营的提问方式诱导儿童认识并解决成长中的精神障碍。

但该书所列举的个案主体往往并非儿童,论述便落入同样的困境:儿童对童话中诸种心理象征意义的感知能力到底是事实还是假设?未经实证的理论毕竟不能成为书中自我标榜的"阅读指南"或"人生导引"。而把内涵复杂的女巫形象一味地解读成儿童的人格缺陷,也简单化了民间童话丰富的文学价值。

麦克斯·吕蒂《童话的魅力》中的部分篇章也论述了表明向着至高无上、完美无缺的存在发展的民间童话以象征的形式在儿童自我形塑中所扮演的角色——童话中英雄成年的标志"成为国王"即为儿童"自我实现"的象征;被屠杀的恶龙象征儿童的阴影(即自我的阴暗面);而童话本身就像是一个屠龙者,具有精神抚慰和治疗的作用。因而童话被认定为儿童成长过程中必不可少的养料和最佳教育辅助手段。但该书注重也尊重了童话本身的文学特质,如光明与喜悦的氛围、幽默与诙谐的风格、诗意与理想化的气质等,而不至于完全将童话当成治疗心理问题的一剂良药。但在解读童话时,作者仍然采用成人的视野,对儿童读者未作太多考虑。

较之于以上这些稍为纯粹的基础理论研究,关于"故事疗法"(即以"讲故事"为媒介,借助精神分析的架构,安全而深入地探索儿童的心灵,帮助他们舒解困境)的应用研究则将童话的功用与幼儿教育实践结合得更切实。亚瑟·罗森的《童话许愿戒》和杰洛德·布兰岱尔的《儿童故事治疗》就是这一领域的代表作。其中《童话许愿戒》论述得更为到位,指出当今的社会问题源于教育的偏食症(重知识教育,轻人格教育),而"故事疗法"正是针对这一症结的寓教于乐的柔性手法,能降低儿童的抗拒心理,有效地导引他们的人生观,达到人格与行为矫治的目的。该书在幼儿教育的理论背景下,介绍了"故事疗法"的学理、机制及推广情况,指出讲故事所需的提升心理治疗功能的技巧(措词遣字方面的技巧;从单向精神宣讲到"双向沟通"的转变,注重聆听儿童的心声;配合使用"图画疗法",以强化儿童的感官功能),并针对各项特定的幼教问题(包括婴儿的尿床、吸吮物品、哭闹、恐惧等问题;幼儿在人际关系上的挑衅作风、手足嫉妒、无力协作等问题;幼儿在心灵成长上的各种品格问题等)附上若干故事范例。

这种关于"故事疗法"的实际操作内容、方式、程序及出现问题时的对策的全备研究为成人教养者提供了详尽的教案,其强烈的针对性又便于成人选择所需的故事。但在使用民间童话时,为了直达人格教育的目的,不免会牺牲一些与主题无关却同样具有审美愉悦感的故事内容,使儿童的接受过程意趣有余、乐趣不足,久而久之,可能导致儿童对故事与文学的冷淡,无法单纯地享受文学。对于这些隐患,此类研究并未给予重视和探讨。

(二)人类学视野的研究

维蕾娜·卡斯特的《成功:解读童话》明确了人类学与心理学结合的研究方法,借用了法国人类学家凡·根内普的过渡仪式理论(将包括成年仪式在内的过渡仪式划归为"分离、过渡和融合"三个行动阶段)和荣格的阿尼玛原型理论("阿尼玛"指在自我认同过程当中男性心灵深处形成的女性意象),以《魔鬼的三根金发》、《灰姑娘》等五个经典民间童话为例,认为它们都呈现了典型的过渡情境,并在人物生命阶段与生活区域的转换中描述着解决问题、发展自我的过程——主人公在途中所遇的反面人物如恶意的国王、女巫和魔鬼等都象征自我中的阻碍机制(反之,正面人物都体现了自我中的建设性力量),与他们作斗争即与自我中的阴影作斗争。这与雪登·凯许登的思想基本无异。

的确,众多民间童话都呈现了成年仪式的完整情境,可以象征性地带给成长中(尤其是青春期成长)的儿童在意识、潜意识和无意识方面的信息,但完全以精神分析的方法赋予鲜活的人物形象、生动的故事情节以人为的心理象征意义,就扭曲了童话的原生意义,使其沦为心理治疗的自助工具。另外,该书是写给成年人的生活指南,其研究理念及方法与上述儿童童话学论著相一致,这也证明了前者在论述中对成人与儿童接受者界限的模糊,即所谓的心理成长意义主要是由成人洞悉并理想化地加诸儿童身上,而非儿童在其认知水平之内感受到的。这种非儿童本位的成人学术趣味有可能在某种程度上脱离儿童教育的现实。

罗勃·布莱的《铁约翰:一本关于男性启蒙的书》被誉为美国"新男性运动"的圣经,针对当今成年男性缺乏活力与气概的精神问题,从所谓的"源头活水"(即神话、传说和民间童话)中寻找其他方法已无力触及的根源,回溯男性的童年启蒙,指出疏忽青少年儿童成长仪式的现代社会给男童成长带来的弊病,如:工业大革命首先摧残了传统的育儿方式及相应的亲子关系,剥夺了父子协作的劳动与生活模式(父亲传授知识、技能、伦理等给儿子),造成父亲角色的失落及儿童在性别成长中的心理障碍与创伤。为此,作者运用人类学、民俗学、社会学与心理学理论,借助大量民间故事、小说和诗歌中的原型意象,通过对格林童话《铁约翰》的人文解读来阐释男孩成长的理想阶段及理想的男性典范。

该书将《铁约翰》划分为与原始社会成年仪式相对应的成长阶段(主人公离家进入森林,前往未知的黑暗领域,面对非理性的直觉、情绪以及身体、自然等带来的恐惧;身体的创伤使之审视并发掘内在灵魂拥有的丰沛、多变的心理资源;铁约翰作为父亲形象的替身指引他离开母亲管辖的领域,步入成年男性的世界,实现了社会性的新生),并深入挖掘了故事对于当代少年儿童成长的意义,如接近深处的男性潜能的必要性、正视与引导自己的创伤经验对启蒙的意义、包括父亲和祖辈在内的成年男性对男孩的引领作用等等,呈现了宽广的文化视野。

无疑,该书在关注男性本质与成长时,也为透视男童与父母的亲子关系提供了崭新的视野,为教育在意志、情感等方面的实施提供了一定的启示。但对工业革命和现代文明的过分反感及过度的怀旧、感伤情怀削弱了该研究的理论性与可行性;而将男性的创伤归结为童年时期与父亲的分离,也未免失之狭隘,简化了儿童成长在性别、阶级、种族等方面的文化差异。

"童话是大家共同分享的一种对于愿望的满足,是解决冲突和赋予经验以意义的抽象的梦⋯⋯是对个人心灵为挣脱恐惧和强迫行为而做的挣扎的隐喻。"[①]"童话是我们第一次接触到的社会雏形,在虚拟的情节之下,让我们预备了进入真实世界的能力。"[②]这两段话恰好概括了以上论著的特性:在确立童话的精神探索价值(即从故事中寻找和解决儿童在成长中遭遇的心理冲突与困境)之时,过分追求民间童话在现代情境中的象征意义,而舍弃其文化原生意义,忽视了故事中反映的特定

---

① 伯格:《通俗文化、媒介和日常生活中的叙事》,姚媛译,南京大学出版社,2000年,第92页。

② 凯萨琳·奥兰丝妲:《百变小红帽》,杨淑智译,张老师文化事业股份有限公司,2003年,第5页。

历史时期的社会习俗、礼仪、信仰、道德及相应文化情境中的儿童成长特性;过于强调童话在心理学上的实用性,而忽视其独立的文学意义,即文本内在空间的丰富性。这种研究理念若完全落实到儿童接受过程当中,就有可能削弱儿童对文学艺术的审美愉悦感以及文化传承的效果,使民间故事沦为治疗性或预防性的心理药剂。而精神分析的方法也使部分研究流于模式化且有牵强附会之嫌。

另外,国外民间故事研究大多涉及普遍意义上的儿童或部分特殊问题儿童,较少针对特定教育情境中的某一群体(幼儿园或小学)作故事与读(听)者现场互动的接受研究,这使得民间故事在文化传承和社会化方面的意义较少被挖掘。

第二节　民间故事的早期教育价值

"民间故事是民众创作并承传的反映人类社会以及民众的理想愿望的口头文学作品。"①民间故事是从人民的劳动与社会经验中产生的鲜活而优美的口头文学,蕴含着历代民众的价值观念、思维模式、情感方式、语言风格和审美情趣等,因而成为文艺学的研究对象;民间故事呈现了"婚丧礼仪、年节活动、衣食住行、生产和生活中的禁忌"②等习俗,因而成为民俗学的研究对象;民间故事反映"氏族、部落到民族的发展过程、民族心理和民族性格的特点、民族特有的习俗和宗教信仰"③,因而成为民族学的研究对象;民间故事中的神话、史事传说和人物传说等以迂回与幻想的形式述说了历史,且保留了较为原生态的民间立场,因而成为历史学的研究对象;民间故事中还"保存着大量关于天象、地理、水利、航海、动植物、医药、各种手工业(建筑、蚕桑、纺织、陶瓷、刺绣、雕塑、绘画等)以及采集、农、牧、渔、猎等方面的知识、经验、技术,还有关于著名工匠、医师、艺人、科技发明家、文学艺术家等的传说、故

---

①③　刘守华:《民间文学教程》,华中师范大学出版社,2002 年,第 141 页。
②　刘守华:《民间文学教程》,华中师范大学出版社,2002 年,总序第 14 页。

事"①,对天文学、地理学、医药学、工艺学等有着重要的参考价值;民间故事还是文化人类学、宗教学、哲学等学科的研究对象……但从教育学(尤其是学前教育)和儿童文学视野出发的民间故事研究在国内还远未成气候。

民间故事"具有不朽不变的生命力,……在儿童文学的范畴里,它有恒久的地位"②,而这种地位首先来自于它对儿童具有的教育功能,对这种功能的认识则零敲碎打式地散落在古今中外的论述之中。早在两千多年前,柏拉图就在《理想国》中强调了基于幼儿教育前提的故事选择原则:"我们还要大力鼓励孩子的母亲或保姆对他们的孩子只讲那些经审查许可讲的故事。让她们用这类的故事陶冶孩子们的情操,比用他们的手抚摸孩子们的身体更有利于孩子身心的健康发展……对孩子们早期的教育应该是从美好的道德思想熏陶开始。"③瓦尔特·本雅明也在《讲故事的人》一文中指出,"民间故事和童话因为曾经是人类的第一位导师,所以直至今日依旧是孩子们的第一位导师。"④亚瑟·罗森在《童话许愿戒》中提到,"上古时代,族群的长老就是靠这种'口耳相传'的原始方式来教育后代,使祖先的智慧得以薪火相传。除了教导生活规范,亦兼具正本清源之功效,目的是要让后代子孙不忘本。"⑤谭达先则在《中国民间童话研究》中指出,民间故事具有儿童文学的性质与作用,"引导儿童去认识和关心人民、社会,体会他们的理想、要求,从而为争取美好的未来幸福生活而斗争;培养儿童以乐观主义精神对待和克服困难,以爱国主义精神对待人民和祖国;培养儿童勤劳、勇敢、正直、坦白、坚毅、先人后己、献身集体、忠于爱情和友谊等高尚品德,并嫌恶自私、虚伪、贪婪、暴戾、势利等丑恶行为;引导儿童通过鸟言兽语的

---

① 刘守华:《民间文学教程》,华中师范大学出版社,2002年,总序第15页。

② 李利安·H·史密斯:《欢欣岁月——李利安·H·史密斯的儿童文学观》,傅林统编译,富春文化事业股份有限公司,1999年,第92页。

③ 柏拉图:《理想国》,张子菁译,光明日报出版社,2006年,第171—173页。

④ 周山华:《民间故事对幼儿的永恒魅力》,《红河学院学报》第5卷第4期,2007年8月,第69页。

⑤ 亚瑟·罗森:《童话许愿戒》,陈柏苍译,人本自然文化事业有限公司,2003年,第39页。

奇幻艺术世界,初步产生探索世界的欲望。"①

　　幼儿时期是人一生发展的关键时期,幼儿在敏感期所接触的社会家庭环境和所接受的教育内容会对其一生的性格品质、行为习惯、思维与情感方式等产生不可磨灭的影响。而民间故事作为得天独厚的形象教科书,正可成为一种丰厚的学前教育资源,作用于幼儿的成长。

　　综合前人的论点,并根据幼儿成长的不同维度,本文将探讨民间故事在个性心理发展(包括性格、气质、能力)、伦理道德建设、情感熏陶和知识启蒙(包括自然与文化知识)等方面的教育价值。

　　那么这些教育价值如何通过民间故事在幼儿身上得以实现?首先,幼儿对民间故事的接受具有一定的心理基础。20世纪80年代,美国心理学家、教育家布鲁纳经研究发现儿童的智能具有一种叙事性结构,并将自己创设的儿童叙事性智能理论应用于幼儿语言教育实践,②因而,对叙事体故事的渴望是幼儿的天性,尤其是充满传奇与幻想色彩的民间故事。

　　其次,心理学的研究表明,幼儿期心理是对人类早期心理特征的复演。20世纪初美国心理学家霍尔提出"复演论",即个体心理发展在某种程度上是对种系进化史的复演;精神分析心理学家荣格认为,"正如发育在某种意义上揭示了我们种族发生的历史,因此,儿童的心理便重演了尼采所说的'人类早期的功课'"③;皮亚杰的认知发展论也认为儿童意识与原始人意识存在同构对应的关系;周作人则认为"儿童的精神生活本与原人相似,他的文学……内容形式不但多与原人的文学相同,而且有许多还是原始社会的遗物,常含有野蛮或荒唐的思想"④。因而,人类在童年时期所创造的神话、传说等民间故事十分契合具有与原始人相似的好奇和幻想心理以及"泛灵论"式思维的幼儿接受者。而"欣赏故事的快感来自故事的深层结构同人们心理结构的自然契合,使

　　① 谭达先:《中国民间童话研究》,商务印书馆,1981年,第162页。
　　② 广东碧桂园学校幼儿园课题组:《幼儿园主体探究课程的研究与实践》,http://bgy. gd.cn/yey/2003b/jky/zttj.htm。
　　③ 荣格:《怎样完善你的个性》,刘光彩译,中国国际广播出版社,1989年,第148页。
　　④ 周作人:《儿童的文学》,《儿童文学小论》,河北教育出版社,2002年,第39页。

人们从故事中发现了自己,感受到了生命的活力"①,幼儿便是如此从听赏的快感中自然而愉悦地接受故事中的教育理念。

浙江地区拥有讲故事的悠久历史,大量的历史名人、名胜古迹、民间工艺和土特产、丰富的礼仪习俗与宗教文化提供了饱含历史意识与恋土情结的故事。故事则有其鲜明的地域特色,在题材内容上,解释稻作生产起源的神话和传说呈现了农耕文化的特色,东海鱼类故事反映了渔业生产经验,经商故事体现了市镇崛起和商品经济发展的历史潮流;在艺术风格上,因为湿润温和的自然环境和"和谐、平衡、机敏、细腻"②的民族文化心理特征,民间故事呈现出温文尔雅、秀婉细致的语言风貌。在精英文化在学校和社会教育中占主流地位而民间文艺日趋疏离甚至衰落的当代文化情境中,将丰厚的本土民间故事资源应用于幼儿园和家庭教育,本身就已具有传承乡土文化、培养乡土情怀的人文教育作用。

以下我们将以在浙江大地上产生、传播的民间故事为例,探讨它们可能在学前教育中实现的文化价值与效能。

一、民间故事的个性心理发展价值

个性"指一个人的整个精神面貌,即具有一定倾向性的心理特征的总和",主要包括性格、气质和能力③。性格指"一个人在现实稳定态度和习惯化了的行为方式中所表现出来的个性心理特征",主要有以下几个方面:态度特征,即"处理各种社会关系方面的性格特征";意志特征,指"人在对自己行为的自觉调节方式和水平方面的性格特征";情绪特征,指"人在情绪活动时在强度、稳定性、持续性和心境等方面表现出来的性格特征";理智特征,指"人在认知过程中的性格特征"④。气质是"个人心理活动的稳定的动力特征",表现为心理过程的速度和稳定性、

---

① 刘守华:《故事学纲要》,华中师范大学出版社,1988年,第149页。

② 中国民间文学集成全国编辑委员会:《中国民间故事集成·浙江卷》,中国 ISBN 中心,1997年,前言第9页。

③ 叶奕乾、孔克勤:《个性心理学》,华东师范大学出版社,1997年,第17页。

④ 叶奕乾、孔克勤:《个性心理学》,华东师范大学出版社,1997年,第171—177页。

心理过程的强度和心理活动的指向性等。① 通用的气质类型为古希腊医生希波克拉特提出的多血质、胆汁质、黏液质和抑郁质等四种。能力指"人们成功地完成某种活动所必需具备的个性心理特征"②。

今日很多社会问题如日趋严重的家庭问题、社会不良风气、精神疾病等,源自教育的偏食症(重知识教育,轻人格教育),它使得儿童在成长过程中发生了偏差的现象,人的精神趋于沦落。③ 此处的"人格"即个性。而人的"精神生活结构中最重要的决定因素产生于童年早期。……它使我们能够把童年经验、童年印象和童年态度与往后精神生活的种种现象联结在一个不容置疑的、前后关联的模式中"④。幼儿教育家蒙台梭利也经研究发现,3～6岁是儿童的个性形成期,儿童在某些方面开始接受成人的影响。⑤ 可见幼年时期的个性教育至关重要。而包罗万象的民间故事正如展现各种品性的人生大舞台,"有坚韧的一面,也有怯懦的一面;有闪光的部分,也有布满阴影的部分"⑥,以其审美性与趣味性(而非理论式的说教)给作为听众的幼儿提供了辨明世态、形塑自我的教育机会。

(一)性格塑造

性格主要受后天环境的影响而在出生后头几年逐渐形成。幼儿模仿性强的行为特征为民间故事塑造其良好性格品质提供了可能性。民间故事中人物形象的性格多为类型化性格,具有一定的概念化和抽象性特征,且往往存在二元对立关系,比如赞扬勤劳节俭时必批评懒惰与浪费,鼓励谦逊为人时必嘲讽骄傲自满。这种简化的对应方式正符合

---

① 叶奕乾、孔克勤:《个性心理学》,华东师范大学出版社,1997年,第106页。

② 叶奕乾、孔克勤:《个性心理学》,华东师范大学出版社,1997年,第376页。

③ 亚瑟·罗森:《童话许愿戒》,陈柏苍译,人本自然文化事业有限公司,2003年,第29页;施常花:《童话与心理教育辅导上的应用》,《认识童话》,天卫文化图书有限公司,1998年,第201页。

④ 阿尔弗雷德·阿德勒:《理解人性》,陈太胜、陈文颖译,国际文化出版公司,2001年,导论第3页。

⑤ 周山华:《民间故事对幼儿的永恒魅力》,《红河学院学报》第5卷第4期,2007年8月,第69页。

⑥ 伊藤清司:《中国与日本民间文学比较研究的几个问题》,辽宁大学科研处编印《中国日本民间文学比较研究》,1983年,第39页。

生活经验不足的幼儿有限的理解水平,便于他们便捷地接受人物形象中蕴含的价值观念。

"劳动是传统魔法故事中社会理想的基础。"①民间故事往往以淳朴而富有诗意的形式和刚健清新的笔触描绘辛勤的劳作生活,讴歌劳动所产生的奇迹,"使劳动在理想或理念上成了'快乐与幸福的源泉',而非'沉重、可怕的负担'"②,而同时对"勤劳"这一品质的褒扬则又在故事的浪漫主义精神中添加了必要的训诲意义。

舟山的《摇钱树与聚宝盆》以民间故事惯用的对比手法颂扬了勤劳持家的性格,抨击了不劳而获的意念。三兄弟中的阿大及其妻子虽然拥有摇钱树和聚宝盆,却朴质地认为金子银子一不能当饭吃,二不能当衣穿,还是好好干活;阿二、阿三却因贪图安逸富贵而打起宝物的主意,最后因此丧生。阿大便更加确信"这样的宝贝我们不需要,倒不如换作一件趁手的家什,能帮我干活"③,这种单纯的劳动愿望催生了平凡的奇迹——摇钱树变成渔网,聚宝盆变成捕渔船,从此一家人天天出海捕鱼,幸福维生。这种结局一反平常故事中的处理(将宝物作为对辛勤劳动的奖赏),而使新的劳动工具成为对勤劳的奖赏和鼓励,这样就可以平心静气地告诉孩子,靠着双手勤劳地开拓出来的就是来之不易而值得珍惜的生活。故事中勤恳劳动而不偏行邪路的形象让孩子铭记住的不仅是个体的,而且是整个民族的传统性格。

与勤劳相对的是懒惰的性格,"懒惰的习性可能妨碍经济生产,或者妨碍教育,从两方面看来都是重大的缺点"④,因而较之于宣扬勤劳必有所得的正面刻画,民间故事常采用懒惰的形象及相应的惩罚性后果从反面来肯定勤劳的特质。以反衬正的手法更能制造故事的戏剧性,也更能刺激幼儿从中自省。青田的《蟑螂与灶壁鸡》讲述一对整日

① 普什卡辽夫:《劳动是传统魔法故事中社会理想的基础》,蔡时济、沈笠译,见《苏联民间文学论文集》,作家出版社,1958年,第340页。
② 刘守华:《中国民间童话概说》,四川民族出版社,1985年,第81页。
③ 杨字心等:《东海传奇》,四川人民出版社,1981年,第26页。
④ 雪登·凯许登:《巫婆一定得死——童话如何形塑我们的性格》,李淑珺译,张老师文化事业股份有限公司,2003年,第258页。

好吃懒做的夫妇,快吃光父母留下的家财时,"只好将一日三餐改做两餐,两餐又改做一餐,到最后连一餐也吃不成"①,寥寥数语就极为生动地让幼儿在诙谐的叙事氛围中了解"懒惰"的样式。夫妇俩决定去学一种不用辛苦就有饭吃的本领,神仙就把他俩变成蟑螂和灶壁鸡(昆虫,常见于灶间)。从此,他俩就住在灶头,白天睡懒觉,夜里出来偷吃剩饭剩菜,都见不得人。故事在笑声中带着点善意揶揄(而非严厉甚至恶意地嘲讽)了懒人,惩罚呈现出一种喜剧或闹剧而非悲剧的形式,其实这也是体贴了幼儿稚弱的情感,让他们在故事中认识并审视自己性格上可能有的类似的惰性时又脸红又不至于产生被指责的消极体验。并不惨烈的惩罚性结局便给予幼儿必要的安全感——给他们听的故事必须过滤掉过于严酷或恐怖的成分。

浪子回头式的故事形象地表现出从懒惰到勤劳的转变过程,更具有情景教育的效果。海宁的《挖元宝》讲述一位勤快的老人临终前告诉两个懒儿子,有两只元宝埋在三亩地里。儿子为了找元宝翻了好几遍地还是未遂,倒是发现深耕过的土地适合种稻子,秋天就得了好收成,才渐悟到父亲要自己勤劳度日的苦心。故事中的老人智慧地利用孩子好吃懒做又贪求富贵的习性,采用了疏导式教育方式(而非简单的说教或命令、责骂),将孩子牵引到脚踏实地劳作谋生的正路上,成功地改变了他们性格中的惰性。教育者必须认识到,"懒惰并不是可以藉由口头教训或偶尔责备而改正的小缺点,而是严重的心理缺陷,可能造成道德上的堕落或心理问题。"②因而这种故事不仅能警示幼儿,更给家长在有关教育理念与方式方面提供了启示。

节俭与勤劳相伴,才能给予人踏实而丰裕的生活。杭州的《半缸米》讲述婆婆平日里都用稻谷喂鸡鸭,剩饭一大堆用来喂猪,还说家里那么多粮食喂喂牲畜是牛身上拔毛。媳妇劝说无效便使用了迂回的节俭方式,主动要求烧饭,每次都偷偷舀出一罐米放入大缸。冬天时家里

---

① 中国民间文学集成全国编辑委员会:《中国民间故事集成·浙江卷》,中国 ISBN 中心,1997 年,第 470 页。

② 雪登·凯许登:《巫婆一定得死——童话如何形塑我们的性格》,李淑珺译,张老师文化事业股份有限公司,2003 年,第 258 页。

谷仓露了底,媳妇却抬出半缸米,使婆婆心服口服地改掉浪费的习性。东阳的《勤俭两字难分家》和上虞的《吊水》都寓言式地表明勤俭共行才能滴水成河、汇聚成财的生活道理。今天的孩子未必能切身地体会到农业社会中勤俭持家的方式,但成人教养者可将勤俭的主题延伸到生活中的一切物资上,教育孩子节俭食物、水电,甚至玩具,不浪费地球上的一点点平常而珍贵的资源。当节俭渐渐成为孩子性格中内有的一部分,世界也会宽阔丰裕许多。

如果说成年人的职责是劳动,孩子的天职就是学习。在幼年时期建立踏实勤学的性格,也是为今后的学校生活作好个性上的预备。绍兴的《只有一点像羲之》呈现了生动的家庭教育场景:王羲之告诉儿子王献之,要写完院子里十八缸水,字才有骨架子,才能站稳脚,王献之很不服气。他练了两年笔画,妈妈说有点像铁划;再练两年,妈妈说有点像银钩;再过两年,妈妈说只有一个点像爸爸。泄气的他在路上遇见一位卖饼的老婆婆,看她又快又准地把烙好的饼摞进背后竹匾里,堆得齐齐整整,她说没有窍门,就如王羲之练字,熟练而已。受到启发的王献之从此安心下苦功练字,写完了不止十八缸水,后来也成为书法家。这个以儿童为主人公、以日常学习事件为情节的励志故事极易引起幼儿的共鸣,幼儿会以之为自己的楷模,养成勤奋的性格。

舟山的《红虾跳龙门》则是一个活泼的反面教材。梅童鱼说,要有平时苦练出来的本领才能跳过龙门,红虾则怪他死脑筋,决心找窍门。跳龙门初赛那天,红虾偷偷钳住小鲤鱼的尾巴,最后占了便宜,先于鲤鱼跃过龙门,得了第一。决赛时他不听梅童鱼的劝诫,故伎重演,结果被尾巴下摆的小鲤鱼用劲甩掉,啪哒一下摔断了脊梁骨,从此就老是弯着腰,再也伸不直了。这个解释性传说以投机取巧而不勤学苦练的性格来附会红虾"弯腰"的生理特性,发挥了拟人手法中物性与人性水乳交融的长处,让孩子们在好笑之余也吸取了有益的教训。

坚韧跟勤恳相似,是学习生活中必要的品格。舟山的《花蛤学飞》讲述备受水鸟欺侮的花蛤和蛏子决心学本领御敌,两兄弟先忍痛学打洞,再学飞。蛏子看着身上的伤痛,打了退堂鼓。花蛤则带着浑身的伤痕,日夜学,风雨里学,直到最后身子变短小,两爿壳变得厚实,精血充足,韧带又韧又粗,富有弹性,终于能一飞一歇地对付水鸟。而蛏子还是浑身青白,肉软壳薄,经不起袭击,只有在一边羡慕的份。是以恒心韧性坚持到底,还是半途而废?幼儿在日后的学业中回忆起这两个对比鲜明的形象,就能明白在生存竞争激烈的时代,坚韧的性格是必备的武器。

犹豫不决、意志不坚定是儿童常有的性格缺陷。舟山的《九月九,章鱼吃脚手》讲冬天快到了,鱿鱼和墨鱼找章鱼一同搬家去南方,章鱼嫌麻烦就留在浅海里。过了重阳,北风一刮海水变冷,章鱼冻得直后悔,它想,要是去了南方该多好。但潮水退去,太阳把滩涂晒得暖烘烘的,它又得意地想,幸亏没去,不然得花多大力气。但天气越来越冷,它缩在泥洞里,连爬出去的勇气和力气都没有,只得啃起自己的脚手充饥。第二年鱿鱼和墨鱼又劝章鱼搬家,章鱼又赖着不走,又在后悔中吃掉新长出来的脚手。这个故事说明了一个道理:不果断上路的人只能懊悔地缩在小洞里,永远看不到更好的人生风景。这个故事可以鼓励孩子们敢想敢做,而不放任自己一味地拖延,培养他们果断坚决的性格,也刺激他们迅捷的行动能力。

"虚心使人进步,骄傲使人落后"是当代中国儿童从小便熟知的训诫,也是民间故事中常见的性格主题。上虞的《谢玄投师》讲述谢玄(东晋名将)小时候聪明又骄傲,叔父就把他送入寺庙受教。师父叫他每天早上倒夜壶,被牧童看见,就向他扮鬼脸。但时间一长,牧童不再讥笑他,他也渐渐跟牧童攀谈、嬉闹,还帮他们牵牛割草,学到许多农家知识。半年后师父才点明真意,原来倒夜壶就是为了化解他一身娇气,而骄傲自大的人难成大事。"儿童会将成人给予的正面回应吸收到自己的内心世界。"①对于孩子的转变,师父适时的认可使小谢玄倍加感动,并终生铭记教导,养成了不骄不躁的个性。今天,这样的教诲场景已较为陌生,但借着这样的教育理念,让自我中心意识强烈的幼儿在生活中多做些琐碎乃至于低微的小事,不轻贱所谓社会阶层较低的人,培养谦

① 雪登·凯许登:《巫婆一定得死——童话如何形塑我们的性格》,李淑珺译,张老师文化事业股份有限公司,2003年,第269页。

逊睦人的性格,对于他们日后的人际交往很有益处。

舟山的《墨鱼称王》则更贴近幼儿的审美趣味。墨鱼打败了海中霸王海鳗,就得意洋洋威风凛凛地做了鱼王,自以为天下无敌。骄傲容易带来懈怠。从此墨鱼悠闲自得,无所事事,渐渐地胖了,肚皮鼓得圆圆的,全身软绵绵的,整天躺床上,懒得动一动。没多久,养好伤的海鳗前来报仇,一下子就把本领和体力都大不如前的墨鱼吞到肚子里。这个情景原本是渔民对"四月初,墨鱼吃海鳗;五月半,海鳗吃墨鱼"这一自然现象的解释,故事以人格化的生动演绎来讽喻骄傲自满的人性弱点,使孩子可以适度地省思:骄傲会带来怎样的后果。

骄横、霸道是一些被宠坏的"小太阳"身上常见的性格缺陷。舟山的《墨鱼和鱼工鱼》与洞头的《老乌鲻传艺》都是小霸王的生动写照。墨鱼仗着龙王赐予的利刺到处欺侮弱小,惹是生非;江蟹整天举着双钳横冲直撞,见了长辈也不立正也不鞠躬。最后墨鱼被痛打五十大板并夺回利刺,只换上了个墨袋;江蟹碰到渔网照样挥舞双钳,结果被生擒。这些受限于自身生理属性的海中生物被赋予活泼的人类孩童的特性,使故事变得生机盎然,其中蕴含的教育意图就不显得僵硬呆板,而能自然轻松地被容易产生移情体验的幼儿吸纳,让他们渐渐领悟到骄横给他人和自己带来的损害。

慷慨与吝啬也是民间故事中长于刻画的人物性格。富阳的《孙钟种瓜》和岱山的《弥勒佛的裤子》讲述的是把收获的唯一一个西瓜给干渴的老人吃了结果后代就得三分天下的孙钟和从小就慷慨解囊助人以至家财散尽后来被度成佛的弥勒的故事。这类故事要先进行改编才适合讲述给孩子,可以保留主题,但要滤去因果报应的思想,再结合幼儿独占欲强、不愿与小朋友分享食物、玩具等生活实际,强调慷慨共享的个性。舟山的《馋痨坯与吝啬鬼》则展现了小气鬼因为小气屡次吃亏的生活场景,从反面强化了慷慨的重要性。

细心与粗疏是对于行事为人十分重要却在个性教育中容易被忽略的部分。慈溪的《赤脚财神虞洽卿》讲述15岁的少年虞洽卿与同伴去上海一家颜料行求职,三人依次进店时,靠墙脚的一把扫帚被碰倒,只有虞洽卿注意到了并把它扶正;三人吃了碗馄饨,老板问起碗中的数目,只有虞洽卿回答15只。这种细心周到的个性为他求得工作也获得日后商场上的成功。主角与配角一细一粗的对比即能提醒日常生活中过于不拘小节粗枝大叶的孩子,细心实在是值得培养的性格。家长和教师也可以利用此类故事鼓励幼儿从留心做好身边的细小事务(包括叠被子、洗碗、打扫等)开始,造就滴水不漏的行事风格。

贪吃被雪登·凯许登认为是"童年七大罪中最容易犯的一项罪恶"①,这种超越正常饥饿感的强大欲望是幼儿脆弱的意志力所难以抵制的。贪吃的主题在欧洲民间故事中屡见不鲜,在浙江民间故事中却极为少见,这可能跟古代社会的经济状况有关。但贪食的性格和暴食的习惯在今日的幼儿当中也是常见的弊病,利用民间故事进行教育同样很有必要。《老乌鲻传艺》中刻画了两个贪吃鬼的形象。鲳鱼吃得胖墩墩的,身子比脑袋大上十几倍;鳓鱼吃得浑身油光发亮。去找老乌鲻学习躲避渔网的救命技艺之前,他俩还大吃大喝了一顿,连站都站不稳。老乌鲻建议脑袋小身子大的鲳鱼遇见渔网就后退,身有宝刀的鳓鱼则杀它个寸网不留。结果两个醉醺醺的家伙糊里糊涂地听反了,从此鲳鱼遇网就大胆往前冲,全身被网眼勒得紧紧的,鳓鱼则直往后退,身上的鳞、鳍和刺都被网眼倒卡住,就被捉住了。贪吃误事以至于丧生这样夸张的结局比起单纯的说教或责备,对孩子克制自己的贪欲更有影响力。

勇敢是民间故事中英雄人物的必要性格。英雄们身负的往往是使失衡的自然界或社会重新恢复秩序、正常运转的重任,面对途中杀机重重的艰难考验,勇敢与机智是至关重要的品质,而超现实力量的帮助(仙人的指点或宝物的获得)也都是对勇气的嘉奖。杭州的《寻太阳》和浙江畲族的《夺火记》在故事的开头便展示了失去平衡的人类生存困境:太阳消失了,黑暗遍及全地;或火绝迹了,寒冷蔓延世界。年轻的主人公便背负人民的期望,踏上漫长的旅途,历经磨砺,最后打败肇事的魔王,夺回太阳或火,使人们继续平常而幸福地生活。在跌宕起伏的斗

---

① 雪登·凯许登:《巫婆一定得死——童话如何形塑我们的性格》,李淑珺译,张老师文化事业股份有限公司,2003年,第120页。

争情节中展现的人物的英勇性格很能吸引充满英雄主义幻想的幼童（尤其是小男孩），使他们自觉地内化这一富有魅力的品质。故事中勇气的源泉往往来自于对自身所处的世界的一种义不容辞的责任感，因而此类故事也能教会幼儿在家庭、幼儿园和自然界中勇敢地担当起自己作为小小主人公的角色与职责。

民间流传着很多机智人物故事，故事通常饱含着在封建体制的框架里渴望运用智慧摆脱受压迫受欺侮境遇的愿望，往往呈现贫富或民官两个阶级（阶层）的冲突，而出身贫民的人物以机智的性格化解了尖锐的冲突，在智力和尊严上都获得胜利，重新为自己或百姓争取回平静祥和不受搅扰和欺诈的生活。兰溪《笠翁的由来》中的李渔、丽水《百里坊》中的刘伯温就是为百姓智谋福利的人物典范。

但比起成人形象，更能吸引幼儿并引起其共鸣的是以儿童本身为主人公的生活故事，如奉化的《林和靖抛珠》、余杭的《朱元璋放鹅》、建德的《巧洛封侯》、嵊县的《少年王金发》、遂昌畲族的《小长工斗财主》等。其中遂昌的《三公道》活泼地呈现了儿童惊人的机智。县官为难某户普通人家，要他办成三件事：要猪肉像对面的山一样高；要酒像溪里的水一样多；要织的布像路一样长到天边。主人急得病倒了，小孙子倒沉稳地要县官拿着三公道（即秤、斗、尺）来，说："请你把对面的山称称看有多少斤，我家好准备多少斤猪肉；你再把溪里的水量量看有多少斗，我家才准备多少斗糯米酿酒；你再去把路量量到天边看有多少长，我家好准备织多少长的布。"①以类比推理的思维方式兼"以其人之道反治其人之身"的处事智慧驳回不可能完成的任务（这只是个生活故事，并不存在神仙和宝物的辅助、魔力的发生，机智便成了唯一能解决困境的手段），这种"机智"已经接近成人的理性与经验了，但在理解水平尚且有限的幼儿听来，至少提供了一种有趣的思维范式，或是激起对机智个性的向往之情。当然，此类故事以机智为性格典范时也嘲讽了人性中的愚蠢，有时也带有一定的警诫作用。

---

①　中国民间文学集成全国编辑委员会：《中国民间故事集成·浙江卷》，中国 ISBN 中心，1997 年，第 755 页。

绍兴的《竿上取物》则是更富游戏性与童趣的无"阶级矛盾"的儿童生活故事。徐文长的伯父出难题,要孩子们把两个装满水的小木桶拿过又矮又软的木桥,只有徐文长找来两根绳子,牵着两桶水在水面上,轻轻巧巧到了对岸;伯父又考孩子们,礼物吊在长长的竹竿上,拿时不能横放竹竿,也不能垫着凳子,又是徐文长把竹竿放入水井,笑嘻嘻地拿到了礼物。这样的人物和故事给予幼儿浅近和亲切感,不需要他们抬头仰望,就能轻轻松松地进入故事的世界,体会那样的场景与智慧。

(二)气质影响

气质本身"没有好坏之分,任何一种气质类型都能表现为积极的心理特征,也能表现为消极的心理特征"①,但缺乏适当的教育就易使幼儿往极端方向发展消极的心理特征,从而影响日后的学习甚至职业生涯。克鲁捷茨基指出,在教育过程中改变气质是非常缓慢的,"教育者的任务在于,找到适合受教育者气质特点的最佳的道路、形式和方法。"②除了一些行动性活动的安排,民间故事的讲述也可以微妙地影响倾听者的内在精神世界,使他们从中了解自己的气质并可能作出回应性的调整。民间故事中呈现的气质类型远远不如性格类型丰富,幼儿也难以将自己的气质直接投射到故事中。但对一些内向、孤僻、悲观的有抑郁质特征的幼儿来说,愉悦、幽默又洋溢着乐观主义精神的民间故事及轻松、喜悦的聆听气氛就是很好的强心剂,能使他们渐渐变得活泼、自由。

现代儿童教育家陈鹤琴先生于 20 世纪 30 年代进行的长期实验和研究表明,孩子喜欢听故事,首先在于故事能使他们愉快。③ 恩格斯也曾论述过民间故事的愉悦功能,"民间故事书的使命是使一个农民作完艰苦的日间劳动,在晚上拖着疲惫的身子回来的时候,得到快乐、振奋和慰藉,使他忘却自己的劳累,把他的贫瘠的田地变成馥郁的花园。民间故事书的使命是使一个手工业者的作坊和一个疲惫不堪的学徒的寒

---

① 叶奕乾、孔克勤:《个性心理学》,华东师范大学出版社,1997 年,第 131 页。
② 克鲁捷茨基:《心理学》,赵璧如译,人民教育出版社,1984 年,第 262-263 页。
③ 李定开:《中国学前教育》,西南师范大学出版社,1990 年,第 343 页。

礅的楼顶小屋变成一个诗的世界和黄金的宫殿,而把他的矫健的情人形容成美丽的公主。"①幼儿在倾听故事的时候,暂时从日常生活中抽离出来,幻想性地经历一切不可思议的情境,难免在惊异中感到快乐。舟山的《八仙闹东海》展示了神仙们各显神通集体狂欢的瑰奇情景,而跟花龙太子打斗的场面又透出孩童游戏般热闹、蓬勃的况味,听故事的幼儿可能也禁不住跟着手舞足蹈。杭州的《白娘子》的结尾,兴风作浪的法海和尚打不过白娘子和小青,掉到西湖里,看见螃蟹的肚脐下有一丝缝隙,就一头钻了进去,严严实实地躲在里面。螃蟹原来是直着走路的,碰上这霸道的法海,就只好横着爬了。而人们吃螃蟹时,一揭开背壳,就能在里头找到这个脏兮兮的秃头和尚。若是边吃螃蟹边讲故事,孩子们看到蟹壳里剥出的"法海和尚",定然会心大笑,而正义战胜邪恶的结局也使人快意,这就是故事所激发的生理和心理上的双重愉悦感。"快乐,对于孩子来说不仅能够振奋精神,还有利于他们的生长发育,对他们的身心健康和自信心的增强有不可低估的积极效果。"②幼儿在笑声中可使体能与情感得到最大限度的宣泄,同时他们被现实压抑的渴望也可得到有效的满足和补偿。

　　幽默的故事则更使幼儿在身心得到释放之时,渐渐累积乐观豁达的气质因素,学会以明朗的态度来迎接未来生活的种种境遇,或是愁烦,或是严酷。某些傻子故事展现了人性中的蒙昧与执拗招致的闹剧般荒诞的结果,萧山的《呆女婿借布机》讲述了呆子因为不明事理(其实他身上保存着幼儿般的"泛灵论"思想)而屡次吃尽苦头,闹尽笑话;青田的《傻子得宝藏》则先抑后扬,讲述傻子先是倒了一串霉,最后却歪打正着走了好运,得着一只宝蟹,放在哪儿都能使米啊酒啊银子啊什么的满缸。同样是心窍未开的呆与傻,却遭遇相反的结局,前者叫幼儿在笑声中产生一种智力上的优越感,后者则提供一种隐晦的安慰——生活不会总亏待天真痴愚的人,傻人一样有傻福,谁说这又不是一种民间生

①　恩格斯:《德国的民间故事书》,程代熙译,《马克思恩格斯论艺术》(第四卷),人民文学出版社,1966 年,第 339 页。
②　浦漫汀:《儿童文学教程》,山东文艺出版社,1991 年,第 10 页。

活经验呢？总之，这一波三折笑话迭出的情节足以展示民间幽默的魅力。其他如平阳的《大方和小方》、文成的《把头留下》、桐庐的《吝啬鬼打儿子》、天台的《谁也吃不成》等故事借着个性中好吹牛、吝啬、贪嘴等缺陷造成的矛盾冲突大做文章，在诙谐滑稽的风格中也蕴含一定的教益，对幼儿具有双重的气质影响作用。

利用误会巧合以达到幽默高潮的手法在民间故事中屡见不鲜。平阳的《老虎怕"漏"》讲述一个雨夜，老虎下山要偷猪，听到主人说，天不怕，地不怕，豺狼虎豹都不怕，只怕"漏"。老虎以为"漏"是比自己还厉害的野兽。接着有个小偷也过来偷猪，黑咕隆咚的把老虎当成猪，翻身骑上去，还拿皮鞋钻在老虎屁股上钻了三下。老虎以为"漏"在咬它，落荒而逃。天快亮时小偷一看是老虎，吓得爬上大树。老虎碰到猴子，猴子要跟它去找"漏"。它们看到树上身穿蓑衣头戴斗笠的小偷，以为就是"漏"。猴子找来一根野藤，一头绑着老虎，一头套着自己，要上树去打"漏"，并嘱咐老虎说要是它眨眼睛就赶快逃。结果小偷吓得尿裤子，淋到猴子头上，猴子禁不住眨了眨眼睛，老虎一看赶紧拖着猴子没命地跑。最后猴子被拖死了，嘴还咧着。老虎还抱怨着："你还笑，我都吓死了！"小偷的做贼心虚、老虎的糊涂懵懂、猴子的自以为是……种种机缘巧合加在一起，就使"漏"这个被误解的东西无中生有地在黑夜中狰狞地成形，并使每个人都成为受害者。但滑稽的趣味太浓，以至于幼儿光顾着开怀大笑，而忽略那咧着嘴死掉的可怜的猴子。在儿童天真的幻想世界中，灾难和悲剧都被轻描淡写一笔带过，根本不会抹淡幽默的气息，所以儿童从故事中收获的往往是纯粹的快乐。

在浙江东南山区广为流传的《老虎外婆》这一类型的故事以野兽（老虎或狼和熊）化成亲人形象去欺骗和伤害天真幼稚的孩子为题材，被认为是"包含着前人丰富的生活经验，曾经长期地像生活的教科书一样在民间流传"①，故事"不仅表现了一个孩子的斗争勇气和智慧，在她们身上也集中了一个民族的斗争传统和经验"②。"勇气"和"智慧"使

---

① 刘守华：《中国民间童话概说》，四川民族出版社，1985年，第70页。
② 天鹰：《中国民间故事初探》，上海文艺出版社，1981年，第217页。

故事中的儿童形象拥有难得的强悍,但强悍的斗志与斗智的个性前提在于冷静沉着的气质。当故事中最为丑陋和恐怖的一部分情节显露时,即小妹摸到老虎外婆递过来的所谓的炒粉糕其实是被吃掉的姐姐的手指头,小妹并没有惊慌失措地叫喊,否则她立即就葬身虎腹。她镇定自如地说自己要上厕所,并把老虎外婆吊着她手腕的绳子系在大石头上。过了好久,老虎外婆拉到石头才知道小妹跑了,冲出来一看,她正爬在树上。小妹哄老虎外婆说给它吃果子,扔下来的却是尖刀,就这样杀死了老虎。在某些异文中,是姐妹俩都活着逃到树上,扔下箩筐说要拉外婆上树吃果子,拉到半空时就猛地扔下,摔死了老虎。血腥的情节可能对幼儿的心灵产生有害的恐吓作用,后者便较为契合幼儿的安全感和期盼圆满结局的心理。但是面对强大的敌对力量,面对生命的威胁,故事主人公这种应急式的冷静气质是非常值得幼儿崇尚的,尤其是对于胆汁质和多血质的孩子。

与冷静沉着相对的是急躁冲动的个性。嵊泗的《咬尾巴带鱼》较为适合那些天生反应快、易冲动以至于鲁莽的胆汁质气质的幼儿。带鱼原是龙宫的佩剑武士,有一天不小心丢了佩剑,慌得到处寻找。它看到一个银剑般的东西被鲌魟鱼吞下,就要跟它拼命。结果鲌魟鱼翻肠倒肚吐给带鱼看,只是车子鱼。气恼的鲌魟鱼就哄骗带鱼,佩剑只在白天浮出海面,与浪花嬉耍,海面这么大,要千万条带鱼一起去才能找到。带鱼们就从春天找到冬天,好不容易看见一把扁平的银剑在闪光,有一条带鱼就猛地蹿上去紧咬住不放,另一条又接着死命咬住,就这样,一条咬一条。其实它们咬住的是被渔翁钓上去在海面挣扎的带鱼的尾巴。带鱼就这样上当了,直到现在,渔人只要钓着一条带鱼,它们就一条咬着一条,长长一串被钓上来。渔民无法理解带鱼为何成群头尾相咬着被钓上来,只能以毛毛躁躁的个性故事来解释这古怪的自然现象。而听故事的幼儿会在这滑稽的场景中渐渐领悟到,不经三思而贸然行事可能招致巨大的损失。

（三）能力培养

幼儿必须借助严谨的思维与感受才能理解故事的含义;必须借助记忆、思维以进行语言组织与运用,才能表述或复述故事。因而,在故事的环境中,幼儿的思维能力、感受力、记忆力和语言能力都能得到一定的增强,但民间故事作用于幼儿的主要是语言能力和想象力。

1. 增强语言能力

心理语言学家研究语言发展过程时,发现儿童能以惊人的速度学会复杂的符号系统,在 5 岁之前,他们似乎已知晓并能使用大多合乎母语句法的语言结构。先天论者认为"语言获得是一种生理上预成的活动,这种活动可能包括高度专门化的语言处理能力,这种能力在童年早期运作最为有效";经验论(习得论)者则认为,儿童通过认真聆听和模仿养育者或年龄较大同伴的言语获得语言知识,模仿和强化在早期语言发展中功不可没。① 蒙台梭利认为,儿童"在发展过程中对特殊的环境刺激都有一定的敏感时期。……当某种敏感期出现时,儿童就表现出对一定目标和操练的特殊兴趣,并表现为一种'精神饥渴'状态,……它驱使儿童主动积极获得新知识、新技能",根据对儿童的观察与试验,她发现"出生后 2 个月到 8 岁时是语言的敏感期"②。结合上述观点,教养者若以故事为语言材料,使用许多新奇、复杂的字词和语句,会更有效地刺激幼儿学习语言的兴趣和能力,尤其是在 3~6、7 岁语言发展的关键时期。

而民间故事的语言特点正与幼儿的语言发展特点相契合。首先,幼儿期的语言主要是在日常生活中习得(幼儿对与生活中具体事物相联系的语言材料较敏感、易掌握),且以口头语言为主,逐渐向书面语言过渡,而民间故事是民众在日常生活中集体口头创作而修改成文的文学作品,兼具口语和书面语的特点,反映的事物和事理大多是幼儿较为熟悉的,因而能够适应幼儿语言发展的需要。其次,幼儿处于感知运动阶段,思维具体形象,而民间故事作为民众生活的艺术写照,语言形象且简洁,正如董小英所指出的"古代语言的第一个特征是象声词代表抽象词,第二个特征是以具体事物来代替抽象事物……如'长腿的','牛

---

① David R. Shaffer:《发展心理学:儿童与青少年》,邹泓译,中国轻工业出版社,2002年,第 357 页。

② 周山华:《民间故事对幼儿的永恒魅力》,《红河学院学报》第 5 卷第 4 期,2007 年 8月,第 68 页。

眼的'之类"[①],能够迎合幼儿语言学习的兴趣。因而,民间故事的语言作为世世代代民众语言的艺术与文化结晶,简练朴素而生动优美,完全可以成为幼儿语言学习的优秀范本。另外,当普通话成为通用语言而方言在幼儿语言经验中逐渐淡化之时,仍然葆有方言特色与其中精华的民间故事能使幼儿形象地感知本土语言风格,也感受到各民族各地区语言丰富的表达能力。"每一种语言都记载着一个民族的智慧与历史,语言的消亡意味着民族的消亡,不利于民族及文化的多样发展。……民间故事的发展可以说历经了不同民族语言发展的全过程,体现着民族语言的历史性与多元性。"[②]因此,让幼儿接触民间故事,从中习得的不仅是语言的物质外壳,更是民族文化的精神内涵。

民间故事的语言往往富有韵律感,有时直接采用童谣体。舟山的《桃花女龙》这样介绍渔女的劳动生活:"她白天纺的线,织网网不破;她夜里织的网,抅鱼鱼最多;她早天挑的水,担担荡清波。"[③]清爽而亮丽的"bo"韵读起来朗朗上口,营造了活泼的叙事氛围。介绍她的出身时:"那一天,风大浪高海咆哮,电闪雷鸣暴雨浇,潮水涌来一婴儿,搁在海边直哭叫。刚巧阿爹海边过,赶忙把她抱回家,鱼汤当奶汁,喂养她长大。阿娘教她织渔网,阿爹为她雕贝花,阿哥逗她海边玩,趴在地上当骏马。"刚硬的"ao"韵到明朗的"a"韵的转变,形象地体现了命运美好的转折,使故事渐显亮色。"盖儿歌学语,先音节而后词意。"[④]和谐动听的声韵和节奏契合了幼儿对音节的敏感先于词语的语言发展特点,易于幼儿识记和理解,并能培养幼儿的语感。

幼儿的思维方式主要是直观、形象的,而非理性、抽象的,民间故事的语言也往往是形象化的,借用拟声、排比、对比、比喻、夸张、顶真等各种修辞手法达到强烈的声响和图像感,迅速唤起幼儿在听觉和视觉上的感受力和想象力。

---

① 董小英:《叙事艺术逻辑引论》,社会科学文献出版社,1997年,第52页。
② 刘丽萍:《幼儿民间故事教育研究——民间故事用于幼儿语言教育的实践探索》,山东师范大学硕士论文,2009年5月,第11页。
③ 杨字心等:《东海传奇》,四川人民出版社,1981年,第84页。
④ 周作人:《儿歌之研究》,《儿童文学小论》,河北教育出版社,2002年,第31页。

　　拟声词的使用使幼儿对故事的接受过程变得更加简易、自然。江山的《鸡公抢赘》是有关动物叫声由来的解释性故事。公鸡参加唱歌比赛获胜，得了奖品红花赘和红汉瘤，戴在头上时高兴地唱着"喔喔喔——我得罗！"；鹅借过来一戴上就神气地叫着"瞅我！瞅我"，并要公鸡多借它几天；狗看穿了鹅的心思就叫着"谎谎谎，莫上当"；鹅果然不肯还，转身就逃，鸭见它赖皮，就讥笑着"嘻嘻，无耻！嘻嘻，无耻"；公鸡只抢回红花赘，那以后一想起这事，就气得拍打着翅膀叫"鹅、鹅、鹅，瘤子还把我"；鹅心里有愧，嘴上却赖皮，说"我……我，我咯！我……我，我咯"；狗气愤地打抱不平，叫着"还勿还！还勿还"；鸭见它们争吵个不停，就笑着说"歇歇歇，争勿出！歇歇歇，争勿出"。故事结尾说，"直到现在，这些牲畜还在这样叫。"①此起彼伏的动物叫声为故事增添了不少生机，也为对声音敏感的幼儿一下子找到了认识动物的关节点。拟声词形象的表现力可以迅速被模仿能力强的幼儿习得。

　　杭州的《西湖女神》在故事的开头就以排比的手法展现了西湖的美景："这个女神手上总是托着一颗闪闪发光的明珠，照得西湖五光十色，千姿万态，照得西湖山清水秀，百花争艳：春天里柳绿桃红，夏天里荷香十里，秋天里桂子飘香，冬天里红梅映雪，真是四季如画。"②形象与色彩、气味的反复搭配刺激了幼儿的视觉与嗅觉感受力，使他们顷刻间便能理解西湖四季分明的美。同样是排比的句式，舟山的《潮水磨》就衬出一派热闹而俏皮的场景：弟弟睡在深山破庙里，半夜里被一阵嘈杂声惊醒，"睁开眼睛一看，只见庙堂上点着一个巨大的火把，一头毛色斑斓的猛虎，横卧在供桌上，旁边围坐着绿眼睛的狼，长舌头的狗，翘尾巴的山鸡，红屁股的猴子……"③每一样动物的特性都被精确而生动地捕捉下来，使幼儿马上能对故事建立起一种亲近感。

　　东阳的《防风治水》开头以对比的手法介绍了故事的两位主人公："王鲧和防风是好朋友。防风是大块头，站着山样高，躺下河样长；王鲧

---

　　①　中国民间文学集成全国编辑委员会：《中国民间故事集成·浙江卷》，中国 ISBN 中心，1997 年，第 584 页。

　　②　杭州市文化局：《杭州的传说》，上海文艺出版社，1979 年，第 6 页。

　　③　杨字心等：《东海传奇》，四川人民出版社，1981 年，第 18 页。

是小个头,三寸长,六两重。一大一小,在一起真让人发笑。"①形象鲜明的对比造成了相声般的谐谑效果,也让幼儿一下子就进入故事平易亲切的世界里。

舟山的《乌贼与花鱼》开头以比喻的手法让两位主人公出场:"乌贼与花鱼是隔壁邻居,乌贼长得圆滚滚,像只鹅蛋,花鱼长得又扁又圆,还拖着一条尾巴,像把蒲扇。"②以幼儿更为熟悉的日常物品去比拟较为陌生的鱼类,故事中的形象便活灵活现地跃然于眼前。

绍兴的《盘古开天辟地》形容盘古身躯的巨大:"驼峰似的头顶,大鸟样的嘴鼻,肩背还有一对翅膀,双手双腿都老长。……脚踏着地,头顶着天,还是伸不直腰。"③夸张的语言生动地再现了神话中的创世英雄伟岸庄严的形象,让幼儿心生敬畏。

衢县的《老鼠嫁囡》结合了顶真的手法和循环的结构。老鼠要嫁女儿,想哪个有本事就嫁哪个。她想把女儿嫁给最强大的太阳,太阳说云能遮挡它的光线;云说风一吹它就无影无踪;风说墙挡着它就没法吹过去;墙说它最怕老鼠在身上打洞做窝。老鼠只能把女儿嫁给老鼠。顶真的句式使幼儿易于识记那些重复的物象,同时感受到幽默的趣味,绕来绕去最后回到起点的圆形结构更使他们会心大笑。

除了形象化,民间故事的语言也颇具生活化、口语化和儿童情趣的特点。《蟑螂和灶壁鸡》讲述法术使在好吃懒做的夫妇俩身上的情景:"地仙拿出两件衣服,一件黑,一件花,他让章郎穿上黑衣,让曹碧姬穿上花衣。不料那衣一穿上身,就脱不下来。马上,章郎变成扁塌塌、乌秋秋的小东西;曹碧姬变成滚滚壮、花朗朗的小虫。夫妻俩你看看我,我看看你,哪里还有先前的春风气,丑都丑死了,羞都羞死了。"④口语

---

① 中国民间文学集成全国编辑委员会:《中国民间故事集成·浙江卷》,中国 ISBN 中心,1997 年,第 69 页。

② 中国民间文学集成全国编辑委员会:《中国民间故事集成·浙江卷》,中国 ISBN 中心,1997 年,第 591 页。

③ 中国民间文学集成全国编辑委员会:《中国民间故事集成·浙江卷》,中国 ISBN 中心,1997 年,第 16 页。

④ 中国民间文学集成全国编辑委员会:《中国民间故事集成·浙江卷》,中国 ISBN 中心,1997 年,第 470 页。

使故事具有随意、自然的亲和力,而"扁塌塌"、"乌秋秋"、"滚滚壮"、"花朗朗"这种方言土语中的形容词,精确又活泼,较之于普通话,别具一番生活气息和谐趣。在这种语言氛围中的幼儿也能深深感受到自己所属的本土文化之根。

舟山的《船眼睛的故事》以符合儿童口语使用习惯和理解水平的语言开始了故事:"东海洋上,抲鱼船来来往往多极啦! 那花花绿绿的是福建开洋船;腰身宽宽的是温州白鸭船;玲珑小巧的是江苏鲨飞船;还有长着眼睛的是舟山大捕船。哎,舟山的抲鱼船怎么会长眼睛呢? 说来话就长了。"[①]使用平实自然的叠词既可放慢叙述速度,细细描摹热闹鲜活的港湾景象,又迎合了幼儿语言学习的习惯;设问句式则成功地勾起幼儿倾听的欲望。这种儿童式口语的使用表明了叙事者自觉而清晰的"听众"意识。从小浸淫在这种自然亲切的叙事氛围中,幼儿能较好地掌握遣词造句的表达能力。

长兴的《梅花鹿遇虎》以生动的对话呈现了儿童游戏般的场景:梅花鹿"在山腰一块大平石上白相,突然一只老虎跳到它身边,鹿看见虎吓了一大跳,想逃已经来不及了,硬着头皮大胆问:'什么虫到这里来?'虎讲:'大虫! 你是什么虫?'鹿讲:'虫大!'虎想:我从来没听见过有虫大这个东西。问鹿:'你身上为啥起点子,头上生着节节高,后面挂个酱油瓶?'鹿讲:'我每吃一个大虫生一点,大虫吃不完就放在节节高上晒干,吃大虫肉觉得淡时就用酱油蘸蘸。'虎又问鹿:'你为啥发抖?'鹿讲:'一抖二抖,正要动手。'虎一听吓跑了。"[②]这种语言像是儿童在某些情景游戏中假定的对话,而类似问答歌的句式又强化了游戏的趣味。

杭州的《三潭印月》讲述黑鱼精从西湖中冒上来时:"湖中央,转着一个老大老大的漩涡,漩涡当中翘起一只很阔很阔的鱼嘴巴,鱼嘴巴越翘越高,慢慢地露出整个大鱼头,鱼头往上一挺,蓦地飞起一朵乌云,升到天上。乌云飘呀飘呀,飘到宝石山顶上,慢慢落下来,里面钻出一个

---

① 杨宇心等:《东海传奇》,四川人民出版社,1981 年,第 6 页。
② 中国民间文学集成全国编辑委员会:《中国民间故事集成·浙江卷》,中国 ISBN 中心,1997 年,第 577 页。

又黑又丑的后生。"①叙述者不仅使用了适合幼儿接受的具象化语词和简练的短句,更顺应了幼儿想象中的观察视角,以逼真的现场感把他们带入西湖边的宝石山上,和鲁班兄妹俩一起观看这不速之客的到来,并与故事中的人物同呼吸共命运。这样的语言实在是照顾并尊重了倾听者,甚至把他们温和地推向讲故事活动的主体地位。

2. 滋养想象力

别林斯基认为,"对于作家教育儿童来说,生动的、富于诗意的幻想是其中许多必要的条件当中的一个必要的条件:作家应当通过幻想、利用幻想去影响儿童。"②幻想是幼儿的天性,"他常常想到星月以上的境界,想到地面上的情形,想到花卉的用处,想到昆虫的语言;他想飞入天空,他想潜入蚁穴……"③郑振铎也认为,幻想"完全是在儿童巅峰时期的一种思维想象,含有自由和勇敢的双重因素,并且儿童产生这种奇怪思维的能力远比成人强"④。而民间故事作为人类早期精神的产物,充满着奇异、神秘、超自然的幻想成分——"在故事里,人们坐着'飞毯'在空中飞行,穿着'千里靴'走路,用死水和活水向死人洒一下,就会使他复活,一夜之间会把宫殿筑好,总之,故事在我面前展开了对另一种生活的希望之光,在那种生活里,有一种自由的、无畏的力量在活动着,幻想着更美好的生活。"⑤故事的幻想性正契合了幼儿"泛神论"的思维特性及对未知事物、未来生活的好奇心。在这种相契之中,民间故事才可以发挥滋养幼儿想象力的教育效用,比如神话中的超现实力量让人把自然界万物想象成同人类一样有生命的个体,"它合目的性合规律性地暗含了儿童成长的需要,它可以让儿童生活于生命进化过程所赋予人类的浩瀚广袤的无意识世界里,保障儿童的本能与无意识积极地表达与成长,而这些本能与无意识的表达和成长正是意识成长的基础。"⑥

---

① 杭州市文化局:《杭州的传说》,上海文艺出版社,1979年,第20页。

② 阿良莫夫:《儿童年龄特征》,孙晔等译,人民教育出版社,1954年,第110页。

③ 鲁迅:《鲁迅全集》,人民文学出版社,1981年,第36页。

④ 代茜:《20世纪前期中国童话研究史初探》,华东师范大学硕士论文,2008年4月,第21页。

⑤ 高尔基:《文学论文选》,曹葆华译,人民文学出版社,1959年,第399页。

⑥ 刘晓东:《解放儿童》,新华出版社,2002年,第136页。

关于民间故事在培养想象力方面的价值,前人已有不少论述。周作人就指出,"凡童话(此处即为幻想类民间故事)适用,以幼儿期为最,计自三岁至十岁止,其时小儿最富空想,童话内容正与相合,用以长养其想象,使即于繁富,感受之力亦渐敏疾,为后日问学之基。"①由民间故事滋养的想象力可以磨炼幼儿的艺术敏感度,为日后欣赏文艺作品和求学打下基础;反过来,他又引用麦克林托克的话,"儿童的想象如被压迫,他将失去一切的兴味,变成枯燥的唯物的人。"②儿童只有当其想象力被激发,与其爱好荒诞、神奇、虚构的天性协同发展,才能拥有健全的人性,而生机勃勃的民间故事恰好具有这样的价值。

"民间想象基础的一个重要部分就是人们对魔力的迷信。"③变形出自魔力,起死回生出自魔力,腾云驾雾出自魔力……民间故事主要以魔力来表现浓厚的幻想性,并以此作用于幼儿的想象力。魔力主要体现在超人体形象、宝物和超现实时空场景上。

奇幻瑰丽而庄严神圣的神话往往以超人体形象及其神奇的魔力来解释世界与人类的起源,探索人与自然的关系。《盘古开天辟地》讲述巨人盘古用手脚将天地分开,死后身体各部分则变成日月星辰、风云雷电、山川河流、田野树木——是魔力创造了世界及其井然的秩序,从而造福于人类。过早地以科学知识来解释宇宙的发生等自然现象,可能压抑甚至扼杀幼儿时期的想象力,故事幻想性的解释则给予合时的养分。湖州的《华胥补天》讲述水神共工和火神祝融打起来,天都塌了,女娲和伏羲炼了石头造了天梯去补天。故事其实以幻想的形式曲折地反映了上古人类对自然灾害的理解与忧患、对自然运转和谐有序的渴望。其他如临安的《山与海是怎样来的》、舟山的《日夜是咋分开的》等,都讲述超人体形象以超自然能力来参与创造、规划或修整人类居住的世界。故事中粗朴蛮野的幻想能够培养幼儿以灵性的眼光看待大自然,并建立初步的环保意识。

---

① 周作人:《童话略论》,《儿童文学小论》,河北教育出版社,2002年,第8页。
② 周作人:《儿童的文学》,《儿童文学小论》,河北教育出版社,2002年,第40页。
③ 斯蒂·汤普森:《世界民间故事分类学》,郑海等译,上海文艺出版社,1991年,第303页。

　　在世俗化气息渐浓的故事(即狭义的"民间故事")中,超现实的能力往往用于惩恶扬善的行为,用以表达普通民众维护社会秩序或日常生活的愿望。衢州的《十兄弟》中的十位主人公就是典型的超人形象——"吹风一"(能把太阳吹跑)、"造梁二"(一夜之间就可造好金銮殿)、"万里耳千里眼"、"剥皮四"(刀都砍不死)、"油煎五"(油锅都煎不死)、"大肚六"(吃再多的饭都胀不死)、"长脚七"(扔到海里都淹不了)、"八驼子"(放米臼里也舂不死)、"九爬山"(推下山崖都死不了)、"十铁皮"(箭射在身上都反弹回去)。兄弟们就用这些神奇的本领战胜了侵犯他们生活的皇帝和衙役。这些超自然能力也可理解为人们拓展自身潜能的愿望。温州的《蚌姑娘》中使用的魔力则更具游戏性。大官为难王小,妻子(蚌精化成的姑娘)按要求变出了房子,在四周砌好了墙,在墙外用玉簪划一圈,就开了一条河,用纸剪成各样的花、树、鸟、鱼,用嘴一吹,都变成真的了。鱼落在水里游来游去,花和树长满各个墙角,上面有许多鸟在叫。来自于现实的剪纸活动和来自于幻想的变形法术交织在一起,展露的是儿童游戏般好看又热闹的场景。大官找上门来,蚌姑娘在他额头上一拍掌,他就变成门神,永远贴在门上,不会动了。以如此滑稽的变形方式幻想化也游戏化地解决尖锐的阶级矛盾和平常生活中的搅扰和愁烦,实在是迎合了幼儿轻盈的想象方式。

　　象征性游戏是指"儿童通过使用代替物并扮演角色的方式,来模仿真实生活的一种游戏"[①]。皮亚杰发现,在象征性游戏中,幼儿不仅能选择象征性物品,还能创造性地用语言为自己创造一个幻想的世界。幼儿能建构他人对假想事件的心理表象,并根据这一表征去行动。因此,象征性游戏能为幼儿的语言交流、想象和认知发展提供背景。[②] 而民间故事中层出不穷的宝物正如象征性游戏中的道具(玩具),使幼儿在倾听故事的静态过程中,"能够发挥模仿的及构成的想象作用"[③],得到团体游戏般动态的快乐,满足他们白日梦般的幻想与愿望。

---

　　① 周兢:《早期阅读发展与教育研究》,教育科学出版社,2007年,第87页。

　　② David R. Shaffer:《发展心理学:儿童与青少年》,邹泓译,中国轻工业出版社,2002年,第248页。

　　③ 周作人:《儿童的文学》,《儿童文学小论》,河北教育出版社,2002年,第44页。

宁海的《玉帝分天地》中绷紧了藤就能直攀上天的天萝(丝瓜的俗称)和余姚的《中秋吃月饼》中一穿上就能飞上天宫的登云鞋就是连接尘世与天界的宝物。西方文化认为"天国地府之行都属于神话的而不是经验方面的事情"①,人们只是"把向上攀登当做能使自己肉体上和象征上升往天堂的最简便的隐喻"②。同样,在中国文化传统中,天界旅行延伸了人类经验的极限,表达了探索世界的原初愿望,因而此类幻想也契合了幼儿对一切事物的好奇心与探索欲。人们攀着天萝上天,"一双双泥脚,在天宫里进进出出,把干干净净的天宫踏得一塌糊涂;一双双泥手,东摸摸,西摸摸,把闪闪亮的宝贝粘上泥浆;走进花园,看见仙桃摘来就吃。"③这不正如孩童过家家般的象征性游戏场景,在大人看来是胡闹生事,在孩子自己却是无比惬意?

杭州的《梅花碑》讲老石匠在一块奇石头上雕刻出一株梅花,它会开会谢,而且能预报天气:天要晴时碑上明晃晃亮光光的;天将阴时碑上雾濛濛潮卤卤的;天快下雨时碑上阴沉沉湿漉漉的。这样的宝物蕴含着人们了解自然规律以适时安排劳作和出行的质朴愿望,可以说是晴雨表的幻想雏形,也可激发幼儿的科学探索意识。龙游畲族的《秦始皇与龙女》中出现了观音菩萨的十万八千根头发编成的神辫,秦始皇高兴得不得了,整天拿它抽着玩,把很多山劈去一半,再扛起来扔到海里,一连抽了九十九鞭,把龙宫震得跳起了九十九丈高。这光景好像一个好奇的幼童带着假想中威力无比的玩具到处玩耍,并得意洋洋地看着自己留下的"成就"没心没肺地大笑。这超现实的幻景正满足了幼儿被现实原则压抑着的游戏狂想。但赶山鞭也可理解为早期人们改造自然的浩大雄心与磅礴气势。相对来说,杭州的《明珠》中的明珠则是一件祥和的宝物,它照到哪里,哪里就草木常青,百花齐放,山明水秀,五谷

① 克劳德·列维-斯特劳斯:《结构人类学》,陆晓禾等译,文化艺术出版社,1989年,第152页。

② 弗莱:《神力的语言——"圣经与文学"研究续编》,吴持哲译,社会科学文献出版社,2004年,第170页。

③ 中国民间文学集成全国编辑委员会:《中国民间故事集成·浙江卷》,中国ISBN中心,1997年,第22页。

丰登。这样的珠子凝聚了人们与自然和谐相处、生活丰裕的美好愿望，而宝珠的形式也像幼儿象征性游戏中的万花筒等玩具，使他们觉得新鲜有趣。所不同的是，宝珠是玉龙和金凤历经数年从石头琢磨成，并从仙山和天河里含来露珠和清水，洒到珠子上才使之明光闪亮的。因而故事中的宝物"不是现成的，也不是凭空得来的，往往要经过艰难曲折的求索过程，这更能激发儿童的好奇心和探索欲，让幻想的心灵添上想象的彩翼，在未知的世界里自由翱翔。"[①]

很多宝物表达了人们摆脱贫穷、获得财富的愿望，如缙云的《孔雀锣》中一敲响后想酒有酒要肉有肉的孔雀锣、安吉的《月亮树》中摇一摇就能变出山珍海味和绫罗绸缎的月亮上折下的树枝、诸暨的《金牛蛋》中下的蛋都变成金子的金牛、云和的《五匹宝马》中能引出金银铜铁等矿藏的宝马……都犹如变形金刚之类的儿童玩具。还有些宝物寄寓了人们摆脱困境、拯救生命的愿望，如衢县的《云中落绣鞋》中罩上就能起死回生的破箬帽、建德的《白纱桥》中一甩开来就化成长虹般的白石桥以解救农民起义军逃离官兵的白纱布。它们使故事的情节多了几分跌宕起伏，也使幼儿更能幻想性地体验故事中人物的处境。

民间故事中呈现的在生活原型基础上添加理想化色彩的超现实时空场景往往表达了人们对无限的世界的探求，以及对更美好的生活和更高的自我的追求，展现在幼儿眼前，则能拓宽他们有限的生活经验，激发他们无穷的想象力。杭州的《蚕花娘子》讲述被后娘虐待的九岁小姑娘阿巧在寒冬腊月被打发出去割羊草，经一只白颈鸟的指点进入不随人间自然规律支配的异界："阿巧拨开枝枝丫丫，绕过松树，发现一条黄泥山路，弯弯曲曲看不到尽头，沿路是一条小溪，溪水叮叮咚咚，比琴声还好听。溪岸上，阳光金灿灿，树木绿茵茵，青草野花满山坡，美得像个春天。……她站起身子朝四面望望，竟又是另一个世界，山坡坡上有一排整整齐齐的房子，白粉墙，黑盖瓦；屋边是一大片矮树林，树叶儿绿

---

① 蒋名智：《民间故事与当代儿童教育》，《华中师范大学学报》（哲社版）1994 年第 2 期，第 94 页。

油油的比巴掌还大。……"①这种可以在其间勤劳而自由地劳作(养蚕,制成的丝线说是给织女织云锦、给天帝绣龙衣)的人间仙境无疑折射出劳动人民对不受搅扰不受欺凌自由自在的劳动生活的朴素愿望,在幼儿听来,则是一个身临其境的优美浪漫之处。衢州的《烂柯山》展示了奇异的超现实"时间"。樵夫王质去山上砍柴,途中遇见两个童子在下棋,就站在一边观看。不知不觉,王质的斧柄已烂,吃过的桃核已发芽长成参天大树。回家时,路已不是原来的路,王质的奶奶都已过世好几百年了,可谓"山中方七日,世上几千年"。这种离奇的时间观所造成的虚幻情节使平凡庸常的现实生活变得奇异美妙,从而调动了幼儿的想象。

二、民间故事的伦理道德建设价值

伦理是关于人性、人伦关系及结构等问题的基本原则的概括;道德作为社会意识形态是指调节人与人、人与自然之间关系的行为规范的总和。当前"四二一"家庭结构模式容易产生的溺爱、学校教育对伦理道德建设的漠视或忽视、社会上不加年龄限制的负面文化艺术品的泛滥,都导致了儿童伦理道德教育的乏力。但伦理道德品质的培养不是靠说教和打骂来实现的,要把道德认识与相应的审美体验、情感熏陶结合起来,才能使幼儿逐渐形成理想信念,进而向道德行为转化。而民间故事作为一种承载着历代民众传统伦理道德观念的口头叙事艺术,非常适合于幼儿教育。恩格斯曾指出,"民间故事还有这样的使命:同圣经一样培养他的道德感,使他认清自己的力量,自己的权利,自己的自由,激起他的勇气,唤起他对祖国的爱。"②道德教化是民间故事内有的功能,而且是千百年来适用的一种教养事实。民间故事是通过情节创设与形象塑造等艺术手段将抽象的伦理道德观念具体直观地呈现出来,使幼儿在倾听过程中,不断重复着扬善抑恶的情感体验,逐渐形成正确的价值取向。

---

① 杭州市文化局:《杭州的传说》,上海文艺出版社,1979 年,第 204 页。
② 恩格斯:《德国的民间故事书》,程代熙译,《马克思恩格斯论艺术》(第四卷),人民文学出版社,1966 年,第 339 页。

（一）家庭伦理

"孝道"表现为对长辈的物质之养和精神之敬,它作为家庭伦理建设的基础,是最低限度的伦理,即"底线伦理"①,对家庭稳定的维持和社会道德体系的建构都具有奠基性的功用。在孝亲观念日渐淡薄的当代社会,用蕴含孝道思想的民间故事来育儿极为重要。在相关故事中,孝子多为勤劳、忠厚、善良,不孝子多为懒惰、奸诈、贪婪;结果孝子往往交好运,而不孝子遭受恶报。这种强烈的对比使幼儿在听故事时慢慢认同"孝道",并在日后的成长过程中不断强化,使之习俗化。

"典型化的主角往往是美善的代表,听众或读者容易引起自我投射的心理反应",激起相关情绪,"自认为美与善的守护者"②。民间故事常以美德的典范人物来博得孩子的认同与效仿。舟山的《东海的来历》中每天起早摸黑上山砍柴披星戴月进城卖柴换来粮食供养老娘的十六岁少年葛仙翁、文成的《萤火虫》中每天黄昏哪怕是狂风暴雨电闪雷鸣也总提着灯笼去接干农活的阿爸回家的女孩萤姑、长兴的《孝子鱼》中为了病中饥饿的母亲在寒冬时节脱光衣裳破冰下河摸鱼的儿子、慈溪的《奉化水蜜桃》中为病中想吃桃子的母亲出门顶着毒蛇猛兽等艰难险阻寻找水蜜桃的东方朔等,都是孝心可嘉的楷模。无论他们的行为是日常化的还是极端化的,故事重在传达无条件的孝亲思想,而结局也多半表现为超自然力量对孝道的嘉奖。

除了正面的褒扬,另有一些故事鞭挞了不孝的思想与行为,并表现了主人公在日常或超常力量的干预下从"不孝"到"孝"的转变,同样令幼儿省思。绍兴的《一只传代碗》讲儿媳妇虐待婆婆,还给她一个又脏又破的碗在角落里吃饭。孙媳妇见了,故意把饭碗打碎,并骂老婆婆,这么好一只传代碗打破了,我们以后拿什么碗给婆婆吃呢?这种利用"己所不欲,勿施于人"的传统处世之道来直指人心的曲折方式提醒了

---

① 张燕红:《试论孝教育的价值与实施途径》,《中国德育》2006年第2期,第26页。
② 许建崑:《古典童话:阅读策略》,《认识童话》,天卫文化图书有限公司,1998年,第213页。

儿媳妇,从此便开始孝敬婆婆。当常规的伦理力量不起作用时,故事就动用魔力,通过罚恶的结局来警醒故事中和故事外的人。临安的《孝顺笋》讲述夫妻俩逼着年老的母亲去挖笋,鲜嫩的笋尖给自己和孩子吃,老箬头则给母亲啃。张果老看见了便质问他们,他们还说母亲从小吃惯了笋箬头,这样做是孝顺她。张果老就把此地的笋变成笋尖老箬头嫩,夫妻俩便知这是神仙的惩罚,从此开始孝顺老人。

兄弟(姐妹)关系在中国传统社会中是五伦之一,其基本原则为"悌",即友爱兄弟,孔子甚至将悌与孝并列。兄友弟恭、长惠幼顺本是正常的家庭伦理关系,但在民间故事中,表现兄弟(姐妹)和睦、亲情敦厚的题材在数量上远远不及反映兄弟(姐妹)之间嫉妒纷争乃至残杀迫害的题材。"心理学家和社会学家曾对家庭关系进行过长期的研究,研究表明父母爱心的转移和憎爱之偏,对孩子心灵创伤很大,也容易使孩子的性格产生扭曲,使兄弟姐妹在小的时候就产生嫉妒和仇恨,从而导致他们长大后发生对抗和冲突。"[①]现实中这种失衡的家庭关系可能就是故事中手足冲突主题频频出现的深层原因。但两兄弟类型的故事并不止于探讨家庭伦理问题,而往往使用对比手法宣扬善有善报、恶有恶报的道德观念,因而故事在人物形象和情节的设计上有强烈的类型化倾向。形象上,哥哥通常因占有财产的大部分而富有,却贪婪、懒惰、阴险、毒辣,弟弟或是分得很少家产或是一贫如洗被赶出家门,却知足、勤劳、淳朴、善良;情节上,先表现兄弟之间的相争,再表现弱势的一方(弟弟)在仙人或宝物的帮助下获得幸福,而强势的一方(哥哥)则受到魔力的惩罚。现实与幻想交织的叙事手法其实表现了人们对和谐人伦关系的期盼与惩恶扬善的理想。故事中爱憎分明的倾向性也使幼儿既能学习家庭成员之间合宜的相处之道,又能建立具体的是非观念。

《潮水磨》中的兄嫂俩为了独吞家财,打发弟弟去豺狼虎豹出没的深山岙里砍柴。弟弟偶然得了百宝磨,又安全无恙地回家。兄嫂俩又抢去宝磨,拼命推出无数银元,后来房子失火,银元变成潮水,兄嫂俩被

---

① 赵凤玲:《撕裂的亲情:中外民间故事中家庭关系探析》,《江汉论坛》2006年第6期,第128页。

冲走,成了鱼虾的食饵。善良的弟弟则泅水游上高山,成了东海洋上第一个㧟鱼人。5～10 岁期间是皮亚杰所谓的他律阶段,他律的儿童认为任何道德问题都有是非对错之分,并且倾向于根据客观结果而不是行为意图判断行为的恰当性。[①] 故事中赏罚分明的对比性结局便迎合了幼儿的道德发展特点,使他们在心理上得到安慰和快乐时,也获得初步的道义感。

龙泉的《哥窑和弟窑》则一反兄恶弟仁的模式,哥哥勤劳能干,弟弟却好吃懒做。兄弟俩都继承了父亲的烧瓷手艺,哥哥技艺精湛,瓷器总是卖得比弟弟好很多。弟弟因嫉恨就在夜里将水灌进窑里,使瓷器上布满裂纹。哥哥忍住怒气,反而受到启发,制出纹路漂亮的瓷器,卖得更好。弟弟气得生病,哥哥不计前嫌前去探望,还耐心将手艺传授给弟弟。弟弟受到感动而诚心悔过,从此兄弟俩同心协力把瓷器烧得更好。哥哥的宽容大度换来了弟弟的浪子回头,使原先一步步恶化的关系得到彻底的修复和更新,这种圆满的结局较之普遍的一方因恶受惩模式更为抚慰人心,而故事中正面、积极的人际关系处理方式对于幼儿的家庭生活(农村中的幼儿尚有兄弟姐妹)和集体生活也具有很好的感化作用。哥哥说的"兄弟本是亲手足,千朵桃花一树开"[②]形象地表明了同根生便同得福共患难的传统伦理经验,应当铭刻在幼儿的心中。

(二)社会伦理道德

"口头文学是以情绪、精神状态、感情趋向和思想趋向的一致性联合人们、团结人们更有效的手段,是克服每个个性精神世界的独立性、个体闭锁性的更有效的手段。"[③]不仅从讲述形式上,更从情节内容上看,小至家庭成员的齐心协力、社会群体的团结协作,大至民族群体的同仇敌忾,都在民间故事中得到大量的反映。当今社会个人主义的不适当宣扬和独生子女的增多都使幼儿不同程度地表现出集体意识差、

---

① David R. Shaffer:《发展心理学:儿童与青少年》,邹泓译,中国轻工业出版社,2002年,第 532 页。

② 中国民间文学集成全国编辑委员会:《中国民间故事集成·浙江卷》,中国 ISBN 中心,1997 年,第 530 页。

③ 莫·卡冈:《艺术形态学》,凌继尧、金亚娜译,三联书店,1986 年,第 349 页。

乐群性低等弱点,弘扬协作与互助的民间故事便能有效地纠正这一偏颇。

嵊县的《斗猢狲》讲述了老婆婆在读书人的炮仗、老渔翁的大毛蟹、货郎的引线针、种田人的豆子、石匠师傅的磨盘的帮助下,战胜了扬言要在夜里挖她心肝的猢狲。故事融汇了各行各业人群的职业特征,形象地表明了集体协作的力量之大。舟山的《海蜇行走虾当眼》则更明确了互助的伦理。海蜇为了保护小白虾大战横行霸道的乌贼,眼睛被毒墨喷瞎了,小白虾决心不离不弃,也叫自己的子子孙孙都来当海蜇的眼睛。从此,海蜇头上总栖息着几只虾子,给它充当眼睛,站岗放哨。利用自然界生物的共生关系来折射人类社会的"知恩图报"及在互助中相依存的伦理关系,确切而又生动,能让幼儿在故事的趣味中愉快而直观地接受教诲。

很多民间故事都讴歌了无私奉献甚至牺牲的美德。《日夜是咋分开的》讲述了神界三姐妹很想为人做点好事,便奏禀天帝,被封为太阳神、月亮神和鸡神,从此定时为人类服务。这个解释性神话富有浓厚的人本色彩,以奉献精神来理解日月、昼夜的生成及与人类生活的利害关系,不仅使幼儿接受了"为人做点好事"的服务理念,也使他们对自然界丰厚的赐予心生感恩。

舟山的《菩萨穿笼裤》讲述一位老渔民出海时遭遇风暴,妻子孩子都葬身海中。幸存下来的他想到,海上渔民若有火点亮,引船靠边,就不至于丧生,他就自动留在荒岛上,每夜点火,不知救了多少迷途的渔船。人们恳求他到船上过活,他却执意孤身留在岛上,为众人点火照亮,直到死去。奉献不是一时一刻的感动,而是一生一世的坚持,这一生一世的付出何尝不是平凡而伟大的牺牲?这个故事本身犹如不灭的灯火,点亮在利己主义价值观盛行的社会环境中成长的孩子的心灵。

还有很多解释性故事(解释名胜古迹、习俗、草药的由来等)也蕴含了鲜明的牺牲主题,如杭州的《虎跑泉》中两兄弟为使众人有水使用,甘愿化身为虎,刨出清泉;金华的《通济桥》中通济和尚为了在江上造桥,以免百姓因过婺江翻船而死,毫不犹豫地跳入江中去跟龙神评理,献出生命;建德的《接龙灯》中东海金木老龙给旱季里的百姓降雨,违背了玉皇大帝的旨意而被斩;嵊县的《金银花》中金牛和银妹从狠心的财主家中偷取药物,治好很多麻疹患者,自己却被财主吊死,坟上长出金银花。当人们为了纪念这种情节虚构而精神实存的牺牲事迹,代代传承给年幼的孩子时,孩子会在看到虎跑泉、通济桥、接龙灯表演和金银花时更有一种情感兼道义上的感动。

生活中最琐细的事情都需要有一诺千金的郑重与诚信,对不谙世事的幼儿来说也是如此。缙云的《玉米为啥生中间》就是一个兼有童趣与教育意涵的故事。粟米、高粱和玉米约定一齐开花结果,谁都不得抢先。粟米和高粱怕玉米身强体壮招人喜欢,就抢先结了果,玉米则老老实实地守着约,最后在气破的肚皮上结果,粒数少些却又大又重。粟米和高粱见玉米又超过自己,觉得很倒霉,就整天无精打采地低着头。玉米呢,觉得没有对不起人家的地方,总是仰头挺胸的。故事的开头仿佛幼儿勾手指的情景(拉钩上吊,一百年不变),结局则以分明的赏罚教给幼儿辨别是非的能力。

桐乡的《公鸡为啥要啼》谴责了欺骗的行为。龙跟公鸡借漂亮的角,骗它说第二天东方发白就还它,还请来蜈蚣做担保,蜈蚣拍着胸脯说要是龙不还就找它算账。结果龙一直躲在天上不下来还角,蜈蚣也扯谎说当初说好角明明是送给龙的,公鸡一听就把蜈蚣啄到肚子里。在幼儿生活中,也会有贪恋他人的物品借了赖着不还的不守信行为,这个故事就是个很好的提醒。

"我在马路边,捡到一分钱,交到人民警察叔叔手里边……"曾经传唱过这首儿歌的中国有着拾金不昧的优良传统。东阳的《还珠亭》讲述一位财主赶路心急,把一个小包忘在樟树下。一个老头子捡到了,打开一看,里面都是晶光闪亮的珍珠,就提了盏灯站在树下等。后来财主寻回这救命钱,家里人重见天日,他就把老头子接去养老。而还珠亭就是对拾金不昧精神的纪念,它也应当树立在幼儿的心中。

与此相对的是要求过于自己所应得的贪婪。宁海的《书生与龙王》中,穷书生求吃,龙王就给他一只碗,要吃什么就有什么;书生又求穿,龙王就给他一把扇子,摇三下就出来各色布匹;书生又求住,龙王就变出崭新的楼房;书生再求龙王口中的明珠(人吃下去就能长生不死,可龙王离了它就没命),霎时狂风暴雨大作,洪水把书生冲入大海。三叠式的结构形象地表现了逐渐膨胀的人的贪欲,直到最后泛滥的洪水把生命和灵魂一同淹没。故事可以教幼儿学会知足常乐的道理。

柯那依·茹可夫斯基认为,"讲故事能够培养'同情与仁慈'。人类具有一种神奇的天性,他能为他人的不幸而忧伤,为他人的幸福而快活,将他人的命运作为自己的命运来体验。"①民间故事的讲述本身就已具有如此功能,更别说那些本身又蕴含着怜悯与仁爱主题的故事。仙居的《仙居》讲述王员外夫妻俩造桥铺路、舍施救苦。一天外面来了两个患麻风病的讨饭人,王员外毫不嫌弃地给他们吃饭喝酒,还给他们好酒,让他们浸在里面洗澡,两个人就变得健康清爽,酒也变得雪白馨香。王员外一家喝了这酒就被度升天了。奉化的《修行婆变鹅》则讲述那些吃斋拜佛的老婆婆不让一位跑江湖的老太婆(其实是观音菩萨变身来试探她们的)借宿,又霸占了她的元宝,任凭老太婆哀求说是救命钱都铁石心肠无动于衷不肯归还,最后都被变成大白鹅。两个故事充满了宗教式的报应思想,适当地改编成普通的赏善罚恶类结局,就适合幼儿接受,以培养他们天性中的温情与仁爱,去除冷酷与无情的心肠。

(三)生态伦理

美国生态学家奥尔多·利奥波德曾提出有关"大地伦理"的生态构想。区别于以往处理人与人以及个人与社会之间关系的传统伦理,大地伦理处理人与大地(大地包括土壤、水、动植物和人等)之间的关系。人与大地上的万物应为唇亡齿寒的伙伴关系,而非主宰和被主宰、征服和被征服的关系。② 中国古代哲学中"天人合一"的思想也以朴素的方式表明了人与自然的沟通和融洽,具有重要的生态价值。民间故事中时常不自觉地体现出一些非人类中心的生态意识和生态智慧。那些关于天地开辟和人类起源的神话表面上呈现了人类征服自然、支配自然的伟大力量,其深层寓意则为人与大自然之间血肉相连的关系。《盘古

---

① 珍妮·约伦编:《世界著名民间故事大观》,潘国庆等译,上海文艺出版社,1991年,前言第12页。

② 张冠华:《中国民间故事中的生态寓意》,《郑州大学学报》(哲社版)第39卷第2期,2006年3月,第161页。

开天辟地》说是盘古身体的各部分化为日月、星辰、风云、山川、田地、草木,既然自然界中的万物是由人的躯体变成的,人与万物浑然一体,那么就可以教幼儿像爱护自己身体的各个器官一样去爱护大自然。

人与万物成为互相依存的伙伴是有条件的,单方面的过度索取会使伙伴关系变为敌对关系。乐清的《龙鼻水》讲龙鼻洞里黄龙的一只鼻孔流泉水,一只鼻孔流白米,和尚每天去洞里担白米煮饭吃,奇怪的是不管寺里和尚有多少,米饭总是吃得一粒不多一粒不少。后来,老和尚不满足,就去把流白米的龙鼻孔使劲捅大,好多流些。结果龙鼻孔一粒白米都不流了,倒喷出一股大水,冲走了贪心的老和尚。大自然赐予人的物资原本已很丰裕,可贪婪的人类总在掠夺不休,所求的远过于所需的。故事中严厉的惩罚性结局就具有很好的警世作用。幼儿也可从中学会珍爱资源有限的自然。

反映人与动物之间关系的故事更能直观地体现人与万物之间的平等意识。慈溪的《牛大王下凡传谷种》、平湖的《麻鸟盗谷种》、云和的《老鼠偷稻种》、衢县的《五谷种》、松阳的《稻谷的来历》等都传说是动物们历经艰险甚至付出牺牲的代价取得谷种,使大地上的人们有了五谷果腹。这些故事都委婉地传达了人与动物互相依存的关系和人必须感激、爱护动物的伦理意识。

"大量野外考察证明,动物是具有个性、尊严、智力、活力、美德的。"①因而动物也值得人的尊重。萧山的《舜拜天子》讲述舜在耕田时,尧站在田埂上大声问他,耕田是雄牛快还是雌牛快。舜放下犁,一直蹚到田埂边,才回答说雄牛快。尧说你在田里就可以回答,何必要蹚水过来。舜说耕田的是头雌牛,当着它的面说雄牛快,它要伤心的。这样的回答不禁让人佩服舜的善良和细致,对一头被视为劳动工具的牲畜尚且如此尊重、体恤。这样的故事很能培养幼儿全新的动物观——动物不是人类的工具或宠物,而是人类的伙伴,理当受到跟人一样的尊重。

---

① 张冠华:《中国民间故事中的生态寓意》,《郑州大学学报》(哲社版)第39卷第2期,2006年3月,第162页。

具备了精神与情感活动能力也决定了动物拥有生存和拒绝被虐杀的权利。《船眼睛的故事》和绍兴的《蜈蚣与书生》讲述了主人公出于怜悯，放走了要被宰杀的鱼（鱼哀伤的眼泪如瀑布般下流、哭声如同女孩子的情景更强化了动物拥有与人类相似的情感的事实）或解救了险些被鸡啄食的蜈蚣；动物则出于报恩赐予人财富或牺牲自己拯救恩人的生命。故事宣扬了善待自然、自有回报的生态寓意。反之，像泰顺的《人心不足蛇吞象》和象山的《穷懒坯与蟾宝贝》中的主人公则丝毫不念动物赋予自己好运与财富的恩情，贪婪且忘恩负义地伤害乃至杀害动物，遭到死亡或重归赤贫的惩罚。损害大自然、漠视万物生命的，其实也是在损害人类自己的灵魂与生命。这样的故事可教幼儿如何温情体恤地与动物相处，也为他们日后的人际关系铺垫了良善的基础，因为爱鸟兽虫鱼等动物的生态伦理实现了人道与天道的彻底贯通，比单纯的人际伦理更为完整。

青田的《鹤城》令人感动地刻画了动物有血有肉的形象。县令为造福百姓而筑城、治水，可三次筑好的城墙都被山洪冲塌。一对白鹤接连三个早晨都在江边兜圈子，县令受到启发，跟随白鹤到栖落之地，圈定城基。那以后，不论暴雨山洪多么凶猛，城墙都稳如泰山。后来县令被人诬告以致处死，白鹤又飞来啄去刽子手们的眼睛，哀鸣数声飞回北山。动物不仅热忱地帮助人改造和利用自然，使人与自然和谐相处，还参与了道义的审判，惩恶扬善，这种忠义的形象会让幼儿肃然起敬。

三、民间故事的情感熏陶价值

几乎每一个民间故事都含有或多或少的情感内容，幼儿在倾听过程中容易达到与故事中的人物、故事所反映的世界乃至他自己的沟通，在沟通中形成情感体验和情感认知；同时，讲故事活动本身也具有情感性，讲和听的人之间也容易形成情感上的互动。因而，民间故事的讲述给予幼儿的是多方位的情感熏陶。但民间故事的教育重点在于个性心理和伦理道德方面，直接以情感为主题的故事并不多，主要的情感类型为亲情、友情、爱情以及人与动物之间的情谊。

以家庭和家族为本位的传统伦理道德观念决定了家庭成员之间的

亲情在民间故事中显得弥足珍贵。但情感不同于伦理道德,相关故事中并未涉及是非对错的道德甄别问题,而只呈现打动人心的深情厚谊。

父母给幼儿口头讲述民间故事的活动情境能给予幼儿深挚的亲情氛围及双向交流的愉悦感,有利于发展他们积极的情感与情绪,也有利于建立健康与和谐的家庭氛围。讲述包含亲子感情内容的故事尤其如此。

杭州的《六和填江》讲述五岁的六和跟妈妈相依为命,住在钱塘江边。一天娘儿俩去捞潮头鱼时,妈妈被涨落无常的潮水卷走。伤心又气愤的小六和一面哭一面把山上大大小小的石头都搬下来,使劲扔进江里,发誓要把害人的钱塘江填满。结果惊动了龙王,允诺把妈妈送还,今后也不再乱涨大潮。娘儿俩就高高兴兴地回家去了。一个幼小稚弱的孩子因念母心切,竟使出那样大的气力和韧性去填江,最后让母亲起死回生。这种深厚强劲的亲子感情一定会感染同为稚子的听者。虽然生活中不可能发生如此壮烈的情景,但故事至少提醒了孩子,孩子不仅是单纯地承受着母亲的哺养和爱护,同样也可以帮助和安慰母亲,做一点哪怕是很小的事,便可表达对母亲的深情。

奉化的《"爹归"》则不同于前面的大团圆结局。十岁的小姑娘阿圆和爹爹两人以养蚕为生。一天爹爹外出采桑,阿圆等到夜里都没见他回家,就出门寻找,一边哭一边大声喊着:"爹爹归家,爹爹归家!"找遍了整座山,喉咙头都喊出了血。原来爹爹让财主给打死了。阿圆变成了一只小鸟,一边飞,一边喊:"爹爹归家,爹爹归家!"凄惨的故事以悲剧的形式描述了父女情深。幼儿的心灵比大人想象的要宽敞、刚强,他们所需要的不仅是愉悦的情感,悲伤的情感也一样能陶冶他们的性情,丰富他们的内心世界,并让他们珍惜现在所拥有的亲情。

永嘉的《望兄亭与送弟阁》以夸张和诙谐的笔调渲染了兄弟之间的相亲相爱之情。兄弟俩成家后住得远了,两个人一天没见着面,就连吃饭都没味道,每天黄昏总要聚在一起聊天,不管刮风下雨。一天,哥哥去弟弟家里,一直聊到下半夜,还是舍不得弟弟,直到天快亮了才走。一里多的路并不远,却冷清,弟弟不放心哥哥一个人走回去,就送他到家。弟弟要回家时,哥哥又不放心,也送他回家。这样送来送去,一直送到天大亮。后来他们为了方便,就造了望兄亭和送弟阁,夜里分别时,各自站在亭阁里,用灯朝对面划三圈,表示一路平安。这个表现兄弟情深的故事随着楠溪江边的望兄亭和送弟阁一直流传了八百多年,让有手足之亲的孩子也深受感染。

富阳的《姐妹山》讲述了一对孤女的故事。姐姐把妹妹拉扯大,两人相依为命,亲得不得了。后来皇帝传旨在民间选宫女,年轻貌美的姐姐被强行拉走,绑上了船,还一声声地呼叫着:"我要回来,我要回来!"妹妹则发狂地往水边追着跑,一路呼喊着:"姐姐呀,回来,姐姐回来!"姐姐听到这呼喊声,心都碎了。不幸的是,妹妹很快就被潮水卷走了,姐姐随后纵身跳入江中。第二天,一对云雀从岩缝里飞腾出来,声声叫着:"姐姐回来!""姐姐回来了!"民间故事中反复出现这种相爱不得的悲剧情景,虽然叫人遗憾、悲伤,但悲剧较之于圆满的喜剧性结局,又似乎更能深入人心。即使幼儿没有手足之情的经历,但借着故事中对亲情的具体描摹,便可在鲜明真切的特定情境中预先体验人的各种情感,从而使自己的情感变得更加敏锐、纯净、体恤和坚强。

中国古代传统中非常重视男性之间的情谊。天台的《和合二仙》讲述了寒山与拾得情同手足、形影不离,后来寒山为了拾得的个人幸福而出走,拾得则费尽千辛万苦去寻找,最后在苏州寒山寺遇见寒山。拾得摘了枝最大最红的荷花,献给寒山,寒山则捧出盛着素斋的竹盒子,两人紧紧相拥,从此便相守在一起。这种生死不渝的友情令人喟叹。幼儿与小伙伴之间的情谊固然还不到这种境界,但故事中的深情厚谊会渗透入他们懵懂的心灵,也教他们珍惜美好的友情。

三门的《瓜花饮酒情义重》则教人辨别何为真正的友情。张、李、季、黄四个秀才在一起读书。张秀才问李秀才,日后到他家,将拿什么来请客,李秀才说他家住在山上,满坡都是梨,可以摘些给他吃。张秀才又问季秀才,季秀才说他家养了很多鸡,可以焖点鸡肉给他吃。张秀才又问黄秀才,黄秀才说他家穷得很,只是种黄瓜度日,可以摘点黄瓜给他吃。一年后,张秀才去李秀才家,看见满山芳香扑鼻的梨,李秀才却说这天日子不对,梨子要摘了就得落光了。过几天,张秀才又去季秀才家,说自己生了场小病,想吃点鸡肉,季秀才也说这天日子不对,鸡杀了要发鸡瘟的。后来张秀才又去黄秀才家,黄秀才提着篮子出去,摘回满满一篮瓜花,配上精肉、酒醋、香料,炒上满满两大盆,酒烫上来下酒吃,并抱歉说黄瓜不争气,还只开着花,只得以花代瓜。张秀才诚挚地说,这就叫"瓜花饮酒情义重"。在迥然不同的对比中,情谊的一虚一真跃然于心。而这种虽贫寒却把酒言欢的相聚场景也寄寓了中国古典文人情怀,在予以幼儿情感的熏陶之时也赋予文化上的濡染。

爱情很难进入幼儿文学的视野,因为它基本上超出了幼儿的生活范畴和理解水平。但随着大众媒介(尤其是影视作品)的兴起,成人文化与艺术已不加选择地入侵幼儿的生活。与其让不健康的文艺作品玷污幼儿的眼睛,不如让纯净美好的传统爱情故事进驻他们的心灵,让他们也借此了解人性中的真善美与假恶丑。露丝·索耶认为,所有民间故事的"核心是人类的真理"[①],幼儿从民间故事中感知的不仅是忠贞不渝可歌可泣的爱情,更是人类对真理的渴慕与追求,而正是这种美好的愿望和信念构成了人类生生不息的内在动力。

属于四大传说的《梁山伯与祝英台》和《白蛇传》就是发源于浙江的故事。《梁祝》中裂坟团圆、化蝶双飞的奇妙结局既能让幼儿了解人们对爱情的忠贞、对自由的向往、对罪恶的抗争,又能满足他们的想象力。《白蛇传》的爱情起源于白娘子对许仙的报恩之心,他们在一起的幸福生活也让幼儿了解到婚姻与家庭生活的温馨和美好,从而憎恶那以暴力和机心破坏爱情的法海和尚。爱情故事叙述的不仅是爱情,也濡染着孩子向往美好情感的心灵。

人与动物如朋友般相依相伴甚至惺惺相惜的故事既体现了动物的灵性,又表达了人的情义。杭州的《梅妻鹤子鹿家人》讲北宋诗人林和靖晚年归隐西湖边孤山上时,出于寂寞,买了一只白鹤和一头小花鹿给自己作伴。他给白鹤取名"鸣皋",在山脚旁造了座亭子,把它养在那里,每天清晨拍拍它雪白的羽毛,说:"鸣皋鸣皋,志冲九霄!"白鹤像听懂了似的,一声鸣叫就飞上高空。客人来访时,白鹤还能冲霄提醒不在

---

① 珍妮·约伦编:《世界著名民间故事大观》,潘国庆等译,上海文艺出版社,1991年,前言第4页。

家的主人。小鹿呢,林和靖时常在它颈下挂了酒壶和竹篮子,它就蹦蹦跳跳地去买酒。林和靖死后,白鹤伤心地绕着他的坟墓直叫了三天三夜,也悲鸣而死。鹤和鹿原本就是易招幼儿喜爱的活泼可爱的动物,在故事中听到它们与人生活时如此其乐融融的场景和死别时依依不舍的深情,幼儿的心灵也会随之欢欣和悲伤。

象山的《张苍水与白猿》讲述明朝大臣张苍水率兵撤退到象山花岙岛继续抗清。他养了只白猿,它不论白天黑夜都能在十里洋面内看清来往的船只,要是陌生的船一出现,它就尖声大叫,提醒张苍水和部下作好战斗准备。后来,张苍水被部下出卖,被活捉,绑在船的桅杆上,白猿就对着月亮一声惨叫,从百丈高的悬崖跳了下去。故事形象地表现了动物对人的忠诚情感,虽然结局令人哀伤、遗憾,也叫幼儿更加懂得动物赤诚纯真的性情。

四、民间故事的知识启蒙价值

文化人类学家马林诺夫斯基说过,"格言、谜语、故事以及历史的叙述,不论在原始或发达的文化中,往往都是艺术和知识的混合物"。[①]民间故事中传达的知识内涵非常丰富,包括有关自然界万象万物奥秘的自然知识,劳作的基本常识与技能,有关名胜古迹、风俗习惯、民间工艺、土特产等由来及其命名的文化知识。这些知识不仅在科学层面上启蒙幼儿,更在人文意义上影响幼儿。美国诗人惠特曼在诗歌《有一个孩子向前走去》中写道:"有一个孩子每天向前走去,他看见最初的东西,他就变成那东西,那东西就变成了他的一部分……"如果幼儿从小倾听本国本土的民间故事,去了解本国本土的传统,那么他也就被放在民族的整个文化链当中,成为中间的一环,从而获得较为稳定的文化身份和安全感——他不是一个没有根基的人。

很多神话都以奇异美妙的幻想形式解释了农业及其他类型文明的由来,虽然情节是虚构的,但其中的知识却是真切的。永嘉的《神农置五谷》、武义的《虞舜开田》和桐乡的《大禹育稻》都告诉孩子五谷种植业

---

① 马林诺夫斯基:《文化论》,费孝通译,商务印书馆,1946年,第68页。

的由来和适宜种植的时辰、地点等基本的农作知识,并培养他们对于农业文明的敬重感。

江山的《女娲造器》讲述了器皿的由来和特性。"女娲拿女人的肚子做样子,造了许许多多大大小小圆不弄冬的容器,大的就叫缸、瓮、坛,小的就叫杯、盘、碗、盏。你看,这些东西不是像肚子一样可以盛装东西吗?接着,女娲又照着小伲撒尿的'小鸟',把有些肚子样的容器也生上'小鸟',那就是壶。你看,水壶、茶壶、酒壶,不是都有个能筛出水来的'小鸟'吗?"①儿童口语般活泼机灵的语言一下子就让幼儿认识了形状功能不一的各样器皿。

江山的《伏羲制衣》讲述了伏羲制作衣服的过程。伏羲"从树上剥下一大块树皮,再用藤条穿起来挂在屁股上,屁股就遮住了;又采了节竹筒吊在前面,前面的羞也遮住了。……女人也就学男人的样,采了树叶、花草围在腰间。这就是女人最先的装饰,称为'百叶衣'。后来,人们会打野兽了,伏羲就剥下兽皮围在腰间,代替'吊筒挂板'和'百叶衣',这就是人类最早的衣裳了"②。上古的服饰虽然简陋、粗朴,却是当代服装的起源。故事能让幼儿了解到,自己身上穿的平常衣服其实是历经世人的创造、改良发展而来的。

东阳的《伏羲造字》讲述文字发明之前的状况和发明的过程。"往昔,人有用结绳记事的。多一只羊,打一个小结;多一头牛,打一个大结。结满十个便打个圈;十个圈便是一百。……可是,那时候老鼠多,绳圈哨了个烂,每家的账目便乱得一塌糊涂。账勿清,便会相争;争勿赢,便会动手。你打我也打,天下大乱。"伏羲就躺在山上想办法。"他望望天,天上有日头,有月亮。日头是一个,便画个小圈,表示一。加上月亮是两个,画两个小圈,表示二。三个小圈便是三,四个小圈便是四。画小圈太繁,便改用点。点又太小,改作线。这样,一、二、三……数字造出来了……伏羲又望望天,望望地,按万物的形状造出了日、月、水、

---

① 中国民间文学集成全国编辑委员会:《中国民间故事集成·浙江卷》,中国 ISBN 中心,1997 年,第 59 页。

② 中国民间文学集成全国编辑委员会:《中国民间故事集成·浙江卷》,中国 ISBN 中心,1997 年,第 60 页。

火、山、石、田、土、羊、鱼、牛、人等几百个字。"①故事让幼儿了解象形文字的起源及其重大的功用,能激发幼儿识字的兴趣和对传统文化的热爱之情。

有关各行各业劳动工具的发明故事,既让幼儿获得相关的历史与科技知识,又能激发他们的科学探索欲。海盐的《张班和鲁班》讲述石匠张班用斧头劈石头,就剖得笔齐笔齐;木匠鲁班受到割破大腿的长着排齿痕的野草的启发,发明了锯子,锯起木头来又快又齐整。宁波的《泥艋船破敌》讲述戚继光设计了一种适于在泥涂上行进的小船:"长五尺,宽一尺,上面装一个横柄,巧得很,用起来双手扶柄,左腿跪在船尾,右脚向后一蹬,船在海涂上滑行,鸟一样灵,飞一样快,取名泥艋船。"②泥艋船被用来抗击倭寇,取得大捷。以后就被老百姓用来捕鱼捉虾,直到今天。这些富有地方特色的人物传说为平常的劳动工具增添了几分历史性和神奇性,幼儿以新的眼光去审视人们的劳作生活,学会不轻贱任何一种庄严的行当。

蚕桑丝绸文化是江浙一带的特色。余杭的《"双树"与"天虫"》讲述老百姓借着仙人的指引,了解蚕可以吐丝及靠着桑树维生的特性,从此开始了养蚕业。杭州的《嫘祖养蚕织绸》则讲述人们偶然发现蚕虫吐出的丝线可以代替植物筋来纺织的事实,从此开始了养蚕和丝绸纺织业。早先,浙江各地的幼儿园和小学里都曾流行过养蚕,若有条件,也可让幼儿在倾听故事之后自己学着养蚕,观察蚕的生长过程和习性,既让他们参与探索自然界的奥秘,又让他们了解到,劳作是要付出精力和心血的。

浙江各地几乎都有自己的代表性工艺品。杭州的《张小泉剪刀》讲述铁匠张小泉杀了水井里的两条乌蛇,为民除害,并且从乌蛇交叉的样子中受到启发,打成小剪刀的样式;杭州的《鲁妹造伞》讲述了鲁妹和鲁班比赛,在三天之内要造点什么东西让人在下雨天照样游西湖,鲁班造

---

① 中国民间文学集成全国编辑委员会:《中国民间故事集成·浙江卷》,中国 ISBN 中心,1997 年,第 60—61 页。

② 中国民间文学集成全国编辑委员会:《中国民间故事集成·浙江卷》,中国 ISBN 中心,1997 年,第 311 页。

了九座凉亭,心灵手巧的鲁妹则造了轻巧便携的绸伞;乐清的《龙船花》讲述新春佳节时贴在龙船四周的花鸟细纹刻纸的由来;东阳的《东阳木雕》讲述鲁班的徒弟创立的雕花家具的技艺。这些丰富绚烂的民间工艺品及其故事可以满足孩子的好奇心,同时滋生他们对传统技艺的尊重与敬佩之情。

　　叙说名胜古迹由来的民间故事配合着秀丽宜人的山川景色,可以在人文知识的启蒙中直观地培养幼儿热爱家乡、热爱祖国的情感。杭州的《飞来峰》讲述一座山峰即将从四川飞到杭州灵隐来,济公和尚预测到了,就通知村民们搬家,但没人相信他。中午,济公和尚看到有户人家在娶亲,就一把抢过新娘子,背着就飞跑出去。全村的人都气得在后面没命地追。之后山峰落在村庄上,大家的生命就都得救了。这座山峰就叫做飞来峰。生动形象的故事能帮助幼儿简单地记忆"飞来峰"这一地方风景,从而激发他们迫切了解其他风光景物传说的兴趣,最终在头脑中形成热爱家乡、以家乡为荣的美好情感。讲到最后如果跟幼儿说这座小山现在还在那里呢,有利于调动幼儿出门参观游玩的兴趣,从而对"飞来峰"有更深一步的认识。

　　诸暨的《五泄叠石岩》讲述吕洞宾在云头上看到五泄这地方突然涌出两股大水,一刹那白浪滚滚,他想着百姓要吃苦头了,赶紧抓出一把神土朝洪水前头撒下去,哪知洪水不但没被镇住,还腾起几丈高。他不停地撒土都没用,就断定是海龙王搞的鬼,就去玉皇大帝那儿告状。结果一看,啊,原来白茫茫滚滚动的不是水,是雾,是吕洞宾灌了几壶酒,醉眼朦胧的,看错了。而他撒下的土,就变成了今天五泄水库大坝前的"叠石岩"。这个出于误会的喜剧性故事不仅让幼儿知晓叠石岩的传奇式由来,也告知了他们雾的自然特征。

　　土特产跟名胜古迹一样,是一个地方的风情标志。杭州的《龙井茶祖宗》讲述一位老大妈把家里装满陈年垃圾的破石臼洗刷得干干净净,垃圾和污水都倒在屋后十八株老茶树的根头,结果一个老头子告诉她,那些垃圾都是宝贝,埋在茶树根下可就成全了老茶树。那以后,往年只能长出些粗劣茶叶的十八株老茶树竟密密麻麻地生出一片葱绿的嫩芽,采下的茶叶又细又嫩又香,这就是最初的龙井茶。故事可以引发幼儿对中国古老的茶文化的初步兴趣,我们甚至可以创设机会带领他们去龙井观察农民采茶的情景,让他们回家自己也学习泡茶的技巧。

金华的《金华酥饼》以妙趣横生的笔触讲述了金华酥饼的由来。程咬金在金华城里卖山东大饼,自己闻着香,老百姓都摇头。后来他闻到邻居那儿霉干菜炒肉的咸香味,受到启发,就把霉干菜夹到肉饼里,生意一下子兴旺起来。后来他又做出巴掌心大的小干菜肉饼、清香可口的椒盐饼和小葱饼。一天,他把几个夹生饼顺手往炉边一搁,没想到第二天凌晨闻到一股咸焦香,夹生饼烘焙得油光光黄澄澄的,咬一口“咔嚓”一声,满口酥脆松香,味鲜极了。这种隔夜饼就叫做酥饼。这个富有生活气息的故事形象地勾勒了酥饼的改进过程,让幼儿在知道它的来龙去脉时也忍不住咽下很多口水。孩子们对食物有天生的喜好,以食物为主题的故事更能勾起他们的双重胃口——对食物,也对故事、文学、文化。其他如临安的《天目笋干》、东阳的《雪舫蒋腿》、平湖的《平湖糟蛋》、建德的《叫化鸡》等故事大多介绍当地的特色食品,听着这样的故事,真是一路飘香,可使幼儿获得认知与娱乐的双重价值。

在仪式与习俗渐渐衰落的今天,很多孩子都不知道各地甚至本地丰富的风俗习惯。而民间故事就是一种民俗甚至人们生活史的载体,在某些节日里讲述相关的故事对幼儿来说是很有必要的文化启蒙。

文成的《地为啥会动》讲盘古开天辟地后,把地交给地藏王管,要他把地背在肩上,每年换一次肩。地藏王记性不好,盘古就交代世人提醒他。人就在农历七月二十九地藏王生日那天,让小孩子手捧柚子,上面插满清香,满街跑来跑去,地藏王看见了,就晓得要把背着的地换一下肩。这种让孩子插地香的习俗在笔者的家乡一直持续到20世纪90年代初。

东阳的《端午挂菖蒲》讲述了直到今日还在民间盛行的一种传统习俗。张天师来浙江捉鬼,五月初五是鬼节,鬼多得捉不过来,一位老阿公就教他把手中的斩妖剑化作千万支菖蒲,戳鬼叉变成千万支艾条,一丛丛长在溪边塘角、田头地脚,让大家采去当神剑和宝叉,挂在门高头,插在灶高顶。大鬼小鬼一看见,还以为是真的,都吓回去了。这种象征性思维极为符合处于象征性游戏阶段的幼儿的思维方式,使他们可以将习俗当成游戏般地珍藏在幼年生动的记忆之中。

动植物传说和故事大都以幻想的形式探索动植物的生理特点和生活习性,而这些又是处于"万物有灵"阶段的幼儿比较感兴趣的,所以故事很好地结合了知识性、幻想性和趣味性,给予幼儿知识上的启蒙、想象力的滋养和情感上的愉悦。

富阳的《牛鹅调眼睛》讲牛老是仗着自己一身力气,要欺负和吞吃别的动物和人。南海观音为了制服它,就趁它睡觉时把它和鹅的眼睛对调了一下。从此,牛的眼睛看别人都变得很大,再不敢欺侮人了,连蚊蝇来叮它,都只用牛尾巴赶一下。鹅呢,看看牛比自己小得可怜,人变得跟蚂蚁一样大,亏得它力气小,嘴巴小,又没牙齿,所以一看见人,只会伸长头颈,拍着翅膀,追过来啄你。故事利用了家畜的自然属性,把它们拟人化为幼儿所熟悉的小霸王式形象,使幼儿在笑声中了解牛与鹅眼睛的特性。

其他如青田的《刘邦封蛇》讲述油菜花蛇头上有个"王"字,而蟹蛇是瞎眼的,每天只有午时三刻前后开一次眼;泰顺的《鹁鸪啼晴哭雨》解释了鹁鸪天晴下雨时都要"咕咕咕,咕咕咕"叫的缘故;金华的《蚯蚓头颈上的戒指印》讲述蚯蚓身子细长和头颈上"戒指印"的由来;玉环的《带鱼、鳗鱼与黄鱼》讲述了三种鱼类的特征:带鱼浑身一色白,人被咬了就流血不止,但只要刮一点它的白鳞皮敷上,就能止血;鳗鱼除了肚皮下是白的,浑身都是褐灰色;黄鱼戴着金盔金甲,却性情温和,从不咬人。这些活灵活现的情节一一展示着幼儿陌生或熟悉的各类动物独特而有趣的习性。

植物故事相对来说较少。金华的《马齿苋为啥晒不死》讲述后羿为了除害,射杀了九个太阳,最后一个躲在一丛马齿苋底下,才保住性命。从此,这一个太阳为了报恩,就处处照顾马齿苋,让它的叶子长得厚厚的,杆子长得壮壮实实的,伏天都晒不瘪。

文成的《稻麦豆打架》则更富有童趣地展示了各种农作物的特性。稻和麦为了争做五谷之王打了起来,银豆和豌豆在一旁看热闹,后来也卷进去,都打在一起了。那以后,碾出来的稻米总是缺只角,麦子肚中央留下一条槽,银豆是扁扁的,豌豆滚滚圆,赤豆吓得变了脸色。

龙泉的《猴姜》解释了中草药被发现的由来及功效。一天,老药农带着小猴子上山采药,调皮的小猴子从悬崖上摔下去,摔断了两只脚。一只老猴子咬着一根藤蔓,掰下块根,塞进嘴里嚼烂,敷在小猴子的断腿上,又撕下叶子把断折的地方包裹扎紧。过了几天,小猴子的伤好了,又蹦又跳的,以后这种藤蔓的块根就被命名为"猴姜"。故事既告知幼儿相关的中草药知识,又表现了动物的灵性,也让人感受到大自然的设计实在是精密而完美,有伤痛疾病就有相应的药预备着。

一群士兵在夜里围着篝火讲民间故事消闲,其中那个讲不出故事来的士兵必须对着火炉大声叫道:"啊,妈妈,您怎么把我培养成这么一头蠢驴,它连故事也不会讲!"[①]民间故事的讲述对一个人来说是多么重要的能力,因为故事中已有意无意地蕴含了太多的价值,尤其是对于成长中孩子的精神价值。高尔基说:"在故事里,我感到有一个创造一切故事的奇异的生物。这个生物仿佛并不是强有力的,却是聪明的、眼光锐利的、勇敢的、顽强的,能够以自己的顽强去克服一切事物和一切人。我说——生物,是因为故事的主人公们从这个故事到那个故事里,重复着,它们在我心目中成了一个人物、一个形象了。"[②]民间故事对于大人和小孩长久不衰的永恒魅力也正在于此。

① 珍妮·约伦:《世界著名民间故事大观》,潘国庆等译,上海文艺出版社,1991年,前言第3页。

② 高尔基:《文学论文选》,曹葆华译,人民文学出版社,1959年,第399页。

第三章　民间故事传承现状的调查

民间故事的传承现状调查分为两个部分：一是家庭中的传承现状调查；二是幼儿园中的传承调查。传承现状调查是后续的传承实践研究的前提和基础，传承现状中存在的问题是传承实践研究中需要着力解决的重点，家长与教师在调查中反映出来的看法和意见，启迪了传承实践研究的思路。

第一节　民间故事在家庭中的传承现状调查

对于学前儿童来说，家庭是其接受民间故事的主要场所之一。由于学前儿童尚不具备独立表达自己看法的能力，因此，这一调查的问卷由家长完成。

一、调查样本与研究设计

传承现状调查的设计着重考虑了以下两个方面的问题：一是调查对象的选样；二是问卷的设计。

（一）样本概况

为了使调查结果能够尽可能全面真实，我们在样本选择上着重注意了以下几个方面的问题：一是与幼儿园传承现状调查的结合；二是受访者孩子的不同年龄覆盖面；三是样本的区域性、幼儿园的不同层级及其城乡差异。

民间故事在家庭中的传承现状,需要同幼儿园中的传承现状结合起来分析。因此,我们把面向家长的问卷同面向教师的问卷发放到同一所幼儿园。这样所获得的两种调查结果具有一定的可比性。

被调查幼儿园的教师全部填写问卷,家长卷则随机选取各个年龄段的一个班进行填写。这样可以了解到该园不同年龄孩子接受民间故事的一个纵切面。各所幼儿园的班级分布层次不完全一样,有些幼儿园有托班(亦称"小小班",专门接收小班年龄以下的儿童),有些则没有托班。因此,托班问卷在总的样本里面所占比例相对低一点。与此同时,不同年龄段的班额不尽相同。年龄越小的班级,班额越少。因此,大班样本的比例相对较高。

在样本选择的区域上,我们选择了浙东、浙南、浙北以及浙江省沿海中部的台州市等经济文化发展不尽相同的各一个县。在这些县的省一级幼儿园一直到准办级幼儿园各选一所。在准办级以下还有一些未能获得准办资格的幼儿园。这些幼儿园虽然实际开办,但未能获得政府的准入资格。我们借助行政渠道下发问卷会造成不必要的误解,因此未将这些幼儿园列入选样范围。

考虑调查对象的幼儿园层级时,我们同时考虑幼儿园所在地的城乡差异问题。因此,县级城市、乡级城镇或街道以及村级幼儿园均选择一所。一般来说,县级市中心幼儿园或机关幼儿园多是省一级;乡镇中心所在地的幼儿园多为省二级和省三级;准办级则大多是村办幼儿园。浙江省的县级城市同地级城市的经济文化水平没有明显差异,有些县级市的发展水准甚至超过地级市(很多地区正在撤县改市,扩大县级权限,削弱地级市管理行政职能),因此我们没有特意强调必须有地级市和县级市的不同幼儿园。

问卷投放之前,我们在杭州市的幼儿园进行了试测,并根据试测结果和受访者的意见修改了问卷。为了更广泛地了解浙江省各地的实际情况,我们在普遍调查时,不再选择杭州市的幼儿园。

问卷通过当地教育行政部门向幼儿园投放,要求各幼儿园园长逐份检查回收问卷,不合格问卷要求重新填写,因此回收的合格率较高。投放1750份,回收有效问卷1738份。合格问卷所占比例达到99.3%。有效问卷概况如下:

宁波、温州、湖州、台州四地的 1738 位家长填写了问卷,其中有 1533 份问卷为父母亲填写,155 份为祖父母/外祖父母填写,50 份为其他抚养者填写。共有 4 个年龄段的幼儿家长参与调查,其中托班(即小小班)幼儿的家长 186 人,占总数的 10.8%;小班幼儿的家长 460 人,占 26.5%;中班幼儿家长 467 人,占 26.9%;大班幼儿家长 610 人,占 35.1%;极少数(15 名)家长未填写该项。

民间故事在家庭中的传承与家长的文化程度有密切关系,在接受调查的家长中,文化程度高中以下的占 26.6%,高中或中专的占 33.1%,大专占 20.5%,本科及其以上的占18.5%;1.3%的受访者未填写该项目。

限于篇幅,其他情况不再详细罗列。

(二)问卷设计

民间故事传承现状的调查是一种描述性的研究,其意义在于为以后进行的研究提供必要的解释性认识。为了避免描述性研究可能"退化成愚蠢的事实堆砌",①问卷设计时,我们尽可能激发出解释性研究所需要的"为什么"的问题。

民间故事在家庭中的传承情况受到以下三个方面因素的制约:第一,民间故事的文本是否适宜学前儿童的接受需要;第二,家长传述民间故事的主客观条件,如家长是否具有同孩子分享故事的适宜时间、家长的文化程度、他们是否熟悉民间故事或能否获得民间故事的资源以及对民间故事传承的认识和传承方式的适宜性等;第三,影响家长传承民间故事的社会支持,如民间故事图书、视频等必要的社会资源以及教育机构提供的指导和帮助等。

上述三个方面的因素互为影响。其中的第一个方面因素是决定性因素,民间故事是否符合学前儿童的接受期待、理解水准以及能否激发接受主体的兴趣决定着传承的可能性和必要性。也就是说,民间故事的文本如果不符合学前儿童的需要,传承就不具有可行性。可以说,这

① 戴维·德沃斯:《社会研究中的研究设计》,郝大海等译,中国人民大学出版社,2008年,第4页。

一方面的因素是"无之必不然"的决定性因素。第二个方面的因素和第三个方面的因素则是概率性的。家长的主客观因素和社会支持的客观条件,这两个方面的各项具体因素对于民间故事的传承来讲,是"有之必然,无之未必然"的概率性因素。比如,家长是否能够获得传承民间故事的视频资料、图书资料,是否能获得教育机构的指导都是概率性的因素。有这些条件,民间故事的传承就更为可能、更为有效,没有其中的某些条件,民间故事的传承未必就不能进行。又如,家长对民间故事传承的必要性认识比较模糊,而视频、图书等社会支持条件比较充分,家长就会让孩子去观看或阅读民间故事,不会必然地导致民间故事在现实生活中的缺场。由此可见,家长的主客观条件和社会支持的条件这两项因素是概率性因素,而且是交互影响的因素。

根据上述认识,我们在问卷设计中将第一方面的各个具体因素设计成可以进行方差分析的问题,第二和第三方面的问题则设计成适合频数分析的题项。

二、调查结果与分析

(一)民间故事的传承面临缺场的窘境

学前儿童接受民间故事的途径主要是三种:一是听故事,二是阅读相关图书,三是收看视频。为此,本问卷从倾听故事、阅读图书、收看视频三个方面调查了学前儿童的接受现状。调查发现,民间故事在学前儿童中的传承面临缺场的窘境。

1. 家长讲述民间故事的现状

口耳相传的故事讲述是民间故事传承中最方便的方式,然而这一方式在家庭中的调查结果却并不理想。数据显示,家长从来没有给孩子讲过民间故事的占31.2%,讲过1~5个民间故事的占55.2%,讲过6个以上的仅有13.6%。

问卷调查的受访对象中,3岁以上的孩子占到近九成。3岁前后孩子喜欢听故事,而且期待每天听故事。如果,孩子所听故事中只有一小部分是民间故事,比如只占20%。那么,一年中也能听到上百个民间故事。即使每周听一个民间故事,一年也会听到50个;即使一个月听一个民间故事,一年也会听到12个。按照一个月听一个来计算,3岁到6岁的孩子一年将听到12个民间故事,三年中将听到36个民间故事。如果一个孩子只能听到一位数或刚到两位数的民间故事,那么民间故事在学前儿童的精神生活中就基本上处于一种缺场的状态。

从图3.1可以看到,听了11个民间故事以上的孩子不到5%。由此可见,幼儿在家中听到的民间故事同他们听故事的期待相比较,差距实在太远。

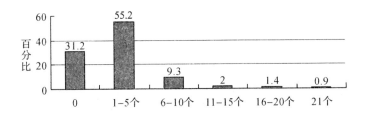

图3.1 幼儿听过的民间故事

2. 民间故事图画书阅读的现状

图画书阅读也是学前儿童接受民间故事的一种形式。家长没有时间讲故事的时候,孩子可以自主阅读图画书。然而,我们的调查表明,从来没有阅读过民间故事类图画书的儿童高达47.2%,也就是说近一半的幼儿没有看过关于民间故事的图画书。只看过1～3本的幼儿占39%,如果将这两者相加,看过三本以下民间故事图画书的孩子占到86.2%。也就是说,大部分的孩子没有或很少阅读民间故事图画

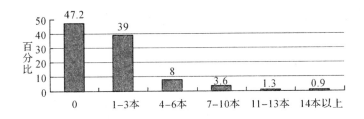

图3.2 幼儿看过的民间故事图画书

书。看过 3 本以上民间故事图画书的全部相加,也只有 13.8%。这些数据告诉我们一个触目惊心的事实:图画书在民间故事传承中所起的作用微乎其微。这一结果的主要原因是:适合学前儿童接受理解的民间故事类图画书出版得很少。

3. 民间故事视频节目收看的现状

视频节目直观生动,是学前儿童接受民间故事时最容易产生兴趣的一种形式。然而调查表明,七成以上的孩子只收看了 3 个以下关于民间故事的视频(其中看两三次的占 48.9%,一次都没看过的占 29.2%)。这一事实表明,在数字化的时代,民间故事的视频节目远远没有实现其传承传统文化的应有作用。

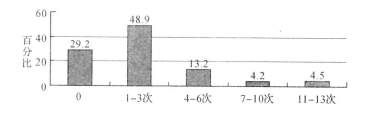

图 3.3　幼儿看过的民间故事视频

综上所述,学前儿童能够接受民间故事的三个途径——听故事、看图画书、收看视频节目——都没有实现应有的作用,造成了民间故事的传承在现实生活中的缺场窘境。

4. 家长并未利用有效时机同孩子分享民间故事

这种缺场的窘境,是否因为社会生活方式演变,导致家长缺乏与孩子共同分享民间故事的时间呢? 我们在问卷中专门设计了这方面的问题。

从现实生活情况看,晚餐之后至就寝是家长同孩子一起分享故事的最佳时间段。这一时间段,孩子非常需要同家长在一起分享一些有益有趣,而且逐步安静心绪的活动。分享故事就是一种最合适的活动。各个国家的民间故事以及作家创作的故事中都有"睡前故事"的事实证明了这种特定的需求。

　　调查表明,绝大多数家长在这一段时间都同孩子在一起。其中,父母同孩子在一起的占 72.7％,祖辈老人同孩子在一起的占 21.4％。两者共计九成以上(见图 3.4)。

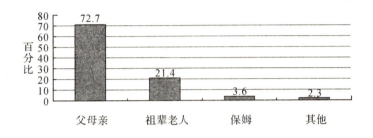

图 3.4　就寝前,幼儿接触的可能传述者

　　晚餐至就寝时间长达数小时,分享一个民间故事不过十数分钟时间。家长具备同孩子分享民间故事的时间,但是并未有效利用。前一部分的调查结果已经表明,即使利用这段时间同孩子分享民间故事,这样做的家长也少之又少。

　　从调查结果中,我们还可以知道,即使分享寥寥无几的民间故事,也是祖辈老人同孩子的分享要超过父母与孩子之间的分享(下图的数据为多项选择的频数百分数)。从来没有利用这段时间同孩子一起分享民间故事的家庭占 17％,亲友或其他人讲述给孩子听的占 9.4％,祖辈老人讲述的近四成。父母同孩子分享的占 33.9％。

　　调查表明,虽然九成的孩子在就寝前有父母或祖辈老人陪同,但是只有 33.9％的父母和 39.7％的祖辈父母给孩子讲过民间故事,并且有 17％的家庭从来没有给孩子讲过民间故事(见图 3.5)。

　　需要指出的是,与孩子一起分享民间故事的祖辈老人明显超过父母亲。出现这种情况有以下两种可能,一是父母没有精力同孩子一起分享民间故事;二是父母不熟悉、不喜欢本国的民间故事或者没有认识到民间故事传承的必要性。从我们对部分家长的访谈情况看,后者是更为主要的原因。相当多的父母即使工作繁忙仍然愿意抽出时间与孩子一起分享故事,但是他们更愿意同孩子一起分享国外绘本故事。

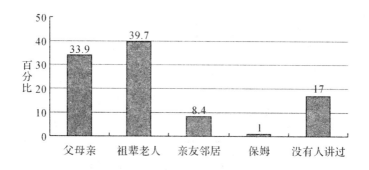

图 3.5 给幼儿讲过民间故事的传述者

注:图中的数据,为频数百分数。

(二)民间故事传承窘境的产生原因

民间故事在家庭中的传承为何面临缺场的窘境?我们认为主要原因可以分为两种,一是民间故事文本的原因;二是非文本的原因。

1. 影响传承的文本因素

影响民间故事传承的文本因素主要是三个方面:一是不容易理解;二是缺乏趣味性;三是缺乏现实意义。这三个问题的深入分析和解决办法,将在"民间故事的文本改编"这一章节中具体展开。此处,仅以调查结果呈现这一事实。

①民间故事不容易理解

民间故事不容易理解是制约传承的主要原因。调查表明,学前儿童对于民间故事的理解呈现出以下特点:能理解民间故事的(其中"非常容易理解"和"理解"分别占 2.5% 和 16.0%)仅占 18.5%。"大致理解"的占 50.9%,"不理解"与"很不理解"的占 30.6%。这些数据表明,三成家长认为民间故事不容易理解,只能大致理解的占五成(见图 3.6)。

学前儿童对于民间故事的理解,受到家长文化程度和儿童年龄的影响。

第一,方差分析的组间比较表明,中等文化程度及其以下的家长与大专及其以上文化程度的家长对幼儿理解民间故事的程度判断有明显差异($F_{(3)} = 6.228, P = 0.002 < 0.05$)。大专文化以上的家长在判断孩

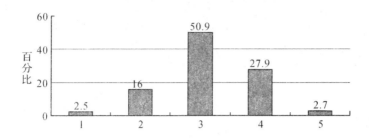

图 3.6　家长认为幼儿对民间故事的理解程度

注:1. 非常理解;2. 理解;3. 大致理解;4. 不理解;5. 很不理解。

子是否理解民间故事的问题上没有明显差异,而中等文化程度及其以下的家长则同接受过高等教育的家长呈现出明显差异。根据我们的访谈,中等文化程度以下的家长,对孩子理解民间故事的要求比较低,只要孩子能够听故事,就认为孩子已经理解。大专以上文化的家长同孩子分享故事时,大多进行互动交流。对话交流中,家长发现孩子只是听个热闹,只能知道大致的故事情节,并不能真正理解故事的意义。

从组内比较可见,中专以下的家长比大专以上的家长认为幼儿能更好地理解民间故事。见表 3.1。

表 3.1　不同文化水平的家长认为儿童对民间故事理解程度的差异比较

家长文化程度	文化程度	平均数	显著性差异
高中以下	大专	0.144*	0.018
	本科及其以上	0.296*	0.000
高中或中专	本科及其以上	0.199*	0.060

第二,不同年龄的儿童对民间故事的理解呈现出明显的差异。经方差分析的组间比较显示,$F_{(3)} = 3.348$,$P = 0.01 < 0.05$。这一事实说明,处于不同年龄的幼儿对民间故事的理解也有明显差异。方差分析的组内比较表明,大班的儿童理解民间故事优于小班和中班,显著优于托班(小小班)。民间故事一直被认为很通俗浅显,事实上,民间故事出

场之时,并非专门面向学龄前儿童,而是面向不同年龄的接受群体。因此,对于低年龄的儿童来说,民间故事并不通俗浅显,而是深奥难懂。

表 3.2　不同年龄儿童对民间故事理解程度的差异比较

儿童年龄	年龄等级	平均数	显著性差异
大班	小小班	2.3347*	0.005
	小班	0.8193	0.182
	中班	0.8462	0.166

根据我们对家长的访谈以及传承民间故事的现场观察,影响理解的因素主要是两个:一是学前儿童缺乏理解民间故事的生活经验;二是故事中的一些词语很难理解。访谈中,家长希望专业人员对民间故事的文本进行必要的改编,解决好词语理解和情节内容理解的问题,以使民间故事的传承能够得到延续。

②民间故事缺乏趣味性

五成以上(55.1%)的家长认为孩子不喜欢民间故事。其中不太喜欢占 46.2%,不喜欢占 7.4%,非常不喜欢占 1.5%。仅有四成多的家长认为孩子喜欢民间故事,其中非常喜欢民间故事的仅占 4%,喜欢民间故事的占 40.9%。

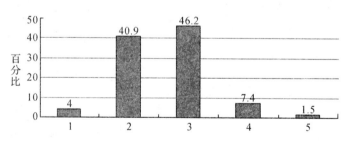

图 3.7　幼儿对民间故事的喜爱程度

注:1. 非常喜欢;2. 喜欢;3. 不太喜欢;4. 不喜欢;5. 非常不喜欢。

民间故事不受学前儿童喜爱的原因主要是文本本身的原因,但也一定程度上受到传述主体的影响。也就是说,家长的文化程度与职业、年龄、生活所在地的城乡差异以及经济社会地位都有可能影响传述者的传述方式及其效果。

我们对这些概率性因素进行了分析：第一，家长的经济社会地位。孩子入托的幼儿园层次受制于家长的经济社会地位，入托的幼儿园级别高，家长的经济社会地位就高，反之亦然。第二，孩子的年龄会影响他们喜爱民间故事的程度。第三，家长的年龄、文化程度与职业。

调查表明，所在幼儿园的级别不同、家长的年龄不同以及孩子年龄不同的受访者，对于孩子是否喜欢民间故事的认识有显著差异。家长的文化程度和职业的不同，则没有显著差异。

方差检验结果有明显差异的主要是以下几个方面：第一，年轻的家长认为孩子喜欢民间故事的更多一些；第二，省三级幼儿园的家长比其他级别幼儿园的家长对孩子喜欢民间故事的评价更低一些；第三，托班和小班孩子的家长认为，孩子更喜欢民间故事，而中大班孩子的家长则没有明显差异。

根据我们的观察和访谈，产生这些差异的原因主要是以下几个方面：第一，孩子年龄较小的时候，肢体活动能力较弱，比较适合听故事等安静一些的活动。随着年龄的增长，孩子的运动能力增强，逐渐增加了户外活动，对于安静听故事的兴趣逐渐下降。因此，我们可以看到年龄较小的孩子，他们也更为喜欢听故事。应该指出，这一比较只能表明低龄儿童更喜欢听故事，而不能证明他们更喜欢听民间故事。第二，省三级幼儿园的家长比其他级别幼儿园的家长对孩子喜欢民间故事的认可程度较低。省三级幼儿园的级别高于准办级，而又低于省一级和省二级。为什么独独这一级别的幼儿园家长会对孩子喜欢民间故事的程度作出显著差异的判断呢？其主要原因是教师对家长指导所起的影响。省三级幼儿园大多是一些处于夹心层状态的幼儿园，硬件尚好，师资较弱。这些幼儿园比较喜欢利用大型玩具开展活动，而教师讲故事的能力较弱。教师指导家长与孩子分享故事的活动则开展得更少。准办级幼儿园的硬件较差，尤其是在大型玩具不足的情况下，教师经常以讲故事等活动来打发时间。与此同时，教师在指导家长时也经常把讲故事作为一项重要的任务。于是，家长对孩子听故事的认识也比较重视。以下是方差分析的具体说明。

经方差分析的组间比较，$F_{(3)} = 3.112$，$P = 0.015 < 0.05$，说明家长

的年龄不同,其孩子喜爱民间故事的程度有明显差异。从组内比较得知,年龄在22～30岁的家长比年龄在35岁以上的家长认为幼儿能更加喜爱民间故事。见表3.3。

表3.3　不同年龄的家长对儿童喜爱民间故事程度的差异比较

家长年龄	年龄等级	平均数	显著性差异
22～30岁	35～40岁	0.165*	0.012
	45岁以上	0.229*	0.008

方差分析的组间比较表明,$F_{(3)} = 5.829$,$P = 0.012 < 0.05$。这一结果说明,处于不同幼儿园等级的家长认为幼儿对民间故事的喜爱程度存在明显差异。从组内比较可见,省一级、省二级和准办级的幼儿园的家长比省三级幼儿园的家长认为儿童更喜欢民间故事,省一级、二级和准办级之间无明显差异。见表3.4。

表3.4　家长认为儿童对民间故事喜爱程度的差异比较

幼儿园等级	幼儿园等级	平均数	显著性差异
省三级	省一级	−0.153*	0.004
	省二级	−0.139*	0.012
	准办级	−0.242*	0.000

方差分析的组间比较表明,$F_{(3)} = 10.768$,$P = 0.000 < 0.05$。也就是说,处于不同年龄的幼儿对民间故事的喜爱有明显差异。从组内比较可见,托班的儿童喜爱民间故事的程度最高,其次是小班。大班和中班的幼儿对民间故事的喜爱程度无明显差异。见表3.5。

表3.5　不同年龄儿童对民间故事喜爱程度的差异比较

儿童年龄	年龄等级	平均数	显著性差异
小小班	大班	0.140*	0.047
	中班	0.279*	0.000
	小班	0.351*	0.000
小班	大班	0.139*	0.000
	中班	0.210*	0.009

③民间故事的现实意义

家长对民间故事传承的必要性认识,直接反映了民间故事文本是否具有现实的传承意义。八成以上家长认为有必要传承民间故事。这是一个令人欣喜的调查结果。超过 80％的家长认为有必要传承民间故事;其中认为非常有必要的,占 25.4％,有必要传承的,占 57.6％。远远超过家长对孩子是否"理解"和"喜欢"民间故事这两个问题的调查结果。见图 3.8。

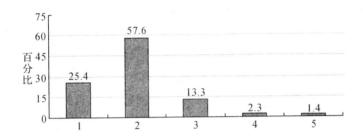

图 3.8　家长认为讲述民间故事的必要性

　　注:1. 非常需要;2. 比较需要;3. 可有可无;4. 基本不需要;5. 非常不需要。

更为令人欣喜的是不同社会群体的家长对民间故事传承必要性的认识没有明显分歧。方差检验表明,关于民间故事传承"必要性"的认识,同家长的职业、年龄、文化程度以及孩子所在班级的年龄段均无显著差异。不同等级的幼儿园之间则存在差异,省三级幼儿园的家长认为更有必要传承民间故事。见表 3.6。

表 3.6　家长对民间故事传承必要性的比较

幼儿园等级	幼儿园等级	平均数	显著性差异
省三级	省一级	0.153*	0.229
	省二级	0.155*	0.004
	准办级	0.059	0.308

方差分析的组间比较表明,$F_{(3)}＝2.846,P＝0.036＜0.05$,不同等

级幼儿园的家长对民间故事传承必要性的认识存在明显差异。从组内比较可见,省三级幼儿园家长的认可程度,优于省一级和准办级幼儿园的家长,明显优于省二级幼儿园的家长。

前面的讨论中提到,省三级幼儿园孩子的家长认为孩子喜欢民间故事的程度低于其他等级幼儿园家长的评价。此处,省三级幼儿园的家长对于民间故事传承的必要性认识却高于其他幼儿园的家长。我们认为,这并非互相矛盾的结果。孩子是否喜欢民间故事是家长对儿童反应的观察结果,必要性是家长自身对民间故事传承的态度;前者是客观的观察,后者是主观的思想认识。这两者不一致,表明家长比较真实地表达了自己了解的事实和主观态度。

总体而言,各个社会层面的家长对于必要性的认识是肯定的。这就使民间故事的传承具有了良好的前提。

为了更深入地了解民间故事传承的必要性,我们设计了两个不定选项的问题:一是家长所认为的民间故事价值是什么,这与民间故事传承的必要性密不可分;二是民间故事传承意义不大的原因,即家长没有更多地传承民间故事的原因是什么。

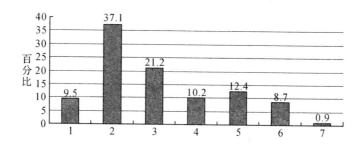

图 3.9　家长认为民间故事对幼儿的作用

注:1.故事有趣,具有娱乐作用;2.了解浙江的历史知识、民俗风情;3.陶冶思想情感,形成良好道德品质;4.诱导幼儿的生活习惯;5.表示开发智力,发展认知能力;6.表示培养坚毅品质;7.表示其他。

　　这一问题是不定选项,图 3.9 显示的是频数百分数。通过图 3.9 可以直观地看出:家长把民间故事看作涉猎历史知识和风俗民情载体的比例最高,占了 37.1%;认为民间故事能够陶冶情感、形成良好道德品质的家长占 21.2%。这两项相加的比例达到 58.3%,超过其他五个选项相加的总数。

　　第二,家长认为意义不大的原因有以下几种:只有很少的家长认为民间故事已经陈旧过时(这部分家长仅占 4.5%)。近三成家长以前从来没有意识到民间故事传承的必要性。近两成的家长认为民间故事难于理解。44.7% 的家长认为有更有意义或孩子更喜欢的事情、故事。见图 3.10,图中数据为频数百分数。

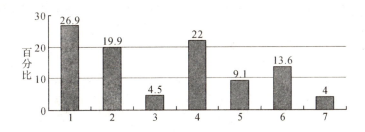

图 3.10　家长不讲民间故事的原因

　　注:1.以前没有想过;2.民间故事同幼儿生活脱离,不易理解;3.民间故事中的思想意识陈旧,不符合时代需要;4.幼儿有更喜欢听的故事;5.有更值得学习的东西;6.表示幼儿有更喜欢玩的事情;7.表示其他。

　　如果我们能够有效地转化民间故事的内容和形式,使之更为容易理解,更为孩子所喜欢,那么更多的家长将转变认识加入到传承民间故事的行列之中。这个结果,也同样警示我们:民间故事的不容易理解和不能为更多孩子所喜欢的问题不予重视,没有相应的行动,民间故事等传统文化将不可避免地出现"退场"和"缺场"的局面。

　　概括理解、喜欢、必要性三个问题的讨论,可以看出:不容易理解是影响民间故事传承的主要原因,家长认为民间故事有必要传承,孩子也会喜欢民间故事。如果解决好民间故事的转化工作,使之更容易理解、更为孩子喜欢,民间故事的传承将迎来令人欣喜的局面。

2. 影响传承的非文本因素

民间故事在家庭的传承中,家长是最主要的传述者,家长对民间故事的认识是影响民间故事传承的重要非文本因素。民间故事面临缺场的窘境,除了与故事本身有关,家长在民间故事素养和认识方面的缺失也是重要原因。

①家长熟悉的民间故事数量少

家长不熟悉/不了解民间故事的程度到了怎样一个状态呢?图3.11的数据表明,七成多的家长知道并且能够讲述的民间故事不超过三四个(其中没有看到过的占6.9%,知道一两个的占29.1%,知道三四个的占24.1%)。家长缺乏对民间故事的认识,掌握的民间故事数量少,直接影响着民间故事在家庭中的传承,在一定程度上影响了民间故事的缺场。

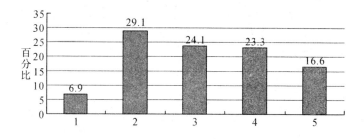

图3.11　家长知道的民间故事

注:1.没有看到过;2.一两个;3.三四个;4.五个以上,不到十个;5.十个以上。

值得进一步说明的是,为了方便受访者理解民间故事的定义,我们在说明调查目的、意义和要求的问卷前言中,列举了"梁祝"和"济公"的故事。有关"济公"和"梁祝"的各种视频节目曾经热播,如果剔除这两个民间故事,家长所熟悉了解的民间故事就会更少。

②家长缺乏自觉的认识

对于民间故事传承的必要性,八成家长都认为"有必要"或"非常有必要"(其中认为非常有必要的占25.4%,认为有必要的占57.6%),民间故事的传承价值在一定程度上得到家长的认可。

同时,调查也表明,90％的家长认为自己应该承担民间故事传承的责任(其中教师和家长共同承担占 82.5％,家长独自承担占 9.1％),其中也有 6.6％的家长认为应该由教师来承担这一责任。这一结果表明,家长在主观上还是能清楚地意识到自己应该责无旁贷地承担责任。

总体上看,家长对民间故事传承的认识是肯定的、积极的。问题在于,主观上认为有必要,而且应该承担责任。实际上,是否采取了相应的行动呢？从调查中我们可以看到,55.7％的家长"从来没有寻找过"民间故事方面的相关图书等资料,还有 26.9％的家长甚至从来没有想过这个问题。也就是说,相当一部分家长是"有认识无行动",这也是民间故事在亲子分享活动中面临窘境的原因之一。

③家长缺少相应的传承行为

家长在民间故事传承中所采取的方式和行动,直接影响着民间故事传承的现状和效果。调查显示,讲完故事后,12.2％的家长完全不与孩子进行交流,讲完就算了,近四成的家长选择"孩子问问题,我回答"的单向交流方式,同时也有 30.6％的家长选择和孩子一起交流的对话式互动交流。见图 3.12,图中数据为频数百分数。

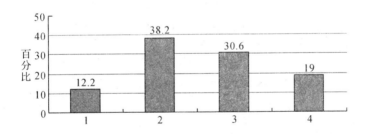

图 3.12　讲完故事是否与孩子交流

注:1.讲完就算了,没有进一步交流;2.孩子问问题,我解释回答;3.我问孩子问题,然后一起交流;4.以后的生活中,孩子或我还会提到这个故事。

美国国家研究院早期教育委员会的研究报告《渴望学习:教育我们的幼儿》中非常倡导"对话式阅读"。研究报告认为,在成人教养者引导下的对话是帮助儿童理解故事的重要方式,必不可少的方式。我们的问卷调查结果表明,在民间故事的传承中,对话交流还不是家长自觉运用的方式,单向的交流仍然占有重要的比重。这一事实提示我们,家长在传承民间故事时如何根据儿童的需要进行互动交流,尚需专业人员的指导。

调查中我们发现,家长缺少传承行为的原因有以下几点:家长对民间故事不熟悉/不了解,其中"不知道或不熟悉民间故事"和"虽然知道一些,但是记不清了"的分别占 22.5% 和 37.6%。与此同时,家庭里没有关于民间故事的图书等资料的占 26.2%。见图 3.13,图中数据为频数百分比。

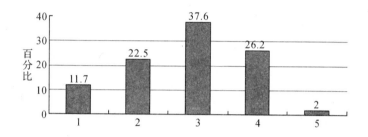

图 3.13　家长讲述民间故事中的困难

　　注:1.没有时间;2.不知道或者不熟悉民间故事;3.虽然知道,但是记不清楚;4.家里没有这方面的图书或相关资料;5.其他。

这一结果充分说明,从客观上讲,家长无法给孩子讲述民间故事,同时又没有或无法为孩子准备这方面的图书。这种主客观交互作用的原因是民间故事没有得到传承的主要原因。

三、解决问题的措施

民间故事如何才能进一步得到传承呢?家长认为,第一是要提供适合家长和孩子一起阅读的图画书;第二是社会宣传要加强;第三是教育机构/教师给予家长以帮助指导;第四是家长自身的认识需要提高;第五是提供适合家长阅读的书籍。见图 3.14。

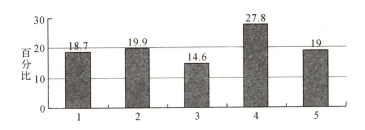

图 3.14　家长认为需要采取的措施

注:1.家长的认识需要提高;2.社会宣传需要加强;3.适合家长阅读的民间故事的书籍;4.适合家长和孩子一起阅读的图画书;5.教育机构/教师给家长以帮助指导。

家长的认识值得我们重视,如果能提供适宜的、充分的相关图书资料以及视频节目,再配合社会宣传和教育机构的帮助指导,民间故事的传承会出现令人欣喜的局面。

第二节　民间故事在幼儿园中的传承现状调查

一、研究设计与调查样本

为了使本次调查更真实客观,我们重点对样本的选取和问卷的选项进行了设计。

(一)问卷设计

1. 调查意图与问卷结构

民间故事在幼儿园中的传承现状,是开展实践研究的重要依据和先期准备。客观真实的调查结果,可以为实践研究的方向、路径、重点的确定提供清晰的认识。

该问卷分为三个互为关联的部分:一是幼儿园的实际传承情况;二是影响传承的因素;三是教师对于改进传承现状的意见和建议。其中的第二部分是调查的重点,又分为两个方面,一是影响民间故事传承的文本因素;二是非文本因素。

幼儿园中的传承现状,通过四个方面进行了解:第一,教师讲述民间故事的数量;第二,教师采用民间故事开展教育教学活动的数量;第三,教师引导学前儿童阅读民间故事图画书的数量;第四,观看视频节目的数量。这四个方面包括了学前儿童可能接受民间故事的所有途径。

影响教师传承民间故事的原因主要是两个方面:一是文本因素,即民间故事的文本难以理解、缺乏趣味与现实的意义。二是非文本因素,除了文本因素以外,影响民间故事的传承可能是传述主体的主观认识,也可能是客观条件的限制。而且,主客观原因之间相互影响、互相交织。

2. 排除竞争性解释

影响民间故事传承的原因比较复杂,需要排除看似合理的竞争性解释。为了实现这个目的,在问卷设计中,我们预测了看似合理的竞争性解释。影响民间故事传承既有主观原因,也有客观原因。例如,教师对民间故事传承的必要性认识,是影响传承的主观原因。然而,即使认识得非常充分,并不意味着他们一定能够实施自己的认识。他们把认识付诸实施,必然受到领导意志、课程设置等客观原因的制约;还可能受到其他主观因素的影响。从学前儿童的需要来看,通过民间故事了解一些风俗民情、历史知识以及娱乐性情是一种"无之未必然"的充分条件意义。通过民间故事习得生活智慧,发展学前儿童的高级心理机能,则是一种"无之未必然"的必要条件意义。将传承必要性与民间故事的价值认识结合起来了解,能够较好地排除竞争性的解释。其他的类似问题,不再一一赘述。

3. 描述性研究与解释性研究的结合

总体而言,传承现状的调查是描述性的。为了避免描述性研究可能导致的事实堆砌弊病,我们在问卷设计中尽可能地激发"为什么"的解释性问题。例如,民间故事的文本难以理解是问卷预测时已然明确的事实,为了激发出"为什么"的解释,我们分别从词语的理解、故事内容与儿童前理解经验的关系、故事思想意识与时代意义等方面,设计了多个选项来了解为什么难以理解的原因。了解到这些解释性的原因,有利于实践研究阶段的方向、重点、路径的确定。

4. 幼儿园传承现状调查与家庭传承现状调查的关系

幼儿园传承现状的调查与家庭中的传承现状调查,都是为了了解传承的实际情况以及影响传承的原因和受试者对改进传承现状的意见。不同的是,教师是专业工作者,问卷的选项可以设计一些更为专业、更为深入的问题。例如,民间故事的理解、趣味性、现实意义等问题,可以采用五点量表的形式来了解这些问题的程度。家庭中的传承现状了解,则不可能如此设计,因为大部分家长,尤其是文化程度不高的家长或者农村家长,难以掌握理解或喜欢故事的程度等问题。同样,故事理解中涉及的原因,教师可以判断出是词语理解问题,还是情节理解问题;要求受试家长回答这样的问题则是不太可能的。

总之,幼儿园中的传承现状调查相对专业一些、深入一些;家庭中的传承现状调查则通俗一些、浅显一些。

(二)调查样本

本研究共对湖州、温州、衢州、宁波四地的 409 位教师进行调查,其中湖州教师 118 人,温州 190 人,衢州 12 人,宁波 89 人。接受调查的教师中,22~30 岁的教师有 243 人,31~35 岁的教师 74 人,36~40 岁的教师是 49 人,41 岁及其以上的教师 39 人。从文化程度上来分,高中以下的教师 1 人,高中或中专的 105 人,大专的教师 221 人,本科及以上 71 人。

受访者分别来自省一级(120 人)、省二级(119 人)、省三级(102 人)、准办级(68 人)四个等级的幼儿园。

本次调查共发放问卷 414 份,有效问卷 409 份。有效问卷占 98.0%以上。有效率较高的原因是,我们通过教育行政部门发放问卷。接受调查的幼儿园领导非常重视,保证了问卷的有效性。

二、调查结果与分析

调查结果表明,民间故事不仅在家庭中面临缺场,即使在各级各类幼儿园中也同样面临缺场的境况。

(一)民间故事的传承现实

调查表明,在幼儿园中民间故事面临缺场的窘境。主要表现在以下五个方面:一是教师讲述民间故事的数量很少;二是民间故事的集体教学活动屈指可数;三是教材、教参中缺少民间故事;四是民间故事图画书的阅读稀少冷清;五是收看民间故事的视频节目数量更少。

1. 教师讲述民间故事数量非常少

学前儿童作为特殊的接受主体,无法直接阅读民间故事文本,只能在家长、教师的帮助下接受民间故事,因此口耳相传的讲述是最方便的形式。

在回收的 404 份问卷中,在幼儿园中讲述 1～5 个民间故事的教师比例最高,占 52.2％;讲述 6～10 个的次之,占 22.5％;讲述 10～15 个和 16～20 个两项分别占 8.2％和 3.2％;同时还有 7.9％的教师从来没有给孩子讲过民间故事。就是说,讲述 10 个故事以下的占了八成,讲述 10 个故事以上的竟不足两成。

在幼儿园的一日生活中,孩子每星期至少听到 3 个以上的故事。相当多的幼儿园里,孩子每天都听到故事。尤其是晨间活动、就餐前后以及离园前的时间段,教师大多选择讲故事的方式,帮助幼儿安静心绪,有序地转入下一个活动环节。如果以每一学期 16 至 18 周的在园时间计算,幼儿一年的在园时间是 32 周至 36 周。以每周至少听 3 个故事计算,幼儿一年至少听 96 个至 108 个故事。若其中只有五分之一是民间故事,那么每一年至少会听到 20 个左右。而现实的情况是,教师在幼儿园里讲述民间故事能够达到 10 个以上的不足两成,能讲述 16 个以上民间故事的不足 10％。通过实际情况同调查数据的比照,可以明显地看到幼儿园中讲述的民间故事数量非常少。见图 3.15。

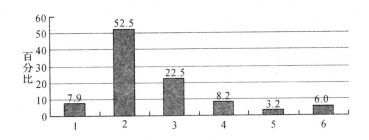

图 3.15　教师给儿童讲过的民间故事的数量

注：1.0；2.1～5 个；3.6～10 个；4.11～15 个；5.16～20 个；6.21 个以上。

2. 民间故事的集体教学活动屈指可数

集体教学活动是幼儿园里计划性、目的性最明确，学习意味最为显著的一种活动形式。这种活动是否选用民间故事作为学习的内容，充分反映民间故事传承的实际情况。调查表明，幼儿园中组织的民间故事集体教学活动屈指可数。

在参与调查的教师中，组织过 1～3 个集体教学活动的比例最高，占 43.3％；组织过 4～6 个集体教学活动的占 18.8％；将近三成（27.4％）的教师没有组织过以民间故事为内容的集体教学活动。

前面已经提到，幼儿园的每学期有 16 周至 18 周光景，一周的集体教学活动在 5 个单位(小班)至 10 个单位(中大班)时间。一年的集体教学活动应该在 160 个至 360 个光景。在每年数以百计的集体教学活动中，能组织 10 个以上活动的仅仅只有 3.3％，绝大多数（96.7％）的教师组织了不足 10 个有关民间故事内容的集体教学活动。这样的事实，已经到了难以置信的地步。见图 3.16。

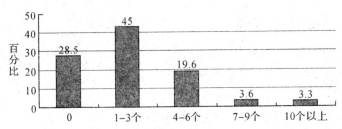

图 3.16　根据民间故事组织的教学活动

3．教材、教参中缺少民间故事

集体教学活动的内容安排，教师没有自主权，而是受制于课程安排。直接体现课程的是教材、教参。调查表明，幼儿园的教材、教参中很少选用民间故事的内容。调查表明，半数以上的教材、教参中，选用的民间故事在三个以下；完全没有民间故事的教材、教参占19.3％；只有1～3个相关内容的占36.3％；有4～6个民间故事的占35.3％；有7个以上民间故事的教材、教参不到一成。见图3.17。

与此形成鲜明对照的是目前的幼儿园大量选用国外的故事类绘本作为课程内容，而且愈演愈烈。

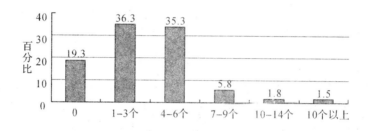

图3.17　教材或参考书中的民间故事数量

4．民间故事图画书的阅读稀少冷清

图画书阅读也是幼儿接受民间故事的一个重要途径，这方面的情况如何呢？

调查表明，在回收的400多份问卷中，班级拥有民间故事图画书在3册以下的占了一半以上，其中1～3册占34.9％，而一册都没有的竟然占到18.5％。可以看出，在幼儿园的班级中民间故事的图画书相当少。民间故事的图画书如此稀少，幼儿的阅读场景只能是冷冷清清。见图3.18。

5．收看视频节目数量较少

视频节目因其直观生动而深受孩子喜欢，在数字化的时代，应该成为学前儿童接受民间故事的一种重要形式。然而，在有效问卷中，七成以上的孩子只收看了3个以下的关于民间故事的视频节目，其中看两

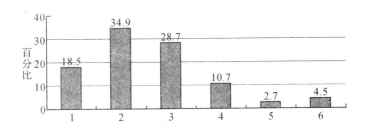

图 3.18　班级拥有的民间故事图书数量

注：1.0；2.1～3 本；3.4～6 本；4.7～9 本；5.10～14 本；6.15 本以上。

三个的占 36.9％,没有收看过的占 35.8％。这一事实表明,在数字化已然渗入幼儿园教育的时代,民间故事的视频节目却没有走进孩子之中。目前,国外儿童视频节目大量播映,充斥荧屏。如果延续这样的势头,我国的民间故事节目将退出荧屏,远离儿童的现实生活。见图 3.19。

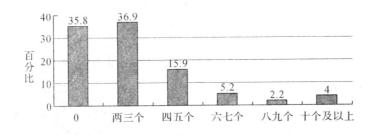

图 3.19　给孩子看过的民间故事视频数量

　　综上所述,无论是故事讲述、教学活动组织,还是图画书阅读以及视频节目的传承现状都表明,作为传统文化重要组成部分的民间故事正在退出幼儿的现实生活,走向"缺场"的窘境。

　　民间故事的缺场窘境,主要源于两个因素:一是民间故事的文本因素;二是非文本的因素。下面分别阐述。

　　(二)影响传承的文本因素

　　影响民间故事传承的文本因素主要有三个方面:一是民间故事不容易理解;二是民间故事缺乏趣味性;三是民间故事缺乏现实意义。

1. 民间故事不容易理解

受访者认为民间故事容易理解的不到三成,只有 23.6%。认为"非常容易理解"的占 3.2%,能够"理解"的占 20.4%。受访者认为,只能"大致理解"或"不理解""很不理解"的则高达 70% 以上。其中,大致理解的占 66.2%,不理解的占 9.0%,很不理解的占 0.7%。见图 3.20。

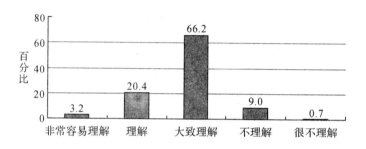

图 3.20   教师认为儿童理解民间故事的程度

对于受访者的上述判断,我们运用方差分析的方法检验了不同等级的幼儿园以及不同年龄、不同文化程度的教师之间是否存在明显差异。

第一,对幼儿理解民间故事的程度判断,准办级幼儿园教师明显优于省一级、省二级和省三级幼儿园教师,省二级和省三级幼儿园之间的教师判断也有明显差异。见表 3.7。

表 3.7   不同等级幼儿园教师对儿童理解民间故事的认识

幼儿园等级	幼儿园等级	平均数	显著性差异
省二级	省一级	0.336*	0.096
	省三级	0.304*	0.000
准办级	省二级	0.195*	0.097
	省三级	0.500*	0.099

在我们的调查对象中,省一级幼儿园 119 所,省二级 115 所,省三级 102 所,准办级 68 所。由方差分析组间比较可知,$F_{(3)}=9.442$,$P=0.000<0.05$。分析结果表明,不同等级的幼儿园教师之间存在明

显差异。从组内比较可知,准办级与省一、省二和省三级之间有明显差异,省二级和省三级之间存在明显差异。

第二,年轻教师对幼儿理解民间故事的评价高于年长教师。尤其是 35 岁以上与 35 岁以下年龄的教师之间的看法有显著差异。年龄处在 22～30 岁的教师共 242 人,31～35 的教师 74 人,36～40 岁的教师48 人,41 岁及其以上的教师 39 人。方差分析的组间比较表明,处于不同年龄的教师认为幼儿对民间故事的理解程度有明显差异。组内比较表明,年龄在 22～35 岁的教师比年龄在 35 岁以上的教师认为幼儿更能理解民间故事。见表 3.8。

表 3.8 不同年龄教师对儿童理解民间故事的认识

教师年龄	年龄等级	平均数	显著性差异
22～30 岁	0.36～40 岁	0.392*	0.000
	41 岁及其以上	0.472*	0.000
31～35 岁	36～40 岁	0.377*	0.001
	41 岁及其以上	0.457*	0.000

第三,不同文化程度的教师之间的看法没有显著差异。高中或中专及以上程度与高中以下程度的教师没有明显的差异。在 395 份有效回答中,共有高中或中专的教师 105 人,大专的教师 219 人,本科及其以上的教师 71 人。从表中可知,不同文化程度的教师对民间故事理解的认识没有明显差异。见表 3.9。

表 3.9 不同文化程度教师对儿童理解民间故事的认识

教师年龄	年龄等级	平均数	显著性差异
组间差异	2	1.154	0.316
组内差异	392		

本次调查中,文化程度高中以下的教师 5 人,其样本数量较小,且影响显著性结果,我们对其进行单独讨论。幼儿园通过师资队伍的建设,加上教师自身的进修和学习,教师的素质有明显提高,因此文化程度在高中以下的教师已经很少,只存在于个别准办级幼儿园中。

在调查中,这部分教师认为儿童理解民间故事的水平明显高于其他教师,主要是以下原因:首先是由于教师认知水平不同导致的判断标准的差异,文化程度较低的教师,对幼儿理解的水平要求相对较低,仅仅实现低层次的理解就认为儿童理解了故事。文化水平相对较高的老师的评价标准则更高,他们认为故事的理解需要实现词语、内容以及意义的整体理解,才是真正的理解。其次,高中以下程度的教师仅仅存在于准办级的部分幼儿园中。这部分幼儿园准入门槛较低,设备、图书材料等也相对较为缺乏。在教学活动中主要采用口头传述的方式,缺少图片、多媒体、图书等多种方式的支持,因而,这一类幼儿园的孩子对民间故事传承这种主要靠口口相传的活动形式更为习惯,能够表现出更高的理解水平。

第四,城乡教师之间没有显著差异。方差分析还表明,无论是城市的还是乡镇的幼儿园以及不同规模幼儿园的教师,对此的认识没有显著差异。这一结果说明,民间故事不容易理解是比较普遍的一种认识。见表 3.10。

表 3.10　城乡幼儿园方差分析结果

	自由度	F 值	显著性差异
组间差异	3	1.148	0.931
组内差异	338		

在我们的调查对象中,共有农村幼儿园 20 所,乡级城镇幼儿园 92 所,县级市或县城幼儿园 227 所,地级以上城市幼儿园 53 所。从表中可知,城乡幼儿园的教师对民间故事理解的认识没有明显差异。

第五,不同规模幼儿园的教师之间没有显著差异。在我们的调查对象中,数十人的幼儿园有 8 所,近 100 人的幼儿园有 25 所,100 人以上 150 人以下的有 27 所,150 人以上近 200 人的有 30 所,200 人以上的有 311 所。从表中可知,不同规模幼儿园的教师对民间故事理解的认识没有明显差异。见表 3.11。

表3.11 不同规模幼儿园对幼儿理解民间故事的方差分析结果

	自由度	F 值	显著性差异
组间差异	4	1.400	0.233
组内差异	395		

民间故事不容易理解的原因主要是以下三个方面:一是同幼儿的现实生活脱节,持这种看法的教师最多,占41.9%;二是故事中的思想意识陈旧,持有这种看法的教师占16%;三是很多语词不易理解,占33.5%。

对于民间故事不容易理解的问题,没有思考过的教师也达到一定比例,占7.2%。见图3.21,图中数据为频数百分数。

该题项的数据表明,民间故事的内容以及思想意识与时代脱节,也同儿童的理解水准不相符的问题是造成传承窘境的主要问题。如果只是空泛地强调传统文化的重要性,而不从改编故事文本入手去解决问题,不可能让民间故事回归学前儿童的现实生活。

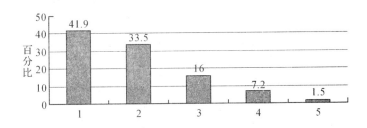

图3.21 孩子不理解民间故事的原因

注:1.故事情节同孩子的现有生活经验脱节;2.很多词语不好理解;3.故事中的角色意识陈旧,不容易理解;4.之前没有想过这个问题;5.其他。

2. 民间故事缺乏趣味性

民间故事的趣味性是影响故事传承的重要因素。接受调查的半数教师认为孩子喜欢民间故事。其中非常喜欢的占7.2%,喜欢的占51.1%。其他四成多的教师认为儿童不喜欢民间故事。其中不太喜欢的占40.3%,不喜欢的占1.2%,非常不喜欢的占0.2%。

四成多教师认为儿童不喜欢民间故事,说明民间故事的趣味性比较缺乏。

在民间故事的家庭中传承调查这一部分中,我们已提到民间故事缺乏趣味性的原因,此处不再赘述。见图3.22。

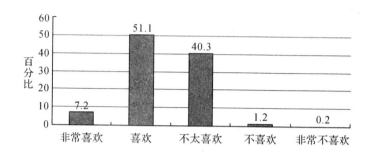

图 3.22　儿童对民间故事的喜爱程度

教师对民间故事趣味性的认识存在哪些差异,我们运用方差分析的方法进行了检验。检验结果表明,不同文化程度、不同年龄的教师之间不存在差异;不同等级幼儿园的教师之间存在一些差异。以下分别列举。见表3.12。

第一,不同文化程度、不同年龄的教师对这一问题的认识没有显著差异。

表 3.12　不同文化程度教师对幼儿喜爱民间故事的分析结果

	自由度	F 值	显著性差异
组间差异	3	0.417	0.741
组内差异	396		

有效问卷中,高中或中专文化程度的教师105人,大专的270人,本科及其以上的教师70人。从上表中可知,不同文化程度的教师对儿童喜爱民间故事的判断没有明显差异。

调查还表明,不同年龄的教师对此的判断也没有明显差异。见表3.13。

表 3.13　不同年龄教师对儿童喜爱民间故事的分析结果

	自由度	F 值	显著性差异
组间差异	3	1.499	0.214
组内差异	395		

第二，不同等级的幼儿园的教师之间存在一定的差异。方差分析表明，省一级、省二级和省三级与准办级的教师有着明显差异，省二级和省三级之间有明显差异。由方差分析组间比较得，$F_{(3)} = 5.000$，$P = 0.002 < 0.05$。结果表明，不同幼儿园等级的教师认为幼儿对民间故事的喜爱程度存在明显差异。从组内比较得，准办级与省一、省二和省三级之间有明显差异，省二级和省三级之间存在明显差异。见表 3.14。

表 3.14　不同等级幼儿园对幼儿喜欢民间故事程度的认识

幼儿园等级	幼儿园等级	平均数	显著性差异
省二级	省一级	0.240*	0.013
	省三级	0.183*	0.035
准办级	省二级	0.198*	0.042
	省三级	0.382*	0.000

第三，不同规模幼儿园的教师对幼儿喜爱民间故事的判断，存在明显差异。幼儿园人数在 100 到 200 人之间的，与数十人或 200 人之上的有明显差异。

在调查对象中，幼儿园规模为数十人的有 8 所，规模为近 100 人的有 25 所，100 人以上 150 人以下的有 27 所，150 人以上近 200 人的有 30 所，200 人以上的有 311 所。方差分析的组间比较表明，$F_{(4)} = 6.534$，$P = 0.000 < 0.05$。结果表明，不同规模幼儿园的教师对幼儿喜欢民间故事的判断存在明显差异。组内比较的结果表明，百人以上规模同数十人规模的幼儿园比较存在明显差异。100 人以上以及 200 人之间规模的幼儿园与 200 人以上规模的幼儿园教师之间的认识有明显差异。见表 3.15。

表 3.15　不同规模幼儿园对幼儿喜爱民间故事的认识

幼儿园人数	幼儿园人数	平均数	显著性差异
数十人	近百人	−0.850*	0.001
	百人以上，一百五十人以下	−10.11*	0.000
	一百五十人以上，近两百人	−0.941*	0.000
	两百人以上	−0.696*	0.002
两百人以上	百人以上，一百五十人以下	−0.419*	0.001
	一百五十人以上，近两百人	−0.245*	0.042

第四,城乡幼儿园之间存在差异。乡镇所在地幼儿园及城市幼儿园的教师之间没有明显差异,而地处农村的幼儿园教师同上述所在地的幼儿园教师之间存在明显差异。

3. 民间故事的现实意义不够显著

民间故事传承的必要性与其意义和价值有直接的关系,在问卷中,我们以不定选项的方式进行了调查。结果显示,教师认为民间故事的意义主要是帮助儿童了解历史知识、风俗民情的所占比例最高,为34.5%;其次是认为民间故事主要是陶冶思想感情,培养良好道德品质的占 26.9%。见图 3.23,图中数据为频数百分数。

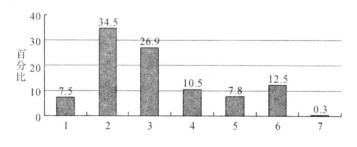

图 3.23　民间故事有什么价值

注:1.故事有趣、具有娱乐作用;2.了解浙江的历史知识、民俗风情;3.陶冶思想感情,形成良好道德品质;4.诱导孩子的生活习惯;5.开发智力、发展认知能力;6.坚毅意志品质;7.其他。

我们认为,了解历史知识与培养道德品质是民间故事的充分条件意义;而能够解决儿童成长中现实问题的意义,则是更为直接的必要条件价值。民间故事是否具有解决儿童成长的问题的意义呢? 教师对此的认识出现了分化。六成的教师认为"有作用"(56.7%)或有"非常明显的作用"(4%);近四成的教师则认为没有作用或只有一点作用。见图3.24。

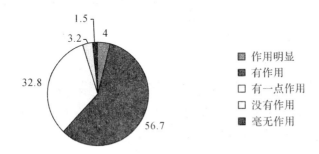

图3.24　解决成长中的问题,民间故事的作用

我们认为,教师的认识还是比较客观的。民间故事具有更为现实的意义才能保证传承链不至于断裂。只有解决好民间故事的文本改编问题,才能使传承延续,绵绵不绝。

(三)影响传承的非文本因素

影响民间故事在幼儿园中传承的非文本因素,主要是三个方面:一是教师熟悉民间故事的程度;二是教师对民间故事传承必要性的认识以及实际行动;三是传承民间故事的客观条件。调查表明,这三个方面的情况喜忧参半。

1. 教师对民间故事的熟悉程度令人担忧

教师对民间故事的熟悉程度令人担忧。数据表明,近五成的教师只熟悉2~3个民间故事,还有4.8%的教师甚至一个民间故事都不熟悉。熟悉四五个民间故事的占27.3%,而熟悉民间故事六个以上的教师仅占18.6%,其中熟悉六七个的占13.4%,熟悉民间故事十个以上的仅有5.2%。教师对民间故事不熟悉,必然直接影响民间故事在幼儿园的传承。见图3.25。

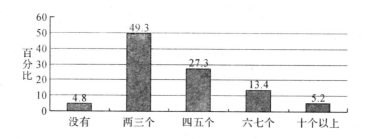

图 3.25　教师熟悉的民间故事的数量

2. 教师的认识与实际行动

80%的教师认为民间故事的传承"非常有必要"或"有必要"。认为民间故事的传承是可有可无的仅占 13.2%。

我们不仅了解教师对于传承必要性的认识,还进一步了解了他们对传承责任的看法。九成教师认为自己具有传承的责任。在这部分教师中,认为教师和家长应该共同承担的,占 89.6%,应该由教师独自承担的占 1.5%。由此可见,绝大部分教师意识到自己应该责无旁贷地承担责任。

能够意识到民间故事传承的必要性和自己的责任,并不意味着实际的行动与结果。我们对教师是否将自己的认识转化为行动,进行了调查。结果表明,教师传承民间故事的行为并不理想。35.3%的教师没有给孩子选择过有关民间故事的视频节目,17.9%的教师没有寻找过相关图书。

3. 影响教师传承民间故事的客观条件

教师没有更多地为孩子选择民间故事方面的视频节目和图书的行为,不仅有主观的原因,也存在客观条件受限制的原因。调查结果表明,客观条件限制是主要原因。我们了解到:缺乏民间故事的相关资料、图书的占 38.9%;课程中没有安排、领导没有要求的占 25.4%;不熟悉民间故事的占 25.7%;以前没有意识(想到)这个问题占 8.8%;其他原因占 1.2%。

我们认为,缺乏相关视频节目、图书等资料是其中最为重要的原因。缺乏相关资料,教师就无法熟悉、了解民间故事;与此同时,课程设计时也就无法安排相关的内容。可以说,缺乏相关资料是导致民间故事传承困境的基础性原因。

如果能够获得民间故事的相关资料,而且是适宜传承的资料,民间故事的传承将取得突破性的进展。见图 3.26,图中数据为频数百分数。

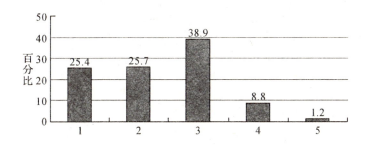

图 3.26　没有更多传承民间故事的原因

注:1.课程中没有安排/领导没有要求;2.不熟悉民间故事;3.缺乏这方面的资料、图书;4.以前没有意识(想到)这个问题;5.其他。

三、解决问题的策略

(一)改编出适宜传承的民间故事

民间故事的文本是传承活动内容的范本和依照,文本的难以理解、缺乏趣味性和现实意义,已经成为阻碍民间故事传承的根本原因。因此,是否能改编出适宜于传承的民间故事文本,决定了民间故事能否有效传承的命运。调查结果也启示我们:民间故事的文本改编必须解决好容易理解、饶有趣味、富有现实意义这三个主要的问题。

(二)提供必要的客观条件

除了文本改编问题之外,还有哪些问题需要改进呢?教师的回答基本集中在客观条件的改进方面。根据教师反馈意见的集中程度,依次如下:32.8%的教师认为,应该有"适合家长和孩子一起阅读的图书";20.8%的教师认为,社会宣传需要加强;15.8%的教师认为,家长的认识需要提高;15.2%的教师认为,应该有适合家长阅读的图书;14.8%的教师认为,教育机构或教师应该给予必要的指导。见图3.27,图中数据为频数百分数。

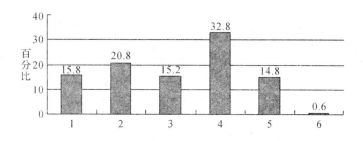

图 3.27　民间故事传承需改进的问题和措施

注:1.家长的认识需要提高;2.社会宣传需要加强;3.适合家长阅读的民间故事书籍;4.适合家长和孩子一起阅读的民间故事图画书;5.教育机构、教师给家长以指导帮助。

（三）采用适合的传承形式与方式

对于如何传承民间故事的形式和方式,教师也提了自己的意见。

传承形式是指幼儿园各种教育教学活动的形式,传承方式是指传承过程中采用的具体方式、方法。

教师认为民间故事适合以日常活动形式进行传承,这种意见的比例最高,占了四成;其次是进行集体教学活动,这种意见占了22.5%。在进一步的访谈中,教师认为区域活动和户外游戏时间开展民间故事传承活动有一定的困难。一是缺乏区域活动中可以让儿童自主阅读的图画书,二是户外游戏的间歇时间,儿童的心绪难以平静。因此,日常活动和集体教学活动的形式是比较可行的途径。教师这些意见,为我们的民间故事传承实践研究提供了依据。见图3.28,图中数据为频数百分数。

在民间故事传承的活动方式调查中,教师认为应该配合动画片观看和图画书的阅读,同时进行充分的师幼互动交流。这两个选项分别占33.2%和27.2%。15.3%的教师认为,家长与孩子一起分享是较为

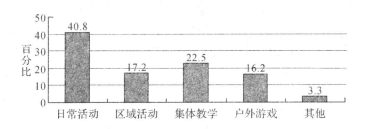

图 3.28　民间故事的活动形式

适合的方式；15.2％的教师认为，可以没有图画书，只要教师讲述，并与孩子交流，也是一种值得采取的方式。见图 3.29，图中数据为频数百分数。

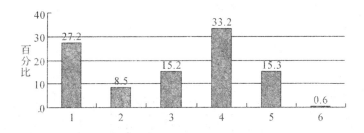

图 3.29　民间故事传承的活动方式

注：1.配合图画书，孩子与成人共读；2.教师讲述、孩子倾听；3.教师讲述，并与孩子互动交流；4.配合动画片，观看并互动交流；5.家长讲述，并与孩子交流；6.其他。

教师的上述看法起到了重要的作用，成为后期的"民间故事文本改编"和"民间故事的传承实践研究"的依据。在民间故事的文本改编中，我们在故事内容中增加了有利于互动交流的情节以及"图文结合、以图为主"的图画书改编。在传承实践研究中，将故事讲述方式与互动交流的多种方式紧密结合。

附录一：

民间故事在家庭中的传承现状调查问卷

尊敬的家长：

感谢您的积极配合！本次调查是了解浙江民间故事传承的实际情况。调查结果仅供学术研究，不对外公开，不影响对您的评价。务请如实填写。做问卷前，请阅读以下内容：

浙江民间故事是指在浙江省流传的人民群众口头创作的故事。宽泛地说，它包括了神话故事、民间传说、民间幻想故事、民间生活故事、民间寓言等。例如，梁山伯与祝英台、济公等人物故事，雁荡山、莫干山等山川河海/风景名胜的故事，五加皮/天目笋干/蚕桑/龙泉剑等物产的传说或故事。

答题方式：请在答案前打"√"

一、答卷人基本情况

1. 您是孩子的？

A. 父亲/母亲　　B. 祖父母/外祖父母　　C. 其他

2. 您的年龄？

A. 22～30岁　　B. 31～35岁　　C. 36～45岁　　D. 46岁以上

3. 您从事哪一类职业？

A. 生产性行业　　　　B. 商业、服务业　　　C. 机关、事业单位

D. 教育行业　　　　　E. 其他_____

4. 您的文化程度？

A. 初中及以下　　　　　　　　B. 高中或中专

C. 大专　　　　　　　　　　　D. 本科及以上

5. 您孩子所在的班级？

A. 小小（托儿）班　　B. 小班　　　　C. 中班　　　　D. 大班

6. 晚饭至就寝前，孩子主要同谁在一起？

A. 父母亲　　　　B. 祖辈老人　　C. 保姆　　　　D. 其他

7. 孩子和您的现在居住地是？

A. 农村　　　　　　　　　　B. 乡级城镇

C. 县级城市　　　　　　　　D. 地级及以上城市

二、浙江民间故事的传承情况

(一)单项选择题(一个问题只能选择一个答案)

1. 在家里,孩子听过多少浙江民间故事?

A. 没有　　　　B. 1～5 个　　　C. 6～10 个　　D. 11～15 个

E. 16～20 个　　　F. 21 个以上

2. 在家里,孩子看过多少关于浙江民间故事的图书?

A. 没有　　　　B. 1～3 本　　　C. 4～6 本　　D. 7～10 本

E. 11～13 本　　　F. 14 本以上

3. 在家里,孩子看过多少有关浙江民间故事的电视节目?

A. 没有　　　　B. 1～3 次　　　C. 4～6 次　　D. 7～10 次

E. 11 次以上

4. 您认为孩子容易理解浙江民间故事吗?

A. 非常理解　　B. 理解　　　　C. 大致理解　　D. 不理解

E. 非常不理解

5. 您认为孩子喜欢浙江民间故事吗?

A. 非常喜欢　　B. 喜欢　　　　C. 有些喜欢　　D. 不喜欢

E. 非常不喜欢

6. 今天这个时代,还需要给孩子讲述浙江民间故事吗?

A. 非常需要　　　　　　　　B. 比较需要

C. 可有可无　　　　　　　　D. 基本不需要

E. 完全不需要

7. 您自己听过或看过浙江民间故事吗?

A. 没有　　　　　　　　　　B. 一两个

C. 三四个　　　　　　　　　D. 五个以上,不到十个

E. 十个以上

8. 给孩子讲述浙江民间故事,应该由谁来承担?

A. 教师　　　　B. 家长　　　C. 教师和家长　　D. 其他

(二)不定项选择题(一个问题可以有一个或多个答案)

9. 讲完故事后,您跟孩子交流吗?

A. 讲完就算了,没有进一步交流　　B. 孩子问问题,我解释回答

C. 我问孩子问题,然后一起交流

D. 以后的生活中,孩子或我还会提到这个故事

10. 给孩子讲浙江民间故事的困难是哪些?

A. 没有时间　　　B. 不知道或不熟悉浙江民间故事

C. 虽然知道一些,但是记不清楚了

D. 家里没有这方面的图书或相关资料　　E. 其他

11. 您给孩子寻找过浙江民间故事吗?

A. 从来没有　　　　　　　　B. 寻找过图书资料

C. 寻找过视频文本或节目

12. 没有或更多地给孩子讲浙江民间故事的原因是?

A. 没有想过　　　B. 民间故事同孩子的生活脱离,不容易理解

C. 民间故事中的思想意识陈旧,不符合时代需要

D. 孩子有更喜欢听的故事　　　E. 有更值得学习的东西

F. 孩子有更喜欢玩的事情　　　G. 其他

13. 对孩子来讲,浙江民间故事的主要价值是?

A. 故事有趣、具有娱乐作用　　B. 了解浙江的历史知识、民俗风情

C. 陶冶思想情感,形成良好道德品质

D. 诱导孩子的生活习惯　　　E. 开发智力,发展认知能力

F. 坚毅意志品质　　　　　　G. 其他

14. 在家里,给您的孩子讲过浙江民间故事的有哪些人?

A. 孩子的父母　　B. 祖父辈老人　　C. 亲友邻居　　D. 保姆

E. 没有人讲过

15. 传承浙江民间故事,需要改进和解决的问题是什么?

A. 家长的认识需要提高　　　　　　B. 社会宣传需要加强

C. 适合家长阅读的浙江民间故事书籍

D. 适合家长和孩子一起阅读的图画书

E. 教育机构/教师给家长以帮助指导

附录二：

民间故事在幼儿园中的传承现状调查问卷

尊敬的老师：

感谢您的积极配合！本次调查是了解浙江民间故事传承的实际情况。调查结果仅供学术研究，不影响对您的评价，不对外公开。务请真实填写。做问卷前，请阅读以下内容：

浙江民间故事是指在浙江省流传的人民群众口头创作的故事。宽泛地说，它包括了神话故事、民间传说、民间幻想故事、民间生活故事、民间笑话、民间寓言等。例如，梁山伯与祝英台、济公等人物故事，雁荡山、莫干山等山川河海/风景名胜的故事，五加皮/天目笋干/蚕桑/龙泉剑等物产的传说或故事。

答题方式，在所选答案前打"√"

填表人情况

1.您的年龄？

A. 22～30 岁　　B. 31～35 岁　　C. 36～40 岁　D. 41 岁以上

2.您的文化程度？

A. 高中以下　　　　　　　　B. 高中或中专

C. 大专　　　　　　　　　　D. 本科及本科以上

3.您的教龄是？

_____年。

4.您所在的幼儿园是在？

A. 农村　　　　　　　　　　B. 乡级城镇

C. 县级市或县城　　　　　　D. 地级以上城市

5.您任教的幼儿园的儿童人数？

A. 数十人　　　B. 近百人　　　C. 100 人以上，150 人以下

D. 150 人以上，近 200 人　　E. 200 人以上

浙江民间故事传承的调查

(一)单选题(一个问题只能选择一个答案)

1. 在幼儿园,您给孩子讲过的浙江民间故事有多少?

A. 没有　　　　B. 1~5 个　　　　C. 6~10 个　　D. 11~15 个

E. 16~20 个　　F. 20 个以上

2. 您根据浙江民间故事组织过的集体教学活动有多少?

A. 没有　　　　B. 1~3 个　　　　C. 4~6 个　　　D. 7~9 个

E. 10 个以上

3. 您使用的教材或教学参考资料中有多少浙江民间故事?

A. 没有　　　　B. 1~3 个　　　　C. 4~6 个　　　D. 7~9 个

E. 10~14 个　　F. 15 个以上

4. 您所教的班级里有多少关于浙江民间故事的图画书?

A. 没有　　　　B. 1~3 本　　　　C. 4~6 本　　　D. 7~11 本

E. 12~15 本　　F. 15 本以上

5. 您给孩子看过的浙江民间故事视频节目是多少?

A. 没有　　　　B. 两三个　　　　C. 四五个　　　D. 六七个

E. 八九个　　　F. 十个以上

6. 您给孩子寻找过浙江民间故事吗?

A. 寻找过相关图书　　B. 寻找过相关视频节目或网络上的文本

C. 从来没有寻找过

7. 您熟悉(达到能够讲述的程度)多少浙江民间故事?

A. 没有　　　　B. 两三个　　　　C. 四五个　　　D. 六七个

E. 十个以上

8. 您认为让孩子学习浙江民间故事有必要吗?

A. 非常必要　　B. 有必要　　　　C. 可有可无　　D. 没有必要

E. 完全没有必要

9. 给孩子讲述浙江民间故事,应该由谁来承担?

A. 教师　　　　B. 家长　　　　　C. 教师和家长　　D. 其他

10. 您认为孩子容易理解浙江民间故事吗?

A. 非常容易理解　　　　　　　　B. 理解

C. 大致理解　　　　　　　　　　D. 不理解

E. 很不理解

11.您认为孩子喜欢浙江民间故事吗?

A. 非常喜欢　　B. 喜欢　　　　C. 有些喜欢　　D. 不喜欢

E. 非常不喜欢

12.解决孩子成长中的现实问题,浙江民间故事能起作用吗?

A. 非常明显的作用　　B. 有作用　　　　C. 有一点作用

D. 基本没有作用　　E. 毫无作用

(二)不定选题(可以有一个或多个答案)

13.孩子不容易理解浙江民间故事的原因是哪些?

A. 故事情节同孩子的现有生活经验脱节

B. 很多词语都不容易理解

C. 故事中角色的思想意识陈旧,不容易理解

D. 之前,没有想过这个问题　　E. 其他

14.你认为没有更多地给孩子讲浙江民间故事的原因是?

A. 幼儿园课程中或领导没有明确的要求

B. 不熟悉浙江民间故事

C. 缺乏这方面的资料/图书　　D. 之前,没有想过这个问题

E. 其他(可以填写在问卷后面)

15.浙江民间故事适合哪些形式的活动?

A. 日常活动(如进餐前后、晨间活动等)

B. 区域活动　　　　C. 集体教学

D. (设计成)户外游戏　　E. 其他

16.浙江民间故事的传承适合什么样的方式?(最可行的答案前,请画上"△")

A. 配合图画书,孩子与成人共读

B. 教师讲述,孩子倾听

C. 教师讲述,并与孩子互动交流

D. 配合动画片,观看并互动交流

E. 家长讲述,并与孩子交流　　F. 其他

17.您认为浙江民间故事的价值是?

A. 故事有趣、具有娱乐作用

B. 了解浙江的历史知识、民俗风情

C. 陶冶思想情感,形成良好道德品质

D. 诱导孩子的生活习惯

E. 开发智力,发展认知能力　　　F. 坚毅意志品质

G. 其他

18.传承浙江民间故事,需要改进和解决的问题是什么?（最需要解决的答案前,请画上"△"）

A. 家长的认识需要提高　　　B. 社会宣传需要加强

C. 适合家长阅读的浙江民间故事书籍

D. 适合家长和孩子一起阅读的民间故事图画书

E. 教育机构/教师给家长以指导帮助

F. 其他

注:问卷由教育行政部门发到抽样单位(幼儿园),样本单位的等级等情况由教育行政部门核实,并告知课题组。

第四章 民间故事的文本改编

民间故事的文本是传承活动内容的范本和依照,传承实践的需要又决定着文本改编的取向及方法。借助传承活动实践中的观察与文本分析的研究,课题组探索了故事文本改编的基本原则与方法。

改编的宗旨有三点:第一,容易理解;第二,饶有趣味;第三,具有现实意义。

改编的原则与方法包括五个方面:第一,文本语言的改编;第二,情节的改编;第三,角色的改编;第四,思想内涵的诠释;第五,语言文字呈现形式的文本改编为图像呈现形式为主的绘本。

第一节 民间故事文本的语言改编

民间故事文本的语言表述形式需要从接受者的需要以及故事文本的演变过程两个方面予以认识。

民间故事出场时的受众不是特定年龄段的群体,而是所有年龄段的人群,而本课题研究中的受众专指学前儿童。

民间故事产生时期,故事的语言表述是以口耳相传的形式呈现的;文人介入进行收集整理的阶段,故事以文字呈现的形式记录下来,语言形式发生了显而易见的变化,呈现出明显的书面化倾向。因此,收集整理之后的民间故事文本的语言表述虽然比较通俗浅显,却未必适合学前儿童的理解水准。

学前儿童的故事接受以口耳相传的形式为主,民间故事有效传承的前提是:根据今天的学前儿童接受水准改编民间故事的语言形式。

以下内容围绕两个重点展开,一是民间故事文本的词语改编;二是民间故事语言表述形式的改编。词语理解属于阅读过程中的表层表征,是实现基础表征和深层表征的前提。词语不能理解,语篇及其整体意义的理解就无法实现,因此,词语虽然属于语言表述形式的一个部分,还是需要作为一个单独的部分进行讨论。第二个重点是语言表述形式的改编,包括民间故事文本的词语运用、语法结构以及修辞手段运用等形式上的特点以及具体的改编方法。

一、民间故事文本中的词语改编

词语改编这一部分将根据学前儿童的理解特点,从三个方面进行阐释,一是学前儿童的词语理解难点;二是学前儿童的词语习得方式;三是民间故事的词语改编方法。这三方面的内容有着内在的联系,第一方面概括了课题研究中发现的具体问题。第二方面阐释了解决这些问题的理论依据。由于学前领域尚未充分运用语言哲学的理论进行词语习得的研究,而是较多地运用心理学和传统语言学的理论研究儿童的语言习得问题,因此,这一部分侧重于语言哲学理论的阐释。第三方面说明了解决民间故事文本的词语难以理解问题的具体方法。

(一)学前儿童的词语理解难点

民间故事的词语理解困难主要是民间故事呈现的生活情景与学前儿童的生活经验以及语言理解水准相距甚远。

学前儿童理解故事主要是通过词语来理解。词语是一种代表和指称事物或现象的符号,是概念与音响形象的结合。民间故事中呈现的生活情景同今天的生活有着明显的差异,儿童无法根据已有的经验直接理解民间故事中的词语及其指称的对象,无法把词语同其所指称的对象联系起来。

根据我们研究,儿童难以理解的词语主要是以下几类:

一是古代官吏的称呼,如衙役、巡抚、御史等。

二是方言,如价钿(价钱)、登样(像样)、交关(非常)、笔陡(很陡峭)等。

三是学前儿童比较陌生的职业,如篾匠、郎中、铁匠、箍桶匠等。

四是农村生产、生活用具,如纺车、捣臼、竹匾等。

五是俗语、俚语,如"勤是摇钱树,俭是聚宝盆"、"桥归桥,路归路"、"寒天吃冷水,滴滴记在心"、"兄弟本是亲手足,千朵桃花一树开"等。

（二）学前儿童的词语习得方式

儿童词语习得的基本方式有家族相似、直接指证、模仿等。

"家族相似",是指词语所指称的事物之间虽然没有唯一一个共同之处,但是其中的一些和另外的一些之间有着某些相似之处,另一些又和此外的一些有着相似。这是维特根斯坦在《哲学研究》中提出的概念。他认为,有些范畴是无法用充要条件来界定的,在这种范畴中没有任何一种属性为范畴全体成员所共有,只是在成员与成员之间存在部分的相似。这就好比一个家族:家族的某些成员可能具有相似的容貌,另一些成员有着相似的身材或步态,其他几个成员则拥有相似的头发的颜色或者眼睛的颜色,等等,但没有一个特征是家族的全体成员所共有的,只是这种相似性的交织把范畴连接成一个整体。在维氏看来,游戏、数、语言都是这样的范畴。维特根斯坦说:"我想不出比'家族相似'更好的说法来表达这些相似性的特征;因为家族成员之间的各式各样的相似性就是这样盘根错节的;身材、面相、眼睛的颜色、步态、脾性,等等,等等。——我要说:各种'游戏'构成了一个家族。同样,各种数也构成一个家族。我们为什么要称某种东西为'数'? 有时因为它与一向被称为数的东西有着一种——直接的——亲缘关系;于是又可以说它和另一些我们也称为数的东西有着一种间接的亲缘关系。"[①]

"直接指证"(也称之为"直接指涉""直接指称"或"实指"),是无需借助其他的词而学会理解一个词的意义,借助直观的实物或图片来实现直接指证的理解。儿童掌握词语离不开语境,在一个特定的场景中,通过直接指证、指认,儿童就能迅速理解词语的含义。什么词可以通过实指的定义来学会并没有确定的界限。这种学习方法的最大限度要靠儿童的经验和智力来决定。

---

① 路德维希·维特根斯坦:《哲学研究》,陈嘉映译,上海人民出版社,2005 年,第38 页。

  维特根斯坦借用奥古斯丁《忏悔录》中描述的直接指涉情形,进行了理论概括。他指出奥古斯丁描述直接指涉的那段话揭示了人类的语言本质。奥古斯丁说:"在我看来,我们在上面那段话里得到的是人类语言本质的一幅特定的图画,即:语言中的词语是对象的名称——句子是这样一些名称的联系。——在语言这幅图画里,我们又发现了以下观念的根源:每个词都有一个含义;含义与词语一一对应;含义即语词所代表的对象。"①

  "模仿"也是儿童习得语言以及理解语言形式所表达的意义十分重要的途径。学前儿童处在认知发展的前运算阶段,其心理发展的突出特点是情绪性,凡是他们感兴趣、觉得稀奇的事物,都能留下深刻印象,并且在活动中集中注意,主动模仿。因此,成人直接或间接的语言示范,给学前儿童提供大量的、规范的语言让其模仿,儿童会在不知不觉的模仿中习得大量的词汇,并感悟语境与语用规则之间的关系。富有韵律感的语言形式最容易引发儿童的模仿,尤其是朗朗上口的儿歌。周作人指出,儿童自能言语时,一边游戏,一边吟唱,以增加兴味。富有韵律感的语言形式能使儿童一边吟诵,一边以肢体动作表现语言所表达的意思。在这种肢体动作与语言表达相结合的过程中,儿童对语言形式所蕴含的意义也实现了更深入的理解。

  通过模仿的方式习得词语,需要同人的直接体验,尤其是人的肢体活动相结合。这一认识植根于人的心智的体验性。研究者认为,词语与概念的形成直接联系,而且是通过身体、大脑及其世界的体验而形成的,并只有通过它们才能被理解。与词语相联系的概念是通过感知和肌肉运动而得到的。研究者指出:"范畴、概念、推理和心智并不是外部客观现实客观的、镜像式的反映,也不是先天就有的,而是人们对客观世界感知和体验(特别是由感觉运动系统)的基础上通过认知加工而形成的。"②

---

① 路德维希·维特根斯坦:《哲学研究》,陈嘉映译,上海人民出版社,2005年,第3页。
② 王寅:《认知语言学》,上海外语教育出版社,2007年,第57页。

（三）民间故事的词语改编方法

1. 抽象到属概念，进行"相似替换"

运用"家族相似"的词语习得规律，改编民间故事中的词语是最为常用的方式。其中又分为两种，一是以属概念直接替换；二是以种差加属的方式替换。第一种的例子如下：衙役、巡抚、御史、刺史都是古代的称呼，很难让学前儿童理解，用"官老爷""大官"来替换这些称呼。"衙役"用大官、官老爷"手下的人"来替换。第二种的例子有："篾匠"，用"会用竹子做各种各样东西的人"来解释替换，"瘟疫"用"很厉害的会传染的怪病"来替换。

这两种方式可以总称为"相似替换"。从思维的角度讲，"相似替换"运用抽象的方式将种概念抽象到上位的属概念层面，扩大了原有词语所指的外延范围。由于属概念所指的外延范围较大，更多的事物之间发生了家族相似关系，儿童就能利用有限的生活经验更好地实现理解。

一些历史名人，也可以按照他们的职业或特点来替换，比如"老中医"、"石匠"替换为"聪明人"；一些地名，可以用"小山村"、"地方"等替换。这些替换都是利用家族相似原理进行词语的改编。

2. 配合实物或图片呈现词语指代的对象

成人的语言学习经常是：借助其他词语来解释一个词语的意义，用于解释的词语本身又需要用其他的词语来解释。这对生活经验不足、理解能力有限的儿童来说，无疑是一件复杂的事，会增加他们学习的困惑和难度。我们知道，语音和语义是语言的两个面，犹如一张纸的正反面，无法分开。直观的图片或实物，可以使词语同词语所指称的事物之间建立直接的对应关系，实现"直接指证"的词语理解。比如鲨，一种海洋节肢动物，解释起来很费事，直接把图片呈现出来，儿童就非常容易理解了。纺车、凿石，解释起来，儿童都不易理解，所以也应呈现相应的实物或图片。

语言是生活的一部分，语言只有作为生活的一部分才能被理解。

词语坐落在环境中,坐落在生活形式之中。① 我们不但可以通过直接指称的方式来学习各种名称,也可以通过直接指称来学习颜色词、形状词、数词、方位词等等。

民间故事中的一些词语,像风景名胜、农村的生活用具等等,都需要借助实物或图片来实现直接指证的词语理解。如果词语的理解不能实现,尤其是一些关键词语的理解不能实现,儿童对故事的情节、具体情景的理解就不可能实现,意义的理解更无从谈起。

3. 删除

民间故事中,有些词语对故事的主题、人物形象的刻画没有直接的意义,学前儿童也无法理解,解释起来又很啰嗦。这样的词语需要删除。如"这宝衫穿了起来,凡间人看不到,箭射不穿,刀砍不入,是无价之宝";有些词语如"半瞑子"、"传香火"、"担盐客"等,没有一定的历史知识很难理解;有些词语像"干涸的海滩"、"从三月清明,凿到五月端阳"等比较书面化的语言,会对儿童的听觉造成障碍,影响儿童对故事的理解,改编时就得予以删除。因为,学前儿童的民间故事接受更多的是通过听觉途径实现的,口头语言的表述是流动的,稍纵即逝的。如果故事中多次出现难以即时理解的词语,儿童就会对故事失去兴趣。

二、民间故事文本的语言表述形式改编

收集整理过的民间故事文本具有明显的书面化倾向,需要根据今天儿童的接受特点和语言理解水准,改编故事文本的语言表述形式。改编的原则主要是两点:第一,适合口耳相传的故事传承方式;第二,有利于规范的语言形式的语感养成。改编的具体方法是以下两个方面:一是"口耳相传的语言表述";二是"语言形式规范,富有韵律节奏"。

(一)口耳相传的语言表述

民间故事的收集整理者为了适合书面记载,往往将原来口语化的故事整理成书面化的语言形式。由于学前儿童对民间故事的接受主要通过口耳相传的途径,因此,必须将书面化的语言表述形式再次转化为

---

① 陈嘉映:《语言哲学》,北京大学出版社,2008 年,第 176 页。

口语化的形式。口头语言的表达是一个流动的过程、转瞬即逝,无法反复回看。为此,口语的句子表述需要简短集中。尤其是句子的主干要突出,不能有比较复杂的修饰成分。突出主干,实现简明易懂的口语化表述主要有以下三种方法。

1. 句子简短,少用连词

言语的理解是一个按时间顺序延续的过程,因此句子要简短。句子一长,句式过于复杂,儿童理解起来就有困难。句子短,谁在干什么、发生了什么事,儿童很容易理解。比如"苏东坡看见大家都喜欢这个办法,很高兴。"这个句子就应改为:"看见大家都喜欢这个办法,苏东坡很高兴。"主语和谓语相互靠近,句子的主干就会集中而突出,意思就很明晰。与此同时,改编以后的短句节奏明快,有一种跃动感,读起来流畅响亮。

连词不能独立担任句子成分,只起到连接词语或句子的作用。它没有词汇意义,只有语法意义。大量使用连词是书面化语言的典型特征。民间故事是以口语表达为主的,因此只要不用连词也能清晰地表达意思,就不应运用连词。

2. 状语前置,减少修饰语

状语前置的目的也是为了让主语和谓语尽可能靠近,句子的主干更为突出。否则句子就会变得很长。比如:"养鱼的老百姓和种茭白的老百姓为了这些事情经常吵架、打架。"这一句子的主干是:老百姓经常吵架、打架。老百姓吵架、打架的原因是:为了这些事情。把表示原因的状语前置在句子主干之前,句子的主干就相对集中、简短,也就更为容易理解。这个句子改作:"为了这些事情,养鱼的老百姓和种茭白的老百姓经常吵架、打架。"儿童就能比较容易理解句子的意思。

3. 象声词的运用

象声词与其指称的对象之间,存在着一种约定关系,是约定性语言符号。正如索绪尔所说,象声词是语言符号中最为特殊的一种符号。象声词与指称的对象有着直接的自然的联系。[①] 而一般的语言符号与

---

① 索绪尔:《普通语言学教程》,高名凯译,商务印书馆,2005 年,第 104 页。

指称对象之间没有直接的、自然的联系。象声词这种直接的、自然的联系,特别适合口头语言表达。听到象声词,低幼儿童的心里就很会直接地浮现出象声词指称的那个对象。这种对象可以是角色,也可以是场景。因此,尽可能地运用象声词来表现故事场景能收到事半功倍的效果。

例如,民间故事《钱王射潮》的改编,我们用了四处象声词来突出潮水的凶猛和钱王及弓箭手的坚毅神武。又如,《一只蝈蝈》七处用了不同的象声词。蝈蝈的叫声用象声词"滋滋,滋滋……"表现,让儿童联想到夏日的蝈蝈;用"大公鸡'滋儿'一口"来描述,让儿童好像看到大公鸡飞快啄吃蝈蝈的场景;用"哐哐哐",把哥哥恶狠狠地猛踢树干的行为以及现场氛围传达出来;用"簌簌簌、簌簌簌"表现树叶在风中的轻柔摆动,也象征弟弟善良平和的心态等等。《畲乡木屐》中,木屐的踩踏声以象声词"咯叽、咯叽"来表现,并根据情节的需要分别以"咯叽叽,咯叽叽""咯叽咯叽"等节奏不同的象声词来表现。

(二)语言形式规范,富有韵律节奏

1. 根据普通话的规范进行改编

尽量保留地方方言,还是按照普通话的规范进行民间故事改编是必须作出抉择的两难问题。保留民间故事中的俚语俗语,用方言来讲故事,能使儿童感受到方言的鲜活和生动,但会违背教育方针中关于语言文字的有关规定,不利于在正式的教育机构中普遍地传承民间故事。如果完全不留方言色彩的词语,就需要删除一些鲜活的方言词语。考虑到民间故事传承的可行性与普遍性,我们按照普通话的规范进行改编。实践中,方言俚语一律转化为普通话。不仅是词汇,语法也都按照普通话的标准进行转化。

根据普通话的规范改编民间故事,前人已经进行了有益的探索。老舍先生改编的《宝船》、葛翠林的《野葡萄》、洪汛涛的《神笔马良》、鲁兵的《365夜故事》等,都为我们提供了可资借鉴的范例。

2. 富有韵律节奏

语言的韵律节奏对儿童的良好语感形成起着直接的作用。为此,改编中,我们十分注意语言的音乐性和散文化的韵律节奏。描写场景时,长短句结合,象声词与形象直观的视觉词语结合;"蚕吃桑叶,低着头,用细细的牙齿啃,'沙沙沙,沙沙沙',一会儿就把几棵桑树的叶子吃完了。牛吃青草,用长长的舌头卷,'刷刷刷,刷刷刷',一会儿就把地上一片草吃干净了。"(见《蚕宝宝驮牛》)这样的语言形式表现出晓畅明净的韵律感。

3. 编写富有音乐性的儿歌

故事是散文体的语言形式,穿插一些朗朗上口的儿歌,可以有效地增加语言形式的韵律感。因此,我们在改编中尽量根据故事内容增加一些易诵易记的儿歌。鲁迅先生认为,诗歌有两种,一种适合眼看,一种适合嘴唱。对于儿童来讲,以嘴唱更为适合。富有韵律感的语言形式,尤其是儿歌的增加,既可以使故事内容更加容易理解,还可以让儿童借助儿歌进行游戏性的肢体表演。当儿童一边诵念歌词,一边游戏时,故事的场景就会在他们的心里真切而又形象地浮现出来。正如维特根斯坦所说:语言的界限就是世界的界限。① 当一幕幕蕴含着生活智慧的场景浮现出来之时,世界的边界不断拓展,儿童的认识、情感、意志品质也不断得到升华。

有了富有韵律感的语言形式以及相伴随的肢体活动,儿童的语言同他们各种感官途径的感知活动交织为一个整体,更多的存在显现在他们的面前。海德格尔所追求的境界得到了有效的实现:"使我们生了千眼、千耳、千手以及其他众多感官、器官,只要我们的本质不植根于语言的力量,一切存在者就仍然对我们封闭着……"②海德格尔的论断使我们认识到只有将语言理解与人的各种感知活动结合起来,才能更好地实现人的本质力量的提升,使得儿童的高级心理机能不断发展。例如,民间故事《断桥》以段家人修桥的场景展现了桥断,人的情义不会断的人间真情。为此我们在故事中增加了一首朗朗上口的儿歌:"段家桥,段家桥,桥断情不断。/走过段家桥,情义不会断。"

---

① 饭田隆:《维特根斯坦——语言的界限》,河北教育出版社,2001年,第89页。
② 陈嘉映:《海德格尔哲学概论》,三联书店出版社,1995年,第299页。

传承这个民间故事前,课题组成员很担心故事的意义过于艰深,难以理解。然而,当儿童听完故事,一边念诵儿歌,一边以肢体动作饶有兴趣地进行表演时,我们原有的担心完全消失。随着儿童要求教师继续表演,课题组成员对儿歌的增加以及富有韵律感的语言形式的认识,得到了更为具体深入的理解。于是,我们在更多的民间故事文本改编中增加了适合肢体表演的儿歌。例如,有关曹娥投江的故事改编中,为了帮助儿童更好地理解劳动人民不畏艰险,与自然灾害作斗争的精神品质,我们编写了一首适合低幼儿童表演的儿歌:

> 潮水,潮水,我不怕,
> 堤坝挡住你,
> 大船不怕你。
> 潮水,潮水,你来吧,
> 堤坝挡住你,
> 大船不怕你。

低幼儿童随着歌词的意思,有时挽起手,表现大坝挡住洪水的情景;有时互相搭肩,扮演大船穿越波涛的场景。朗朗上口的歌词意义同形象生动的肢体表演结合在一起,使得每一个儿童都充分感受到了劳动人民与大自然作斗争的乐观勇敢精神。

第二节　民间故事的情节改编

民间故事传承实践的现场观察表明,儿童听故事时尤其关注事件的发展和角色形象的命运。从这个意义上讲,故事情节的改编是否成功,决定着传承的实际效果。

一、民间故事的情节理解难点

情节是故事中一系列为表现角色性格和展示主题服务的有因果联系的事件过程。矛盾冲突是情节的核心、推动事件发展的动力。

民间故事的情节是以当时的生活实际构思的,同今天的儿童生活存在显而易见的历史间距。这种间距所产生的理解难点主要有以下两点:一是矛盾冲突难以理解;二是结构松散。

（一）矛盾冲突难以理解

民间故事主要产生于农耕社会时代,矛盾冲突大都表现为人与自然的冲突,比如干旱、洪水、山路险阻等;对立阶级之间的冲突,如官与民、长工与地主;家庭成员之间的冲突,如兄弟、婆媳、后母与继子;社会伦理道德的冲突,如勤俭持家与奢靡浪费、勤劳致富与不劳而获、友好合作与恶意争斗等。这些生活现象,很难为学前儿童所理解。譬如,兄弟分家是民间故事中较为常见的矛盾,而现实生活中的城市儿童已经很难听闻兄弟分家的冲突。长工与地主之间的矛盾等也已经远离今天的现实。

（二）结构比较松散

民间故事是普通劳动者即兴创作的,虽然也有情节,但注重的是结果和呈现出来的教训。因此,故事的结构常常存在线索繁多、结构松散、事件发展缓慢的问题。比如,故事《天封塔》的开头,花费不少笔墨交代这座塔的来历:"相传,大约在一千多年前的唐朝,皇帝派大元帅尉迟恭监工,在明州建造一座十八格高的塔。塔建成后,皇帝亲笔赐封,所以叫做'天封塔'。"这种故事一开头先周详地交代时间、地点等情节结构方法,容易让学前儿童厌烦。儿童听故事希望一开头就直接进入故事主线,很快就能了解角色的命运。

二、民间故事的情节改编原则与方法

（一）矛盾冲突的改编

1. 根据故事的深层冲突进行改编

民间故事的矛盾冲突改编面临两难处境:不改编,则儿童无法理解;过度改编,则损害故事原意。解决两难境遇的关键是深入分析民间故事的矛盾冲突性质及类型,寻找出适合低幼儿童理解的改编路径。

民间故事情节中的矛盾冲突可以分为表层冲突与深层冲突两种性质的矛盾。表层冲突直接地表现为角色与角色之间的冲突。深层冲突则反映了人的愿望与现实的冲突、人的认识与客观规律的冲突、人的行为与环境的冲突等。表层冲突建立在深层冲突基础上,深层冲突依靠表层冲突体现。深入分析了民间故事的矛盾冲突性质之后,我们认识到表层冲突涉及历史人物、阶级社会的具体矛盾,而深层冲突则反映了人的生活所面临的基本矛盾。依据深层冲突来改编,可以吻合低幼儿童的生活感受与体验,有利于他们更好地理解民间故事。

譬如,民间故事经常借助历史名人作为正面形象。当历史名人同反面角色发生矛盾时,历史名人自然而然地就是正义、善良的化身,反面角色不言而喻地就是伪善、丑恶的人物。如果不加改编地给孩子传承民间故事,势必需要解释历史名人的事迹、为人等。为了解决这一问题,我们抓住故事中的深层矛盾来改编。例如,以刘伯温为正面形象的民间故事《链锁"庙顶神"》。其表层冲突是刘伯温同其族侄之间的矛盾,而深层的冲突则是依赖恩赐的心理与只有付出才能获得之间的冲突。换言之,即人的本能欲望与现实之间的冲突。依据这个故事的深层冲突,我们在故事中着力刻画反面角色企求神灵恩赐,而不愿意付出努力的行为特点和心理活动。隐去了历史名人刘伯温,让反面角色直接面向神灵去苦苦乞求。无奈的神灵被迫给这两个角色安排了庙堂上最高的位置——庙顶。坐上庙顶位置的角色虽然得到高高在上的地位,却也因此而承受着日晒雨淋、鸟禽屙屎撒尿的必然遭遇。这一故事的冲突将"不做神仙,做好人"的生活意义辛辣而又鲜明地揭示出来。传承实践表明,低幼儿童听了故事以后不但能够理解,而且兴致勃勃地表演了这个情景。

2. 根据儿童的接受水准设计冲突

兄弟之间、妯娌之间的冲突是民间故事中较为常见的矛盾冲突。低幼儿童尤其是城市里的儿童很少能够听闻这样的生活矛盾,故事情节建立在这样的冲突基础上,儿童会无法理解。这种矛盾的深层含义是由竞争而演变成的斗争。儿童在同伴关系中经常体验着竞争与合作的冲突,因此,我们在改编《姑嫂饼》时,舍去妯娌之间过于阴毒的斗争手段,以竞争与合作这一对矛盾来设计故事冲突。实践表明这样的矛盾冲突容易为儿童所理解。熟悉故事情节、理解故事意义之后,儿童开展了合作做糕饼的活动。在有趣的"糕点"制作活动中,儿童进一步感受和体验了合作才能共赢的生活意义。

（二）情节结构的改编

1. 开头简洁,情节线索集中

学前儿童听故事喜欢很快进入主线,立刻了解角色命运。因此,开头是否简练有着极其重要的作用。我们在改编时尽可能让故事主线及早呈现出来。

民间故事《冤家宜解》的改编中,我们将原文中交代家庭关系以及为何要通过考察来分配财产的缘由予以删削,直接进入故事主线。民间故事《东坡肉》的改编中,我们直接进入苏东坡亲民爱民的主线,而将苏东坡因为官场斗争而来到杭州的开头部分删去。

学前儿童生活经验不多,理解能力不强,他们很难理解情节复杂、人物众多的故事。情节复杂,头绪就多;人物多,需要铺垫交代的笔墨必然多,这将直接影响幼儿的注意。所以,改编时故事的情节要紧凑,线索要集中清晰。

为了情节的紧凑集中,有时需要对原故事情节做大的更动,该简则简,该详则详,这时候就要根据主题的需要、人物刻画的需要来做安排。

比如改编《山魈帽》。我们删去了故事开头王三在洪水中救了小山魈,老山魈为报恩送一顶帽子的大段情节。故事直接就在王三渴望拥有隐形帽,不用辛苦劳作的一个梦中开始。原文中有王三戴着隐形帽吃香喝辣的情节,这个情节渲染了王三的得意心情,反而不利于主题的体现,因而需要删去。原文中王三最后被人刀劈而死。王三不是十恶不赦的坏人,这个血淋淋的结局太严厉、太残忍,不适合学前儿童接受。为此我们把整个故事安排在一个梦中,王三在被人痛骂、羞愧中醒来,并由此而顿悟了不劳而获是可耻的。这样改编后,故事线索清晰,情节进展很快,故事的寓意也能清晰地体现出来。

2. 情节发展充满悬念

设置悬念,可以增加矛盾冲突的尖锐性和情节的紧张性,可以激发儿童听故事时的紧张与期待的心情,更关注故事中人物命运和故事的发展。随着情节的进展,悬念的揭开,儿童的期待心理也会得到满足。

例如,民间故事《红豆娃》以较多篇幅描写了老夫妇得到红豆娃以后度过的平静生活。我们只是简略地交代这部分内容,而将笔墨集中在智斗独狼的惊险部分。这样处理容易产生吸引人的一连串悬念:孤独的老夫妇是否能有可爱的孩子? 面对独狼,红豆娃是否能保护羊群? 红豆娃被独狼吞入肚里,是否能够生还?

第三节　角色形象的改编

民间故事中的角色形象大都是当时生活中的普通人,地主、农民、郎中、私塾先生等;或者故事产生时期的历史人物、宗教传说人物,比如刘伯温、苏东坡、念四胡子、赵茂测、弥勒佛等。今天的儿童对这些角色是不熟悉的、难以理解的。还有一些角色既难以见到又难以用直观的图像表现,如牛虱等。

为了解决以上问题,我们采用以下原则与方法进行改编。

一、根据直观理解的需要,设计角色

学前儿童的故事理解,经常需要借助直观的图像,尤其是现实生活中难以直观感知的事物,必须借助直观的图像。直观图像的表现需要避免同一场景中的事物比例过于悬殊。譬如,故事角色有跳蚤,如果故事中的其他角色是虱子、臭虫等微小生物,图像表现不会有困难。反之,跳蚤、虱子等微小生物同人、公鸡、水牛、狗等一起表现,就会带来视觉比例过于悬殊,以致无法表现的困难。民间故事《一只牛虱》,恰恰是后一种情况。因此,需要改换为比例适度,方便图像表现的角色。当然,这种角色的改换,必须建立在对作品的详细分析基础上,不能损害原著的意思。《一只牛虱》这个故事之所以选用牛虱,是为了让牛虱同公鸡,公鸡同狗等动物之间形成自然的食物链。因此,我们根据故事的原意将牛虱这个角色改换为"蝈蝈"。这样改编,既不损害原作意思,又能方便地运用以直观图像为主的绘本形式来表现。

二、根据行为特点,塑造角色形象

角色形象具有两个方面的符号化意义,一是社会身份的意义;二是行为特点的意义。民间故事中很多角色的社会身份意义往往是今天的儿童难以理解的;但是角色的行为方式以及内心活动却能产生证同效应。如果不转换角色的社会身份标签,仅仅是解释其社会身份就会导致儿童昏昏欲睡。因此,我们根据角色的行为方式来命名和刻画角色、塑造形象。

例如《蚂蚁是饭粒变的》原文里有三个人物:寡妇、割麦客和化身为乞丐的神仙。故事中的割麦客见寡妇软弱可欺,割麦时出工不出力;乞丐得到了寡妇的施舍后,将寡妇给割麦客送来的米饭变成了蚂蚁,让割麦客无法吃饭。这个故事的角色不予改换,就会产生两个方面的问题。第一,角色身份难以理解;第二,主题意义缺乏时代性。首先,今天的孩子没有关于割麦客的生活经验,不能理解割麦客与雇主之间的关系。其次,寡妇一词具有贬义,蕴含着男权社会的封建意识;而割麦客作为劳动者出工不出力的情节,客观上包含着贬低劳动者的意思。我们把这个故事的深层意义——割麦客做事拖拉磨蹭,让人难以容忍——提炼出来,将割麦客转换成一个做事拖拉磨蹭的人。因为吃饭磨蹭、割麦子拖拉,麦田里的蚂蚁前来搬他的米饭;饭粒变成蚂蚁,故事角色只能饿着肚子。这样的角色刻画与主题意义呈现,有利于儿童结合自己的生活体验来理解,产生自然而然的共鸣。

深入分析民间故事中角色的行为方式及其内心活动特点,将之提炼出来作为角色的主要特征进行刻画,就能避免角色的社会身份难以理解、故事的主题无法表现的问题。

第四节　民间故事的思想内涵诠释

民间故事是人民群众的生活智慧结晶,凝聚着当时语境下的生活理解和理想、愿望。其中的生活智慧今天仍然有直接借鉴价值。但是,产生于农耕社会时期的民间故事不可避免地烙着封建思想的印记。通过改编,既保留劳动人民的历时生活智慧,又能贴近儿童的生活经验和理解水准,解决这一难题需要注意三个重点:一是提炼具有现实意义的社会共识;二是显现有利于早期儿童成长的价值;三是诠释故事中的事实依据的意义。

一、民间故事的社会共识提炼

民间故事产生与形成过程中,故事的思想内涵逐渐成为社会的共识。这些已经成为社会共识的内涵不能随意改变。例如,杭州断桥的传说虽然有各种版本的故事情节,却都凝聚着人们对情义的理解和渴求。如果将这一内涵随意改变,人们寄寓在断桥上的情感愿望就会强烈地排斥这样的作品。又如,西湖三潭印月的传说。这一传说是借助三潭印月这一景物展开想象的。如果为了故事的有趣,迎合儿童的猎奇心理,脱开真实景物来编撰情节,就会面目全非,让人无法接受。

谨慎对待并不意味着被故事原文束缚。譬如,三潭印月的传说中以黑鱼精强娶鲁班之妹为矛盾冲突来结构情节,并将实际的景物看作香炉的三只脚。这个故事蕴含的社会共识有两个方面,一是黑鱼精好发脾气,不能满足自己的欲望就要喷水撒泼;二是直观的实际景物为形如葫芦的石塔。只要不改动这两个细节,就不会与人们的社会共识产生矛盾。根据这一分析,我们将《三潭印月》故事中的鲁班兄妹改为老石匠师徒。目睹黑鱼精撒泼喷水、祸害百姓,老石匠师徒根据黑鱼精爱吃葫芦的习性,凿出三只石葫芦镇服了黑鱼精。如此改编的故事既包含了上述两点社会共识,又对儿童具有现实的教育意义:发脾气撒泼,将会受到应有的惩戒。为了不被原作束缚,提炼社会共识时应该剥笋一般,层层剥离无伤共识的内容。剥离得越精炼,腾挪空间越大,越容易改编成功。

二、民间故事的早期教育价值显现

民间故事里不可避免地有着农耕时代的封建意识,求神拜佛、宣扬忠孝节义就是经常出现的内容。这样的故事如何改编成符合今天的时代精神和儿童的需要是最为困难的命题。面对这个命题,我们不是简单地批判说教,也不是欣欣然地照单沿袭,而是挖掘有利于儿童成长的生活意义予以彰显。

求神拜佛行为的本质是一味祈求神明恩赐,而不相信自己的努力才是改变命运的根本出路。忠孝节义思想有利于稳定家庭和国家的秩序,但是为此而漠视人的基本权利,甚至以身殉父、卧冰取鱼就走到了牺牲人的生存权来维护伦理关系的地步。

明确了这样的认识,蕴含求神拜佛和忠孝节义意识的故事改编就有了清晰的坐标。民间故事《曹娥投江》是典型的例子。曹娥之父为了百姓安宁祈求江神息怒止水,被淹身亡;曹娥投江,以身殉父。这个故事中既有祈神保佑的思想意识,又有投江殉父的忠孝思想。改编这个故事时,我们不是以今天的科学思想批判曹娥的行为及其思想意识,而是仔细分析了故事产生、形成年代的生活事实与水利发展史实:面对滔天洪水,农耕时代的人民既有一味祈求神明保佑的迷信思想,也有奋起抗争的筑坝、修渠举措。曹娥寻父、救父过程中完全可能不幸身亡。根据历史事实,我们保留了曹娥之父祈求江神的情节,而将曹娥目睹父亲身亡以后的行为改为:曹娥沿江寻父,目睹下游民众抗洪筑坝,修建大船的情形,明白了抵御洪水的办法;她回到家乡劝说民众共同救灾;为了鼓舞民众,坚定人们的信心,曹娥再次入江寻找民众偶像的父亲,从而身亡。这样改编从三个方面实现了改编目的:一是既没有改变古代民众祈求神明保佑的史实,又展现了古代人民抗洪救灾的科学态度和有效举措。二是投江殉父改成为挽回民众信心而寻父身亡。尤其是改编中增添的儿歌,以生动的形式展现了劳动人民抗洪筑坝、修建大船的情景,经过孩子的自主表演,给他们留下了面对困难必须坚定信心的深刻印象。三是展现了劳动人民面对困难坚忍不拔的信念。

三、民间故事的事实依据诠释

广义的民间故事中,包括了民间传说。民间传说的基本特点是依据事实进行演绎。这些事实或者是地方景物,或者是乡土特产,或者是历史名人的事迹。完全不顾民间传说的事实依据加以改编,就可能扭曲故事沿袭流传的历史共识;完全照搬事实依据,又可能失去面向儿童传承的可能性。

我们分析了民间故事中事实依据的不同类别及其呈现方式。根据尊重事实,有利传承相结合的原则进行改编。一般来讲,地方景物与乡土特产的事实本身不能改变,但是对景物与乡土特产蕴含的意义需要根据时代精神与儿童的理解需要予以诠释。例如,苏堤六吊桥、虎跑、石人岭、冷泉寺、东坡肉、五加皮等故事,我们保留了景物与特产的直观事实,而对其中蕴含的生活意义以及由此而演绎出来的情节作了改编。

关于虎跑的传说流传至今,已经形成社会共识的历史事实是"虎跑梦泉":僧人夜梦老虎刨出泉水,老虎则是菩萨/神人派遣。我们保留了僧人夜梦的情节,但是将菩萨/神人派遣改为如下:僧人为解干旱之苦,日日巡山觅泉;久寻水源无果,焦急难寐;困顿之中,忽梦老虎巨崖之下刨土,未解老虎刨土缘由;僧人黎明即起,巡至山崖,仍见老虎刨土不已;忽然顿悟,虎乃渴而刨土。目睹动物寻水的本能行为,僧人由此顿悟,寻获水源。这一情节主线来诠释虎跑梦泉,既尊重了历史事实和社会共识,又避免了仰赖神明的不良思想意识渗透到儿童心灵的弊病。东坡肉这一乡土特产的改编亦是如此。为了尊重历史事实,我们以苏东坡疏浚西湖为背景,创出美味菜肴为线索结构情节。但是,我们没有像历史传说那样把苏东坡演绎成无所不能、高居众人之上的独断善谋角色,而是刻画了苏东坡善于倾听百姓心声的亲民人格和集思广益的大智慧。

第五节　民间故事的绘本改编

直观形象的绘本,已经成为学前儿童阅读的主要对象。国内外研究表明,绘本阅读是上世纪兴起的教育现象,并已越来越受重视。为了使民间故事的传承能够更为有效,必须将语言文字形式呈现的民间故事,改编成"以图为主、图文结合"的绘本。绘本的成功改编,还能够为民间故事文本转化为视频节目探索出可行的路径。

口耳相传的故事与绘本的根本区别是：语言呈现为主的形式与图像为主的呈现形式的不同。从接受的角度看，前者主要经由听觉途径实现，后者经由视、听觉途径实现。单纯的语言呈现形式转化为图像与语言文字相结合的呈现形式，需要解决以下两个问题：第一，流动的过程转化为静止的瞬间；第二，视觉直观呈现与过程描述、内心活动刻画的结合。

一、语言表述形式转化为图像呈现为主的形式

语言文字呈现的故事是以口耳相传的形式实现传承的，口耳相传的语言是一个流动的过程；而绘本呈现的主要是静止瞬间的直观图像。转化的时候，需要将语言表述的绵延不断的过程转化为片段性场景。例如，浙江的畲族民间故事《畲乡木屐》。故事原文首先交代老夫妇的恩爱幸福生活，然后铺叙山中有人熊出没的自然环境。接着描写老妇人上山遇见人熊，人熊追，老妇人逃的详细情形；以及呼唤丈夫，为丈夫所救的惊魂未定情景。然后是丈夫上山又被人熊跟踪，幸得老妇所救的具体描写。老夫妇始而避走他乡，继而想出做木屐的办法，以防人熊跟踪。故事中，无论是具体情境的描写，还是前因后果的铺叙都周全细腻，衔接紧密。

根据绘本的图像呈现特点，我们将整个故事分为六个片段性画面。一是老妇人上山，丈夫与之呼唤相应，以便随时施救；二是丈夫上山，老妇人呼喊相应；三是做木屐场景；四是老妇人上山，木屐踩踏之声，吓得人熊不敢前来；五是丈夫上山，"咯叽叽"的木屐之声镇住了人熊；六是百姓效仿，人熊只能远离畲乡大山。改编之后的绘本，省略了原有幸福生活的描述、事件因果的铺叙以及事件过程的详细叙述，只保留了围绕情节主线的六个片段场景。在这些场景中，故事角色的所处环境、安康幸福的生活情景以及人熊出没和老人如何面对人熊的情状都直接地呈现在接受主体的面前，不必再以语言进行细致的描写。画面与画面之间的情景以及故事情节的因果联系则可以通过接受主体的联想推断出来，也不需要再耗费笔墨叙述解释。

二、视觉直观与听觉描述、刻画的结合

流动的口头语言便于交代过程性的内容、刻画角色的内心活动和言谈话语;静止瞬间的图像有利于故事场景的直观理解,不利于过程性内容的叙述和角色内心活动的刻画以及话语表达。为了解决这一对矛盾,我们在民间故事文本的改编中,采用了以下办法:第一,通过神色表情呈现角色的内心活动;第二,配合画面文字,以利传述故事的成人帮助儿童理解。

为方便理解,仍然以《畲乡木屐》为例。绘本的画面可以直接呈现角色的音容、服饰、所处环境,让人一目了然地明白角色的身份、相互关系以及生活、生产场所。然而,角色的内心活动却无法以画面直接表现,因此,绘本的脚本中需要交代角色在特定情境中的神色表情,以便画稿作者准确鲜明地表现出来。阅读画面时,儿童观察到角色的神情就会产生自然的联想,间接地推测出角色此时此刻的内心感受与体验。绘本的画面能够呈现直观的情景,却无法表现出角色的话语,因此,画面上必须配有一定的文字。有了这些文字表述,故事传述者就可以用讲述的方式帮助儿童理解画面上无法呈现的内容。

根据我们的经验,绘本的改编需要经历三个阶段。第一,根据时代精神和儿童理解的需要,改编为文字文本;第二,根据"以图为主、图文结合"的形式,改编出绘本的脚本;第三,根据脚本画出绘本。

第六节　民间故事改编范例

民间故事的改编范例分为两种,一种是"以图为主、图文结合"的绘本改编范例(绘本改编的画稿附在彩页中);另一种是文字为主的文字文本。绘本改编范例较少,附在前面;文字文本附在后面。部分文字文本的后面附有"作品分析与活动建议",以便教师设计传承活动时作为参考。

一、绘本改编范例

此处附录文字脚本,画面请见彩页。脚本的文字表述分为两个部分,一是"画面语";二是图意。画面语直接呈现在画面上,供传述者讲述时参考。画面语前面标注的数字序号表示画面的顺序。图意表述供画稿作者参考。画面语需要符合儿童的语言理解水准,图意表述应该简练准确。

学前儿童的阅读是一个双主体(阅读主体和传述主体)参与的过程,而不是阅读主体完全独立自主的接受过程。儿童是阅读理解的接受主体,成人教养者是阅读中给予帮助的传述者。因此,绘本的呈现需要考虑双主体的不同需要,以使阅读的效果充分实现。

木屐咯叽叽

——根据畲族民间故事《畲乡木屐》改编

1. 老婆婆上山去,老爷爷担心黑熊会出来。他大声地喊:"老婆婆,小心啊!"老婆婆大声地回答:"好的!"老爷爷和老婆婆不停地喊,黑熊不敢过来了。

图意:起伏的山峦,老婆婆在山上的茶园采茶。一只黑熊隐身树后,注视着老婆婆。老爷爷在屋前的菜地里锄草,手拿锄头,眼望山上的老婆婆,呼喊提醒。茅屋的窗棂上挂着一串串红辣椒、玉米等。

2. 老爷爷上山去,老婆婆担心黑熊会出来。她大声地喊:"老爷爷,小心啊!"老爷爷大声地回答:"好的!"老婆婆和老爷爷不停地喊,黑熊不敢过来了。

图意:山上,老爷爷在种树。山林里,黑熊逼近老爷爷。近景,老婆婆在屋前喂鸡,朝着山上呼喊。

3. 老爷爷和老婆婆的嗓子喊哑了。怎么办呢?他们做了一双"咯叽、咯叽"响的木屐。

图意:老爷爷在屋前做木屐。老婆婆穿着木屐高兴地走起来。

4. 老婆婆穿着木屐上山去,木屐"咯叽叽,咯叽叽……",黑熊吓得不敢过来了。

图意:老婆婆穿着木屐,背着茶篓上山去。黑熊远远地不敢靠近。老爷爷笑眯眯地在院子里抽烟。

5. 老爷爷穿着木屐上山去,"咯叽叽,咯叽叽……",黑熊吓得不敢出来了。

图意:老爷爷笑眯眯地穿着木屐走在山路上,黑熊远远地不敢靠近。老奶奶笑眯眯地在院子里晾干菜,小鸡满院跑。

6. 大家都穿着木屐上山去。"咯叽叽,咯叽叽……",木屐不停地响,黑熊吓得逃走了。

图意:山上的茶园、树林间,人们穿着木屐干活;山道上,有人穿着木屐行走。众人神情轻松。黑熊正往远处逃去。

一只蝈蝈

1. 有一个孩子叫"阿宝"。他的爸爸、妈妈没有了,阿宝难过得哭起来。

图意:破旧的茅屋,木格子窗户,窗纸破碎飘零。院子的墙根种着一些丝瓜,茂盛的丝瓜藤顺着墙爬到了茅屋的窗台上。留着瓦片头,脖子上挂着项圈的小男孩坐在门槛上哭泣。

2. "嘀嘀嘀",一只蝈蝈过来说:"阿宝不要难过,我来做你的朋友。"

图意:特写:土墙的丝瓜藤上一只蝈蝈在说话。近景:阿宝站在丝瓜藤下,抬头,挂着眼泪看着蝈蝈,脸上还有忧伤。

3. 蝈蝈"嘀嘀嘀"地叫,叫来大公鸡。"喔喔喔",大公鸡说:"阿宝不要难过,我来做你的朋友。"

图意:同画面语。

4. 蝈蝈"嘀嘀嘀"地叫,叫来大白鹅。"嘤嘤嘤",大白鹅说:"阿宝不要难过,我来做你的朋友。"

图意:同画面语。

5. 蝈蝈"嘀嘀嘀"地叫,叫来大黄狗。"汪汪汪",大黄狗说:"阿宝不要难过,我来做你的朋友。"

图意：同画面语。

（第3～5幅画面为对开两页）

6. 好朋友帮着阿宝去种地。阿宝说："你们是我的好朋友。"蝈蝈高兴地叫起来："嘀嘀嘀，好朋友。嘀嘀嘀，好朋友。"

图意：大黄狗拉犁、阿宝扶犁耕田，蝈蝈站在大狗头上指挥；大白鹅挽着篮子播种，大公鸡覆土、踩土。田垄上印着好看的鸡爪印和鹅掌印。

7. 好朋友帮着阿宝去捕鱼，阿宝说："你们是我的好朋友。"蝈蝈高兴地叫起来："嘀嘀嘀，好朋友。嘀嘀嘀，我们都是好朋友。"

图意：水面上，波光粼粼、鱼儿跃水，漾出一圈圈波纹。

主体画面：小船上。船尾，大黄狗摇橹。黄狗的前方，大白鹅张开翅膀，好似一张漂亮的风帆。阿宝撒开渔网，大公鸡和蝈蝈在船头面向大家。大公鸡舞动翅膀喊号子，蝈蝈停在大公鸡的头上，高兴地鸣叫。

注：尽量突出蝈蝈的形象。

新年

1. 有一个怪物喜欢吓唬人。它的名字叫"年"。

图意："年"的形象设计：既具有年兽（怪物）的特征，又具有淘气顽皮的孩子特点。近景："年"淘气地去吓唬孩子，大人护卫着孩子。远景：数人从远处拿着扫把等赶过来。

背景：错落有致的木屋。这些木屋既有童话的意味，又有中式农居的特点。以下建筑均为同类风格。

季节：冬天的景象。

2. "年"害怕火光、红色和很响的声音，它吓得逃跑了。

图意：烟花、爆竹燃放情景与"年"的逃跑情形。

燃放烟花、爆竹；孩子为主，大人帮助燃放。突出爆竹、烟花的红色火光。人们的穿着具有过年的特点，尤其要突出红色的衣着。与此同时，人们正在贴对联、窗花。孩子或举起对联，或递上窗花。

"年"一边逃，一边回头，表现出害怕的神色。

3."年"想让大家喜欢自己,它给小宝宝送去红包。

图意:夜景。窗户里面,睡觉的孩子,枕头边上放着红包。红包上面有铜钱和年兽的图案。"年"给孩子送红包,已经送了几家,还要再去送几家。此时所送的一家在主体位置上。枕边的红包上有铜钱与年兽的图案。"年"背着一个装着红包的袋子,袋子上也有铜钱和年兽的图案(与红包的图案一致)。袋子的口上,露出几个红包的角。

4.大家喜欢新的"年",叫它"新年"。大家一起开心地玩,"新年"再也不怕火光和红色了。

图意:几个孩子拿着"迎新年"、"新年好"的条幅迎接年兽。一脸羞涩、和善的年兽和人们一起放鞭炮、烟火的夜景。院落的门上贴着红色对联,屋子的窗上贴着窗花。

5~6(对开两页).狮子和龙也来一起玩。老虎看到这么热闹好玩,带来帽子、鞋子送给小娃娃。从那以后,"新年"一来,就会热闹、好玩。

图意:舞龙、舞狮的场景。年兽引逗着狮子和龙。

老虎带着很多虎头帽、虎头鞋,送给孩子,有几个孩子已经穿上了漂亮的虎头鞋、戴上了虎头帽。放鞭炮、烟花;贴窗花、对联;点着红灯笼、红蜡烛。敲锣打鼓。

快乐是这样开始的

1.看见蜗牛爬上很高的大石头,蜘蛛说:"真棒!这么高的石头你都能爬上来。"听到蜘蛛的夸奖,蜗牛很高兴,给了蜘蛛一个快乐的微笑。

图意:清晨。低缓的草坡顶端,一块略显陡峭的大石头,旁边一棵大树以及绵延的灌木丛。蜗牛即将攀爬上岩石顶端,蜗牛身后是蜿蜒的银线。大树上的蜘蛛在夸奖蜗牛。

2.看见蚯蚓堆出很多小土堆。蜗牛说:"真棒!你堆出了这么多的土堆,真漂亮。"听到蜗牛的夸奖,蚯蚓很高兴,给了蜗牛一个快乐的微笑。

图意:蜗牛在大石头顶上的另一侧,看到一大片隆起的土堆。靠近大石头的一个土堆上,一条蚯蚓昂起头,骄傲地回望自己身后那起起伏伏的土堆。

3. 小蚂蚁整整齐齐地走来,蚯蚓说:"真棒!你们的队伍真神气。"听到蚯蚓的夸奖,蚂蚁很高兴,走得更神气、更整齐了。

图意:傍晚。绵延起伏的草坡下,一队蚂蚁往坡上走来。队列中的蚂蚁以阅兵式的姿态昂首挺胸、步伐整齐地行进。土堆上的蚯蚓赞叹不已。

4. 蚂蚁对蚯蚓说:"谢谢你!听到你的夸奖,我们都很快乐。"蚯蚓说:"我也很快乐,因为蜗牛夸奖了我。"

图意:夜幕初起。场景:大石头的下面,所有的角色汇聚在一起。(画面主体是:蚂蚁感谢蚯蚓的夸奖)

5. 蜗牛说:"我也很快乐,因为蜘蛛夸奖了我。"蚂蚁和蚯蚓都说:"哦,是蜘蛛开始的,他第一个给我们带来快乐。"

图意:夜色渐深。场景同前。主体画面:蚂蚁、蜗牛、蚯蚓都在感谢蜘蛛的夸奖。

6. 蜘蛛说:"我们都很了不起,把这些了不起大声说出来,大家都会很快乐。"

图意:夜色深沉。大树上,蛛网上的露珠晶莹闪亮,蜘蛛和蜗牛、蚯蚓、蚂蚁一起分享快乐。

二、文字文本改编范例

这一部分包括以下几方面的内容。第一,"改编稿";第二,"作品分析与活动建议";第三,"原文";第四,"改编思路";第五,"附录"。

"改编稿"是经过课题组改编的民间故事。改编的意图是适合学前儿童接受。民间故事的改编有多种可能,此处提供的改编稿,仅供读者参照。

"作品分析与活动建议"是为教师与家长传述民间故事提供的帮助。其中,既有为教师开展教学活动提供的,也有为家长进行亲子分享活动提供的。

"改编思路"是民间故事改编的意图与具体方法。这里只选择有代表性的部分作品进行阐述,根据相似思路改编的故事不重复阐释。

"原文"是文化工作者搜集整理的民间故事。对照"改编稿",读者可以揣摩具体的改编方法。民间故事有不同版本,我们尽量选择比较权威的版本,并在后面注明出处。

"附录"包括两种,一是儿歌,二是相关知识或历史典故。儿歌既能概括性地描述故事情景,又能引发儿童的表演兴趣。因此,我们尽量编配一些朗朗上口的儿歌。有些民间故事与历史典故或科学知识密切相关。传述时,教师与家长适时补充这方面的内容,可以激发儿童的兴趣,扩展他们的视野。

龙虾

改编稿:

小龙女是龙王的女儿。听说陆地上有很多没有见过的东西,她很想去看看。

龙王和龙王婆婆说:"到陆地上去,你会把人吓坏的。"

小龙女对龙王说,穿上隐身衣,别人就看不见了。

龙王担心小龙女到了陆地上不愿意回来。小龙女说:"我每次只看一样东西就回来。"龙王只好把隐身衣给了小龙女。

小龙女穿上隐身衣,第一天来到陆地上,她看到一只山羊。

回到海里,小龙女对龙王和龙王婆婆说:"我看到头上长着两只角,下巴长着胡子,还有四条腿的鱼。它还会'咩咩'叫。"

龙王哈哈大笑,龙王婆婆说:"傻孩子,那是山羊,不是鱼。"

第二天,小龙女来到陆地上,她看到鸭子、母鸡和公鸡。

回到海里,她对龙王和龙王婆婆说:"我看到长着翅膀和两条腿的虾,它们有的'呷呷呷'地叫,有的'咕咕咕','喔喔喔'地叫。"

龙王哈哈大笑,龙王婆婆说:"傻孩子,那是鸭子、母鸡和公鸡,不是鱼。'呷呷呷'叫的是鸭子,'咕咕咕'叫的是母鸡,'喔喔喔'叫的是公鸡。"

第三天,小龙女到了陆地上,看到了人。

回到海里，她对龙王和龙王婆婆说："我看到长了两只脚的鱼。"

龙王哈哈大笑，龙王婆婆说："傻孩子，那是人，不是鱼。"

第四天，小龙女又来到陆地上。这一次，她看到很多人在过年。有的人在敲锣、打鼓，有的人在贴对联，还有的人在放鞭炮。海里从来没有这么有趣的事情，小龙女把隐身衣脱下来，悄悄地放在海边。

海水把隐身衣带到龙王的家里，龙王婆婆看到隐身衣，知道小龙女不想回来了，急得哭了起来。龙王生气了，卷起很高的海浪，"哗，轰隆隆，哗，轰隆隆"地向着陆地扑上来。

房子冲倒了，山羊和母鸡、公鸡淹死了，只有鸭子还浮在水面上。很多人都淹在了海水里，拼命地游啊游。

小龙女看到海里卷起大浪，知道是龙王和龙王婆婆想念自己了，跑到海边，大声地喊："我回家，我回家，我回家来了。"

知道小龙女回家来，龙王停下海浪，让海水退下去。

回到大海里，龙王婆婆抱着小龙女，哭啊哭，哭个不停。龙王生气地说："你以后再也不许去陆地上了。"

小龙女不说话，心里想："陆地上太好玩了，我以后还想去。"

不能去陆地上，小龙女每天都不高兴，不想说话。

龙王婆婆悄悄地对龙王说："小龙女还会再去陆地上。"

龙王说："我让螃蟹将军和海虾跟着，不让她到陆地上去。"

小龙女只要一出去，螃蟹将军就带着海虾小兵跟在后面。

小龙女悄悄地穿上隐身衣，打算偷偷地去陆地上。可是，穿上隐身衣的小龙女没有把身体隐藏起来，却变得像海虾的样子了。

小龙女想要把隐身衣脱下来，却怎么都脱不下来。越是用力脱，隐身衣变得越厚，成了一层厚厚的虾壳，小龙女头上长出了鞭子一样的两根长触角，还长出像钳子一样的一对大螯。

小龙女急得哭了起来，龙王婆婆过来抱着她，一边哭一边说："傻孩子，爸爸、妈妈就你一个孩子。怎么会让你到陆地上去呢？"

龙王过来说："你只要不去陆地上，我就让你脱下隐身衣，变回原来的样子。"

小龙女怕爸爸、妈妈伤心，只好在大海里游来游去。她没有答应龙王不去陆地,就一直长得像海虾一样。因为是小龙女变的海虾,所以叫作"龙虾"。

小龙女生下的孩子,也都有厚厚的虾壳,晃着长长的触角,伸着大钳子一样的螯。它们也都叫作"龙虾"。

有的龙虾悄悄地溜到陆地上,生活在水里。因为离开了大海,它们慢慢地变小了,大家就叫它们"小龙虾"。

作品分析与活动建议:

龙虾是一种比较常见的食物,也是比较容易获得的教育资源。

浙江民间故事《龙虾》原作以龙虾的外部形态及其在大海中的生活习性为认知基点,以龙王、龙女的父女之情为情感线索进行构思。原作中不可避免地渗透了当时的社会意识形态——龙王具有无上的皇权,奖惩集于一身。他责令手下寻找龙女遗失的宝物,或肉刑处罚,或升官嘉奖。这些内容同今天的民主思想意识格格不入。

改编时,保留了原作中的认知基点与情感线索,删去了皇权意识的内容。

为了更好地同学前儿童的认知特点相吻合,增加了小龙女向龙王和龙王婆婆述说陆地见闻的对白。小龙女的述说具有未分化的自我中心特点,习惯地将自我特征附加在其他事物之上。龙王和龙王婆婆的纠正,使学习者能够瞬时明白小龙女的述说是一种误会。因此,他们之间的对白,既可以产生证同效应,使孩子引为同调;又可以使孩子通过对照比较,更好地理解不同事物的类属。

小龙女出于好奇的本能欲望同龙王、龙王婆婆不愿孩子远行的疼怜心情是故事中的矛盾冲突所在。这种矛盾,当今的孩子莫不深有感触。为了保持故事的真实性,这个矛盾冲突并没有牵强地予以解决,而是让其继续存在。这种情感上的纠结,会激发起孩子像小龙女那样的探索欲望,渴求了解大海,了解大海以外的一切生命。

活动中,可以从不同角度切入。

其一,体验小龙女对陆地的向往,萌生热爱日常生活的情感和感受生活的敏感性。日复一日的生活很容易让人产生习惯化的感受,从而抑制自己对生活的敏感程度。当故事中的小龙女如此强烈地渴求了解陆地生活,孩子会对业已习惯的生活予以重新审视,仔细地审视。这种去习惯化的反应,不仅是一种艺术修养,更是一种重要的学习品质。只有保持敏感细腻的去习惯化能力,才能不断激发生活的热情和细致观察的素养。

其二,从认知角度,运用问答的形式帮助孩子划分类属。如运用问答歌形式,与孩子一起创编,一起辨析各种事物,或回想故事情节,记忆海洋生物的特征。

附儿歌:

小龙女,我问你

小龙女,我问你,
长着胡子,长着角,
四条腿,咩咩叫,
问你知道不知道。
我知道,我知道,
不是虾,不是鱼,
山羊咩咩叫。
小龙女,我问你,
长着翅膀水中游,
扁扁嘴巴扁扁脚,
问你知道不知道。
我知道,我知道,
不是虾,不是鱼,
鸭子"呷呷"叫。
小龙女,来问我,
两只钳子,八只脚,
龙王让它当将军。
不让小龙女往外跑。

我知道,我知道,

两只钳子,八只脚,

螃蟹将军,我知道。

小龙女,来问我,

厚厚的虾壳身上套,

长长的触角和大螯,

问你知道不知道。

我知道,我知道,

海里没有陆地好,

爸爸妈妈舍不得,

卷起海浪,掀海涛,

你是龙虾,我知道。

　　运用问答歌形式时,可以从陆地事物角度问答,也可以从海洋角度问答。结合儿童的生活经验,灵活运用不同角度的问答。

　　运用这个故事进行学习,可以是一个课时,也可以是两个或多个课时;可以是集体教学活动,也可以在日常活动或区域活动中进行。

附原文:

　　海龙王宝贝多,还龙珠啦,定水丸啦,还有一宝衫。这宝衫穿了起来,凡间人看不到,箭射不穿,刀砍不入,是无价之宝。海龙王喜欢三公主,把这领宝衫送给了她。

　　正月初一,三公主想到凡间看看热闹,就把这领宝衫穿在了身上。她到了凡间,呵,真热闹啊! 东边敲锣,西边打鼓,这家挂红灯,那家贴红联。三公主心里欢喜,东也去看,西也去看,全身发热,把红宝衫脱了放在一个礁石缝里,又再去看,看到快退潮,不回去来不及了,才赶紧游回龙官。

　　回到龙官,三公主才想起:哎呀! 红宝衫放在礁石缝里,忘记拿回来了。哭呵泪水像下雨。龙王心痛啊,说:"不要紧,不要紧,这领宝衫凡人看不见,不会丢的。明日叫蟹将去拿回来就是了。"

　　蟹将领了令箭,带着虾兵,游到南山海滩,找来找去,没找到宝衫,连礁石也没看到,蟹将找得眼珠也凸了,脚也肿了,只得回来向龙王禀报。龙王气呵,把蟹将打了一顿,赶出了龙宫。龙王又派别的鱼去找,也没找到。龙王急了,贴出了一张榜:谁找到宝衫,龙宫里就封一个大位,还把三公主许配给他。

　　海里的鱼虾谁不想坐大位,谁不想娶三公主?都去找,一个也没找到,嗨,真怪呀!原先跟着蟹将去的那个虾兵很聪明,他想是不是三公主记错地方了?她说放在礁石缝里,我们找来找去,就是没找到礁石啊!礁石总不会被人背走!他托公主的侍女去问,三公主说没错,是亲手放在礁石缝里的。虾兵想了又想,咳,想出道理来了!别的鱼虾都去找,他躺着困,一点也不急。等别人找厌了,足足过了半个月,到了正月十六那天,这虾兵大摇大摆把榜文撕下来跑进龙宫,说:"龙王爷,我把宝衫找回来了!"龙王和三公主一看,嗬,真的啊,欢喜啊。

　　龙王奇怪了,你小小虾兵,有这么大的本事?就问:"你是怎么找到的?"

　　虾兵说:"正月初一是大潮水,海水涨到最高的地方,公主把宝衫放在最高处的礁石缝里,这一日以后,海水再也没有涨到那个地方,叫别人怎么找得到?昨天是正月十五,潮水跟初一涨得一样高,所以找到了,这道理我也是想好久才想到的。"

　　龙王想不到小小虾兵胜过蟹将,就把三公主许配给他,还封他做了龙虾,坐了大位;又赐了金甲一副,金鞭一对。

　　虾兵就这样披上金甲,戴上金鞭,成为龙虾了。现在海里的龙虾,就是他的后代。龙虾比别的虾大,甲厚,还多了两条又硬又长的须。

——选自《中国民间故事集成·浙江卷》(舟山市)

链锁"庙顶神"

改编稿:

　　有个叫阿大的人,他很想做神仙。神仙多好啊!坐得高高的,可神气了。看到神仙,每个人都合上手掌,低下头,有的人还要跪倒磕头。

　　这天，阿大来到神仙庙，朝中间坐着的大神仙磕了几个头，说："大神仙，求求你让我做神仙吧！"

　　大神仙问："你为什么想做神仙啊？"阿大说："做神仙多神气啊。每天有人来磕头，还送来那么多好东西。"

　　大神仙呵呵一笑说："做好事才能做神仙，你做过好事吗？"阿大说："我不知道什么是做好事。"

　　大神仙说："做好事，就是帮助别人。"

　　阿大回到家，想啊想，想不出怎样帮助别人。

　　他又来到神仙庙，朝着大神仙磕了几个头，说："大神仙，我不知道怎么帮助别人，还是求求你让我做神仙吧。"

　　大神仙说："那你就帮助自己的爸爸妈妈做些事情吧。"

　　阿大回到家里，想了半天也没想出来，怎样帮助爸爸妈妈。

　　阿大只好来到神仙庙，朝着大神仙磕了几个头，说："大神仙，我不知道怎样帮助爸爸妈妈。还是求求你让我做神仙吧。"

　　大神仙叹了一口气，说："你不知道帮助别人，也不知道帮助自己的爸爸妈妈。怎么让你做神仙呢？"

　　阿大说："你是大神仙，你让我做神仙，我就可以做了呀。"

　　大神仙没有办法了，只好说："你想当什么样的神仙呢？"

　　阿大说："我想做最大的神仙。"

　　大神仙说："你一点好事都没有做过，怎么能做最大的神仙呢？做个小神仙都很难。"

　　阿大一个劲儿磕头，说："那就让我做一个最小的神仙吧。不过，要让我坐得高一点，坐在高的地方才神气，朝着我磕头的人也会多一点。"

　　大神仙说："你想坐在哪个地方呢？"

　　阿大说："坐在最高的地方。"

　　大神仙说："最高的地方是庙的房顶上。"

　　阿大说："好啊好啊，就坐在庙的房顶上。"

　　大神仙说："庙顶上容易掉下来的。"

　　阿大说："你是神仙，总有办法的。"

　　大神仙说："用铁链锁上，你才不会掉下来。"

阿大高兴地说:"锁上,锁上,只要让我坐在最高的地方就行。"

大神仙说:"用铁链锁上,就下不来了。"

阿大说:"不用下来,天天坐在上面才好呢。"

阿大坐到了神仙庙的房顶上,用铁链把自己牢牢地锁住。想到自己比大神仙还要坐得高,阿大很开心,很神气。

有一个叫阿二的人看到阿大很神气地坐到了庙顶上,也恳求大神仙让自己坐到神仙庙的房顶上。

没过几天,阿大和阿二觉得不高兴了,每天傻傻地坐在那里,多没意思啊。

小鸟飞过来,看到阿大、阿二傻傻地坐着,一动不动,就停在他们的脑袋上"嘘嘘嘘"撒了一泡尿。老鹰飞过来,看见他们傻傻地坐着,一动不动,就停在他们的脑袋上"嗯嗯嗯"拉了一堆屎。

阿大和阿二已经用铁链把自己锁上,怎么都下不来了。风吹日晒,下雪淋雨,他们都只好忍着。

这时候,他们才知道不做事情,不去帮助别人,求神仙是没有用的,只会吃苦头。

他们一直傻傻地坐在庙顶上,人们就叫他们"庙顶神"。因为,他们是铁链锁在上面的,人们就把这个故事叫作"链锁庙顶神"。

改编思路[①]:

这个民间故事鲜明地表现出浙江人求真务实的生活态度。对于不通过切实的努力,却企求封赐的欲念,给予了辛辣的嘲讽。故事的原创者借助刘伯温的传说,塑造了两个一味依赖他人恩赐的角色形象,以此警醒后人。

朱元璋和刘伯温,今天的儿童非常陌生。改编时删去,将故事的主要角色设为大神仙和阿大。为了故事线索更为集中,阿二的行为不予展开,只是最后提及。接受者会根据故事中对阿大的描述,自然而然地推断出阿二的心理活动和外在行为。为了学前儿童的理解需要,改编

---

① 选取有代表性的故事,提供"改编思路"。根据相似思路进行改编的故事,不予重复。

时重点突出了角色之间的对话以及企求他人恩赐的后果。

为了帮助学前儿童更好地理解故事,我们特地设计了儿歌以方便表演。故事的理解是内化,表演是外显。内化和外显相互依赖,相互补充。外显需要依赖内化的理解,内化的理解程度需要借助生动的外显表演。当两者有机地结合起来,儿童的兴趣更为浓郁,理解更为深刻,故事所蕴含的意义更能够有效地体现。

作品分析与活动建议:

不愿意用切实的行动来改变命运,而是企求神灵的帮助、保佑,是人心底里的本能欲望。这个故事生动地揭示了宗教文化中的这种消极影响。任何一种社会文化都不同程度地受到宗教文化的影响,其中的消极影响也不可避免地会渗透到儿童的生活之中。

阿大是深受宗教文化消极影响的典型代表。他不知道人生的意义就是实现自己的社会价值,只是一味企求神灵,因此,他的命运只能是:永远忍受痛苦。

为了帮助儿童理解这个道理,故事中具体描述了阿大的典型行为和心理活动。成人教养者需要事先分析、了解故事的情节结构,掌握故事发展线索及其与故事主题之间的关系。故事的开头就交代了阿大对神仙的向往——神气、受人尊崇。为了实现改变命运的愿望,他毫无利人行动,一味地企求大神仙的恩赐。这种等待恩赐的愚昧心态,在他和大神仙的对话中表现得淋漓尽致。故事的结局是阿大实现了成为神仙,而且坐在最高处的愿望,却并没有获得快乐、幸福。这样的结局,揭示了生活的真理,等待恩赐的行为是傻人行为,结果必然是听凭摆布。

成人教养者在讲述故事时,可以将故事题目安排在最后揭晓,故事讲述之前,就以口耳相传的方式告诉孩子故事题目会较难理解。阿大不懂得如何帮助别人,也不懂得帮助父母,孩子很容易理解,也是故事的内涵所在,需要以鲜明生动的表现方式予以凸现。故事结尾之处,阿大、阿二的窘态可以用辛辣嘲讽的口吻予以揭示。

为了充分表现故事的内在含义,可以创编儿歌、设计游戏性活动。

附儿歌：

不做神仙做好人

庙顶神，庙顶神，

小鸟嘘嘘，老鹰嗯嗯，

等来了雪，等来了风，

因为不愿帮助人。

不愿再做庙顶神，

就要学会帮助人，

天天帮助一个人，

不做神仙做好人。

游戏玩法：

两人扮演庙顶神，端坐不动。另两人扮演帮助者，分别走到"庙顶神"身后，手按其肩，以象声词"嘘嘘"、"嗯嗯"，表示小鸟和老鹰在其身上撒屎尿。"庙顶神"以手掌在自己鼻子前扇动，表示臭不可闻。

帮助者轻轻地在"庙顶神"耳后吹风，表示风雪来临。然后，帮助者来到"庙顶神"身前，告诉他可以做的一件好事。如果讲不出可以帮助别人的一件事情，就换做"庙顶神"；如果能讲出可以做的好事情，就同"庙顶神"一起回到座位上。

扮演"庙顶神"和帮助者角色的可以是各两人，也可以各一人。扮演者表演时，其他人吟诵儿歌，渲染气氛。

扮演帮助者的孩子，应该走到"庙顶神"的身后再开始表演，以免口沫溅到对方脸上。

还可以两人结伴表演。两人面对面相向而坐，共同吟诵儿歌。一边吟诵，一边随着歌词做相应动作。表演鸟和鹰撒屎尿时，随着儿歌韵律按对方的肩部。表演风雪来临时，"呼呼"吹气。表演不愿帮助别人的情景时，摇头摇手表示。表演最后三句歌词意义时，先拉起对方的手，再指指其他的人。最后，各自说出一件帮助别人的事情。孩子的生活经验有限，帮助他人的事情，可以包括帮助父母家人。

表演活动应在故事讲完以后进行。如果故事讲述在教学活动中进行,表演安排在日常活动中;反之,讲述活动在日常活动中进行,则表演活动可以在集体教学活动中进行。

附原文:

朱元璋登基后,着令刘伯温到江浙地界为有功之臣封神建庙,立像受祀。刘伯温二话没说,风尘仆仆来到德清县衙。

这天晚上,刘伯温正想上床安寝,忽然得报:国师故乡南田有两位侄儿要求见。刘伯温想:我前脚到你后脚跟,连气也不让我喘一口。呒办法,他只得整理衣冠,出去见客。来的果然是两位远房侄儿。刘伯温问起家乡的事儿,这两位侄儿却无心回答,双双跪下磕头道:"国师大伯在上,今天开门见山,请大伯看在亲族的份上,封我们为神,并且要高于地上的众神!"刘伯温一听,当即摇起头来:"圣命是为战死的功臣封神立庙,你俩无功可言,岂能受封?"侄儿说:"虽然无功,但总归是你的侄儿,也算是功臣亲属吧!"

"什么?追功封神,岂可有私心!再说,只有死了才能封神呀!"

谁知两个侄儿不约而同拍拍胸膛说:"国师大伯,你当我们怕死吗?我们马上死,你就马上封吧!"

"那就随两位的便吧。"说罢,刘伯温拂袖转身进了后院。他想:这种人才不会去死呢。谁知这两人等刘伯温一走,果然拔剑自刎而亡。刘伯温得报后,大吃一惊,想我有言在先,不封他俩等于食言。可封什么神好呢?他眉头一皱,有了,就封他们为"庙顶神",不就高于地上众神了!于是命令塑像师傅按两人的形象塑了泥像,在窑里烧好,然后放在德清县城隍庙屋脊中心,面南背北。

这两人舍了小命当了"庙顶神"之后,开头几天巧逢风和日丽,倒也舒坦,再加上顶礼膜拜,心里更是高兴。东边的问西边的:"称心吗?""称心。"西边的问东边的:"快活吗?""快活!"可是天长日久,日晒雨淋风来吹,喜鹊撒污麻雀闹,而且直挺挺地站着,腰酸腿痛脚也麻,兄弟俩后悔起来。怎么办?商量来商量去,三十六计走为上计。一天夜里,他俩脚底擦油,悄悄地溜走啦!

　　城隍菩萨不敢隐瞒,连忙托梦给刘伯温。刘伯温一觉醒来,好不恼怒,没封缠着封,封了又溜走,这回要好好教训教训他们。他掐指一算,知道"庙顶神"正在城西凤凰山山洞里躲着,于是派出兵马,把他们抓来,然后用铁链牢牢地锁在屋脊的位置上。

　　"庙顶神"再也逃不脱了。后来,其他一些地方的"庙顶神"也是用铁链锁着的。人们对他们点点戳戳,嘲讽说:"无功想受禄,封神又怕苦;说苦真是苦,站到如今又被锁。"

——选自《中国民间故事集成·浙江卷》(德清县)

虎跑泉

改编稿:

　　有一年,很多天没有下雨。西湖边的山上,小溪流干了,树叶枯黄了。

　　老百姓只好到山下去挑水,山上的猴子、野兔不敢下山,蹲在树林边,向挑水的人讨一点水喝。

　　动物快要渴死了,老百姓天天辛苦挑水,山上的老和尚很着急。他每天到山上去找泉水,找啊找,找遍了整座山,没有找到一点水。老和尚急得吃不下饭,睡不着觉。

　　这一天,老和尚又去找水,他看见两只老虎在树林里跑来跑去,这边闻闻,那里舔舔。老和尚想:"咦!老虎也在找水吗?"他悄悄地跟着老虎满山跑。跑啊跑啊,老和尚跟着老虎来到一块高高的岩石下面,看见老虎伸出爪子挖坑。一边挖,老虎一边"呼哧呼哧"地喘着气。

　　晚上回到庙里,老和尚睡不着觉,一直在想应该到哪里去找水。天快亮时,老和尚迷迷糊糊地做起梦来。梦里面,老和尚看到两只老虎在山上跑来跑去,跑到岩石下面。岩石下面的树林翠绿翠绿的,没有枯黄。两只老虎在岩石下面挖起坑来。挖呀挖,挖呀挖。忽然,清亮亮的泉水流出来了。看到泉水流出来,老和尚哈哈大笑,一下子笑醒过来。

　　可是,醒来以后,老和尚只记得两只老虎在山上跑来跑去,其他事情都不记得了。

● **159**

老和尚吃了饭,又出去找水。走着走着,他又走到了大岩石下面。他看到两只老虎挖出了一个土坑,老虎的爪子挖出了血,疼得直"哼哼"。老和尚想:老虎为什么要在这里刨土呢?

老和尚采来草药,包在大老虎的爪子上,大老虎感激地看着老和尚,乖乖地让老和尚给它们包爪子。刚包好爪子,大老虎又去挖土坑了。老和尚仔细一看,老虎刨出来的土湿乎乎的。他一下子明白过来,岩石下面一定有泉水。

老和尚赶快找来人,帮着老虎一起挖坑。挖着挖着,一股泉水流了出来。泉水清亮亮,甜滋滋,"叮咚叮咚"流淌,流过树林,流过山坡,往山下流去。猴子、野兔趴在溪流边上喝水,树林都变成翠绿翠绿的了。

大家围着老和尚,感谢他找到了泉水。老和尚摇摇头说:"不是我找到的,是老虎跑遍整座山,才找到了泉水。我们把这里叫作'虎跑泉'吧。"

一直到今天,虎跑泉的水"叮叮咚,叮叮咚"还在不停地流。虎跑泉清亮亮、甜滋滋。大家都喜欢到那里去喝喝泉水,看看老和尚住的庙,还有老虎的塑像和翠绿翠绿的树林。

改编思路:

虎跑泉的传说有多个版本,这些传说大都将虎跑泉的发现,描述为神仙派遣二虎来到慈山,刨出山泉(详见附录)。

把虎跑泉的发现归结于神仙的功劳,不完全符合历史事实,也不适合今天儿童的接受需要。因为,这样的描述很容易让儿童产生遇到困难,等待神仙来恩赐的虚幻意识。寻找水源是动物的本能,尤其是需要定期饮水的哺乳动物,遇到干旱会不遗余力地寻找水源。人们跟踪动物就会找到水源,是民众在生产劳动和日常生活中总结出来的实践智慧。以此为依据来设计故事情节,更为符合历史事实,也更为适合面向学前儿童的传承。

改编以后的故事层层推进,具体表现了跟踪老虎,但见老虎挖坑不知其意,夜梦顿悟三个情节阶段。这样的描写比较符合人们由不自觉,到猜测,再到顿悟的探索规律。

作品分析与活动建议:

这个故事可以分作三个部分。第一部分"老和尚满山找泉水"(开头到第 3 自然段);第二部分是"老虎跑山找泉水"(第 4 自然段到第 6 自然段);第三部分"老虎挖坑出泉水"(第 7 自然段到最后)。

第一部分是故事的缘起,着重交代为什么要寻找泉水以及找不到水的窘迫急切的情景。第二部分是故事的重点,老和尚下意识地跟着老虎去找水以及夜梦老虎寻水的情景。第三部分是故事的高潮,人们帮着老虎挖出了泉水。

讲述时,可以完整地讲述一遍,然后再分段进行互动交流。

第一部分可以着重讨论两个问题:第一,不下雨,西湖边的山上,变得怎么样了?(小溪流干了,树叶枯黄了,小动物渴得讨水喝……)第二,老和尚为什么急得吃不下饭,睡不着觉?(找遍整座山,都没有找到水)

第二部分可以讨论以下问题:第一,老和尚为什么跟在老虎后面?(老虎东闻西舔,好像在找水)第二,老和尚晚上做梦,梦到了什么,醒来以后记住了什么?(梦到老虎找到了泉水,醒来以后只记住了老虎在山上跑来跑去)

第三部分的讨论重点是三个方面:第一,老虎的爪子都挖出了血,为什么还要挖?老虎挖出来的土是什么样的?(老虎渴得难受,很想挖出水;或者老虎知道下面有泉水)第二,老和尚帮着老虎挖出来的泉水是什么样的?(清亮亮,甜滋滋,"叮咚叮咚"流淌)第三,老和尚为什么说,要取名字叫"虎跑泉"?(老虎跑遍整座山,找到的泉水)

这三部分内容集中体现了人们探索自然规律的过程:跟踪动物,无意中发现动物寻觅水源的端倪;根据动物的行为以及相关的自然迹象,对动物的意图进行猜测;对于难以理解的现象不懈思索,忽然顿悟,有所发现。由此可见,这个故事的重点是两点:第一,通过故事所描述的具体细节,领悟动物寻找水源的方式(通过嗅、舔所获得的嗅觉、味觉以及刨土时的触觉,寻觅水源);第二,了解虎跑泉的有关传说,萌生热爱家乡的情感。

为了让孩子能够更好地理解故事主旨,成人教养者应该以丰富的肢体动作来表现动物寻觅水源时的寻寻觅觅,舌头舔,鼻子嗅,爪子刨等行为特点。还可以运用儿歌表演的方式米帮助儿童进一步理解故事。

> 老虎老虎满山跑,
> 跑来跑去找泉眼。
> 嗅一嗅,舔一舔,
> 伸出爪子刨一刨。
>
> 老和尚跟着跑,
> 跟着老虎满山跑。
> 看一看,想一想,
> 梦见老虎找泉眼。
> 老虎、和尚满山跑,
> 找到虎跑泉,
> 叮叮咚,叮叮咚,
> 清亮亮的虎跑泉,
> 甜滋滋的虎跑泉。

如果儿童的语言理解能力较强,故事讲述时用"嗅"替代"闻","刨土"替代"挖土",讲述的效果会更好。

附原文:

虎跑寺里有一口方方正正的水井叫"虎跑泉",传说是老虎刨出来的。

从前,有兄弟两人,哥哥叫大虎,弟弟叫二虎。兄弟俩爱打抱不平,遭到官府迫害在家乡不能安身,只好远走高飞,来到了杭州。

一天傍晚,两人来到一座山下的寺院里借宿。吃晚饭时光,两人连声称赞这地方好。老和尚听了,叹口气说:"这里地方啥都好,就是吃水要到山下去挑,来回有七八里路。"兄弟俩一齐说:"老师父请放心,我们有的是力气,劈柴挑水有我们哩,你就收下我们做徒弟吧!"从此,兄弟俩每天清早就下山挑水。

转眼许多年过去了。有一年冬天,天不落雨,不下雪,山下那条小溪也干了。村里人吃不上水,家家发愁。这时,大虎想起那年路过南岳衡山的时候,见到那里有一股活水叫"童子泉",终年不干。兄弟俩商量,决定去把"童子泉"引过来。

兄弟俩辞别师父,好不容易来到衡山脚下,已经筋疲力尽了。他们咬紧牙关,一步一步挪到"童子泉"跟前,听到了"叮咚"的泉水声,心里一阵高兴,不觉晕了过去。不久,兄弟俩苏醒过来,只见面前站了一个童儿,头上梳着双髻。手里拿着一根杨柳枝条儿,把泉水洒在大虎、二虎身上。兄弟俩觉得浑身长了力气,一下子从地上站起身来。大虎向童子说明来这里的原因,童子听了,连连摇头,说:"要引走这股泉水起码得有九牛二虎之力,凭你们两个哪里引得去!"兄弟俩说:"只要能引去泉水,我兄弟两人死而无怨。"童子点点头,说:"难为你们一片诚心,我就成全你们吧!"说罢,将杨柳枝条在他们身上一拂,兄弟俩立即化成一对吊睛白额的猛虎,并排站在"童子泉"边,朝着东北方向仰天长啸起来。

就在这一天夜里,老和尚打坐时突然做起梦来。他梦见两只猛虎一前一后跑来,蹲在他面前,约莫过了半炷香功夫,老虎又旋转身子往外走。老和尚觉得很奇怪,正想跟出去看看,忽然发现老虎蹲过的地方,冒出一潭清泉来,老和尚高兴得呵呵大笑起来,梦也就醒了。第二天一早,老和尚把自己的梦向村里人一说,大家都说这是个好兆头,说不定大虎、二虎千里引水感动了菩萨,菩萨派老虎送水来了。正在这时候,有个牧童来说,有两只大老虎,面对面伏在大殿门口。众人过去一看,果真有两只老虎,浑身黄毛,蹲在那里,吓得回头就跑。这时两只老虎轻轻吼了一声,老和尚一听,像是大虎、二虎的声音,禁不住叫道:"大虎!二虎!"那两只老虎朝老和尚点了点头,用前爪在地上刨了起来,一歇工夫就刨出了一个大坑。两只老虎绕着大坑转了几圈,一声长啸,跃入山林,跑得无影无踪了。老和尚走近一看,虎爪刨起的大坑里,泉水"嘟嘟"往上冒,一会工夫就积满了。

从此以后，村里人再也不为没有水发愁了。人们就用青石围在四周，砌成了一口方井，称它为"虎刨泉"。久而久之，叫成了"虎跑泉"。这泉水长流不息，终年不断。这个寺院，也就叫"虎跑寺"。

附录：

明·宋濂在《虎跑泉铭》序中写道："唐元和十四年（公元819年），性空大师来游慈山，乐其灵气盘郁，栖禅其中。寻以无水，将他之。忽神人跪而告曰：自师之来，我等缴惠者甚大，奈何弃去？南岳童子旋当遣二虎来移，师无忧也。翌日，果见二虎跑山出泉，甘洌醇厚，纯净无菌。誉为'天下第三泉'"。

勤俭不分家

改编稿：

老木匠的两个儿子都成了家，有了孩子。他对两个儿子说："你们分开去过日子吧。我把自己的宝贝传给你们，有了这个宝贝，你们就能过上好日子。"

两个儿子听说爸爸要把宝贝传给自己，都非常高兴。他们想，这是什么宝贝呢？

老木匠拿出两块木头做的牌子。两个儿子一看，两块牌子一模一样，上面有两个字"勤俭"。

老木匠说："这两个字是爸爸最好的宝贝。照着这两个字去做，你们一定会过上好日子。"

老大回到家，把牌子往角落一放，心里想：我和弟弟分了家，"勤俭"是两个字，我是老大就做好第一个字吧。他对自己的老婆、孩子说："只要勤劳，我们就能过上好日子。"

老二回到家，把牌子往角落一放，心里想：我和哥哥分了家，"勤俭"是两个字，哥哥一定会做好第一个字。我是弟弟，就做好后面一个字吧。他对自己的老婆、孩子说："只要节约，我们就能过上好日子。"

从那以后，老大一家都很勤劳。不管刮风下雨，每天都很勤劳地做事情。可是,老大一家都大手大脚过日子,什么东西都不爱惜。饭菜吃不了就扔,衣服穿旧了就扔,家具用旧了也扔。他们想:反正我们这么勤快,吃完用完还可以再买的。挣得多,用得也多,用得比挣得快多了,家里一点节余都没有。老大不明白,这么勤劳这么辛苦,为什么还过不上好日子。

老二一家很节约,可都不愿劳动干活,整天就这么坐着,躺着。衣服破旧了,舍不得买新的;鞋子穿破了,舍不得买新的,连饭也舍不得吃饱,做事情都没有力气。老二一家很节约,还是没有过上好日子。

这一天,老大来到老二家,看到弟弟一家人饿得一点力气都没有了,衣服上都是一个个破洞。

老二问:"为什么我们像爸爸一样节约,还是没有过上好日子呀?"

老大说:"我们一家像爸爸一样勤劳,也没有过上好日子。"

老二说:"我们再仔细看看爸爸留下的牌子。"老大和老二从房间的角落里,拿出牌子仔细看,上面写着"勤俭"两个字。

老大说:"我明白了。勤俭是又要勤劳,又要节约俭省。"

老二说:"对呀,我只做到了节约俭省,你只做到了勤劳。"

老大说:"'勤俭'两个字是不能分家的。"

老二说:"对呀,'勤俭'两个字是不能分家的。"

老大和老二把"勤俭"两个字的牌子挂到自己家的门上,每天都看看这两个字。两家人又勤劳,又节约俭省,很快都过上了好日子。

老木匠儿子的门上挂着"勤俭"两个字的牌子,过上了好日子,大家也都在自己的门上挂上一样的牌子。

从那以后,"勤俭不分家"的故事人人都知道了。大家都说,老木匠留给了我们最好的宝贝,有了勤俭两个字,人人都能过上好日子。

作品分析与活动建议:

这个故事蕴含着朴素而又深刻的生活智慧,对于儿童养成勤俭的意识和相应的行为习惯具有不可或缺的价值。

改编稿根据儿童的理解特点,进行了缩编。由于原作和改编稿都以第三人称的叙述和角色的对话为主,没有尖锐的矛盾冲突和动作性很强的行为表现以及戏剧化的场景渲染,平铺直叙讲述容易给人枯燥的感觉。为此,讲述者需要事先熟悉情节,酝酿情绪,充分运用语气、神态以及适宜的肢体动作来生动鲜明地表现故事情景。

写着"勤俭"两字的牌子在故事中具有重要的意义,可以利用纸板等物品制作牌子。两块牌子写着一样的"勤俭"两字,另两块分别写着"勤"字和"俭"字。随着故事情节的发展,逐次出示相应的牌子。

还可以利用废纸盒做成两所房子,用两个玩偶来表现老大和老二。老大和老二的对话,可以是左右手相向表演。老大和老二对自己的妻子、孩子说话,只需对着房子表达即可。采用玩偶表演的方式可以有效地增加趣味性,避免平铺直叙的缺憾。有经验的教师还可以自己编一些生活化、情景化的动作和场景补充到故事之中,以增加玩偶表演的情景性氛围。

故事讲述或表演以后,可以一起交流讨论,什么是勤劳,什么是节约俭省。还可以开展延伸活动,如运用看图讲述的方式,说说进了超市或商店,应该怎样俭省节约:只买必须买的东西,不买喜欢而用不着的东西。家里有了类似的东西就不要重复购买;即使家里没有的东西,每次也只能买一样东西,不买更多的东西。当孩子知晓了"勤俭"才能过上好日子的道理,就会逐步萌生朴素的生活意识,养成良好的生活态度和习惯。

如果孩子对故事很感兴趣,可以在班级活动室里创设相应的环境,在合适的地方布置"勤俭"两字。

附原文:

勤俭两字难分家

老木匠一生勤劳节俭,挣下一份不小的家业。连起前厅后堂,十八间楼,楼前挂起"勤俭匾",一家大小日子过得蛮乐惠。这一年,老木匠老了,临死前把两个儿子叫到跟前,吩咐说:"我挣下这份家业就靠勤俭两字,我把勤俭匾留给你们,这是传家之宝,你们务须照匾上去做,好好成家立业。"说完就咽气了。

　　兄弟两人,遵照父亲的遗嘱勤俭持家,不出几年都娶了媳妇。兄弟两人要商议分家,大哥说:"弟弟,你我别的都好分,房产田产,另外物件一人一件就是,只是这'勤俭匾'该给谁啊?"

　　"'勤俭匾'是传家之宝,也一人一半吧。"弟弟说。

　　兄弟两个把匾当中锯开,一人一半分了。哥哥分得个"勤"字,弟弟分得个"俭"字,各人自立门户,自起炉灶过活。

　　先说兄嫂两人,以勤持家,不管刮风下雨,天天早起摸黑,田里庄稼年年丰收,家里猪鸡日日成群,日子过得红火。然而他们慢慢地大手大脚起来,挣得多,用得也多,终于前吃后空,入不敷出,到第四年春荒时竟断了粮。

　　再说弟弟夫妻俩,以俭为本,事事精打细算。治家有道,几年来从不愁吃愁用,日子过得安稳。夫妻俩认为只要省吃俭用,也照样能省出份家业,慢慢地懒惰起来。结果坐吃山空,到第四年春荒时也断了粮。

　　这一天,弟弟拿了个斗篮到哥哥家去借粮食,而哥哥呢,也拿个斗篮到弟弟家去借粮食。兄弟俩在路上碰到了。"哥哥,我想到你家借几斤米,我们断粮了。"弟弟红着脸说。"唉—"哥哥叹了口气说:"弟弟,不瞒你说,我也正想到你家去借呢。"兄弟俩叹息了一阵,就各自诅咒着自己的不是。哥说不该太大手大脚,忘了俭;弟说最悔早眠晚起忘了勤。这时两人才想起勤是摇钱树,俭是聚宝盆,勤俭两字不得分家。于是,重新把勤俭两字合成一块,归兄弟共有。不出一年,两家的生活又好起来了。

　　　　　　　　　——选自《中国民间故事集成·浙江卷》(东阳县)

苏堤

改编稿:

　　山上的水流到西湖里,把很多泥土带到湖里,在湖里堆起一个个小岛,小岛旁边的湖水变成了一个个小池塘。

　　有的老百姓在小岛上种茭白,有的老百姓在池塘里养鱼。养鱼的老百姓划船到池塘去,要绕着小岛划船,绕来绕去耽误很多时间。种茭白的老百姓到小岛上去,也要划船,划过池塘的时候,会吓着里面的鱼儿。

为了这些事情，养鱼的老百姓和种茭白的老百姓经常吵架、打架，还到官府去告状。官府一点办法都没有。老百姓吵架，打架，告状，日子过得很不开心。

这时候，苏东坡到杭州来当官了。大家想，苏东坡是一个聪明人，一定会很快想出办法，让大家不再吵架，打架，告状。

苏东坡知道了这些事情，每天出去，一边看西湖，一边和老百姓谈话。苏东坡手下的人，着急地对苏东坡说："您想出办法来了吗？老百姓都很着急。有的人说苏东坡那么聪明，还是想不出办法。我们只好吵架，打架，告状，天天不开心了。"

苏东坡说："办法就在老百姓的心里。"

手下的人说："老百姓自己有办法，为什么还要天天吵架，打架，告状呢？"

苏东坡说："那是因为，没有人带着他们一起商量。不商量怎么会想出好办法呢？"

苏东坡请来养鱼的人和种茭白的人。他对大家说："我们好好商量，一定会想出好办法。"

养鱼的人和种茭白的人好好商量，一个一个轮流说话，很快想出了办法。

大家说："把西湖里面的小岛挖掉，大家一起来养鱼，可以养很多很多鱼。"

看见大家都喜欢这个办法，苏东坡很高兴。他笑眯眯地看着大家说："我们还要仔细想一想，挖出来的泥土堆到哪里去。"

大家仔细一想，是呀，要是挖出来的泥土到处乱堆，西湖的岸边就会又臭又脏，路都没办法走了。

大家好好商量，一个一个轮流说话，很快想出了好办法。大家说："挖出来的泥土可以在湖里面堆成一条湖堤，沿着湖堤到湖的对面去，就会很方便了。"

苏东坡高兴地看着大家，笑眯眯地没有说话。苏东坡只是笑，没有说话。这是为什么呢？一个年轻人一下子明白过来："苏东坡是让我们再仔细想一想。"

　　大家又好好商量,一个个轮着说话,很快又有好办法想出来了。大家说湖堤上可以造几座拱起来的桥,湖堤上可以走人,拱桥下面可以划船。堤上走人,桥下划船,多好的办法呀!

　　想出这个办法,大家都很开心。只要好好商量,我们都会变成聪明人。聪明人总是会有很多很多的好办法。大家又想出更多的好办法,在西湖里面堆几个大一点的岛,有的岛里面还可以有小湖。湖里有岛,岛里有湖,多漂亮呀!西湖里面可以养鱼,还可以种荷花。西湖非常美丽,来的人会越来越多。这样,老百姓的日子会一天比一天更好。

　　有了这些好办法,西湖一天比一天美丽,老百姓的日子越来越好,越来越开心。老百姓说,苏东坡让大家好好商量,都变成了聪明人。为了记住苏东坡,老百姓把这条湖堤叫作"苏堤"。

改编思路:

　　故事原文着重讲述了苏东坡清除葑田(种植茭白的湿地)、堆筑苏堤以及在堤上修建六座吊桥的事迹。如果按照故事情节的原样,只是改动一些词语,让儿童理解事件经过,其结果只能让儿童了解一些可以知道也可以不必知道的传说,而不能对儿童的成长有直接的现实的意义。鉴于这样的考虑,我们根据苏东坡善于访问民间疾苦,倾听民众意愿的相关历史事实,将改编的重心落在他组织百姓商量办法这一基点上。与此同时,我们根据儿童生活中遇到矛盾,不会协商,一味等待成人裁决的现实,着重描写了应该协商以及如何协商的具体方式。尤其是如何协商的方法,故事中以简练的语言、反复的手法,多次予以凸显,以帮助儿童加深理解和记忆。

　　民间故事的传承,可以起到了解典故、传说的作用;也可以针对儿童成长中的实际问题,直接而有效地帮助他们成长。相对而言,后一种传承更有价值。

　　概括地说,民间故事的改编,一是要根据原文,检索相关资料,更全面地表现历史人物以及历史人物的真智慧。二是要根据儿童成长的现实需要,挖掘其中的潜在价值。从而让历史传说和故事,在新的时代焕发出更有意义的光彩。

作品分析与活动建议：

在这个故事中，苏东坡不是一个解厄救困的神仙，也不是百事精通的智者，而是一个民主协商的倡导者和组织者。这样的角色形象不但具有现实的意义，也更能彰显富有大智慧的历史人物的真实性。

为了帮助儿童理解故事的意义和苏东坡这一形象，可以先完整讲述故事，再分段讲述和讨论。为此需要先了解故事的结构。故事的情节大致分为三个部分，第一部分从开头到第8自然段。这一部分的意义集中体现在：办法就在老百姓心里。第二部分从第9自然段到第17自然段。这一部分的意义是：办法就是好好商量。第三部分是最后一段，其意义是：苏东坡是最聪明的人。

讲述和讨论第一部分时，可以设问三个问题。第一，讲完第4自然段时，提问：苏东坡很快想出办法了吗？（他到西湖边去看，还同老百姓谈话，才知道人们为什么吵架，打架，告状）第二，讲完第8自然段时，可以先后提问两个问题：苏东坡为什么说，办法就在老百姓心里？苏东坡怎样帮助老百姓想出好办法？（带着他们一起好好商量）

讲述、讨论第二部分时，可以设问如下几个问题。第一，讲到第11自然段时，提问：大家怎么想出好办法来的？（好好商量，一个一个轮流说话）第二，讲到第12自然段时，提问：苏东坡要大家仔细想一想什么事情？（挖出来的泥土，堆到哪里去）第三，讲到第15自然段时，提问：苏东坡为什么只是笑，不说话？（让大家再仔细想一想）第四，讲到第17自然段时，提问：原来吵架，打架的人怎么变成了聪明人？（好好商量，就会变成聪明人）

讲述、讨论第三部分时，可以设问：为什么取名字叫"苏堤"呢？（因为，苏东坡让大家都变成了聪明人）

理解故事的意义之后，可以开展多种活动，例如观看西湖、苏堤以及三潭印月湖中湖的图片，搭建西湖和苏堤的结构模型，还可以让孩子讨论：我们有哪些问题，也应该像故事里的人那样好好商量？商量办法的时候，应该怎样说话？

附原文：

苏堤六吊桥

苏东坡第二次当杭州太守时，看到西湖里到处是葑田，把西湖都淤塞了，就贴出告示，限令每个葑田主人，三个月之内，将田上的作物割净，并派一小队兵丁去湖上拆葑田。领头的接到命令，前来请示："太守此举何日开始？""越早越好。""葑泥往何处堆放？""三天后听苏主簿吩咐。"

苏东坡心中本有两个打算，一是主簿苏坚提议，葑田开拆后，就近向四岸堆放，节省人工；另一个是在湖上堆个小岛，倒也别有风味。想来想去，各有利弊，因而尚未决策。

这天，苏东坡和苏坚乘马环湖踏勘，商量如何处理湖上的葑泥。走到大佛头，想到对岸净慈寺看看。他们将马寄在湖边寺中，走到渡口，苏东坡对着湖中喊了三声："船家，船家……"

奇怪的是，喊过之后，不像往常那样有小渡船出来，相反，听到一阵渔歌：

北山女，南山男。隔岸相望诉情难；

天上鹊桥何时落，环湖要走三十三！

苏东坡一听，心想，这不是向我献策吗？他看看苏坚，苏坚说："太守，这是一首民歌，如果用湖上的葑田泥，在湖的南北之间堆起一条长堤，岂不既可堆放葑泥，又可减少南北两岸黎民往来的不便吗？"这时，从湖里飞出一条小船，船上的一个小青年，朝苏东坡打躬说："小人在此恭候多时，愿听太守吩咐！"苏东坡又喜又奇，问："何以知道我要来湖边？"那青年说："太守可听到渔歌？"苏东坡笑笑，说："唱得好，唱得好，也使我苏某开窍了。"

就这样，苏东坡发动了两千余民工，拆除湖里的块块葑田，将田泥还向南北岸之间，分段筑堤。一转眼几个月过去了，到了这年八月，湖上的葑田已全部拆除，田泥已经用完，可是还有几段堤没有连接。苏东坡本来想造几座桥，但是钱银又不足，只好暂时停下。后来，还是两岸青年男女想出了办法，南岸的打柴青年捐了六块大木板，做成六顶吊桥。吊桥吊起,让里湖外湖的船只通过堤孔。每当早市、午后和傍晚,吊桥就放下来让两岸的行人通行,免却渡船的麻烦。每天晚饭后,两岸男女相会,那番"鹊桥相会"光景,被两岸百姓赞为西湖上的奇景,便称为"苏堤六吊桥"。

——选自《中国民间故事集成·浙江卷》(杭州市)

老鼠偷稻种

改编稿:

很久以前,人们都吃野菜、野果。有一天,小鸟飞过来告诉大家,很远的地方有一种稻子,非常好吃。可是,那里的老鹰不愿意把稻子给别人。

有一个人带着黄狗和白猫去找好吃的稻子,一只老鼠悄悄地跟在后面。到了那个地方,老鹰"呼——呼——呼——"地飞着扑过来。老鹰很大很大,张开翅膀把天都遮得黑咕隆咚的,尖尖的嘴巴好像钩子,一下子就把黄狗的尾巴给啄断了。白猫吓得"喵呜"一声,钻到人的裤腿里面。人带着狗和猫赶快躲到山洞里,老鼠也跟着钻进了山洞。

到了晚上,人又带着狗和猫出了山洞,刚走到种稻子的地方,老鹰又"呼呼呼"地飞过来。老鹰翅膀把树林扇得"簌簌"响,黄狗、白猫满地打滚。人只好带着狗和猫躲回山洞里。

黄狗和白猫吓得腿脚发软,心"怦怦怦"地跳,身上的毛全都竖起来。这时,老鼠细声细气地说:"我去试试,好吗?"

黄狗瞧不起老鼠,鼻子里"哼"了一声,说:"我们都不敢去,你一只老鼠有什么用?"

白猫说:"老鹰那么厉害,你一只老鼠怎么能行?"

老鼠挺起胸脯,说:"我有自己的办法。"

黄狗和白猫说:"你有什么办法?"

老鼠说:"我走路很轻很轻,有尖尖的牙齿,还会动脑筋,想办法。"

老鼠的眼睛好像也在说话:"我不害怕,我会动脑筋,想办法。"

人说:"好吧。你要小心一点。"

老鼠"哧溜溜"一下钻出了山洞。晚上天黑,老鹰没有发现灰色的老鼠。

老鼠悄悄地往种稻子的地方跑去,跑着跑着,看见树上拴了一头水牛。老鼠听见水牛"呜呜呜"地在哭,它问水牛:"谁欺负你了?"

水牛轻声轻气地说:"我的鼻孔里拴上了绳子,天天要我耕田、种稻子。要是慢一点,老鹰就会来啄我。"

"我来救你。"老鼠一边说,一边用尖尖的牙齿咬绳子,一会儿就把绳子咬断了。

鼻孔里的绳子咬断了,水牛高兴得"哞"地一声叫起来。老鼠赶快说:"轻一点,轻一点! 别让老鹰和神仙听见了。"

水牛说:"你来这里干什么呀?"

老鼠说:"我来找好吃的稻子,可是神仙和老鹰不给我们。"

水牛说:"稻子是最好吃的东西,应该让大家都能吃到。我来帮助你。"

水牛让老鼠钻到自己的身体下面,带着老鼠来到了种稻子的地方。老鹰飞过来,看见是水牛来耕田,放心地飞回去了。

老鼠溜到稻田里,咬下一穗稻子,赶快钻到牛的身体下面。水牛带着老鼠悄悄地往山洞走。老鹰看见牛往外面走,很快飞过来,不停地啄水牛,疼得水牛"哞哞哞"地叫个不停。

老鼠只好把稻穗扔到地上,老鹰叼住稻穗飞回去了。

老鼠带着水牛回到山洞里,叫大家赶快跑。跑啊跑,跑啊跑,跑到大家都跑不动了,才停下来。

黄狗问老鼠:"你找来稻子了吗?"

水牛说:"老鼠咬来一穗稻子,老鹰飞过来,只好扔到地上了。"

白猫叹了一口气,着急地说:"还是没有找来稻子。"

看见大家又难过又着急,老鼠笑着说:"不要着急,我已经把几粒稻子吞到肚子里了。"

说完,老鼠"嗯嗯嗯"地拉起屎来。果然,老鼠屎里有几粒金灿灿的稻子。带着这几粒稻种,大家高高兴兴地回到原来的地方。

水牛会耕田,大家一起劳动,种出了好吃的稻子。人们把外面的稻壳磨掉,出来白白的大米,烧出香喷喷的米饭。有了稻种,很多很多的人,吃上了香喷喷的米饭。

动物们在一起商量,看谁的功劳最大。老鼠勇敢机灵,排在牛的前面,当了第一名。

老鹰知道以后气坏了,看到老鼠就要抓。可是,只要吃到香喷喷的米饭,人们就会想起老鼠勇敢机灵偷稻种的故事。

改编思路:

原文将故事的矛盾冲突设计成老鼠与弥勒佛之间的斗争,由于很多儿童对弥勒佛不很熟悉,我们改成老鼠等角色与老鹰之间的斗智斗勇。为了更好地塑造老鼠的形象,改编稿突出了老鼠的机智和勇敢,并以较多的细节刻画来表现其坚定沉着、聪明机灵、善于团结的行为特点和心理品质。之所以如此改编,是为了使故事更为精彩,更具有吸引力,也是为了给孩子提供一个可以模仿的典型形象。

处理好老鼠的正面形象塑造与"偷"这一贬义行为的关系,是故事改编中必须解决的问题。尽管老鼠等角色的动机是让更多的人分享好吃的稻米,一旦用了"偷"这个词语,儿童就会结合对老鼠的原有认识,产生思想上的混淆。以为只要动机正确,就可以不择手段。所以,改编稿的前面一直不出现"偷"这个词语,而是使用"找"这个词语,直到故事的结尾,才描述为心胸狭隘的老鹰将它变成了偷窃的角色。这样的处理,可以有效地避免正面形象塑造与"偷窃"行为的混淆。

作品分析与活动建议:

这个故事通过一波三折的情节,塑造了勇敢而又机灵的老鼠形象。第一回合(开头到第11自然段)刻画了老鼠"勇于面对凶险"的性格特征。那时的老鼠只是寻稻种团队里的追随者,不被重视的小不点儿。团队中其他成员铩羽而归、胆战心惊之时,老鼠毫不胆怯,勇于面对恶鹰。第二回合(第12自然段到28自然段)表现了老鼠"聪明机灵"的特点。这一回合波澜起伏,先是解救水牛,获得帮助;再是抛下稻穗,骗过老鹰;又在团队成员灰心丧气时,揭秘吞咽谷粒,带回稻种的巧计。

故事的三个部分"勇敢老鼠出山洞","机灵老鼠偷稻种","勇敢机灵的老鼠排第一"应该完整讲述一遍。然后,分段讲述并以对话交流的方式,具体理解老鼠形象的特征。

第一部分先要生动地描述老鹰的凶恶厉害,为老鼠不畏凶险作好铺垫。然后,讨论两个问题:第一,老鹰很厉害,黄狗、白猫吓得怎么样了?(腿脚发软,心跳"怦怦怦",身上的毛都竖了起来)第二,老鼠的眼睛好像也会说话,说了什么样的话?(我不害怕,我会动脑筋,想办法)

第二部分一边讲述,一边对话交流,着重讨论三个问题:第一,老鼠救了水牛,水牛怎样帮助老鼠?(让老鼠钻到自己的身体下面,带着老鼠到了种稻子的地方)第二,老鹰啄水牛的时候,老鼠怎么办?(把稻穗丢到地上,骗过了老鹰)第三,大家以为老鼠没有带回稻种,老鼠说了什么,又做了什么?(把稻种吞到肚子里,"嗯嗯嗯"地把稻种拉了出来)

第三部分可以着重讨论两个问题:第一,有了稻种,大家吃上了什么?(香喷喷的米饭)第二,老鼠为什么排在牛的前面,当了第一名?(老鼠勇敢机灵,所以当了第一名)

熟悉故事以后,可以进行老鼠偷稻种的情景表演,以帮助儿童更好地理解老鼠形象的特点。

附原文:

很久很久以前,人类的祖先生活在山林里,只能靠寻找野菜野果充饥。

有一天,一位白发苍苍的老爷爷,听说掌管食物种子的大肚子和尚弥勒佛,有一种水稻种子,如果从弥勒佛那里偷来一粒种子,就可以下山开垦种田。老爷爷想:何不派个机灵的去试试,假如真能偷到种子,以后就有粮食,不必天天去寻吃的了。派谁去最合适呢?老爷爷想了半天,有了好主意。

第二天,天刚蒙蒙亮,老爷爷就去找老鼠,向它说明来意。老鼠答应了,等天黑以后,就向弥勒佛的殿堂跑去。老鼠跑呀跑,跑了一百多里才跑到殿堂前。抬头一看,门口守卫着很多小和尚。老鼠凭自己的机灵,没有让小和尚发觉就钻进了大门。弥勒佛旁边放着一个很大的袋子，不用说，那里面就是种子。老鼠趁他们没有防备，偷偷爬到麻袋边，使劲咬了一口，一粒金光闪闪的种子掉在地上，老鼠马上衔起来就跑，幸好，弥勒佛没有发觉。老鼠跑了几十里路，正想停下来喘口气，不料一失足就掉进了水沟，这下可坏了，嘴里的种子立刻沉到水底去了。老鼠逃到水面，看着水里的种子毫无办法，眼泪扑扑往下掉。蚂蟥正好路过这里，问明事情缘由，连忙帮助老鼠从水中捞起了种子。老鼠高兴地衔着种子回来了，打这以后，人类就有了稻种，就是今天的水稻。

老鼠偷稻种有功，人们排十二生肖时，就把老鼠排在第一位。

——选自《浙江民间故事集成》（云和县）

公道和良心

改编稿：

有一位老人，家里的日子过得越来越好。他很高兴，在自己家的门上写了一句话：不缺吃，不缺穿，天天不发愁。意思是说，不用担心吃不饱，也不用担心没有做新衣服的棉布。

官老爷看到这句话，心里想：这个人家里有那么多东西，我要想办法弄到手。想个什么办法呢？

官老爷到了老人家里，他说："老头，你家里的粮食和棉布，都卖给我。我会公道地买的。"

老人说："你要多少呢？"

官老爷说："我要山一样重的粮食，河流一样长的棉布。"话一说完，官老爷就不理老人，回去了。

老人知道，官老爷是想要骗走自己的东西，急得吃不下饭，睡不着觉。老人的孙子对爷爷说："爷爷不用担心，你带着我去见官老爷，我会有办法的。"

老人想不出更好的办法，就带着孙子去见官老爷。

官老爷看见老人来了，马上就问："东西准备好了吗？"

小孙子说："东西准备好了。可是，你会公道地买吗？"

官老爷说："当然啦，我会公道地买。"

小孙子说:"那好吧,你带上公道,去我家里拿东西吧。"

官老爷说:"带上公道去买?公道是什么呀?"

小孙子说:"你自己说,会很公道地买,怎么会不知道'公道'是什么呢?"

官老爷想不出来,公道是一个什么东西,只好让老人和他的孙子回去了。官老爷一心想把老人家的东西弄到手里。他吃饭想,睡觉想,一边走路,一边念叨着"公道,公道,什么是'公道'?"

可是,官老爷怎么都想不出"公道"是一个什么东西。一天,官老爷出去喝茶。他坐在那里,不停地念叨:"公道,什么是'公道'?"

卖茶的小姑娘说:"'公道'就是秤和尺。买重的东西,用秤;买长的东西就用尺。"

小姑娘接着说:"一样的钱,买的东西不一样重,不一样长,就不公道了。"

官老爷高兴地说:"姑娘你真聪明。"

小姑娘又说:"只用眼睛看,不清楚到底有多重、有多长。有了秤和尺,有多重、有多长,就会清清楚楚,明明白白。"

官老爷想,有了秤和尺,可以把老头儿家的东西都弄到手了。他带着秤和尺,来到老人家里,大声地喊:"快把东西拿出来,我把公道带来了。"

老人看到官老爷又来了,着急起来。他想,自己家里哪有山一样重的粮食,河流一样长的棉布啊!

这时候,小孙子不慌不忙地走上来说:"你带来公道,就好办了。"

官老爷笑得胡子都翘起来,别提多高兴了。

小孙子说:"你要买山一样重的粮食,河流一样长的棉布,对吗?"

官老爷不停地点头:"对呀,对呀。"

小孙子笑嘻嘻地说:"那好吧。你称一称山有多重,量一量河流有多长。你清清楚楚、明明白白地告诉我们,就把东西给你。"

官老爷傻眼了,这山怎么称,河流又怎么量呢?没办法,官老爷一脸倒霉的样子,灰溜溜地回去了。

老百姓听说了这件事情,都说:"小孙子真聪明。"

从那以后,官老爷一出来,大家都会笑话他。官老爷觉得自己很倒霉,难为情地躲在家里,不敢出来了。

卖茶的小姑娘也听说了这件事情,她说:"有了公道的秤和尺,还要有良心。官老爷没有良心,总想骗别人的东西,一定会倒霉的。"

改编思路：

民间故事《三公道》具有深刻的意义,一是揭示了度量衡工具的社会性意义,二是形象地描述了儿童的聪明智慧。

这个民间故事的改编主要解决了两个问题。第一,贴近儿童的生活经验和语言水准,明白晓畅地实现理解。原文中的一些角色、场所和词语运用与现在的儿童生活经验相距甚远。譬如,府太爷、衙役、山寮以及用于度量容积的"斗"等,今天的生活中均不再常见。为了使这个民间故事能够更好地适合学前儿童的理解需要,把民间故事中蕴含的智慧传承下去,我们做了适度的改编。第二,在角色的对话中,更为鲜明地揭示度量衡器物的社会性价值——帮助人们公平地交易,以及使用主体的善恶立场与态度。这样改编的目的是使得主题更为突出鲜明。

作品分析与活动建议：

这个故事生动形象地揭示了度量衡工具的社会性意义——帮助人们公平交易。同时,也揭示了工具本身没有善恶,是非善恶来自于使用主体的立场和态度。

为了帮助儿童理解故事的意义,可以采用整体理解与分段交流相结合的方式。先完整地讲述故事,再分为三个部分进行交流讨论。

第一部分"官老爷想要骗东西"。这一部分从开头到官老爷出了一个伪善的难题。可以着重讨论两个问题,官老爷想要老人多少东西?(要山一样重的粮食,河流一样长的棉布)官老爷说,会怎么样买?(公道地买)

第二部分"'公道'是什么"。这一部分情节又可以分为两个事件,一是小孙子见官老爷;二是小姑娘细说公道。第一个事件的讨论应该侧重两点,其一,小孙子让官老爷带上什么东西?(公道)其二,官老爷吃饭想,睡觉想,走路也在想的是什么事情?(想知道公道是什么)第二个事件的讨论需要根据儿童的生活经验和理解水准,灵活设计提问。重点是理解秤和尺的作用,譬如,为什么要用秤和尺?用眼睛看,用手拎,能很清楚地知道东西有多重,有多长吗?用一样的钱,买的东西不一样,人们会怎么说?(不公道)

第三部分"有了秤和尺,还要有良心"。这一部分是从"老百姓听说了这件事情……"到结束。讨论的重点是:官老爷为什么躲在家里不敢出来了?(他觉得自己很倒霉、很难为情)小姑娘听说了这件事情,说了什么?(有了秤和尺,还要有良心。总是想骗人家的东西,一定会倒霉)

这个故事的题目不适合一开始讲给孩子听,而是适合最后揭晓。因为,公道与良心是非常抽象的概念,一开始就讲,会影响孩子理解时的轻松、愉悦心情。经过充满悬念而又轻松诙谐的情景描述,层层递进地帮助孩子理解秤和尺就是公道,效果会更好。

这个故事的陌生化特点非常明显。陌生化就是把人们熟悉而又习惯的东西以陌生的形式呈现出来,唤起人们的好奇心和探究欲,跟随着故事情景的展开,逐步认识、理解原来没有深究过的意义。秤和尺不但是日常使用的度量衡工具,也是学龄前儿童数学活动中经常使用的学具。我们熟悉其工具性价值,却未必深入思考过它的社会意义。类似秤和尺的意义理解,还有很多。例如符号的社会性意义以及合作与分享的意义,勇气、嫉妒等的含义等。这些都有待于我们根据儿童的理解能力,运用适宜的方式帮助他们去深入认识和理解。

这个故事的传承活动进行之后,可以在活动区中提供秤和尺,为儿童开展相关的数学活动提供条件。还可以引导儿童自己制作秤和尺,学会更清楚、更明白地表示物体的重量和长度。也可以改编"秤的发明"(详见后面的附录),让孩子进一步了解人们为了公平交易而进行的探索。

附原文:

从前有个人,家里吃的用的都不愁,于是就在门上挂了块匾,上面写着:"天下第一无愁事。"

一天,有位府太爷路过这里,看到了匾很不服气,心想:一个小小平民有这么大的口气,敢说天下第一无愁事,我一个堂堂的府太爷都事事发愁。嗨,一定要难他一难,于是就对这人说:"你帮我办三件事,第一,我要猪肉像对面山一样高;第二,我要你的酒,像溪里的水一样多;第三,要你家织的布,像路一样长到天边。三日后我自己来拿。"这人想:这么多的东西怎么能办到呢?发愁得生病了,要取下门上匾额。他的小孙子对他说:"爷爷不用担心,你只管躺在床上休息,一切由我来对付。"第三天,府太爷来了,一进门就问他的孙子:"你爷爷呢?我叫他办的事,他办起来了没有?"小孙子回答说:"我爷爷说你三公道都没拿来,怎么好办?"府太爷问三公道是什么,小孙子说:"府太爷连三公道都不晓得,还叫人办事呢!"府太爷无奈,只好带着人马天天去找三公道。一天,有帮衙役来到一处山寨里,讨茶歇力,寨里只有一个小姑娘在家里,看见他们一大帮人闯进来,就问他们办什么公事,跑到大山里来?这帮人说是来找三公道的。姑娘听了笑着说:"你们真傻,三公道怎么要到这里来找?三公道就是秤、斗、尺三样东西。"这帮人听后高高兴兴地回去交差了。

第二天,府太爷拿着秤、斗、尺三样东西来到了"天下第一无愁事"家里,又是这家的小孙子出来接待,他对府太爷说:"你三公道拿来了,那就请你把对面的山称称看有多少斤,我家好准备多少斤猪肉;你再把溪里的水量量看有多少斗,我家好准备多少斗糯米酿酒;你再去把路量量到天边看有多少长,我家好准备织多少长的布啊!"这个府太爷听呆了,只好灰溜溜地回去了。

附录:

秤的发明

相传秤是由范蠡发明的。范蠡在经商中发现,人们买卖东西,采用估堆的办法,很难做到公平交易,便产生了创造测定货物重量的工具的想法。

一天，范蠡在经商回家的路上，偶然看见一个农夫从井中汲水，方法极巧妙：在井边竖一高高的木桩，再将一横木绑在木桩顶端；横木的一头吊木桶，另一头系上石块，此上彼下，轻便省力。范蠡顿受启发，急忙回家模仿起来：他用一根细而直的木棍，钻上一个小孔，并在小孔上系上麻绳，用手来掂；细木的一头拴上吊盘，用以装盛货物，一头系一鹅卵石作为砣；鹅卵石搬动得离绳越远，能吊起的货物就越多。于是他想：一头挂多少货物，另一头鹅卵石要移动多远才能保持平衡，必须在细木上刻出标记才行。但用什么东西做标记好呢？范蠡苦苦思索了几个月，仍不得要领。

一天夜里，范蠡外出小解，一抬头看见了天上的星宿，便突发奇想，决定用南斗六星和北斗七星做标记，一颗星代表一两重，十三颗星代表一斤。从此，市场上便有了统一计量的工具——秤。

时间一长，范蠡又发现，一些心术不正的商人，卖东西缺斤少两，克扣百姓。他想，怎样把秤改进一下，杜绝奸商们的恶行呢？终于，他想出了改白木刻黑星为红木嵌金属星形，并在南斗六星和北斗七星之外，再加上福、禄、寿三星，以十六两为一斤。目的是为了告诫同行：作为商人，必须光明正大，不能去赚黑心钱。并说："经商者若欺人一两，则会失去福气和幸福；欺人二两，则后人永远得不了'俸禄'（做不了官）；欺人三两，则会折损'阳寿'（短命）！"

就这样，秤这种计量工具便一代一代地流传了下来，并一直沿袭了两千多年，直至今天。

天外有天

改编稿：

从前，有一个人只喜欢读一本书。这本书上写着什么时候会下雨，什么时候会天晴。别人告诉他，不能只读一本书。这个人不愿意听别人的话，还是每天在家里读这本书。

读完这本书，这个人给自己起了个名字叫"管天"。意思是说，什么时候下雨，他都知道，就好像能管得住天。

一天早上，管天看见天上有一团云。这团云又高又大，好像一棵花菜，又好像一座宝塔。

管天对一位晒麦子的老人喊："下雨了，要下雨了。赶快把你的麦子收起来。"

晒麦子的老人说："现在不会下雨，下午才会有雨。"

管天走过去说："书里写着'天上有团云，地上雨淋淋'。"

老人哈哈大笑，说："你喜欢看天气，喜欢读书，真不错。"

老人带着管天走到旁边的大树下，拿出象棋，说："我们一起下棋吧。"

管天说："还是先收麦子，马上下雨了呀。"

老人把棋子摆好，说："不急，不急，下午才会有雨。来来来，喝口水，下盘棋。"

管天只好同老人一起下棋。管天总是担心下雨，一会儿就输了。

老人说："别担心，现在不会下雨的。"老人又说："你看了多少书？"

管天说："看了一本书。"

"哦，只看了一本书。"老人说完，接着又问："你经常看天气吗？"

管天说："我看书呀，不怎么看天气。"老人和管天一边下棋，一边聊天。

看到天上的云越来越厚，就像高高的宝塔，往头顶压下来。管天心里着急，下棋又输了。一直到吃午饭，还是没有下雨。老人说："一会儿要下雨了，我们把麦子收起来吧。"

管天奇怪地问："老人家，你怎么知道早上不会下雨，下午才有雨？"

老人说："你叫管天，管的是头顶上的天。我呢，知道天外面的天。"

管天说："哦，那你的名字叫'天外天'喽。"

老人哈哈大笑，说："天外天，这个名字好。"

管天帮着老人把麦子收到家里，这时候才开始下起雨来。管天一边向老人鞠躬，一边说："您说的话，比书上写的还有道理。这是为什么？"

老人说："书上的道理，都是人写的。看了书，还要自己去想一想。"

管天不太明白，老人接着说："早上的云，叫'塔云'。好像一座塔，又好像我们吃的'花菜'。看到这样的云,不要着急,要下午才会下雨呢。"

管天说:"我也想当'天外天',以后不看书,就跟着您看天气。"

老人笑眯眯地说:"不能只看一本书,一边看书,一边问别人,再经常出去看天气。你也会变成'天外天'。"

管天这下明白了。从那以后,他看很多书,经常出去看天气,还向别人请教,慢慢地学会了看各种各样的天气。别人也叫他"天外天"了。

管天说,天外有天,人外有人。比我聪明的人有很多呢。

有一个开饭店的人知道了这个故事,开了一家"天外天"饭店。这家饭店就在杭州灵隐,到灵隐去玩的人喜欢到"天外天"吃饭。因为,一边吃饭,还能一边听故事呢。

改编思路:

《天外天》原文的主题和改编稿的主题基本一致:书本上获得的间接经验应该同生活中的直接经验相结合。为了帮助学龄前儿童理解这个主题,改编时作了以下更动。

第一,故事中的角色不再是饱学之士,而是只读一本书的学子。因为故事中强调直接经验重要性时,不可避免地要批评博览经史子集的角色。直接批评博览群书的人,容易使儿童产生读书无用的误解。

第二,角色的名字由"尚进"改为"管天"。这样修改的目的,一是"尚进"与"上进"谐音,口耳传述中很容易一开始就把这个角色理解为"好学上进"的人,导致后面的情节转折费尽周折,冗长不堪。二是角色的名字与"天外天"有了直接的、自然的联系,情节描写与主题思想的体现都可以减省很多笔墨。

第三,改编时,选用"浓积云"的气象特点作为重点来描写,主要是考虑两点。其一,"浓积云"的现象更为多见,容易同孩子的生活经验建立直接联系;其二,改编稿中描写的"浓积云"现象比原文所写的天气现象,少了一些神奇色彩,多了一些科学的解释。总之,故事中的自然现象描写是为主题服务的,应该选择读者熟悉,而又能够鲜明体现主题和蕴含科学解释的当地现象。故事的传承者完全可以根据当地的常见现象,自主选择一种天气特征来替代故事中的"浓积云"描写。

原文中还蕴含着"天外有天,人外有人"的哲理,限于篇幅和儿童的理解能力,改编稿没有突出地去表现这个意图。讲述者可以根据孩子的理解能力,自主选择是否渗透这一思想认识。

作品分析与活动建议:

这个故事蕴含着应该如何学习的主题思想,这一思想可以分为三层含义。一是书本上的间接经验应该同生活中的直接经验相结合;二是每一本书有每一本书的道理,看书学习不能只看一本书;三是书上的道理都是人写的。

完整讲述一遍故事之后,可以分段讲述,并同幼儿讨论一些问题。第一部分"只读一本书的管天"中,可以讨论两个问题。一是故事里的管天喜欢读什么书? 这样的书,他读了几本? 二是管天这个名字的意思是什么? 第二部分"知道天外面的天的老人"中,可以侧重讨论三个问题。一是管天让晒麦子老人收麦子,老人为什么不收麦子?(老人知道早上不会下雨,下午才有雨)二是老人告诉管天,书上的道理是哪里来的? 应该怎样看书?(书上的道理是人写的。看了书,还要自己去想一想)第三部分"管天也成了'天外天'"中,可以讨论一个问题。明白了老人的话,管天怎样变成了"天外天"?(看很多书,经常出去看天气,向别人请教)

学习这个故事以后,可以根据当地天气特点收集一些气象谚语,有针对性地引导孩子观察气象,不仅观察云的变化,还可以观察与天气变化有关的动物行为等自然现象。了解或知道一个知识点,与养成探索自然的兴趣、习惯相比,后者无疑更重要。气象谚语的解释,需要查阅一些科学的气象知识。将科学的知识和民间谚语结合起来认识气象,才能有效地帮助孩子走向科学的殿堂。

附原文:

从前,有个人叫尚进。自幼刻苦好学,经史子集融会贯通,天文地理博古通今,特别对气象变化更有所研究,因此远近闻名。

这一年,圣上开科取士,要考收"钦天监"。钦天监就是管理天文气象的官。尚进一想,我满腹经纶,才华超众,何不进京应试? 于是打点行装登程上路。

走到中途,见一老汉正带领全家摊场晒麦。根据尚进的观察分析,眼前,尽管骄阳当空,万里无云,可是马上就会有大雨来临。于是他走近场地,彬彬有礼地说:"老伯,今天的天气不宜晒麦吧?"老汉停住扫帚,打量了一下,笑着说:"怎么,天气有变化?"

"据我的拙见,大雨恐怕不会很远了。"

老汉听罢,为之一震,又仔细地把尚进看了一下,知道此人对天文有所研究,于是慌忙让座:"来,休息片刻,请教、请教。"

在谦让中,两人坐在石桌旁。老汉倒满一杯茶:"清茶相待,少礼不恭。"

"好说,好说。"尚进一边答话,一边观望着天气,仍放心不下。"老伯,还是将麦子收了再说吧。"

"来吧,咱俩杀一盘棋再说。"老汉满有把握地回答。说着摊开棋子,拉开阵势。

尚进有些担心,因为他看到马上雨就要来了,就催促着说:"老伯,如果不收,恐怕就晚了。"

老汉说:"那怕啥,你打上你的伞,我有顶烂草帽。"

两人一来一往,杀将起来。

尚进还是不放心,索性把手停住,"老伯,我给你说,一会儿大雨就来了,赶快叫人拾掇吧!"

"客人,你说有雨,确实不错,不过它下不到我这麦场上。"老汉若无其事地继续下棋。

"老伯,你若不信,一时三刻就见分晓。你说这雨下不到你的场上,难道咱俩不一个天下?"尚进追问。

"哈哈,我与你不一个天。"老汉坦然一笑说,"我这是天外天,你若不信,一会儿,可以看个明白。"

二人又格斗起来。

霎时,乌云压顶,沉雷隆隆,大风忽忽,其时云近天底树,雨从地上生,天昏地暗。

这时,尚进已慌了手脚,顾不得招架,站起来,要去避雨。

老汉说:"别忙么,我刚才不是说了,我这是天外天,雨下不到这里。"话音未落,大雨如注,雷鸣电闪。

棋盘上连一滴也没下,麦场上更是干干巴巴的。雨只到场边。

尚进恍然大悟了,他感到有些面红。原来面前的老汉比自己要强得多。他连忙上前恭施一礼:"真是有眼不识泰山,请问老师如何学得这么大的本领,学生特来求教。"

"哈哈,我这天外天你信了吧?"老汉漫不经心地说,"我也没读过什么四书五经,只是根据寒暑的交替,天气的观测,动物的行迹,气候的变幻来预判风雨阴晴。"

尚进脸上一阵发烧。此时才明白"人上还有人,天外更有天"。他背起了行李,由原路返回。

——选自《中国民间文学网》,康仙舟/搜集整理

附录:

浓积云,空气对流运动旺盛时(垂直速度强盛时可达 15～20m/s)形成的积云。由于对流所及高度,高出凝结高度很多,故云体有较大的空间向上发展。

成熟阶段的浓积云,厚度可达 4000～5000 米,显得庞大高耸,其垂直厚度大于水平宽度,所以有人也称这种云为"塔云"。云内每一股强盛的上升气流使云顶形成一个云泡,故浓积云云顶呈重叠的圆拱形隆起,状似花椰菜。

由于浓积云比淡积云厚密庞大,不易透过阳光,故凹凸的云表面有明显阴影。被阳光照耀部分很白亮,被遮阴部分则显得阴暗。浓积云在中、低纬度地区有时可降阵雨。如果清晨有浓积云发展,表明大气层结构不稳定,午后常有积雨云发展,甚至有雷阵雨产生。

曹娥

改编稿：

很久以前，在江边的一个村子里，有一个很能干的人，叫曹盱（xū），他有一个女儿叫曹娥。老百姓都很相信曹盱，跟着他打鱼，种地。可是，那条江总是涨潮水，把地里的庄稼冲掉，把打鱼的人淹死。

听人说，江里住着一个叫潮神的神仙，他一生气，就会涨潮水。曹盱划着小船去见潮神，请潮神不要冲掉庄稼，淹死打鱼的人。老百姓担心他会被淹死，都在江边大喊，让曹盱不要去。

为了老百姓，曹盱继续划着小船去见潮神。划到江的中间，曹盱站在小船上喊："潮神潮神求求你，潮水潮水不要涨。"

这时候，天下起了大雨，江里的潮水越涨越高，曹盱仍划着小船往前冲。"哗啦、哗啦"，水浪一个接一个地朝曹盱的小船扑过来。曹盱的小船在江里打起转转，突然一个大浪把曹盱卷到了水里，一会儿就不见了。

曹娥急得哭起来。几个小伙子划着小船去救曹盱，可是都被潮水冲回来了。

潮水那么厉害，老百姓不敢种庄稼，也不敢打鱼了。曹娥去劝大家，老百姓说："以前，都是曹盱带着我们干活的。他不在了，我们不知道应该怎么干了。"

老百姓不打鱼，不种地，吃不上饭，没有衣服穿。曹娥心里很着急。她知道老百姓相信自己的爸爸。只有爸爸回来，老百姓才会有信心种地、打鱼。

为了老百姓，曹娥沿着江边去找爸爸。

走啊走，找啊找。曹娥看到其他村子的老百姓在江边修起堤坝，挡住潮水，不让潮水冲掉庄稼。还有的老百姓造起大船，让潮水没有办法把船卷走。

那里的老百姓一边劳动，一边喊：

潮水，潮水，我不怕，

堤坝挡住你，

大船不怕你。

潮水,潮水,你来吧,

堤坝挡住你,

大船不怕你。

走啊走,找啊找,曹娥找了七天七夜。一天早上,曹娥看到江里漂着一件衣服,仔细一看,是爸爸的衣服。"找回爸爸,自己村里的老百姓就会想办法对付潮水了。"曹娥跳下江去,想把爸爸背上来。

曹娥一跳下江,就被江水卷走了。跟在后面的老百姓划着小船,去救曹娥。正在这时候,曹娥背着爸爸浮到江面上来。老百姓救上曹娥和她的爸爸,江水已经把他们都淹死了。

曹娥和她的爸爸,是为老百姓死的。曹娥家乡的人,修了一座庙,把他们的像放在庙里,还把这件事情刻到石头上,让大家永远纪念。

从那以后,曹娥村子里的人,也像其他地方的老百姓那样修堤坝,造大船,过上了好日子。后来,江边的老百姓把这条江叫作"曹娥江",把那座庙叫作"曹娥庙",把那块石头叫作"曹娥碑"。

作品分析与活动建议:

曹娥寻父投江发生在东汉年间,历代传说都从"孝"的伦理角度进行解读。如何让曹娥投江这样的民间故事走进儿童心中,需要根据时代精神和学前儿童的成长进行重新解读。

首先,曹娥寻父投江的行为以及百姓纪念她的事实不能改变,否则会同社会公众了解的事实明显违背。其次,不能照搬原有的传说。沉入江中多日,父亲已经死去,女儿为了尽孝投身江中。这样的情景会让人们,尤其是孩子感到尽孝行为非常残忍、不可理喻。曹娥传说中渗透的"孝道",是封建社会统治者为了维护自己的统治进行的解读,这样的"孝道"无论什么年代都不值得倡导。

要让曹娥投江的故事走进孩子的心里,需要以时代意义和学前儿童成长需要两个维度的交织视野给予诠释。具体而言,就是把诠释的重点落在曹娥投江的行为动机以及历史发展规律的客观事实上。

改编以后的曹娥投江,没有改变投江行为本身,而是将投江的行为动机解读为:帮助百姓振作起来,直面潮水,有效地积极应对自然灾害。

曹娥投江是为了让百姓树立信心,战胜自然灾害。为此,故事的开头埋下伏笔,将曹娥父亲描述为当地百姓的领头人、偶像。这样的描写符合曹旴作为巫祝(主持祭祀活动,百姓心目中通鬼神、知天文、识旱涝的人)的历史身份。生产劳动和日常生活的领头人在自然灾害中丧生,百姓不可避免地会产生挫折感,销蚀生活信心。重树百姓信心需要寻回偶像,哪怕是肉体消亡,仅仅是精神上的偶像。改编后的曹娥投江正是在这样的历史必然中,同今天的时代意义和儿童的成长需要结合为一体。

　　故事情节的改编,不仅在心理层面要忠于历史,在科学技术层面也不能随意编造。筑堤修坝,建造大船,借此来战胜潮水危害,都是劳动人民应对大自然的智慧,是历史上确实存在的事实。

　　故事的理解不但要依靠口耳相传的讲述,还需要依赖儿童直接的感受、体验。因此,故事中渗入了适合儿童吟唱的童谣。听完故事以后,可以让孩子一边吟唱歌谣,一边用肢体动作表演故事情景。时而手挽着手,筑起堤坝;时而挥动手臂,划动大船。表现筑起堤坝的情景,可以用象声词"哗啦,哗啦,哗啦啦"来渲染潮水的冲击;同时晃动身体表现出抵挡潮水的情形;还可以用肢体动作和坚定神色相互配合的方式,充分地表现出故事角色坚定不移的态度。

附原文:

　　很久以前,上虞舜江西岸的凤凰山下,有个不知名的小渔村,村里有个姓曹的渔夫。这渔夫有个十四岁的女儿叫曹娥,生得又漂亮又聪明,还是个远近闻名的孝女。

　　这年春夏之间,大雨落勿停。舜江洪水暴涨。渔人盼大水又怕大水,涨了大水鱼虾多,但洪水汹涌危险大。曹娥她爸望着江水,再也憋不住了,这是一年一度的鱼汛,怎么能错过。他理出渔网,撑出小船去捕鱼。爹去了,曹娥在家不放心,只望爹爹平平安安早回家。直到太阳过了西,还不见爹爹来吃饭,她一次次跑到江堤上去望,都不见爹的渔船。曹娥心里不安了,她沿江向上游走三里,转身又朝下游走六里,还没见到爹,太阳快搁山头了,曹娥急得拼命叫:"爹爹!爹爹……"喊声招来几个他爹的伙伴,他们个个衣衫湿淋淋,大家见了曹娥都叹气,说他爹的小船让水冲走了。曹娥一听吓出了魂灵，大叫一声"爹"，拔脚朝下游追去。

天黑了，几个渔家叔伯伴着她，一再劝她先回去。曹娥不见爹，怎么肯回去，谁也劝不住，整整一夜，她在江边来回哭叫，没有一个乡亲不为她难受。第二天，村里人给她送来吃的，她不吃，人们陪着她在沿江找，找了三天，仍不见她爹。曹娥沿着江堤哭，不吃不睡，哭了七日七夜，哭得眼里流出来的都是血。第八天，曹娥望着江水，忽见一个大浪，托起一个黑团，好像她爹在跟水搏击。曹娥一阵惊喜，果然爹爹水性好，还在水里游。她要帮爹游上来，一声呼喊，纵身向江水扑去。"曹娥跳进江水里了……"人们呼天抢地，纷纷奔去抢救，但只见江水滔滔，哪里还有曹娥的影子。

村里人不忍心让曹娥父女葬身水底，分头沿江寻找他们的遗体。

又过了三天，江面风平浪静，人们在下游十多里的江面上，看到一股江水在盘旋，隐隐约约有人在游动。大家赶过去，果见一男一女，背贴着背，女的反剪双手紧负着男的，原来正是曹娥和她的父亲。曹娥虽然死了，但她却能找回父亲的尸首，把他背到江堤边。人们都说这是她的孝心感动了上天。

曹娥的孝心感动了上天，更感动了四周的乡亲，他们好生安葬了曹娥父女，又在曹娥跳水救爹的江边造了庙，塑了她的像，尊她为"孝女娘娘"，还把渔村叫做"曹娥村"。曹娥投水救父的这条江，后来也改名叫"曹娥江"。

——选自《中国民间故事集成·浙江卷》

断桥

改编稿：

很早以前，西湖上有一座木桥。木桥不结实，经常淋雨，就会烂得断掉。

桥的旁边住着一户姓段的人家。每次桥断了，都是段家的人来修。所以，人们把这座桥叫作"段家桥"。

有一天晚上，下起了大雪，来了一位白胡子老人。他走到桥的旁边,看到段家的人正在修桥。老人问,今天能过桥吗? 段家的人说,明天才能修好。老人叹了一口气说:"下着大雪,到哪里去住呢?"段家的人说,就住在我家吧。

晚上,白胡子老人就住在段家。他问段家的人:"你们都是晚上修桥吗?"段家的人说:"我们住得近,看到桥烂了,就晚上来把桥修好。白天来了人,就可以很快过桥了。"

老人又问:"你们修了桥,向别人收钱吗?"

段家的人说:"做好事,不用收钱。"段家的人一边说,一边端出饭,请老人吃。

老人说,那么冷的天,喝点酒才会暖和起来。段家的人说:"我们家很穷,经常吃不饱饭,也没有钱买酒。"

老人拿出一个葫芦,从里面倒出酒来,说:"这酒是我自己做的,大家一起来喝吧。"

葫芦里倒出来的酒很香很香,一屋子都是香味。

第二天,段家的人修好了桥,请老人过桥。

老人说:"你们饭都吃不饱,还要为大家修桥,真是有情有义的好心人。"

段家人说:"大家高高兴兴走过桥,我们心里就高兴。"

老人说:"桥会断,人的情义不会断。我把这个葫芦留下,里面有酒药,这个酒药可以做出好酒。卖了酒,你们可以用来修桥,还可以过上好日子。"

留下葫芦,老人就走上桥去。一边走,老人一边唱起了山歌:

段家桥,段家桥,

桥断,情不断。

走过段家桥,

情义不会断。

老人一路走,一路唱,唱了一遍又一遍。很多孩子听见了,也跟着唱起山歌:

段家桥,段家桥,

桥断,情不断。

走过段家桥，

情义不会断。

老人留下的酒药，做出的酒很香很香。过桥的人走到桥边就会闻到香味，都去买酒喝。喝酒的时候，会听到孩子唱山歌。

大家说，天天走过桥，要记住修桥人的情义，这座桥就叫"断桥"吧。说到"断桥"，我们就会记住：桥会断，人的情义不会断。

以后，大家把这座桥叫作"断桥"，心里记住了段家人的情义。

每一个人都想做有情有义的好心人，到了西湖，都要去走一走断桥。走过断桥的人，和别人的情义就不会断了。

作品分析与活动建议：

这个故事的意义不是引导幼儿学习如何搭建坚固的桥梁，而是帮助他们理解段家人义务修桥，志愿为大家服务的精神。萌生志愿服务的精神是社会文明进步的必要条件，为大众服务的无私精神需要从小熏陶，才能够在幼小的心灵中萌芽。白胡子老人与段家人之间的对话集中地反映了段家人的无私精神。因此，第一个环节中要采用边讲故事，边与幼儿互动交流的方式，帮助幼儿理解双方的对话意义。第二个环节集中地体现了白胡子老人以及众人对段家人的赞扬，帮助幼儿理解服务他人，必然会获得积极评价。

活动开始的时候，应该以十分疑惑的夸张神情，来提出断桥不断的悬念，以使幼儿聆听故事时，对揭晓悬念充满渴求。

最后一个环节的游戏可以采用多种方式。只要能帮助幼儿进一步体验故事意义即可。例一，幼儿人数为奇数；幼儿一边手拉手围成圈走，一边念儿歌，当念完最后一句时，幼儿两两抱一起，没找到朋友的幼儿，表演一个节目。例二，吟诵第一句歌词时，左手弯曲搭在右肩上，以之表示桥。吟诵到第二句歌词时，搭在右肩上的左手下垂，表示桥断了。吟诵第三句歌词时，右手推着左手"用力地往上顶"，使左手重新搭在右肩上。吟诵第四句歌词时，右手松握成拳，以此表示行人。从左肩沿着左手往右肩方向"行走"。

最后一个环节的游戏活动，可以安排在日常活动中进行。

附原文：

西湖断桥，最早叫段家桥。

很早以前，白堤上只有一座无名小木桥，有人要到孤山去游玩，都要过这座小木桥。日晒雨淋，桥板经常要烂断。

那时候，桥旁有一间茅舍，住着一对姓段的夫妇。两人心地善良，手脚勤快。男的在湖里捕鱼，女的在门口摆个酒摊，卖家酿土酒，因酒味不佳，顾客很少上门，生意清淡。

一天，日落西山，夫妇俩刚要关门，来了一个衣衫褴褛的白发老人，说是远道而来，身无分文，要求留宿一夜。段家夫妇见他年老可怜，便留他住下，还烧了一条刚从西湖里捕来的鲤鱼，打上一碗家酿土酒，款待老人。老人也不客气，一连饮了三大碗，便倒在床上，呼呼入睡。第二天早晨，白发老人临别时，说道："谢谢你们好心款待，我这里有酒药三颗，可帮助你们酿得好酒。"他取出三颗红红的酒药，告别而去。

段家夫妇将老人的三颗酒药放在酿酒缸里，酿出来的酒，香气袭人。从此，天天顾客盈门，生意一天比一天兴隆。段家夫妇拆了茅舍，盖起了酒楼，他们为了感谢白发老人，积蓄了一笔钱，准备好好答谢他。

一晃过了三年。这年冬天，西湖下大雪，白发老人来到段家酒楼。夫妇俩一见恩人来到，喜出望外，留老人长住他家。可是第二天老人便要告别，临别时段家夫妇取出三百两银子送给老人。老人笑着说："谢谢你们一片好心，我这孤单老人，要这么多银钱何用？你们还是用在最要紧的地方吧！"说罢，便踏雪向小桥走去。段家夫妇站在门口相送，只见老人刚走上小桥，脚下一滑，桥板断了，老人跌进湖里。夫妇俩急忙跑去相救。忽见白发老人立于湖面，飘然而去。

段家夫妇知道老人不是凡人，想起老人临别说的话，便用那笔银钱拆掉小木桥，造起了一座高高的青石拱桥，还在桥头建了一座亭子。从此，游西湖的人，再不怕桥断啦。人们怀念段家夫妇行善造桥的好事，便把这桥称为"段家桥"。因为"段"与"断"同音，后来就叫做"断桥"了。

——选自《中国民间故事集成·浙江卷》(杭州市)

乌镇姑嫂饼

改编稿：

　　方老板做的甜饼很好吃，他的女儿和儿媳妇，每天跟着一起做。

　　有一天，方老板对女儿和儿媳妇说："你们已经把我的手艺都学会了，我的年纪也大了。以后，你们要想办法做得更好。"

　　媳妇说："小姑子，我们一起想办法，把甜饼做得更好。"

　　女儿对方老板说："我和嫂子分开做，比一比谁做的饼更好。"

　　媳妇说："我们是一家人，住在一起，做饼也在一个地方，怎样分开呢？"

　　女儿说："我们每人做一天，这样就分开了呀。"

　　方老板看见女儿一定要分开，只好说："那你们先分开试试吧。"

　　女儿想，只要把饼做得大一点，就比原来更好了。

　　她做了很多大大的甜饼。甜饼很大，要几个人分着吃，才能吃完。

　　甜饼太大了，买饼的人要把饼分开来吃，把饼都弄碎了，掉了一地。媳妇见了就想，甜饼做得小一点，每人一个就不会碎了。

　　第二天，媳妇把甜饼做得很小，刚好一口一个，吃着很方便，买的人很多很多。

　　女儿做的甜饼，一个个都很大，很多人就不买了，等着买媳妇做的饼。

　　女儿想，为什么他们不来买我的饼呢？她想一定是不够甜，就放了很多糖。可是，大家都说："饼太甜了，吃不下。"

　　媳妇听见了，她想，饼太甜，吃下去会不舒服。

　　又过了一天，媳妇把饼做得不是很甜，吃着很舒服，买的人很多很多。

　　女儿看见大家都喜欢买嫂子做的饼，心里不开心。有一天，她趁嫂子做饼不注意时，抓了一把盐放进去。

　　没想到，来买媳妇做的饼的人更多了，大家都要买有点甜有点咸的饼。大家说，这种饼甜中带点咸，味道特别好。

　　媳妇想，我没有在饼里放盐啊，是不是我把盐当做糖了？这个办法好,应该去告诉小姑子,让她也做这样有点甜有点咸的饼。

女儿脸红了,难为情地说:"对不起,嫂子,我是想让你做的饼也不好吃,才在你的饼里放盐的。"

媳妇说:"你放了盐,我才做出了又甜又咸的饼呀。"

女儿说:"你做的饼,为什么大家都喜欢买?"

媳妇说:"要把饼做得更好,就要想着买饼的人。我们一起做吧,动脑筋想办法,把饼做得更好。"

以后,女儿和媳妇每天在一起做饼。她们动脑筋想办法,把饼做得越来越好。

看到女儿和媳妇和和气气在一起,还把饼做得越来越好,方老板心里很高兴。别人问他,这种有点甜有点咸的饼,叫什么饼。他说:"女儿是媳妇的小姑子,媳妇是女儿的嫂子。就叫'姑嫂饼'吧。"

改编思路:

这个故事改编时,保留了合作与创新这两个方面的积极意义。改动时删去了很多难以理解或不适合当今时代的内容。这些删改基于以下考虑。第一,民间故事的产生年代,充满着由竞争而导致斗争的社会环境。原作中所渲染的拆台脚,讲坏话等斗争手段,会对学前儿童产生消极影响,因此,改编时需要完全删去这些残酷斗争的描述。第二,传子媳,不传女儿的传统,植根于农耕时代的家庭作坊式生产关系,今天的孩子也很难理解,因此改编时也予以删削。第三,姑嫂这种称呼,部分孩子不理解,但又是故事的名称,因此放在故事的结尾处予以说明。

附上原作的目的是,教师或家长可以根据孩子的需要与理解水平,自己进行改编与传述。

作品分析与活动建议:

浙江桐乡乌镇的民间故事《姑嫂饼》,蕴含着合作共赢以及适应社会需要进行创新的积极意义。

让学龄前儿童萌生合作的态度与创新的意识,不能靠讲大道理,也不能等待他们成长以后再来解决。通过浅显易懂的故事情节,以及对角色形象的行为和心理活动的生动刻画,孩子会非常容易地认识和萌发这样的态度与意识。

故事中的正面形象嫂子,始终抱着合作的态度,而且自觉地从满足他人需要出发不断创新。小姑子的形象则是一个参照角色。通过这两个角色不同的行为和态度,孩子能够清楚认识到创新不是依靠主观想象的,而是需要细心观察社会需求,理性揣摩别人的反应。只有站在别人的角度思考,才能把事情做得更好,才能不断创新。

面对找麻烦、拆台脚的小姑子,嫂子没有白眼相向,也没有疏远冷淡,而是大度宽容地谅解和帮助。有了合作,才有了共赢,有了寄寓着和睦理想的“姑嫂饼”。

学习故事以后,可以让孩子用“模具”做饼。模具可以用瓶盖等废旧物品替代,不同的瓶盖可以做出不同形状的“饼”。还可以利用做出的各种“姑嫂饼”,进行分类、计数等数学活动。

附原文:

“姑嫂饼”是乌镇的传统糕点,名闻下三府。它比棋子略大,油而不腻,酥而不散,既香又糯,甜中带咸。人们一听这名字,总以为这饼是姑嫂商量着做出来的,可是恰恰相反,它是小姑和阿嫂斗气做出来的。

一百多年前,乌镇镇上有户姓方的人家,夫妻俩开一爿小小糕饼店,取名“天顺糕饼店”。因为本钱少,开不起作坊,只好从大作坊里批发点普通糕点来卖,借以糊口度日。后来,两夫妻生下一男一女,增丁添口,这小本经营已经难以养活一家人。夫妻俩千方百计动脑筋,想扩大营业。他们见大作坊里做的酥糖畅销,就想做酥糖卖。再一想,人家作坊大,本钱多,牌子老,粥摊说什么也强不过饭馆,总得变个花样啊!后来,他们仿照酥糖的配料,细料精制,用炒过的面粉,熬过的白糖,去壳的芝麻,煎熬的猪油,精心拌匀,放在木蒸里蒸煮,然后用模箱压制成一个个小酥饼。这种饼,虽然原料跟酥糖大致相仿,但由于制作考究,吃起来方便,因此一上市就深受顾客喜爱。以后,生意越来越闹,到儿子讨媳妇的时候,这爿小糕饼店已经由一间门面扩大到两间门面了。

过去做生意是“同道者相爱,同业者相妒”。镇上几家大糕饼作坊,见这爿小店靠几只小酥饼一下发迹起来,分外眼红,就想方设法拆台脚、讲坏话。但人家货色好,你怎么说也没用。大作坊老板见弄不倒这块牌子,就想掏关子,抢生意。天顺糕点的店主心里明白,只有独家经营,才能生意兴隆。他为了保住自己的生计就立下严格的家规:自己亲手配料,自家人动手制作,工具不外借,制作方法只传儿子、媳妇,不传女儿,以免女儿出嫁后,把制作的秘方带到婆家去。

这样,制作方法是保住了,但家庭却不和睦了。女儿心里不服气,对阿嫂更加嫉妒。一次,她见爸爸正在向阿嫂传授配料方法,就借个由头过去,可是才到了阿嫂身边,爸爸就一声不响地走开了。姑娘心里个气呀,她怕爸发火,有话也不敢讲,就把气朝阿嫂身上出。隔了一会儿,姑娘到里面转了一转,出来对阿嫂说:"嫂嫂,姆妈叫你有事。"

阿嫂连忙放下手里的生活去见阿婆。等阿嫂走开以后,姑娘急忙到灶间里去抓了一把盐,在阿嫂调制的那堆粉料里拌了拌。她想,这一回阿嫂做出来的饼,一定咸得像煎饼一样,看爸爸今后还教不教她做!哪里知道,这次做出来的小酥饼,销路特别好。吃到这种饼的顾客都说,这次的小酥饼,既香又甜,甜中带咸,特别可口。这样一来,小酥饼不仅乌镇出名,而且还传到了外乡,天顺糕饼店的生意更加兴隆了。

店主人为了招揽生意,就借题发挥,大加宣扬,说这饼是他家姑娘阿嫂合作配料制成的,并将饼的名字改成"姑嫂饼"。后来,姑娘、阿嫂同心协力做糕饼,乌镇姑嫂饼就这样出了名。

——选自《中国民间故事集成·浙江卷》(桐乡县)

好事情

改编稿一:

有一个人生了两个儿子。一天,他对两个儿子说:"你们长大了。每人去做一件好事,看看谁做得好。"两个儿子出去了,他们都想做最好的事情。

过了几天,老大回来了。他高兴地对爸爸说:"我捡到一个包,里面有钱,还有很多我喜欢的东西。我想也没想,就还给丢东西的人了。"

爸爸高兴地说:"你做了一件好事,捡来的东西应该还给别人。"

老大问:"我做得最好吗?"

爸爸说:"等你的弟弟回来,才能知道谁做得好。"

又过了几天,老二也回来了。哥哥急忙问:"你做了什么好事情?"

弟弟"嗯嗯啊啊"地想了好一会儿,才说:"我做了一件事情,不知道是不是好事情。"

哥哥问:"什么事情?"

弟弟说:"我救了邻居家的牛二。"

哥哥说:"你救他,干什么。牛二最坏,喝醉酒,踩断了家里小狗的腿。喝醉酒,他还踢过你呢。"

想到牛二踢过自己,弟弟的眼泪都快流下来了。他说:"我也不知道,救牛二是好事,还是坏事。"

两个儿子一起到爸爸那里去,把事情讲了一遍。爸爸问弟弟:"你为什么救牛二?"

老二说:"我看到牛二喝醉酒躺在路边。晚上天黑,车子会压着他。我就扶他回家了。"

哥哥说:"活该!牛二不是好人,压了活该。"

弟弟低下头,以为自己做了不好的事情。

爸爸看着哥哥,说:"你们想一想,弟弟是救人吗?"

哥哥说:"是啊,是救人,可是不该救牛二。"

爸爸问:"为什么不该救牛二?"

哥哥说:"他做过坏事,踩过小狗,踢过弟弟。"

爸爸说:"我们想一想,要是一直在路边躺着,牛二会被车子压着吗?"

两个儿子都说:"会。天很黑,车子会压上牛二。"

爸爸又说:"车子压了牛二,他的爸爸、妈妈会怎么样?牛二自己会怎么样?"

哥哥说:"牛二爸爸妈妈会很难过,牛二会很疼很疼,还会哭起来。"

弟弟抬起头来,说:"是啊,我就是想牛二会疼得受不了,他的爸爸妈妈会很伤心,才送他回家。"

这时候,两个儿子都在想:车子压了牛二,牛二爸爸妈妈会多么难过,牛二自己会疼得怎么样。想着想着,他们好像觉得自己很疼很疼,好像看见自己的爸爸妈妈在流眼泪。

他们都想明白了,弟弟做了一件好事。可是,谁做了最好的事情呢?他们想知道爸爸会怎么说。

看到两个儿子都知道救牛二是做了好事,爸爸很高兴。他说:"你们做了两件好事,做哪一件事情最难呢?"

老大想了一想说:"捡了东西还给别人,不用想,一点都不难。"

弟弟说:"要不要救牛二,我想了好一会儿。"

哥哥说:"要不要救牛二,我也才想明白。"他拉住弟弟的手,高兴地说:"你做了很难想明白的好事。"

弟弟又低下了头,不过这一次,他的心里很高兴。

爸爸说:"你们都做了好事情,还想明白了做什么样的好事情很难。这是最好的事情。"

改编稿二:

最好的事情

一户人家有三个儿子。

儿子们长大了,爸爸说:"你们都长大了,该出去看看外面的世界。你们出门去每人做件好事,回来告诉我,看看你们谁做得最好。"

三个儿子出门了。

过了几天,老大回来了。他高兴地对爸爸说:"我晚上住在一家旅店里,同屋的人托我帮他保管一袋珍珠宝贝。我一颗都没有拿,全都还给了他。如果我偷偷留下一颗,那我就有很多很多钱啦。"

爸爸听后说:"这件事做得不错。可是别人的东西我们本来就不应该拿,要不就成了小偷了。"

又过了几天,老二高高兴兴地回来了,可大冷的冬天只穿着一件单衣。

爸爸问他怎么了,他说:"我经过一个村庄,看见一幢房子被烧得什么都没了,一家人坐在雪地里哭。我就把身上的钱和带着的衣服东西全部送给了他们。这是我做的好事!"

爸爸听了摸摸胡须说:"嗯,你做得也不错。雪中送炭也是我们应该做的呀。"

老大、老二问爸爸:"我们谁做得好?"爸爸说:"等你们弟弟回来,我们才能知道谁做得最好。"

过了一个月,老三回来了。老大老二忙问:"你做了什么好事情?"

老三不好意思地说:"我没做过什么好事,我只救了隔壁的牛二。"

老大老二不高兴地说:"你为什么救他? 他以前老是打你,砸过我们家的窗,还几次偷我们家的鸡呢!"

老三说:"我看到牛二喝醉倒在路上,这时天快黑了,我怕车子压着他,我就赶紧过去,把他扶起来,还把他送回了家。"

老大老二说:"你真笨! 牛二不是好人,被车压了活该! 你不应该救他!"

这时爸爸说话了:"不对! 你应该救他! 这人以前欺负你,是他不对,但他不是坏人。你能不恨他反而去救他,是你的善良和大度,你做了一件一般人很难做到的好事。"

爸爸又说:"你们都做得很好。记住啊,不管大事小事,只要能帮助别人,就是好事,都要去做;懂得宽容而去帮助别人,是最好的好事。"

改编思路:

改编民间故事有不同的方法,没有一定之规。改编者可以根据儿童接受的需要以及自己的理解进行改编。这里我们提供了两个改编版本的《最好的事情》,供改编者参考,供使用者选择。

民间故事《冤家宜解》,通过老人分家,各做一件好事情来考察几个儿子的故事情节,展现了中华民族"冤家宜解不宜结"的宽容心态。

为了集中揭示"宽容"的含义,并让故事情节与学前儿童的生活经验更为贴近,改编稿作了三个方面的改动。

第一,删去了分家的情节。因为,一个家庭有多个儿子,需要通过考察来确定各个子女获得财产多寡的情景,现实生活中已不多见。故事开头就描写幼儿不具备生活经验的场景,必然带来理解上的困难。

故事一开头就产生理解障碍,往往导致幼儿失去兴趣。

第二,为了使故事情节更为集中,改编稿一将原文的三个儿子改为两个儿子。角色越多,需要交代、铺垫的笔墨越多;只要能体现故事的意图,角色越少,主题越能集中鲜明地表现出来。

第三,借助父子对话的形式揭示主题。相对于原文,改编稿中的角色的对白更为细腻地表现了主题。尤其是父亲的对白,可以作为引导幼儿深入思考或展开移情体验的契机。

作品分析与活动建议:

这个故事通过两个儿子所做好事的对比,揭示了"宽容"的含义,而宽容心态的萌生,又源于设身处地的移情体验(详见附录)。由于故事的哲理性较强,运用悬念可以更好地吸引幼儿。

第一个悬念贯穿全文,整个故事都围绕这个悬念展开。即爸爸让两个孩子各自去做一件好事,比一比谁做得最好。第二个悬念是哥哥和弟弟各自做了一件什么样的事情。这两个悬念都包括在故事的第一部分中,讲完第一自然段之后,可以简洁地穿插一个问题"什么是最好的事情呢?"只要孩子对"最好的事情"这个问题形成悬疑,就紧接着讲下去,不需要等待孩子回答。讲到弟弟也不知道救牛二是好事还是坏事的地方,可以问孩子:"弟弟该不该救牛二?"这时,可以和孩子一起展开比较充分的讨论。

故事的第二部分是爸爸引导两个儿子认识什么是宽容的过程。这个部分采用层层递进、抽丝剥茧的方式揭示宽容的意义。为了帮助儿童深入理解,可以采取先完整讲述第二部分(从"两个儿子一起到爸爸……"到"他们都想明白了,弟弟做了一件好事……"),再分段讨论的方式。了解了完整的过程,儿童才能将细节与整体之间建立起联系。具体问题的讨论才有依据,才不至于漫无边际。可以选用以下一些问题与幼儿进行讨论:哥哥为什么说,不要去救牛二?弟弟为什么要去救牛二?救牛二是救人吗?

为了认识弟弟救牛二的必要性,还需要引导幼儿展开移情体验:如果车子压了牛二,他的爸爸妈妈会怎么样?牛二会怎么样?成人教养者在此处的讲述中,还需要运用肢体动作和面部表情有效地激发幼儿的移情想象。只有沉浸到牛二一旦受伤的具体情景之中,并结合自己的生活体验想象出牛二的痛苦及其父母的疼怜之心、之情,幼儿才能真正理解救助牛二是应该的,必须的。

故事的第三部分表达了"最好的事情是懂得宽容"的道理。在这一部分中,可以借助爸爸提出的问题:做哪一件事情最难,来帮助幼儿理解什么是"最好的事情"。换句话来说,应该做的事情可以是一件好事情,但突破狭隘心理所做的好事,才是最好的事情。之所以最好,是因为自身的思想认识得到了里程碑式的飞跃。

这个故事通过"什么是最好的事情"、"要不要救牛二"、"这是最好的事情"三个部分的故事情节,为幼儿的思想认识提高铺垫了一块基石。能否实现这样的提升,还需要我们绘声绘色的讲述,有效的交流讨论,以及日后的随机引导。

故事中较多地运用了对话的表现形式,因此讲述中需要及时变换声腔语气,以凸显角色的身份和内心活动。以一种口吻平铺直叙地讲述,很容易单调呆板,显出居高临下的训诫意味。这是故事讲述中特别需要注意的。

附原文:

冤家宜解

从前,有个大财主,生有三个儿子,屋里家私大得猛。

一年,老人家把家私分成四份,三个儿子一人一份,自己留一份养老。家分好了,还有一匹好马、两把祖传宝剑分不好,老人家忖了一个办法,对三个儿子说:"你们一人一百铜佃,一个月时间,出门去做件好事回来,谁做得顶好。一匹马、两把宝剑就分给谁。"

第二天,三个儿子拿了铜佃,出门去做好事。

一个月过去了,三个儿子都回到屋里,向爸禀报所做的好事。

大儿子说:"我宿在一个客栈里,同房间住着一个客商,陌里陌生,他就把一袋珍珠寄在我这里,他回来,我原封不动交还他,如果我卡下一粒,这一生一世就有吃有用了。"

爸说:"如果你卡下一粒,就是贼。见财不贪这是应该做的,算勿上什么好事,勿能奖赏。"大儿子无话好说。

二儿子说:"我骑马走过一座桥,一个孩子掉进水里,眼看就要溺死了。我忖也没忖,就跳下去救起小孩,又把他送回屋里。主人见了交关感激,定要谢礼,我不接受。如果我不救,这小孩就要溺死。"

爸说:"如果你见死不救,良心哪里去了? 舍己救人,这是应该做的事,也勿能奖赏!"二儿子也无话可说。

三儿子说:"我走过一座山岙,远远看见有个人四脚朝天睡在悬崖上,假如一翻身就会滚下悬崖,跌得粉碎。我走近一看,原来是我顶恨的仇人,喝多了酒,醉倒在悬崖顶上。当时我想踢他一脚,让他滚下悬崖跌死算数。后来我忖,明人不做暗事,就是仇人也不能暗底下伤人,就把他叫醒,让他避开险地。"

爸说:"冤仇宜解。你做了件难得的好事。一匹好马、两把宝剑,应该奖赏你。"

——选自《中国民间故事集成·浙江卷》

附录:

"移情体验"是审美心理学中"移情说"的一个概念。简单地说,就是通过联想将自己的情感投射到他人身上,感同身受地体验他人的处境和内心情感。"移情体验"是文学作品接受中的普遍现象,当读者沉浸到作品之中,像角色那样思考、体验,就是进入了"移情体验"的状态。在这个故事中,父亲有意识地引导儿子将自己的情感投射到牛二一旦出事可能产生的处境之中,体验牛二及其父母的感受和状态。

移情体验的萌生有着重要的意义。它既是儿童设身处地为他人着想的方式,又是儿童将自己的内心情感同客观世界建立情感联系的一种主动的、创造性的能力。它能使人的认识和体验超感性又不离感性,从而使自己的生活脱离低俗庸凡,时时充蕴着生命形态的颤动和美丽。

红豆娃

改编稿：

有一个老头、一个老太太。他们家里有大黄狗、大水牛，还有很多羊。可是，没有自己的孩子。老头对老太太说："没有孩子，谁喊我阿爹呢?"老太太说："我也想有一个孩子。"

有一天，老太太到地里捡豆子，捡到一颗特别大的红豆子。老太太很喜欢红豆，她对红豆说："你就是我的孩子，我是你的阿妈。"

晚上，老头、老太太和红豆睡在一起，和红豆说话，给红豆讲故事。

一天早上，老头、老太太听到一个细细的声音在喊："阿爹，阿妈，我饿了。"

老头、老太太睁开眼睛一看，咦！枕头边上站着一个拳头那么大的男孩，这个男孩长着红头发、红脸蛋、红鼻子，只有眼睛是黑色的。

小男孩说："我是红豆，是你们的孩子啊。"老头、老太太开心地说："我们有孩子了!"他们给小男孩起了个名字叫"红豆娃"。

红豆娃又聪明又能干。早上，老头到山上去放羊，红豆娃骑着大白羊走在最前面。小黑羊不听话，"笛度笛度"偷偷往河边跑。红豆娃"噌"地跳过去，在小黑羊的脑袋上"梆梆梆"地跳三下。小黑羊就乖乖地跟着大白羊一起走。有了红豆娃帮忙，老头再也不用跑来跑去赶羊群了。

到了山坡上，红豆娃细声细气地唱起山歌：

阿爹放羊红豆帮，

红豆骑上大白羊。

羊儿吃草不吃根儿，

嫩草尖尖香又香。

山上的一只独眼狼，看见满山坡的羊，偷偷地走过来。大白羊听见狼的脚步声，"咩咩咩"地叫起来。红豆娃看见独眼狼，尖声尖气地喊："狼来了! 狼来了!"

老头赶着羊群往山下跑，小黑羊跑得慢，急得"咩咩咩"地叫。红豆娃"噌"地跳到小黑羊的尾巴上，再一跳，跳到独眼狼的脑袋上。"梆梆梆,梆梆梆",在独眼狼的耳朵上踢几脚,在头顶上又踢几脚。

独眼狼脑袋晕乎乎的,不停地晃脑袋,一下子把红豆娃甩到地上。独眼狼扑上去,"啊呜"一口,把红豆娃吞到肚子里。

小黑羊跟着羊群回到了家里,只有红豆娃没有回来。老头和老太太急得哭了起来。

天黑了,独眼狼肚子饿得咕咕叫,偷偷来到老头和老太太的家。刚走到门口,独眼狼的肚子里一个细声细气的声音叫了起来:"狼来了!狼来了!"

老头和老太太拿着棍子跑出来,大黄狗"汪汪汪"地冲出来,大水牛晃着尖尖的长角赶过来。独眼狼吓得转身就跑,它的肚子里一个细声细气的声音又叫起来:"快追呀!快追呀!狼跑了,狼跑了。"

老头、老太太、大黄狗、大水牛在后面追,独眼狼在前面跑。独眼狼肚子里那个细声细气的声音不停地叫。跑着跑着,独眼狼跑到了河边上,慌慌张张"噗通"一下掉到河里淹死了。

大水牛跳进河里,用长长的尖角把独眼狼的肚子破开。红豆娃抱着水牛的尖角回到了岸上。

老头、老太太带着红豆娃和大黄狗、大水牛一起回家,过上了快乐的日子。

改编思路:

这个故事改编自浙江省苍南县的民间故事《豆团》。改编时,主要有三个方面的变动,这些改编都是民间故事传承时需要注意的普遍问题,成人教养者可以参照揣摩,学会自己改编民间故事。

第一,词语的变动。"豆团"这一词语具有明显的方言特点,接受者如果不是生活在这一方言区,就需要替换成相同意思而又容易理解的词语。如"半暝子"、"银钱"、"传香火"、"牛头壳"、"想勿到"等词语,或者是需要一定历史知识才能理解的词语,或者是方言俚语。今天的儿童对这些词语难以理解。为了使民间故事能更好地走进儿童的生活,难以理解的词语都应该予以替换或者删去。儿童对民间故事的接受是以口耳相传的方式为主的。口头语言的表述是一个流动的过程,音义关系的词语转瞬即逝,形义关系的文字符号是静止的,一遍看不懂,可以回过头来再根据上下文辨析揣摩。故事中多次出现不能理解的词语,儿童会很快对故事失去兴趣。语言表达明白晓畅,是民间故事改编的第一步,也是必须遵守的原则。

第二,精炼故事情节,使之更为集中紧凑。原文的情节比较繁复,除了夜梦怀孕、诞生豆团以外,既有耕田、送饭等日常生活的情景,又有智斗窃贼和老虎两个高度激烈斗争的场景。其中的有些情节,衔接比较松散,缺乏一气呵成的严密性。改编时,我们将红豆娃的机智勇敢集中在放羊和勇斗恶狼两个方面,这两方面的内容自然承接,紧密相衔。删繁就简以后,儿童更容易集中理解红豆娃机智勇敢的品质。

第三,细腻生动地刻画细节。情节集中以后,给细节的刻画留下了充分的空间。生动有趣的细节刻画才能吸引孩子,这是故事成功与否的关键。红豆娃诞生后,两位老人对红豆娃充满深情——须臾不分离,同他说话,给他讲故事等。这种具体的描写,表现出两位老人对红豆的深切期待。红豆勇斗恶狼的部分,既有形象的动作描写,又运用象声词进行描述。语言具有抽象的象征性意义,唯独象声词同表征对象之间有着直接的自然的联系。一听到象声词,儿童心中就会直观地浮现出具体的角色及其相应的行为动作。这样的细节刻画直观生动,孩子更容易理解,也更感兴趣。

作品分析与活动建议:

这个故事今天仍然有着现实的意义:生活并非完美的,而是充满危险的,只要我们有信心,勇敢地面对危机,一定能够获得美好的生活。故事中两位老人的愿望象征性地表现了普通人的理想:有一个完整的家,平静安康地生活。

故事开头就呈现了矛盾冲突,老夫妻没有孩子。红豆娃的出现满足了他们渴求孩子,有一个完整家庭的愿望。这个愿望满足的同时,新的矛盾同时呈现出来:那么小的孩子能够应对生活的挑战吗?随着故事情节的发展,我们看到红豆娃聪明能干地应对着生产劳动和自然界的危险,不但能帮助老人进行生产劳动,还能运用个子小的独具特点战胜危害,保护家庭中所有成员的安全。

　　学前儿童的兴趣会集中在红豆娃的神奇经历上,根据这一接受期待,我们需要掌握好两个关键:第一,目标明确,通过故事的讲述使孩子理解两位老人的愿望和红豆娃的聪明能干,萌发独立应对生活挑战的意识。第二,掌握故事情节各部分之间的关系,使得故事讲述生动曲折,吸引孩子的注意。反复几次讲述之后,孩子能够大致复述故事。

　　前六个自然段是故事的缘起,主要表现两位老人的愿望和红豆娃的诞生。可以将这一部分内容命名为:可爱的红豆娃。这一部分的讲述应该柔和亲切,营造温馨的氛围。第7个自然段直到结尾,是故事的主体部分,表现了红豆娃聪明勇敢的特点,可以命名为:聪明勇敢的红豆娃。这一部分又可以分为三个阶段。

　　第一阶段:红豆娃放羊。这一阶段的讲述应该轻松快乐。红豆娃骑着大白羊(如果绘制挂图,可以设计成骑在白羊的脑袋上)以及轻盈灵巧地在小黑羊脑壳上"梆梆梆"地跳几下等细节,需要仔细交代,不能一带而过。因为这些细节刻画了红豆娃驾驭羊群的行为特点,是后面保护羊群、战胜恶狼的铺垫。红豆娃唱山歌的一段可以用吟唱的方式表现,也可以删去不用;但是,放羊时的快乐愉悦氛围需要充分表现。

　　第二阶段:勇敢保护羊群。这一阶段包括第9自然段到第12自然段。这一阶段的讲述需要突出紧张激烈的氛围。语气上既要急促紧张,又要张弛有度,利用清晰的吐词和适当的停顿,清楚明了地描述故事情景。讲述第12自然段时要利用适度的停顿,激发悬念,让孩子急切地关注红豆娃的命运,为后面的峰回路转作好铺垫。

　　第三阶段:机智的红豆娃。这一阶段包括第13自然段直到结尾。这一阶段是故事的高潮,集中表现了红豆娃的机智勇敢。红豆娃在狼肚子里的第一次叫喊要急促突然而又尖声细气,以渲染紧张气氛;第二次的叫声要以召唤的语气,表达出激发家人斗志的必胜信念。

　　成人教养者讲述时是否生动直接关系到儿童对故事的理解以及复述的兴趣,只有在孩子心里唤起生动形象的具体情景,他们才会饶有兴味地理解和表达。

附原文：

豆囝(nán)

有一对老夫妻，年纪合拢来有一百二十几岁了，就是没后代，老太婆天天烧香拜佛，想得个孩子传传香火。

有一日半暝子，夫妻同做了个梦。梦见在院子里扒豆皮，一堆花豆堆里跳出个全身只有三寸来长的小孩，蹦蹦跳跳来到两老眼前，叫老头"阿爸"，叫老太婆"阿妈"。老太婆乐得张大了嘴巴。那小人儿一下子就跳进她的嘴巴里，吓得老太婆大叫一声，把老头也惊醒了。两老都讲出自己做的梦，哪晓得一模一样，觉得很奇怪。

第二日，老太婆突然肚子痛起来，想勿到生下一个小人儿，全身只三寸来长，和昨夜梦到的一个样子。没怀孕怎么会生小孩？老太婆更加相信这是菩萨送的。老头把孩子取名"豆囝"。从那以后，老夫妻不晓得有多高兴，干活也不觉得累。

豆囝很懂事，听话。有一日，老头子在耕田，豆囝拉着一串光饼去给阿爸当饭，喜得老头一把抱起豆囝舍不得放下。他想自己总算也有儿子送饭了。

豆囝看着阿爸吃点心，问道："阿爸，我帮你耕田好吗？"

"哎呀，你只有这点高，怎么能耕田呢？"

"会的。不信，你把我抱上牛头壳试试看。"

老头真的把豆囝抱上牛头壳。豆囝两手抓住一对牛角，喊一声："嗨！"老牛马上就起耕，很听豆囝的使唤。这时，来了两个贼。他们看见牛不用人把犁会耕田，觉得很奇怪，就坐在一边看，原来牛头壳上坐着一个小人儿。贼想，这个小人若是归我，就会发大财了，无论哪家的门，他都进得去，也不会被人发觉呢。两个贼商量了一阵，有个就去问老头："喂，老伯，这小东西卖吗？""你讲什么！我怎么肯卖儿子呢！"

"你当真不卖？""不卖！"

"不卖，好！"这两个贼一脚把老头踢倒在地，抱起豆囝就跑。豆囝无论怎样哭骂挣扎都没用。一暝暝，两个贼对豆囝又哄又吓，要他去偷东西。他若不听话，就要去杀死老头；若答应了，得到银钱三股分。豆团没法,只得答应下来。豆团进入一户有钱的人家,两个贼在外接应。在偷东西时,豆团有意发出响声,把主人家吵醒了。主人大喊捉贼,邻居也纷纷起床,捉住了这两个贼。豆团呢,藏在牛棚里的青草堆内,谁也看不见他。

第二日早上,这把青草被老牛吃了。豆团也被吞进牛的肚子里去了。这只老牛就整日躺在牛棚里,不能耕地。主人见老牛病了,再也没用处,就把它宰了。牛肚被扔在河岸边。凑巧,一只老虎路过这里,一口吞下牛肚。豆团又进入了虎口。从那日起,老虎看见别的走兽,才张开口要扑去时,豆团就拼命喊:"快跑,老虎来了! 老虎来了!"那些走兽一听,就跑得精光。就这样过了几日,老虎饿得不能动,卧在地上喘气,过一会就死了。

这时来了几个猎人,豆团大喊:"这里有死老虎,快来呀!"猎人只听见声音,看到老虎,却找不到人影。"快把虎肚破开,我要出来。"嗬,这声音是从老虎肚里传出的。猎人剖开虎肚,从里面跳出一个小人儿。他吸了一口气,讲:"快把我闷死了。"猎人问清了情由,就把小人儿领回他家里,那一对老夫妻正哭得伤心呢。

——选自《中国民间故事集成·浙江卷》(苍南县)

老猪教小猪

改编稿:

老猪看见小猪每天吃了睡,睡了吃,就说:"宝贝,不能每天只是吃饭、睡觉。"

小猪说:"知道啦,爸爸怎么做,我就怎么做。"

早晨,老猪推推小猪,说:"起床了,起床了。"叫完小猪,老猪又"呼噜呼噜"睡着了。

小猪揉揉眼睛,看看又在睡觉的老猪,说:"爸爸睡觉,我也睡觉。"说完,又"哼唧哼唧"睡着了。

睡着、睡着,老猪饿醒了,起来"吧唧吧唧"吃东西。听见老猪"吧唧吧唧"吃东西,小猪赶快起来,也"吧唧唧,吧唧唧"吃东西。一边吃,小猪一边说:"爸爸吃,我也吃。"

吃饱饭,老猪快活地揉揉肚子,"呼噜呼噜"又睡觉了。小猪吃饱饭,揉揉肚子,"呼噜呼噜",又睡觉了。

老猪和小猪,就这样"呼噜呼噜"睡大觉,"吧唧吧唧"吃东西。他们每天吃了睡,睡了吃。

改编思路:

故事的开头,老猪想要教小猪一些更有意义的事情。听故事的孩子会充满期待地想象,老猪教了小猪什么样的事情?随着故事的进展,这个悬念揭晓了,老猪只是教了小猪吃饭、睡觉。愿望与结果的相悖出乎意料,又在情理之中。因为,老猪只会吃饭、睡觉。愿望与结果的相悖,产生了滑稽可笑的效果。滑稽可笑来源于奇巧荒谬现象的展现和无情的针砭。这个故事只是展现荒谬,没有直接进行针砭。因为,吃饭、睡觉是低幼儿童生活中非常重要的部分,需要学习的、有意义的事情。过度辛辣的针砭容易让孩子产生误解:吃饭、睡觉不是一件好事情。

滑稽好笑与讽刺是交织在一起的。活动中需要把握好讽刺的态度。讽刺有两种,一种是热嘲;一种是冷讽。热嘲是抱着善意的态度揭示荒谬,期待领悟和改变,是面对同类或友人的讽刺方法。冷讽是以愤恨的态度揭露虚伪和腐朽,一般是用来对待敌人的。活动中,只要展现老猪与小猪行为的可笑就可以了,不必给予道德高度的批评。

这个故事的意义是:生活不能只是吃和睡。吃饭和睡觉是满足本能需要的活动,本能的满足不是生活意义的全部。那些具有社会意义的、诉诸精神世界的活动,才能满足人的更高需求。这样的生活意义不能以灌输的方式教授给孩子,只能让孩子在有趣的故事和游戏氛围中感受。有了具体感受的积淀,理性的认识才会逐渐形成。最后一个环节的情景表演"我教老猪和小猪",可以使幼儿以帮助者的角色获得更高境界的体验:我会做很多有意义的事情。

作品分析与活动建议：

我们的教育初衷是理性的,我们的日常行为却往往是随性的。这种悖谬的言行成为民间故事《教小猪》的生活素材。改编时,我们保留了原作中以戏谑的描写,进行善意嘲讽的风格。同时,根据低幼儿童的理解需要,运用反复的手法和象声词直观形象地展现"吃了睡,睡了吃"的情形。

听了故事以后,可以和孩子一起讨论:为什么小猪会吃了睡,睡了吃? 老猪应该怎样帮助小猪改掉这个习惯? 还可以让孩子说说,小猪希望有一个什么样的爸爸或妈妈。这样的讨论交流,不是让父母热辣辣地难受,而是为了唤起孩子的回忆,具体地说出自己的内心感受。善于听取孩子的内心感受与体验,才能更好地理解孩子,帮助孩子。

每一个父母都伴随着孩子的成长而获得自身的成长;每一个父母的成长都促进了孩子的成长。这是民间故事《教小猪》所蕴含的内在意义。

这个故事的情景性很强,可以据此改编成儿歌,让孩子边唱边以动作进行表演。

附儿歌:

老猪教小猪

老猪教小猪呀,教小猪,

怎么教小猪呀,教小猪?

老猪"呼噜呼噜"睡呀,

"呼噜呼噜"睡。

小猪也会睡呀,也会睡,

小猪"哼唧哼唧"睡呀,

"哼唧哼唧"睡。

老猪教小猪呀,教小猪,

怎么教小猪呀,教小猪?

老猪"吧唧吧唧"吃呀,

"吧唧吧唧"吃。

小猪也会吃呀,也会吃,

小猪"吧唧唧"吃呀,

"吧唧吧唧"吃。

老猪怎么样呀,

小猪怎么样,

小猪就会怎么样。

附原文:

教 小 猪

老猪教小猪,不要好吃懒做整天睡觉。这天,老猪醒得早点,睁开眼一看,天上还有星星。它想:谁这么早起来办事呢? 就又睡了一觉。再醒来时,太阳老高了,肚子也咕咕叫了。他又想:谁能不吃饭就干事情呢? 于是就吃了起来。吃完饭,肚子胀,眼皮又沉。它又想:不休息好,怎么能办事呢? 就这样,一天又一天过去了。小猪见老猪吃了就睡,睡了就吃,也都跟着学样,个个都好吃懒做。

——选自《中国民间故事集成·浙江卷》(淳安县)

蛇头与蛇尾

改编稿:

一条蛇睡醒了,觉得肚子饿。蛇头往前爬去,蛇尾生气地说:"你怎么不说一声,自己就爬去了呢?"

蛇头说:"我要去就去,你管得着吗?"

蛇尾说:"你往前爬,我得跟着呀。"

蛇头说:"你愿意跟就跟,不愿意跟就不跟,我要爬过去吃东西了。"

蛇尾更生气了,紧紧地缠在树上,说:"我看你怎么往前爬。"

蛇头用力往前爬,"嗨呦,嗨呦……"拼命往前爬。

蛇尾大声地叫起来:"哎呦! 哎呦! 你弄疼我了。"

蛇头说:"你松开,跟着我不就行了吗?"

　　蛇尾说："不松开,就是不松开。"

　　蛇头力气用完了,还是爬不动,只好说："前面有好吃的,你快松开吧。"

　　蛇尾知道蛇头不再用力往前爬了,得意地说："怎么样? 谁赢了? 以前都是你在前头,我在后头。好吃的东西,都让你给吃了。好看的东西,都是你先看见。"

　　蛇头气呼呼地说："我是蛇头呀,我就应该在前头。"

　　蛇尾哈哈大笑,说："以后要改一改了,我在前头,你在后头。好吃的东西,我先吃。好看的东西,我先看。"

　　蛇头奇怪地说："你在前头? 你怎么往前爬呢?"

　　蛇尾说："往前爬有什么难的,你会爬,我也会爬。"

　　蛇头说："往前爬的时候,我都是抬起脑袋的。你是尾巴,怎么样抬起来呢?"

　　蛇尾知道自己不会像蛇头那样爬,它想了一想说："你不用管,我知道怎么爬。"

　　蛇尾开始往前爬。可是,它只会一点一点往前扭。扭啊扭,扭了好半天,才扭出去一点点路。

　　蛇头着急地喊起来："我饿了,你快点爬呀。"

　　蛇尾也饿了,用力往前扭。扭啊扭,扭了半天,才扭了一点点路。

　　蛇头大声喊起来："你快点呀! 你这样子,我们都会饿死的。"

　　蛇尾累得"呼哧、呼哧"喘,一边喘,一边说："太累了,我只会扭,不会爬。还是你在前面吧。"

　　蛇头说："我往前爬了,你跟着啊。"

　　蛇尾说："好的,你爬,我跟着。"

　　蛇头往前爬,蛇尾跟着扭起来。蛇头爬,蛇尾扭,"哧溜、哧溜",一下子就爬出去很远。它们吃到了好吃的东西,吃得饱饱的。

　　蛇头说："以后,想要往前爬,我就告诉你。"

　　蛇尾说："你往前爬,我就跟着你。"

　　从那以后,蛇头和蛇尾合作得很好,每天吃得饱饱的。

作品分析与活动建议：

独生子女不同程度地存在着自我中心、乖戾孤僻的行为。这个故事鲜明生动地描述了这种行为的特点及其后果。当这样的行为及其后果直观形象地呈现出来,学前儿童会产生联想、回忆和反思,省察自己的日常行为是否具有相似相近之处。

故事是一系列有着因果关系的事件过程。这个故事的事件缘起是蛇头不管蛇尾的感受独自行动,蛇尾与蛇头赌气阻止其行动。情感态度上的对立,导致行动上的互相对立,以致两败俱伤。大家饿肚子,无法生存的事实促使蛇头和蛇尾反思,也促成了它们互相协调、配合的行动。

讲述故事时,应该绘声绘色地运用肢体语言和对白,淋漓尽致地表现两者的行动特点及其心理活动。两者对立时,谁都不能有效行动的结果,尤其要表现得生动形象,以使蛇头、蛇尾的态度转变更为自然可信。

理解故事之后,可以设计相关的情景表演活动。既可以设计两人相背而行的肢体行动,也可以设计两人三脚行的活动。两人相背而行时,一人扮演蛇头,一人扮演蛇尾,以布带等物相连。表现出互相牵制,无法行动的情景。两人三脚行的活动,可以让两个孩子的相邻脚伸进纸张上的孔洞,只有相互协调、相互配合,才能保持纸张不破裂。准备时,可选用报纸或质地较硬的纸张剪出距离适宜的两个孔洞。洞的大小以伸进孩子的脚,又能行走为宜。

原作由缙云县沈洪法老人传述,由当地文化馆干部丁金焕采录。

附原文：

一条蛇睡醒了,蛇头向前爬去。蛇尾生气地说:"你不说一声,怎么就爬去了呢?"蛇头不耐烦地说:"我要去就去,你管得着吗?"蛇尾也不肯认输,牢牢地圈绞在树上。蛇头拼命地爬呀,爬呀,连吃奶的力气都用出来了,还是爬不动。蛇尾可高兴了,笑着说:"怎么样?谁赢了?嗯!以前都是你在前头,我在后头,凡好吃的,好看的,都由你独得,我一点份儿也没有,太不公平了。以后呀,对不起,调过来,由我在前头,你在后头。"说着,蛇尾就作起头来,爬去了。可是,爬呀,爬呀,还爬不到一二丈路,就上气接不着下气,吃力得要死,再也爬不动了。蛇尾停下来想了又想,最后对蛇头说:"嗨!看来你这头不能不顾尾,我这尾巴也替不了你这头。今后还是你在前,我在后,我们头尾一致。"蛇头听了连连点头。从此,再也不争闹了。

　　　　　　　——选自《中国民间故事集成·浙江卷》(缙云县)

石人岭

改编稿:

　　很久很久以前,杭州人喝水用水都要到很远很远的地方去挑,大家天天都为喝水用水发愁,日子过得一点也不开心。

　　有一个小伙子叫水儿,住在灵隐山旁边,他从小没有爸爸妈妈,从六岁起就跟着爷爷挑水。他总是跟爷爷说:"要是能在山上找到泉水就好了,我们大家不用这么辛苦,天天去挑水了。"

　　水儿长大了。一天,爷爷带水儿钻进一个山洞,让水儿趴在石头上仔细听。水儿的耳朵贴在石头上,听到有轻轻的"叮咚叮咚"的流水声音。水儿高兴地说:"爷爷,石头凿开,泉水就可以流出来了。"

　　爷爷说:"以前有很多人想把石壁打通,他们都坚持不下去,都没成功。"

　　水儿听了说:"爷爷,我一定能坚持下去,找到泉水。"爷爷见水儿有这么大志气,高兴得流下了眼泪。

　　水儿找来一些同伴,商量着一起上山去凿石壁,一定要找到泉水。

　　爷爷对他们说:"你们去凿石壁,不能怕困难,要坚持。还有,石壁凿穿时,里面会有股冰冷的泉水喷出来,喷到身上,人就会冻成石头的。你们千万当心,要记住啊!"

　　水儿他们到了山上,马上就动手凿石壁。

　　"叮叮当,叮叮当",水儿他们每天不停地凿。

　　凿呀,凿呀,从春天凿到夏天,凿子短了一截,双手起了血泡,石壁还没凿通。有几个人说:"也许是我们弄错地方啦,这儿不会有泉水的!

还是回去挑水吧。"说着他们几个下山回去了。

水儿说:"坚持一下,不怕困难,一定能凿出水的。"

凿呀,凿呀,水儿他们又从夏天凿到秋天,凿子又短了一截,手上结满了厚茧,可是石壁还是没有凿通。又有几个人说:"这要凿到什么时候呀,我们坚持不住了!"说着他们下山回去了。

水儿说:"坚持一下,不怕困难,一定能凿出水。"他带着剩下的人继续凿。

冬天来了,山上雪下得有半人多深,西北风"呼呼"叫,像尖刀一般地刺人。山上只剩下水儿他们三个人了,他们还是每天凿啊凿啊,一口气也没松。

凿呀,凿呀,春天快来的时候,那石壁已经凿进去很深很深了。

一天,水儿突然听见有很响的"叮咚叮咚"水流声,他把耳朵贴近石壁一听,大叫起来:"啊!泉水!这是泉水流动的声音呀!"伙伴们都高兴得跳起来,说:"我们坚持住了,泉水就要出来啦。"

伙伴们担心水儿,都不愿意离开。水儿急得大声叫道:"你们跑出去,我才能跑得快。"伙伴们一想:对呀,大家都在山洞里,会挡住水儿跑出去的路。伙伴们赶快跑出了山洞。

山洞里只剩下水儿一个人了。水儿打下最后的一锤,只听得"轰隆隆"一声巨响,一股冷泉喷了出来,把水儿冻成一个三丈多高的石人!

接着,清清冷冷的泉水顺着山谷"哗哗"地流了下来,流过村子,灌在海滩边的一块洼地里,洼地被灌得满满的——这就是现在的西湖。

为了让冷泉流出来,水儿变成了石头人。老百姓就把那座山叫作"石人岭"。知道这个故事的人,只要到了冷泉那里,总是会喝一喝冷冷的泉水,还会望着石人岭上石头人一样的水儿,想起他不怕困难、坚持凿出泉水的事情。

改编思路:

原文是能够为学龄期少年儿童直接阅读的民间故事。这一类经过改写的民间故事已比较接近学前儿童的接受需要,只要做一些局部的改编,就可以在学前儿童群体中进行传承。为此,我们选录一篇作为参照。从原文和改编稿的对照来看,主要做了以下改编。

第一,矛盾冲突的设计更符合生活真实。原文的矛盾冲突之一建立在一个神奇的说法之上——凿石壁一旦开始,就不能停止。如若停下,石壁就会变成原样。为什么要坚持不懈凿石壁,同伴为什么会留下水儿一人面对危险,都是这个原因。于是,故事情节的逻辑就成了:因为石壁会变回原样,就必须坚持不懈,就应该留下水儿一人。这样的逻辑蕴含着一种潜在的意思:如果石壁不会变回原样,就未必需要如此坚持,未必应该留下水儿一人。

幼儿在现实生活中遇到的困难,并非源于神奇的因素,而是非常现实的问题。与此同时,中大班阶段的幼儿对于不怕困难,坚持不懈已经有了初步的认识。有了这样两个前提,在故事角色面临的困难中,再渗入神奇的因素已经没有必然的需要了。

为此,改编稿删去了石壁会变回原样的神奇传闻,只保留了石壁凿穿时会喷出冰冷的泉水,喷到谁的身上,谁就会变成石头人的传说。这一传说作为故事情节中的矛盾冲突比石头变回原样更为现实一些,同儿童的生活体验也更为贴近。现在的儿童大多具有水变冰,以及冰像石头那样坚硬的感知。有了这样的感性认识,泉水喷到身上会变成石头人,儿童就会觉得并非不可思议。

民间故事出场时的生活,同今天传承的时代生活有着显著的差异。今天的接受者是根据现实生活的感受和体验来理解故事的。为此,改编故事时需要根据接受者的生活经验来重新设定矛盾冲突,使之符合今天的生活真实。唯其如此,民间故事的情节才会让儿童觉得是可信的,故事的角色是平凡而又亲切的,故事中体现的精神品质是值得汲取的。

第二,以简练鲜明的词语反复突出主题。学龄前儿童的接受是以口耳相传的方式进行的,口头表达是一个流动的过程,转瞬即逝。因此,对于体现主题的词语需要多次反复,以加深记忆,获得深刻的印象。与此同时,这一类词语还必须是简练而又鲜明的。"不怕困难,坚持不懈",是这个故事的主题。改编稿中,以幼儿较为容易理解的话语"坚持一下,不怕困难"来体现主题,并反复出现。这样的表达方式就是为了让幼儿留下深刻的印象。

第三,语言表达上更为接近学前儿童的语言水准。例如,"干涸"、"日脚"、"石壁"等词语或者是学前儿童较少接触的,或者是口语表达时容易同其他词语混淆的。正如鲁迅所说,给幼儿的作品更适合运用嘴说的话语,而不适合眼看的词汇。现代语言学的研究也表明,成人在面向儿童时,总是下意识地使用"儿向语言",以适合他们理解。我们需要做的就是,将这种不自觉的状态转化为自觉的行为,以适宜于儿童理解的口语方式来表达。

作品分析与活动建议:

传承这个故事时,需要着重帮助儿童认识水儿这个角色的意志品质特点——不怕困难、坚持不懈。

故事从三个方面来塑造意志坚韧的水儿形象。第一,他的行为动机是为了像爷爷这样的老百姓能够摆脱天天挑水的困境,人的行为动机越具有普遍的社会意义,克服困难的决心越能够坚定不移。第二,当同伴坚持不住陆续下山之时,水儿不动摇,不灰心,坚持凿石壁,引来泉水;第三,面临险境,水儿把生还的希望留给别人,把危险留给自己。讲述时,要以对话交流的方式,引导孩子注意这三个方面的具体描写。

为了让幼儿有一个直观的了解,有条件的可以下载一些灵隐和冷泉的景色图片。如果熟悉有关飞来峰的故事,可以先讲述飞来峰的故事,再讲述《石人岭》。如果幼儿不熟悉灵隐,可以按照以下开头来讲述。"有一座石头山,很早以前,那里没有水,……"

附原文:

很早很早以前,杭州还是一大片干涸的海滩。周围几十里内见不着一条小河,也找不到一条小溪。① 住在这里的老百姓,每天都要担着

---

① 《史记·秦始皇本纪》中有这样的记载:"三十七年十月癸丑,始皇出游……过丹阳,至钱唐,临浙江,水波恶……"这是史籍最早记载"钱唐"之名。现在的市区,当时还是随江潮出没的海滩,西湖尚未形成。西汉承秦制,杭州仍称钱唐。新莽时一度改钱唐为泉亭县。到了东汉,复置钱唐县,属吴郡。这时杭州农田水利兴修初具规模,并从宝石山至万松岭修筑了第一条海塘,西湖开始与海隔断,成为内湖。

水桶到老远老远的地方去挑水。他们光为这点点水就日愁夜愁,从来没过上一天开心的日脚。

老一辈人,有的就知道灵隐后山里有股清泉,被一道很厚很厚的石壁挡住了流不出来。多少年来,曾经有好些年轻人上山去过,想把那道石壁凿穿,可是都没有成功。慢慢地知道的人也就少了。

后村有个小伙子名叫水儿,从小没爹没娘,是他老爷爷抚养长大的,从六岁起,他就跟着老爷爷一起去挑水,至今已经整整十五年了。这一天,是水儿二十岁的生日,老爷爷为他下了一大锅面,祖孙两个快快活活地过了一天。到了晚上,老爷爷将水儿叫到面前,把灵隐后山有股清泉的事一五一十地告诉了他。水儿听了很高兴,紧紧腰带,捋捋袖子,就去把平时要好的几个小伙子叫拢来,大家商量着一道儿上山去凿石壁,一定要使这股清泉流进村里来。老爷爷见水儿有这么大志气,高兴得掉下眼泪,连夜准备干粮,明天一早好让孙儿上山。

第二天,水儿他们一伙十个人,带着铁锤、凿子,准备上山。临走,老爷爷对小伙子们说:"你们去凿石壁,要一口气凿下去,如果停下来,它又会长成原来的样子,那就白费劲啦。还有,石壁凿穿时,里面有股石浆喷出来,喷到身上,会把人凝成石头的。你们千万当心,要记住啊!"水儿他们一边答应,一边就上山去啦。

他们到了山上,马上就动手凿石壁。凿呀,凿呀,从三月清明凿到五月端阳,凿子短了一截,双手都起了血泡,那石壁还没凿通。有四个小伙子说:"也许是老爷爷记错地方啦,这儿哪会有什么清泉!还是回去用水桶挑吧。"说着就自己回去了。

剩下水儿他们六个,从五月端阳又凿到八月中秋,凿子又短了一截,手上结满了厚茧,可是石壁仍然没有凿通。有两个小伙子说:"一口气凿到底,谁知道要凿到什么时候呀,家里也该回去看看啦!"说着说着,也回去了。

秋天过去,冬天来了,山上雪落得有半人多深,西北风呼呼叫,像尖刀一般地刺人。水儿他们四个一口气也没松。凿呀,凿呀,一直凿到了第二年春天,杜鹃花开得红艳艳的时候,那石壁已经凿进去很深很深了。

这一天是三月三,水儿突然听见石壁那边有汩汩的响声,他把耳朵贴近石壁一听,不由得惊叫起来:"啊!泉水!这是泉水流动的声音呀!"大家也都高兴得跳起来了。水儿回过头来向伙伴们说:"你们快点走开,石浆就要喷出来啦!"可是谁也舍不得离开那里。水儿见大家不肯走,急得大声叫道:"你们再不跑开,我就停下不凿啦!"大家听他这么说,生怕他真的停下来,弄得前功尽弃,只得四散跑开。

这时,水儿打下最后的一锤,只听得"轰隆隆"一声巨响,石浆喷了出来,把水儿凝成一个三丈多高的石人!接着,一股清清的泉水,顺着山谷汩汩地流了下来,流过村子,灌在海滩边的一块洼地里,洼地被灌得满满的——这就是现在的西湖。从此,这一片地方再也不愁没有水啦,水儿凿过的那座山,后来人们就称呼它为"石人岭"。

——选自中国城市吧《杭州民间故事和传说》

孙钟种瓜

改编稿:

从前有个种西瓜的人,叫孙钟。他种的瓜很甜很甜,大家都喜欢吃。一年夏天,很长时间不下雨,天气很热很热,瓜农们没有水浇西瓜,又不愿意到很远的地方去挑水,瓜藤都枯死了,一只西瓜都结不出来。

孙钟是个勤快的人,每天到很远的江里去挑水浇瓜。水一浇下去,"滋啦"一下就让西瓜藤给吸干了。他的瓜田里西瓜藤绿油油的,越长越长,可是只有一根瓜藤结出了一个大西瓜。孙钟一边浇水,一边对西瓜说:

西瓜西瓜,快快长,

长得大,长得壮,

长成一只大西瓜。

西瓜很听话,越长越大。孙钟很高兴,他想,天气那么热,这个西瓜一定又甜又解渴。

这一天,天气更热,孙钟刚给西瓜浇完水,看见一个白胡子老爷爷,走到瓜地旁边渴得走不动了。孙钟看到老爷爷渴得难受,嘴唇都裂开了。挑来的水，都浇到西瓜地里了，怎么办呢？孙钟看看那个大西瓜说："老人家，您渴得难受，吃一块西瓜吧。"

老爷爷说："我是穷人，买不起西瓜。"

孙钟说："种了西瓜大家吃，有钱人花钱吃，穷人没钱也能吃。"

孙钟摘下那大西瓜，切了一块送给老爷爷。老爷爷看着绿油油的西瓜皮，红红的西瓜瓤，眼睛里都是笑，他一边吃，一边说："真解渴，真解渴。"

看到老爷爷还是渴，孙钟又切了一块西瓜，送给老爷爷。老爷爷吃了一块又一块，大西瓜很快吃完了。

吃了西瓜，老爷爷有力气了，眼睛也亮了。他说："小伙子，你很善良，愿意帮助穷人。你闭上眼睛，跟着我往前走，好吗？"

孙钟闭上眼睛跟着老爷爷的脚步声，走出了瓜地。老爷爷不让他睁开眼睛，又往江边走。走着走着，孙钟听到江水"哗啦哗啦"地流个不停。孙钟停下脚步不敢往前走，他说："到江边了，再走就要掉到江里去了。"

老爷爷说："别害怕，往前走。"

孙钟说："老人家，您在我前面，您会先掉下去的。"一边说，孙钟一边睁开了眼睛。果然，他们已经走到了江边。

白胡子老爷爷看到孙钟睁开了眼睛，叹了一口气："唉！你要是跟着我走过江，就好了。"

老爷爷接着说："我在找一个能想着老百姓，愿意帮助穷人的好人。这样的人当皇帝，全天下的老百姓都能过上好日子。"

孙钟奇怪地问："让我当皇帝？"

老爷爷说："是啊。可是你走到江边就不走了，你只能当江这边的皇帝。要是你跟着我走到江那边，那里的老百姓也能过上好日子了。"

刚说完话，老爷爷就变成一只白色的仙鹤飞上了天。白鹤在孙钟的头上绕着圈子，一边飞一边说："记住我的话，想着老百姓，帮助穷人。"

孙钟说："记住了，记住了——"

白鹤越飞越高，越飞越高，慢慢地看不见了。

后来,孙钟当了皇帝。不过,他只是江这边的皇帝。他想着老百姓,帮助穷人,让江这边的老百姓过上了好日子。

知道了这件事情,江那边的老百姓盼着白鹤爷爷再找一个想着老百姓,愿意帮助穷人的皇帝。

改编思路:

期待明君是人民群众在特定历史时期的愿望。简单地说,明君就是开明仁慈的统治者、领导者。原文中的种瓜人孙钟,正是这样一个寄托了百姓期待的形象。以今天的眼光来看,这样的领导者应该具有善良、勤政的基本素养,能够想着大多数百姓,尤其是愿意为弱势群体着想。在民间故事产生的历史时期,普通民众难以清晰地提炼出自己的这种认识,并通过故事鲜明集中地表现出来。

改编稿保留了原文中的民众期待这一内核,只是在表现民众愿望时,集中而又鲜明地表现"领导者"应该具有的善良、勤奋以及富有同情心这样的品质。为了口耳相传的需要,改编稿增加了具体形象的细节描述,并运用了反复的手法。

作品分析与活动建议:

这个故事塑造了一个不怕辛劳、愿意帮助穷人的种瓜人形象。故事包括三个部分,第一部分描写"孙钟种了一只大西瓜"。这一部分是从开头到"这个西瓜一定又甜又解渴"。表现了干旱时期,唯有孙钟的地里还有西瓜。第二部分刻画了"孙钟用大西瓜给老爷爷解渴"的场景。包括"这一天,天气更热……"到老爷爷要求孙钟闭上眼睛跟着走。这一部分描写了孙钟救助老爷爷的场景。面对渴得将要晕过去的老爷爷,孙钟请渴得难受的老人吃了唯一的大西瓜。第三部分通过孙钟跟着老人走向江边以及在江边的对话,重点表现了"想着老百姓,帮助穷人的好人"这个主题。

根据儿童的理解特点,可以先完整讲述,再选择三个部分中的重点细节,一边讲述,一边交流。第一部分的讨论,可以设问以下问题:别的人不愿意到很远的地方去挑水,他们的瓜地里还有西瓜吗?(瓜藤枯死,西瓜长不出来了)第二部分是故事的重点,需要帮助儿童理解孙钟无偿让穷人吃西瓜解渴的行为。可以讨论以下问题:孙钟挑来的水,已经浇到西瓜地里了,他拿什么给老爷爷解渴?(拿西瓜给老爷爷解渴)老爷爷说自己是穷人,买不起西瓜,孙钟是怎么说的?(穷人没钱也能吃瓜)第三部分,可以重点讨论:第一,孙钟为什么睁开眼睛停下来,他担心谁会先掉下江去?(担心老爷爷掉下江里,因为老爷爷走在前面)老爷爷变成白鹤飞到天上,要孙钟记住什么话?(想着老百姓,帮助穷人)

　　故事的整体意义理解,需要借助局部意义的理解。局部的细节有些起着过渡、交代的作用,有些凸显整体意义。讨论交流中,应该抓住那些有助于理解故事主旨的细节展开讨论,而不要把过渡、交代的细节也作为重点来加以讨论。

附原文:

　　东汉末年,洋涨瓜桥埠住着一个名叫孙钟的瓜农,他种的瓜又大又甜,人们都喜欢吃,而孙钟也待人和气,价钱公道,有的过路人口渴无钱买瓜,他也会慷慨奉送,所以,孙钟种瓜远近闻名,称他种的瓜为"善缘瓜"。

　　有一年,说也奇怪,孙钟种了三亩瓜只结了一个瓜,他心里好不懊丧,可是,这个瓜越长越大,几乎有小水缸那么大了。这天,孙钟正想把这个瓜摘下来,带回家去,供奉天地后,孝敬母亲,然后大家尝一点。正好路边走来一个白胡子老汉,他弯腰驼背,满脸病容,嘴里连声喊着:"渴死了,渴死了!"孙钟慌忙将茶竹筒送过去,老汉仰起脖子"咕"的喝个精光,接着又喊:"渴死了,渴死了。"眼睛却直盯着那个瓜,孙钟知道他想吃瓜,但三亩瓜只有这么一个瓜,实在有点舍不得,可他见老汉这副可怜相,也顾不得了,摘下西瓜,拿刀"咔嚓"剖开,恭恭敬敬地捧给老汉,说:"老公公,你吃吧。"那老汉也不说话,接过来就吃,一会儿把个大西瓜吃了个精光,孙钟有点后悔,别人不吃不要紧,可母亲没得吃于心不安,但也没办法。那老汉吃了瓜病容全消,背也平了,腰也直了,抹抹嘴巴大笑道:"好瓜好瓜,小伙子,我要答谢你。"

他告诉孙钟："闭上眼睛跟我走，一直走出这块地。"说罢，他转身朝前走去，孙钟是个老实人，见老人一本正经的样子，就闭起眼睛跟着走了，走啊走，走了好一会儿，还没听老汉叫停住，孙钟害怕了，心想前面是江，别走到江里去啊！他忍不住睁开眼来，这一下可坏了，只听老汉哎呀一声，连连叹息说："可惜呀可惜，你孙家只能得三分天下！"说罢，一声长叹，化成一只白鹤拍着翅膀冲天飞去，

孙钟被弄得莫名其妙，他当然不知道，由于他只走了三分之一的路程，所以他孙家以后不能统一天下，尽管他儿子孙坚，孙子孙策、孙权不断努力，也只能落得三国鼎立的局面。

——选自《中国民间故事集成·浙江卷》（富阳县）

一只蝈蝈

改编稿：

从前有两兄弟，弟弟善良、老实，哥哥总是欺负弟弟。

这一天，哥哥和弟弟分家，哥哥把好东西都拿走了，只给弟弟留下一只蝈蝈。

离开家，弟弟心里很难过，他带着蝈蝈一边走一边哭。他想：以后的日子该怎么过呢？这时笼子里的蝈蝈突然叫起来："滋滋、滋滋……"听着蝈蝈好听的叫声，弟弟想蝈蝈是在说：靠自己，要靠自己。弟弟带着蝈蝈来到舅舅家，想要问问舅舅，自己应该怎样过日子。

来到舅舅家，弟弟刚拿出蝈蝈给舅舅看，一只大公鸡扑上来，"滋儿"一口，把蝈蝈吃掉了。舅舅看到弟弟急得哭起来，急忙说："不要哭，大公鸡吃了蝈蝈，就让大公鸡跟着你。以后，让大公鸡帮你做事情。"

弟弟带着大公鸡去叔叔家，刚走到门口，一只大白狗就把公鸡咬死了。弟弟急得哭起来，叔叔说："不要哭，大白狗咬死了公鸡，就让大白狗跟着你。以后，让大白狗帮你做事情。"

弟弟领着大白狗回家，让它耕地，大白狗力气大，又听话，一会儿就耕好了地。弟弟对大白狗可好了，就像两兄弟，一起吃，一起睡，一起劳动。大白狗很能干，弟弟很勤劳，日子过得越来越好。

哥哥知道了,他来到弟弟家说:"弟弟,我的大水牛病啦,明天借你的狗用一下。"弟弟很善良,就把大白狗借给了哥哥。

哥哥不让大白狗吃饱,就让它去耕地。大白狗没吃饱,没力气耕地。哥哥拿起棍子狠狠地打大白狗,三下两下把大白狗打死了。

大白狗死了,弟弟很伤心,他把大白狗埋在自己屋子的前面。后来,埋着大白狗的地方长起了一棵大树,树上的叶子又浓又密,好像一顶大伞。树上长满了好吃的水果。

哥哥知道了,来到弟弟家。他"咆咆咆……"地踢大树,想让水果掉下来。"劈里啪啦",树上掉下一堆臭烘烘的鸟粪,正好掉在哥哥头上。很多毛毛虫也掉下来,蜇得哥哥又痒又疼。哥哥气坏了,拿来一把斧子,把树砍倒了。

弟弟看到大树砍倒了,心里很难过,可是他不再哭了。弟弟用砍倒的树做成了一条小船。

小船一到水里,就会发出好听的声音。好像蝈蝈的叫声,好像公鸡和大白狗在唱歌,又好像树叶"簌簌簌、簌簌簌"地响。浪花轻轻地,轻轻地推着小船漂呀漂,鱼啊,虾啊,野鸭游过来,水鸟悄悄飞过来。弟弟的日子过得很快活。

哥哥知道了,晚上悄悄地去偷船。哥哥站在小船里,神奇的声音一点都听不到。哥哥气得使劲踢小船,"咆咆咆,咆咆咆",踢得小船滴溜溜转圈。转呀转,转呀转,转得哥哥昏头昏脑,"噗通"一声掉进水里。天很黑很黑,哥哥很快淹死了。

小船漂呀漂,漂回到岸边。弟弟每天乘着小船,过着快活的日子。

作品分析与活动建议:

善恶之争是民间故事的永恒主题,这类故事帮助儿童分辨善恶,知晓善良者会有好的结局,恶人一定不会有好下场。

讲述故事与讨论交流时,需要帮助儿童理解两个主要的问题。第一,哥哥是怎样欺负弟弟的;第二,面对哥哥的欺负,弟弟是如何表现的。帮助幼儿理解第一个问题时,要突出哥哥的蛮横与霸道。比如,讲到只分给弟弟一只蝈蝈时,应该鲜明地表现出鄙夷的神色。讲到"咆咆哐"地踢大树、踢小船等行为时,应该突出哥哥的强横。帮助幼儿理解第二个问题时,既要表现出弟弟的善良,又要以对比的方式,表现出弟弟先是软弱哭泣,后是坚强独立的成长过程。

小船在水中发出奇妙声音的一节,充满了诗意,象征性地表现了对善良者的肯定和颂扬。讲述者应该以充满感情的语调表现出诗意的氛围。

这个故事可以在集体活动中学习,也适合在日常活动或家庭中分享。

附原文:

从前,有户姓张的人家,俩老一死,就剩下了兄弟俩过日子。

阿哥张大大长得腰圆膀粗,浓眉大眼,一身好力气,就是太强横霸道,一颗心黑透黑透。阿弟张小小刚满十五岁,眉清目秀,心地善良,还不懂事哩。

一天,张大大提出要分家。田地一分两,小小分到一块漏水田;房屋一分两,小小分到一间破草棚。剩下一头牛,怎么分呢? 大大想了想,说:"小小你拉住牛尾巴,我拉住牛鼻子,谁能把牛拉过去,牛就归谁。"

小小一双眼睛眨巴眨巴,明知吃亏,也只好听哥哥的。小小拉住牛尾巴一拽,牛被大大拉走了;小小手里只剩捋到一只牛虱子。一只牛虱有啥用? 张小小一肚子苦水没处吐,他只好把牛虱子包一张纸头里,到舅父家去。

到了舅父家,小小拿出纸包给舅父看牛虱子。牛虱子一蹦,蹦到草地上。正好一只公鸡过来,"笃"的一下,把牛虱子吃掉啦。舅父一看小小急得要哭,连忙说:"别哭,别哭。这只公鸡你就抱了去吧。"

小小抱着公鸡又来到姨夫家。他刚刚放下公鸡去敲门,旁边蹿出姨父家的大白狗,一口把公鸡咬死啦。姨父开门出来一看,小小正抱着公鸡在呜呜地哭,一问,才知道是这么回事,就说:"小小别哭,我家没有牛。不过这条大白狗力气可大呢。送给你吧,带回去也好帮你做点事。"

小小领着大白狗回家,教他耕田,教他车水。大白狗力气大,又听话,样样农活做得蛮像样。四乡八里的乡亲们都来看稀奇。第一天,一只米船摇过,不相信狗会耕田,和小小打了赌。大白狗耕得又快又好,一船白米都输给了小小。第二天,一只棉花船摇过,不相信狗会耕田,和小小打了赌,大白狗耕得又快又好,一船棉花又输给了小小。

大大知道了,眼红得不得了,走过来对小小说:"小小,我的大水牛病啦,明天借你的狗来耕一天田。"

小小一口答应。第二天一大早,给大白狗喂得饱饱的,送到大大家里。到了田边,大大朝大白狗踢了一脚,恶狠狠地说:"耕快点,耕好点,让我也好赚一票。"

大白狗犟着头颈不肯套犁,旁边的看客哈哈大笑。大大火啦,伸手打了大白狗一巴掌。大白狗也不是好惹的,"汪"的一口就咬掉大大一个手指头。鲜血滴滴答答朝下淌。大大气呵,抢起铁镗就打,一失手,把大白狗打死啦!

天黑了。小小在家烧好了一锅肉骨头粥,等大白狗回来一起吃,左等右等不来。月亮升起了,阴惨惨的;田里起风了,悲切切的;小小心里头嘞嘞跳,性急慌忙赶到田边。哎呀呀,大白狗鲜血淋漓的躺在田头。小小好不伤心,抱起大白狗哭着跑回家,在破草棚边掘了个坑,把大白狗埋了。

第二天一大早,小小开门一看,埋狗的地方长起了一棵银杏树,树干又高又大,树叶又浓又密,好像一顶大伞,能遮阴,好躲雨。中午的时候太阳晒得火烫火烫,小小到树荫下一坐,就像进了山洞一样周身清凉,又有了用不光的力气啦。

一天,大大赶路赶得唇焦口燥,也到银杏树下坐一坐。谁知道他刚坐下,就觉得心惊肉跳,气急败坏。一眨眼工夫,树上掉下两条毛毛虫,落在大大头颈里。大大气得鼻子管里冒烟,回家拿来一把锯子,把银杏树锯倒啦。

小小从田里干活回来,见银杏树倒在地上,知道又是大大干的坏事,这一回,小小不哭也不闹,咬咬牙,连夜把银杏树做成了一条小船。小船可神哩。小小一坐进船,舱里就发出叮叮咚咚的音乐声,好听极啦。不要摇橹,不要划桨,想到哪里,船就会飘到哪里。一路上,大大小小的鱼儿、虾儿都游过来听音乐,听着,听着,扑冬扑冬跳进了舱。小小不种田了,就靠小船捕鱼过日子啦。

大大知道了,又眼红啦。他不敢去借船,就想去偷。一个没有月亮的夜晚,大大悄悄地溜到船边,解开缆绳就跳上了船。小船漂啊漂啊,漂进一只大漾。突然刮起了一阵怪风,小船在漾中心滴溜溜地转。大大吓得大叫起来,深更半夜的,谁听得见?过了一会儿,船翻了,大大淹死了。

第二天一早,小小到河边一看,小船还是停在老地方,船舱里多了一具湿漉漉的尸体。不是别人,正是张大大。小小叹了口气说:"哥哥啊,你太贪心了。"随后,小小重又上了船。这一次啊,他漂到一个很远很远的地方,就再也没有回来过。

——选自《中国民间故事集成·浙江卷》(海盐县)

打山魈(xiāo)

改编稿:

从前,有兄弟两个猎人。哥哥脾气很急,做事比较鲁莽。弟弟心细,做事都会先想想再做。

一天,哥哥上山去打猎,看见一个养鸭人坐在路边哭。哥哥问他为什么哭。养鸭人说:"我们村里来了一个怪物,吃了大家很多鸡鸭。现在住在我的草棚里不走了,每天要吃一只鸭子。我的鸭子都快被它吃完了。"哥哥一听,发火了,拿起猎枪就要冲进草棚。养鸭人说:"你不要进去,它力气很大,很危险的!"哥哥不听,蹭蹭蹭几步冲了进去。只看见一个怪物,披头散发地坐在草棚中间的石头上,哥哥不管三七二十一,端枪就"砰"的一枪,怪物"嗷,嗷"地叫了起来,从身上抓下子弹就朝他扑过来。哥哥慌了,壮起胆子又开一枪,怪物发怒了,抓起哥哥就往外扔。哥哥被甩到田埂上,脚摔断了,牙齿也摔断了两颗,血流了很多。

哥哥拐着脚回到家,把事情告诉了弟弟。弟弟带着哥哥摔断的牙齿去找那个怪物。他来到鸭棚,悄悄走到窗下,伸头一看,那个怪物还披头散发地坐在那里。弟弟想,这个怪物皮毛这么厚,子弹一定打不穿,怎么办呢?他抓起窗台下的一棵大白菜,使劲朝怪物扔去,怪物伸出长长的、毛茸茸的手臂一把接住,就"啊呜、啊呜"地吃起来。弟弟又抓起窗台上的一个萝卜扔过去,怪物又一把接住,塞到嘴里吃了。

"原来这个怪物要吃蔬菜的,我有办法了。"弟弟找来很多大白菜,铺在往山崖去的路上。他又来到鸭棚,站在门口就朝那个怪物开了一枪。怪物发怒了,跳起来就追弟弟,追到门口一看,地上有一棵大白菜,它停下来抓白菜吃。吃完抬头一看,前面又有一棵白菜。就这样,怪物顺着白菜,边追边吃,来到了山崖边。弟弟这时早已等在山崖边的大树上。弟弟看到怪物来到山崖边,他大喊一声,怪物抬起头来,看见了弟弟。怪物吼叫着,要扑过来摇大树。这时,弟弟的枪响了,弟弟把哥哥的断牙齿,当做子弹放进枪里,"砰"的一声,牙齿射进了怪物的朝天鼻子,怪物大吼一声掉下了山崖。

弟弟爬下树来,小心地走过去一看,这个怪物原来是人们所说的山魈,也就是大猩猩,已经躺在崖底下不会动了。

作品分析与活动建议:

故事中,兄弟俩有着不同的性格,遇到问题解决的方法也不一样。哥哥心急,做事前没有仔细加以考虑;弟弟心细,做事前会仔细观察考虑,然后采取行动。所以,弟弟战胜了庞大的怪物,为哥哥报了仇。

家长完整地讲述一遍故事后,可以就情节发展和孩子进行讨论。哥哥一听到怪物吃了大家的鸡鸭,就怎么样了?他有没有听养鸭人的劝告?子弹打到怪物身上有用吗?弟弟来到鸭棚前,马上冲进去了吗?他注意到了什么?弟弟是怎么打败大怪物的?通过讨论,引导孩子得出一个结论:遇到问题不要心急,要仔细观察,动脑筋想办法,才能取得胜利。

讲述故事时,要根据情节的发展变化,注意语气语调,营造一种气氛,以吸引孩子的注意力。

附原文：

很久以前，有兄弟俩以打猎为生。一天，哥哥告别弟弟去打猎，路过一座桥边，见一个看鸭佬愁眉苦脸坐着孵太阳。哥哥问看鸭人为啥这样不高兴？看鸭人指指河边用茅草搭成的草棚说："客人你勿晓得，这对面蹲着只山魈，我天天要甩一只鸭给他吃，这不苦煞我了！"哥哥听了，就要去草棚看个究竟。看鸭人说："你勿要进去，蛮危险咯！"哥哥不听，火气上来，蹭蹭蹭几步就钻进草棚，只见草棚中央石座上果然坐着个披头散发的怪东西。他不管三七二十一，端起猎枪，"砰"地向它打去。谁知那怪物不但没被打死，反而一边哈哈笑着，一边将子弹从身上摘落掼掉了。第二枪打去也是老样子。哥哥有点慌了，索性一不做二不休，壮起胆子再打一枪。这一枪，他将子弹朝怪物头皮打去。这一下怪物发怒了。霎时间头发倒竖，两眼突出，张开血盆大口扑下来，抓住哥哥的两腿对掰开，吃掉了。

弟弟在家等不到哥哥回家，就背枪去寻找。刚好又过这座桥边，看鸭佬缩着头在太阳底下打瞌睡。弟弟问他："有没有一个打猎的人到过这里？"看鸭佬连忙说："你哥哥被山魈吃掉了。我叫他不要进去，他不听，闯了祸了！"弟弟听了怒气冲天，钻进鸭棚，果然看见披头散发的怪兽坐在正上方。他飞快上好了子弹朝它打去。那怪物哈哈怪笑一声，轻轻地摘掉子弹。他上好第二枪又朝他打去。那怪物又哈哈笑了两声又把子弹摘掉。弟弟急了，心想这怪物皮厚，子弹打不穿它，怎么办呢？他记得小时候听老外公讲过，人的牙齿最毒，什么东西都打得穿。弟弟马上找着一块石头，"啪"一下将门牙敲落了，满口鲜血吞进肚子。将门牙当做子弹上进枪里，"砰"的一声，那只"山魈"被人的当门牙打中，从石台上掼下来，死了。

——选自《中国民间故事集成·浙江卷》（临安县）

说话不算数的人

改编稿：

很久以前，有个很小气的年轻人，说话老是不算数，大家都不喜欢他。

　　有一次年轻人生了一种病,人越来越瘦,肚子越来越大,全身没有力气。他看了很多医生,吃了很多药,都没有用。眼看他快要不行了。一天,一个医生经过年轻人家门口,看见年轻人,他说:"我能治好你的病。"年轻人一听,高兴地问:"真的?""那当然了!"

　　年轻人跪了下来,哭着说:"医生,求你治好我的病,你要多少钱,我就给多少钱。"

　　医生开了一张药方,还把自己随身带的一些好药也送给了年轻人,并告诉年轻人一个月后再来。

　　年轻人吃了三天的药,肚子就小了,力气也有了。过了半个月,他的病全好了!

　　可他想到自己要付给医生很多钱,就舍不得了。他想了一个坏主意,拿一个小竹筐扣在自己的肚子上,外面穿上很大的衣服,看上去肚子还是很大。

　　一个月后,医生来了。年轻人指了指自己的肚子,故意很痛苦地说:"你看,病一点儿也没好呀!"

　　医生仔细地看了看他的脸色,笑了笑说:"哈哈,鼓胀变竹筐,神仙没法医。"医生转过身,走了几步,不见了!

　　年轻人大吃一惊,肚子一下子很痛,他马上解开衣服,想把竹筐拿下来。谁知道,竹筐已经紧紧地和肚子长在一起了!

　　原来这个医生是一个神仙变的!

作品分析与活动建议:

　　故事中的年轻人有说话不算数的习惯。得了怪病,心中恐惧,什么条件都答应;一旦怪病得治,便心疼起钱,耍起了骗人的把戏来抵赖,结果受到了类似匹诺曹的惩罚。其实年轻人在许诺的时候,心中就缺乏诚意;当要兑现诺言时,就必然会想方设法逃避、抵赖,没有信用。可见没有诚信的人,无法得到别人的信任和友谊,最终会失去所有。

　　为脱一时之困,随口应诺,过后就忘,说话不算数的行为在一些成人、孩子身上存在着,这个故事生动有趣地描述了这种行为的特点及后果。幽默的调侃,年轻人的尴尬窘态,会让学前儿童在笑声中产生联想、回忆和反思,省察自己的日常行为是否具有相似相近之处。

诚实守信是中华民族自古以来的传统美德,它的基本含义是不自欺,不欺人,遵守诺言,实践成约。诚和信是相通的,诚是人内在的德性,信则是诚外在的表现:"诚"是"信"之体,"信"是"诚"之用。诚和信共同构筑了做人立身的道德基石。所以诚实守信被视为一个社会道德品质的基石,一个人最起码的道德规范。

在完整讲述一遍故事后,家长可以和孩子讨论一些问题:年轻人得了怪病,马上就医好了吗? 谁答应帮助他? 他又是怎么对医生说的?他的病被这个医生医好了吗? 他付给医生钱了吗? 为什么? 他想了个什么坏主意? 医生怎样惩罚了他? 说话不算数好吗?

通过讨论,要让孩子树立诚实守信的意识,明白诚实守信是每个人都应该做到的,还可以教给孩子一些像"一诺千金"、"君子诚以为贵"、"言必信,行必果"这样的格言警句。

附原文:

鼓胀变箬箕　神仙没法医

从前,有一个年轻人,生了鼓胀病,挺着个大肚子,面黄肌瘦,有气无力,到处求医,都没有用,日子一天天过去,肚子越来越大,看来只有死路一条! 一天,有个郎中打这经过,他对年轻人说:"我能医好你的病。"

"真的?"

"还会有假。"

年轻人"扑通"一声,跪了下去,磕了三个响头,然后说:"真的能医好,你要多少钱,我就给多少钱。"

郎中开了一张药方,其中有几味药,当地买不到,郎中还把随身带的拿出来送给他。临走时,还说一个月后,再来看他。

年轻人服了三帖药,肚子就小了,脸上也有了血色,过了半个月,病完全好啦! 这个年轻人是个小气鬼,见病好了,不要说"你要多少钱,我给多少钱",就是给一点点也舍不得哩。可是病好了,有什么理由不给钱呢? 他想啊想啊,终于想出一个坏主意。他拿一只箬箕倒扣在肚子上,外面穿上肥大的衣裳,粗粗一看,和原先的鼓胀没有什么两样。

一个月过去了。郎中真的来了,年轻人指了指自己的肚子,故意愁眉苦脸地说:"你看,病一点也没有好呀!"

郎中仔细地看了看他的脸色,笑了笑说:"哈哈,鼓胀变筲箕,神仙没法医。"转过身,走几步,不见啦!

年轻人见此情景,大吃一惊,顿时觉得肚子痛起来啦,赶紧解开衣裳,打算取下筲箕,谁知道,筲箕已经和肚子紧紧地生在一起了。原来这个郎中是吕洞宾变成的。

——选自《中国民间故事集成·浙江卷》(三门县)

五加皮

改编稿:

有一种酒叫做"五加皮"。人喝了这种酒,身上暖暖和和,更加有力气。

在建德严东关,有一家叫"致中和"的酒店,做的"五加皮"很好喝。原来的老板年纪大了,把酒店传给自己的儿子。这个小老板做事情很马虎,做出的酒不好喝。老板看到儿子做事情很马虎,大家不愿意来买酒,活活气死了。小老板饭都吃不饱,只好把酒店卖给别人。

买下酒店的是沈老板,他做事认真,想尽办法把酒做好。很快,大家都来买"致中和"五加皮酒。住得很远的人,也听说这种酒很好,来到建德就找挂着"致中和"招牌的酒店。

那个小老板心里想,要是把"致中和"的酒店招牌要回来,我又可以卖酒,可以有饭吃,有钱花了。这一天,小老板走进酒店,对沈老板说:"你把'致中和'还给我!"

沈老板奇怪地问:"你把酒店卖给我了呀?"

小老板说:"我卖给你的是酒店,没有把'致中和'这个酒店招牌卖给你呀。"

沈老板想了一想:"是呀!买下酒店的时候是没有把'致中和'这个名字也买下来。"

小老板把写着"致中和"的酒店牌子扛回去,马马虎虎做了一点酒拿来卖。买酒的人,一看小老板还是那个马马虎虎的样子,谁也不愿意进来。

小老板没办法,只好扛着"致中和"的招牌去找沈老板。他哭着对沈老板说:"我有了'致中和'的酒店名字,还是卖不出去酒。现在,饭都吃不上了。你就可怜可怜我吧。"

看见小老板哭得很伤心,沈老板说:"酒做得好,这个名字才有用。马马虎虎做酒,名字再好也没用。你就每天在这里吃饭吧。"

小老板知道很多人像自己一样做事情马虎,就给别人讲这个故事。到"致中和"来的人,很喜欢听这个故事。买了酒回去,一边喝酒,一边把故事再讲给别人听。"致中和"五加皮酒卖到哪里,这个故事就传到那里。做事情马虎的人,听明白了故事都改掉了马虎的毛病。

作品分析与活动建议:

"致中和"是个响亮的招牌,是一种药酒的名字,我们在广告里常常见到。原来的故事讲的是招牌的重要性,改编后的故事则突出了做事不认真,做出来的东西不好,招牌再好也没有用的道理。

故事中的小老板因为做事马虎,不认真,失去了酒店和招牌。当看到别人把这个酒店和酒经营得很好,他就把招牌要回来,以为有了好招牌就会有好生意。但他做事依旧是马虎不认真,所以还得把招牌送回去。这时候他才明白,做事马马虎虎的人,什么都做不成。

讲故事的时候,家长语速不要太快,有意识地将"马虎"、"马马虎虎"说得慢一点。故事讲完后,家长可以问问孩子:小老板为什么会失去酒店和招牌?他把招牌要回来后,怎么又失去了?让孩子自己得出结论,从而感悟故事的意味。

附原文:

严关东五加皮

从前,严东关有一家很出名的酒店,店号"致中和"。这家酒店制造的五加皮,酒质醇厚,配药纯正,能通筋活血,去病延年,因此远近闻名,畅销各地。

后来,这家"致中和"酒店转到一个姓方的老板手里。这个方老板贪图吃喝玩乐,懒于经营,生意渐渐清淡下来。严州城里一位姓沈的老板看看这家名牌酒店冷落了,觉得十分可惜,就出高价将它买下来。买时契约上写明:姓方的愿将酒店,作坊,栈和一切制酒工具全部卖与姓沈的,价款一次付清,永归沈家营业,日后决不反悔。

沈老板买下酒店后,刻苦经营,"致中和"五加皮生意又兴隆起来。不觉过了十年,方老板当年卖酒店的钱,早已花得一文不剩了。有一天,他正为没有钱发愁,翻箱倒柜,看看还有没有东西可以变卖。无意中翻到那张酒店的卖契,拿起来左看右看,看得出了神。他老婆在一旁嘀咕:"卖出去的酒店,嫁出去的丫头。这陈年烂契,有啥看头? 难道还能卖第二次不成?"她这一说,倒提醒了方老板。只见他一拍大腿,高兴地喊了起来:"有办法了,有办法了! 我又有钱用了!"边叫边往外跑,直奔严东关。他老婆以为丈夫发疯了,连忙央了两个伙计,随后赶去。

方老板来到"致中和"酒店门前,大摇大摆地走进店堂,往柜台上一坐,两腿一搁,要店伙计把沈老板叫出来,说是有重要事商量。沈老板从里屋出来,不知出了什么事情。只听方老板阴阳怪气地说:"沈老板,我是无事不登三宝殿,'致中和'这块招牌,你已经白用了十年,今天我要拿回去了!"沈老板一听觉得奇怪,说:"什么? 这店你不是卖了吗?"方老板说:"人家卖屋不卖基,卖女不卖妻,我卖酒店可没有卖招牌呀! 不相信,你拿卖契来看,要是上面有'致中和'三个字,我就倒着爬回去。"

沈老板赶紧跑到内房,取出契约,仔仔细细看了三遍,果然找不出"致中和"三个字,心里倒有点急起来了。但他还想申辩,只听见方老板冷笑一声说:"姓沈的,我把这块金字招牌借给你用了十年,还没有向你算租金呢! 今天你若要买我的招牌,价钱可以商量;要不买,我这就把招牌背走,往后你那酒瓶上,不许再用'致中和'三个字!"说着,他一骨碌走出柜台,冲到店门口。这时候,正好那两个小伙计赶到,方老板就叫他们背梯子,摘招牌。

沈老板一听着急了,连忙上前劝阻道:"有话好说,有话好说。"他晓得今天方老板明明是敲竹杠,只怪自己当年写契约时没有想到这一层,让人家钻了空子。想到酒店如果不用"致中和"这块招牌大批五加皮酒销不出去,为了今后长远之计,宁可再出一大笔钱,也要把招牌买下来。他咬咬牙,捧出五百块银元,放在方老板面前,求他在卖契上再添一笔。方老板看着白花花的银元,拿起笔"沙沙"两下,在契约上添了"连同'致中和'招牌一并卖给"几个字,收起银元,扬长而去。

沈老板吃了这个亏,更加懂得了招牌的价值。过年的时候,他在"致中和"五加皮酒店大门上贴了这样一副对联:

吃招牌,靠招牌,招牌如泰岳;

惜名酒,造名店,名酒出东关。

后来,严东关"致中和"五加皮一直保持名牌信誉,成为江南一大名酒,畅销不衰。

——选自《中国民间故事集成·浙江卷》(建德县)

还珠亭

改编稿:

很久以前,一个村庄里有户姓卢的人家,家里只有卢大伯和卢大妈,他们没有孩子。他们每天辛辛苦苦地干活,日子过得还是很艰苦。

秋天的一个傍晚,卢大伯提着一盏灯去田里看水。走到村东头的大樟树下,他看见一个包裹,打开一看,里面全是亮晶晶的珍珠宝贝!他朝四周看看,大喊了几声:"有人吗?这是谁的包裹?"四周静悄悄的,没有一点声音。他想:丢了珠宝的人一定非常着急,我还是守在这里等等吧。

天色越来越黑,天气也越来越冷。等了一会儿,见还是没有人来,卢大伯就拿着包裹回家,把这事告诉了卢大妈。卢大妈一听就说:"啊呀,这丢包裹的人会急疯的,你还是快回到樟树下去等,有人来找就赶紧还给他。"

卢大伯穿了件厚衣服又回到大樟树下。他点着油灯等啊等啊,等到后半夜,看见一个年轻人跌跌撞撞地走来,一边用手里的棍子在路边东戳戳，西戳戳。年轻人看见大樟树下有一盏灯亮着，赶紧跑过来。

卢大伯见年轻人脸上都是眼泪，就问他出了什么事。年轻人说他叫李小儿，前几天全家人都被强盗抓走，强盗要他拿很多钱去换人。他把家里的房子和田地都卖了，要赶去救人。因为太累，他在大樟树下休息时睡着了。醒来以后马上赶路，一直到要吃晚饭时才发现包裹不见了，急忙赶回来找。李小儿说："如果找不到包裹，我也不想活了。"

卢大伯问清了情况，笑着对李小儿说："你别着急，包裹在我家里。现在已经是半夜，你还是到我家住一晚，明天再走吧。"李小儿一听，就不哭了，一边感谢卢大伯，一边跟卢大伯回家。

第二天早上，卢大伯拿出包裹，交还李小儿说："这就是你的包裹吧，你看看东西有没有少。"李小儿感动得泪流满面，他双手捧出一捧珍珠，一定要给卢大伯。卢大伯说："我如果贪财，就不会半夜在树下等你了。请你收好，快去救你的家人吧。"卢大伯横推竖推不肯收。

李小儿"扑"地跪下，流着眼泪说："你们两老是我们一家的大恩人哪！"

李小儿用这些珠宝，终于救出了一家老少。后来，李小儿一家不忘救命恩人，把卢大伯两老接去养老，又在卢大伯村子东面樟树下修了座"还珠亭"。卢大伯拾珠还珠的故事也随着亭子传下来了。

作品分析与活动建议：

不贪财，不昧财，捡到东西千方百计地还给失主，这样的动人故事在民间故事里有很多，《还珠亭》是其中一个有代表性的故事。卢大伯老两口无儿无女，辛苦劳作，日子还是过得很艰苦。然而面对珍珠财宝，诚实的老夫妻俩首先想到的是：失主会着急的，应该等着失主。卢大伯不顾天寒体弱，坚持等到失主来找，还坚决不收失主的酬谢。多年后，感恩的失主把卢大伯夫妇接回家养老，好人得到了好报。

家长完整讲述一遍故事后，可以和孩子讨论：卢大伯是做什么的？那天晚上他捡到了什么？他怎么想的？卢大妈又是怎么说的？李小儿的珠宝是哪里来的？用来干什么的？如果李小儿找不到珠宝，会发生什么事？卢大伯收了李小儿的珠宝吗？李小儿后来是怎么报答卢大伯老两口的？你觉得卢大伯不要李小儿送他的珠宝，是不是很笨？为什么？

通过讨论，家长要引导孩子明白，诚实不贪心、捡到东西还给别人，是每个人都应该做到的。

附原文：

东阳卢宅有座还珠亭，亭里有副对联：

行到皆知，有子何如无子寿

得宝不贪，还珠真是得珠人

北宋时候，东阳玉山有户姓李的财主，被人诬陷，全家老少除在外读书的小儿外都被关进监牢。

李小儿听到消息，赶回东阳，变卖田地家产，上金华府申冤。那日他起个大早，背起大包小包急急赶路，来到卢宅地面时，天已近黄昏，就坐在路旁樟树下歇。歇着不觉睡着了，等他醒来，村里已经掌灯。李小儿赶路心急，揉揉眼起身就走，把个小包忘在樟树下。

这时，卢宅村有个叫卢岘民的老头，提盏灯去看田水，在樟树下发现小包，顺手捡起，打开一看，全是晶光闪亮的珍珠，价值千金。他看看四下无人，又喊了阵，等了阵，还是无人，只得拿回家和老婆商量。老婆说："不义之财，有也不富，弄不好会出人命，你快回树下候着，有人来寻就还他吧。"卢岘民经老婆这么一讲，提盏灯到樟树下等。

李小儿行路心急，跑到了下昆溪。肚饥了，想歇下吃点东西，一摸才发现丢了小包，顿时吓出一身冷汗。连忙转身一路寻回东七里，还是寻不着，不死心，再回头照原路寻到卢宅，见樟树下亮着灯，就跑去问。提灯的正是卢岘民，听李小儿说得可怜，就劝说："别哭了，珠宝我已捡起，今日已夜，你也不便赶路，不如先到我家住下，有话明日说吧。"李小儿听见珠宝在，就止住哭，说了许多好话，跟卢岘民到他家住下。

第二日早上，卢岘民拿出包袱，交还李小儿说："原物送还，还请你点数过目。"李小儿感动得满面流泪，定要留一捧珍珠作酬报。卢岘民说："我若贪财，不如瞒下不还。请你收好，快快上路吧。"横推竖推不肯收。

李小儿"扑"地跪下,拜别说:"李家若有出头之日,世世代代不忘恩人大德。"

李小儿到了金华,散尽珠宝上下打点,终于雪了冤屈,李家老少重见天日。后来,李小儿发愤读书,考中进士做了官。他不忘恩人,把卢岘民接去养老,又在卢宅村东的樟树下修了座"还珠亭"。卢岘民拾珠还珠的事也随着亭子传下来了。

　　　　　　　　　　——选自《中国民间故事集成·浙江卷》(东阳县)

停风蛛

改编稿:

阿毛一家住在海边的一个小村子里,村子边上有座很高很高的塔,叫天封塔。

塔上有一只神奇的蜘蛛。每当海上"呼呼呼……"地起大风时,蜘蛛就会爬出来,织起一张很大的网。大风碰到这张网,就"呼——呼——"地慢慢停下来,海上的浪也就不会打到岸上来,小渔村里的房子、庄稼也不会被风刮倒。有了这只蜘蛛的保护,村里的百姓都过着快乐的日子。他们给神奇的蜘蛛起了个名字,叫"停风蛛",全村的人都很爱护这只蜘蛛。

阿毛就住在塔的下面。阿毛家很穷,他每天挎着小篮子在海边捡点小鱼小虾,卖点钱过日子。他很想有一条自己的船,有了打鱼的船,日子就会好起来。

晚上回家,阿毛就把拣鱼虾的那只篮子挂在窗口外。没有风的晚上,停风蛛会吐出一根长长的蜘蛛丝。蜘蛛丝飘啊飘,荡啊荡,飘飘荡荡挂到这只篮子上,就像一座细细的桥。停风蛛沿着长丝爬到篮子里来睡觉、玩耍。天快亮了,停风蛛又回到塔顶上去。

有一天,阿毛拿着篮子去海边。一个来买鱼的有钱人看见篮子上有银光闪闪的蜘蛛丝,觉得很奇怪,问阿毛是怎么回事。阿毛就把停风蛛的事情告诉了他。

有钱人心里想,要是有了篮子,就可以抓到这只神奇的蜘蛛,可以卖很多的钱。他笑嘻嘻地对阿毛说:"我想买你的篮子,用两筐鱼跟你换好不好?"

阿毛奇怪地说:"这只篮子又旧又破,你要它干什么呀? 我不换。"

有钱人看见阿毛不肯卖,急了,他说:"那我用一条船来换。"

阿毛明白了,这个人是想用篮子去抓蜘蛛。阿毛想:"要是有一条船,家里的日子就会好起来。可是,蜘蛛是大家的宝贝呀。"阿毛想不好应该怎么办,"嗯嗯嗯……我要问问我娘。"

有钱人眼珠子一转,说:"好吧,你回去想一想,还可以问问你的爸妈。"

阿毛回家去,有钱人就悄悄地跟在后面。

阿毛把事情告诉了娘,阿毛娘说:"不能换。停风蛛是大家的宝贝。要是没有了停风蛛,老百姓都会吃苦头的。"

阿毛听话地说:"好吧,明天我告诉那个人,不管多少钱都不卖篮子。"

第二天,阿毛对有钱人说:"我不能卖篮子,这个篮子是我们大家的宝贝。"

有钱人看阿毛不同意,接着劝他说:"你看,你家这么穷,你卖给我篮子,我给你很多很多钱,你们一家就可以过上好日子了。"

阿毛说:"你不是想买篮子,你是想要得到停风蛛。我不能卖! 我们家是穷,但我不会为了自家过好日子让大家受苦!"有钱人左说右说,都说不动阿毛的心,只好灰溜溜地离开了。

有钱人恨透阿毛啦,心想:哼,既然你不卖给我,我也不让你得到!

一天傍晚,有钱人在塔底放了一把火,烧得那塔浓烟滚滚、火光冲天。一层、两层、三层,火一直噼里啪啦往上烧到了第十八层,烧着了停风蛛。忽然,第十八层一道金光"咻——"地一闪,停风蛛从塔里冲了出来。

天一下子黑了下来,海上刮起了狂风,"呼"的一下把有钱人卷起来吹到大江里去了。

塔被烧得歪歪斜斜,停风蛛走了。没有了停风蛛的保护,海边老是刮大风、发洪水,海里面的鱼也越来越少,老百姓生活得也越来越苦。

一千年过去了,我们还能在宁波看到这座天封塔。小朋友,你要是到了宁波,一定要去看一看天封塔哦。

作品分析与活动建议:

这个故事有着浓郁的传奇色彩。

停风蛛是全村人的保护神,有了它,全村人的房屋、田地免遭风浪的袭击破坏,所以全村老小很爱护这只神奇的蜘蛛。然而贪婪邪恶的有钱人因为得不到蜘蛛,就一把火烧毁了塔和蜘蛛,使全村人的生活陷于灾难。故事赞扬了阿毛及阿毛一家不为金钱所利诱的品质和善良美好的心灵,鞭挞了有钱人卑劣丑陋的心灵。

阿毛坚决地拒绝了有钱人的金钱诱惑,尽管他们家里很穷,尽管他们很想买一条船。善良的本性使得阿毛一家绝不会拿全村人的利益去换取他们想要的东西,不义之财不能取。这正是孔子说的"君子爱财,取之有道"。这种高尚的品德应该在孩子的心里从小就扎下根,并成为他们的立身之本。

家长完整地讲述一遍故事后,可以和孩子讨论几个问题:村里人为什么都很爱护这只停风蛛?有钱人为什么要买阿毛的篮子?有钱人说用什么来换阿毛的篮子?阿毛为什么不答应?阿毛是怎么说的?阿毛做得对不对?有钱人放火烧了天封塔后,阿毛的村子怎么样了?

讨论后,家长可以再讲述一遍故事,让孩子再一次感受阿毛的善良和这个有钱人的丑恶。

附原文:

天封塔的传说

相传,大约在一千多年前的唐朝,皇帝派大元帅尉迟恭监工,在明州建造一座十八格高的塔。塔建成后,皇帝亲笔赐封,所以叫做"天封塔"。

明州地处东海之滨,每逢八月半有大潮,风也特别大,常把天封塔吹得微微摇晃,非常危险。为了避免风灾,鲁班师傅用木头雕了一只蜘蛛,放在天封塔顶上。一天天,一年年,这木蜘蛛受日月精华,采天地灵气,慢慢变成了一只双目如闪电、光芒四射的"停风蛛"。从此以后,明州就风调雨顺,五谷丰登,百姓安居乐业了。

天封塔下有几条小河交叉,是个三角地带,人们称为"三角地"。这里河深水清,住着很多贫苦渔民。有个叫阿毛的渔民,年已四十,还没娶妻,家里有一个七十岁的老娘。老娘每逢初一、月半,总是提着香篮背着背袋,朝山拜佛。如今年老力衰,爬不动山,香篮也不用啦,就把它吊在窗口。再说,"停风蛛"有了灵性以后,常常尾拖长丝,顺风飘飘,一直把银丝飘到阿毛娘的香篮里。

有一天,来了一位采宝客人,在阿毛娘门口,看到香篮里的银丝伸展到天空,一直连接天封塔顶,连声称赞:"宝贝!宝贝!如果我得了它,我的商船走南闯北,狂风恶浪都可不怕啦!"于是,采宝客向阿毛娘买香篮。

阿毛娘看了采宝客一眼说:"香篮不卖,阿拉是烧香拜菩萨派用场的。"

采宝客道:"老阿娘,我给侬十两银子,可以再买新的嘛。"阿毛娘听说破香篮能卖十两银子,吃了一惊,心想内中定有讲究。于是,故意推辞道:"勿卖,勿卖!介点点银子!"

采宝客听到阿毛娘不肯卖,急了。于是,买价提高到四十两。阿毛娘越来越犯疑,就问:"客官,侬买香篮派啥用场?"

采宝客忙说:"老阿娘,不用多问,只要侬肯卖就是了。"阿毛娘道:"我已年老,啥勿好放手?!只要你讲出道理,付得起价钿,就卖给侬。"

采宝客没法子,只好把实情说了,并说:"这只停风蛛,在本地也没啥用场,我把它拿到千里迢迢的海外,倒可以给海船避避风浪。老阿娘,我出侬二百两银子,你总可以卖了吧?现在我先付侬十两定银,晚上再来,一手交钱,一手交货。"说着,"当啷"一声,把银子丢在桌上,去啦。

傍晚,阿毛回家来,阿毛娘就向他谈起白天采宝客人要来买香篮的事情,阿毛仔细看了看停风蛛的银丝,对娘说:"阿姆,我看,这只蜘蛛是天封塔顶上的停风蛛,不能卖。天封塔没有停风蛛,遇到大风就要倒塌,全城人就要遭殃了。"阿毛娘想想也对,同意了儿子的讲法。

　　过了一会儿,采宝客来了,阿毛娘把定银还给他,一口拒绝了采宝客买香篮的要求。采宝客左说右说,都说不动阿毛娘的心。于是,只好假装心灰意懒地回船去,背后却转了个圈,躲在附近的草棚里。

　　天慢慢地暗下来,停风蛛顺着银丝又爬进了香篮。就在这时候,突然有一个黑影蹿进了阿毛家,举手去摘香篮。只听得"当啷"一声,一把鱼叉刺着黑影的手腕。原来,阿毛与娘在暗中守护着。阿毛的鱼叉震得香篮左右摇晃。惊动了停风蛛,停风蛛连忙爬出香篮,爬回天封塔顶。阿毛又拳打脚踢,打得采宝客连滚带爬,逃出了"三角地"。

　　采宝客逃走后,怀恨在心。一天,他在天封塔放了一把火,烧得天封塔浓烟滚滚,火光冲天。火头一格、两格、三格一直烧到第十八格,烧着了停风蛛。这时,只见金光一闪,天昏地暗,采宝客人被狂风吹到大江里去了。"轰隆"一声,天封塔顶东摇西晃,一格格陷入地下,直到陷下第五格,大地才开始平稳。就这样,十八格高的天封塔只剩下十三格了,塔身也千疮百孔,还有一些倾斜。

　　没有停风蛛,三角地里显得一片冷落,后来人们把这里称为"冷静街",把停风蛛拉丝的地方称为"纺丝巷"。

　　　　　　　　　　——选自《中国民间故事集成·浙江卷》(宁波市)

灵桥

改编稿:

　　从前有一条大江,上面没有桥。两岸的人要过江,都要到渡口乘船。人们乘船过江要花很多时间,下雨下雪天就更不方便了。

　　渡口旁边有个修鞋摊,乘船的客人都在这里修鞋、等船。修鞋匠常常想,要是有钱,我一定要造一座大桥,大家就不会这么辛苦了。

　　一天,一位生意人提着一只小箱子,想过江。看渡船还没有来,他就去修鞋摊补鞋子。鞋子刚刚补好,渡船来了,他急急忙忙穿好鞋子,上了渡船。

　　天黑了,修鞋匠收拾鞋摊,发现鞋摊旁边放着一只手提箱,心想一定是哪位客人忘记了。他打开小箱子一看:哇!里面都是金银珠宝。

修鞋匠心想，这么多珠宝不见了，那个客人会急死的，我没办法送回，还是等他自己来找吧。

第二天，修鞋匠跟平时一样摆出鞋摊，一边修鞋，一边留心过往客人。一直等到天黑，都没客人来找。一个星期过去了，没有人来找；两个星期过去了，还是没有人来找箱子。修鞋匠心想，我把箱子保管好，客人一定会来找的。这样一等等了三年多。

一天，渡口来了个南洋客人，他走到修鞋摊前面，对鞋匠说："老师傅，你手艺真好！我这双鞋，是你给我补的，穿了三年还没有破！"修鞋匠仔细一看说话人，又指指客人脚上穿的旧鞋，笑了笑，说："是不是算起来有三年零一个月了。"

客人说："对啊，一点不错，你怎么知道的？"

"你那次补鞋的时候，有什么东西忘了吗？"

"有的。我有一只小皮箱，好像是在这里等渡船时掉的。"

"箱子里有什么东西？"

"金银珠宝。"

鞋匠一听马上从屋里拿出小箱子交给客人。客人呆住了，心想，世上还真有这么好心的人！他连忙打开箱子，一看，金银珠宝一样都不少，他感动极了。他拿了一串珠宝说："你真是一个大好人！这点东西算是我的一点心意，以后你不要辛辛苦苦补鞋了，去开一个鞋店吧。"鞋匠推开客人的手说："客人不要这样，我要你这些东西，就不会在这里等你三年了。"

客人一定要送，修鞋师傅一定不肯收。你送我推，一来一去，喉咙越来越响，看热闹的人越来越多。正巧县官路过这里，看见这么多人围在一起，一问，县官就说："你们两人不要推了。我有个主意，你看好不好。江上没有桥，老百姓过江很不方便，这笔钱就用在这里造一座桥吧。银两不够，我也来凑个数。"听了县官的主意，看热闹的人都拍手叫好。客人看见这个场面，干脆把整箱珠宝都捐出来了。

就这样，江面上有了一座桥，过江的人们都非常感谢这三个人。这座桥就在宁波。后来宁波人把这座桥修得越来越漂亮了，就是我们今天看到的灵桥。

作品分析与活动建议：

故事里的修鞋匠是个手艺人，靠自己的双手养活一家，每天辛勤劳作，家境并不富裕。但他面对一箱珠宝，丝毫不为所动。整整三年，他守着不知道是谁的珠宝，等待着失主。当失主终于出现，要给他报酬时，修鞋匠又坚决不收。故事赞扬了修鞋匠这种朴实高贵的心灵和品德。

拾金不昧，是中华民族的传统美德，也是做人的基本道德。在很多传统美德缺失的今天，我们非常有必要让儿童形成一种意识：拾金不昧，是每个人都该做的。

家长完整讲述一遍故事后，可以和孩子讨论一些问题：修鞋匠在哪里捡到了一箱珠宝？有没有人知道修鞋匠捡到了这么多珠宝？修鞋匠家很有钱吗？修鞋匠怎么办呢？他等了多久？丢东西的人要怎么感谢修鞋匠？修鞋匠会接受珠宝吗？最后这一箱珠宝用来干什么了？

通过讨论，孩子会充分感受到修鞋匠高尚的心灵。如果可能，家长可以带孩子去看看灵桥，或找一张宁波灵桥的图片给孩子看。

附原文：

过去，宁波三江口上没有桥，过江全靠一只大木船摆渡，摆一渡要蛮多辰光，来往人多，交关勿方便。碰到刮风落雨涨大潮，弄勿好还要翻船。渡口旁边有个皮鞋匠，他手艺蛮好，工钿比别人便宜，客人等摆渡，常常在皮鞋摊歇歇脚。

一日，来了一个南洋客人，提着一只小箱子，要想摆渡。渡船还没有回来，就到皮鞋摊去补皮鞋。皮鞋刚刚补好，渡船靠岸了，他急急忙忙穿好皮鞋，抢上几步，轧上了渡船。天暗下来，皮鞋匠收拾鞋摊，发现鞋摊旁边放着一只手提箱，心忖，十有八九是日里来补鞋的那个客人错落的。随手打开一看，里面都是金银珠宝。介多珠宝失落在这里，那个客人要急煞，没办法送回，还是等他自己来取吧。

第二日，皮鞋匠跟平常日脚一样摆出鞋摊，一边做生活，一边留心过往客人。一直等到夜，仍没客人来寻。就这样一日又一日，一等等了三年多。一日,渡口来了个南洋客人,他走到鞋摊前面,对鞋匠说:"老师傅,你手艺真好! 我这双鞋,是你给我补的,穿了三年还没有破!"皮鞋师傅一看,赶快放下手里生活,指指客人脚上穿的旧皮鞋,笑了笑,说:"客官,算起来已经有三年零一个月了。"南洋客人说:"哎,一点勿错。"

"你那次补鞋辰光,有啥东西错落过?"

"有的。我有一只小皮箱,好像是在这里等渡船辰光错落的。"

"箱子里厢有啥东西?"

"金银珠宝。"

鞋匠一听马上从屋里拿出小箱子交给客人。南洋客人呆煞了,心忖,世上还真有介好心的人! 连忙打开箱子一看,金银珠宝一样都勿少,交关感激。他拿了一串珠宝说:"你真是个少有的好人,这点东西算是我的一点心意,以后勿要辛辛苦苦补鞋了,去开爿鞋店吧。"鞋匠推开客人的手说:"客官勿要弄错,我要这些,就勿会在这里等你三年了。"客人一定要送,皮鞋师傅无论如何勿肯收。就这样你送我推,一来一去喉咙越来越响,围拢来看热闹的人越来越多,这辰光,正巧县官老爷路过这里,看见介多人围在一起看热闹,也轧了进来。一问,是这样一桩事体,就对这两人说:"你们两人勿要推了。我有个主意,你们看好勿好。这里摆渡交关勿方便,我看这笔钱就用在这里造一座桥吧。银两不够,我也来凑个数。"听了老爷的主意,看热闹的人都拍手叫好。南洋客人看见这个场面,干脆把整箱珠宝都捐出来了。

就这样,在三江口附近的奉化江上造起了一座木桥,叫灵桥,城里到江东勿要摆渡了。后来为了纪念这三个人的功德,在桥头造了一座三圣堂。三圣堂里有三尊菩萨:坐在中间的是县官老爷,一边是南洋客人,一边是皮鞋匠。

——《中国民间故事集成·浙江卷》(宁波市)

师徒变兄弟

改编稿：

从前，有一位中医，姓戴。① 他的本领非常高，医好了很多病人。但是戴医生从来不骄傲，只要知道有人医术好，他就会去请教学习。

有一天，他听说义乌有一位姓朱的老中医，② 本领和神仙差不多。戴医生就想着要跟这位老中医学习，他怕老中医知道自己也是医生，不愿意收自己做学生，他就想了一个好办法。

这天，老中医家里来了一个年轻人，说自己是药店里的小伙计，想跟老中医学本领。老中医看这个年轻人真的非常想学习医术，而且还特别勤快认真，就收他做徒弟了。这个年轻人就是戴医生。

戴医生每天帮老中医背药箱，背雨伞，采集草药，打扫卫生。每次老中医治病的时候，他都在旁边认真观察，记录。晚上，他都要看医书看得很晚。这样过了半年，戴医生学到了很多老中医的本领。

有次老中医家来了个病人，病人背上生了很大的一颗毒瘤。老中医在给病人检查后，长长地叹了一口气，对病人家属说："这病拖得时间太长，治不好了，你们还是回去准备后事吧。"家人一听都难过地哭起来，只好抬着病人回家了。

病人刚走一会儿，戴医生"哎呀"了一声，说："师傅，我多收了病人钱了。"老中医说："怎么这么毛手毛脚的呀，还不赶快给人送回去！"

戴医生一路追到病人家。他一边从胸口摸出一个小包包，一边喊道："快点！把病人给翻过来！"病人一家被弄得糊里糊涂：咦？这病师傅都治不好，难道徒弟会治？反正也是死，那就让他试试吧。他们就按照戴医生说的把病人翻了过来。戴医生从包包里拿出五六根针，就扎了起来，然后又在病人背上使劲按摩。过了一会，他说："好，没事了，毒瘤已经换地方了。过段时间，病人脚背上会生出个水泡来，把水泡挑

---

① 戴思恭，字原礼，明朝医学家，生于元·泰定元年，浦江马剑（现属诸暨）人。

② 朱丹溪，名震亨，字彦修，因世居丹溪，故人称朱丹溪，元代金华（今浙江省义乌县）人，金元四大医家之一。在医学理论上创立滋阴学说，在中国医学史上占有重要地位。

破,敷点药,就会好的。"说完,他拿出一小包药粉交给病人父母,水都没有喝一口,就飞快地走了。

原来戴医生以前医过这类的病,知道这毒瘤是可以治好的。可师傅说没办法,徒弟怎么好当面说自己能医好呢?他只好假装说多收了病人钱,再追出去给病人治病。

几个月后的一天,戴医生正跟着老中医为病人看病呢,有人敲锣打鼓来感谢戴医生的救命之恩。老中医一看,这不就是那个后背生毒瘤的人吗?他愣住了,看着那个病人叫戴医生"救命恩人",脑子里想着几个月以前的事情,他明白了,原来是戴医生治好了那个病人呀。

从那以后,老中医再也不肯让戴医生喊他师傅了,他说:"我们两个以后就互相称兄弟吧,我们兄弟两个互相帮助学习,可以更好地为大家治病啊!"

他们两人互相学习,医术越来越好,人们都喜欢找他们两个治病。他们不但治得好,还经常不收穷人的医药费。所以人们都特别喜欢他们,称他们为"赛神仙"呢。

作品分析与活动建议:

这个故事刻画了一个虚心好学、勤奋努力的医生形象。戴医生的医术已经很不错,但为了提高自己的医术,假扮成学徒,到一位老中医那里学本领。而当老中医知道自己的学徒医术很好时,就和徒弟互相学习,共同提高医术。故事告诉我们,只有虚心好学,勤奋努力,才能不断提高,学到真正的本领。

家长在完整讲述这个故事后,可以跟孩子讨论以下问题:戴医生在老中医家做学徒时,每天帮老中医做什么事?老中医给人看病时,他做什么?晚上,戴医生总是在做什么?当老中医治不好一个病人时,戴医生怎么办?戴医生治好了病人,告诉老中医了吗?老中医知道是戴医生治好了病人,他怎么说?

讨论问题时,家长的语气、口吻应该是商量式的,不要用教训的语气、口吻,孩子回答出大致的意思,家长就要给以充分的肯定和鼓励。

附原文：

戴原礼听人讲，义乌朱丹溪是个名医，本事蛮大，大家喊他"朱半仙"，就想跟他去学点本事。又怕朱丹溪晓得自己的名气，勿肯收，就扮成一个药店倌，挽亲托眷到朱丹溪面前讲好话。朱丹溪看他一副诚心，样子也还灵活，就把他收落了。

戴原礼日日跟着朱丹溪屁股转，背药箱，背雨伞，一背背了半年。朱丹溪的本事差勿多都被他冷眼看得来了。这一日，朱丹溪师徒两个到了一个村堂，为一个病人医"发背"。朱丹溪在病人背脊揿揿，脉搭搭，他眉头皱起了，呆忖忖想了有半个时辰，起身走到外头，对病人的家属讲："这病拖得太长了，医勿好了，还是早点安排后事吧。"屋里厢的人一听，统哭煞了。吭没办法，只好眼泪揩揩，把郎中送走。

师徒两个走出里把路，戴原礼"哎呦"一声喊起来："师傅，雨伞剩落了！"

朱丹溪说："今朝心思在对付啥？毛手毛脚的。还勿快去拿！"

戴原礼跑到病人家里，从胸口摸出一个小医包，拿出几根针，一边喊："快点！把病人扑转！"病人一家弄得糊里糊涂：啥？这徒弟本事难道比师傅还好？师傅打退堂鼓，他倒还特地赶回来……想想，反正也是个死，让他试试看也好。他们依戴原礼的话，把病人扑转。戴原礼五六根针"着着"一顿戳，背脊上"咕咕"一顿捏，说："没事体了，发背已经换地方了。过些日子，他脚背上会生出个疗疮来，把疗疮挑破，敷点药，就会好的。"说完，他拿出一小包药粉交给病人父母，茶都勿吃一口，拿起雨伞，风快地走了。原来，戴原礼老早就看出，这发背是赶得掉的，师傅吭没办法，徒弟奈格好当面称本事？他只好把雨伞剩落，再赶回去医。

过了几个月，师徒两个又走过这个村堂。戴原礼讲："师傅，我们去看看那个生发背的人。"朱丹溪一笑："看啥，吊丧去啊！"戴原礼讲："看看又勿要多少工夫。"朱丹溪被缠勿过，只好依他。走到村口，蛮大的一担柴把路拦牢了。挑柴佬笃柱着正在歇力。师徒俩走勿过去，站下来谈天。勿晓得挑柴佬"蓬"一记把柴担甩掉，朝戴原礼跪倒就拜："救命恩人！救命恩人！"喊着勿歇。

朱丹溪一看，啊，这人勿就是生发背的那个吗？他呆掉了，眼睛朝戴原礼定着看,脑子里想着几个月以前的事情。

从此以后,朱丹溪再也勿肯让戴原礼喊"师傅",师徒从此变作兄弟了。

——选自《中国民间故事集成·浙江卷》(诸暨市)

毡帽与老虎

改编稿:

小明的外公送小明一顶帽子,小明说:"这么难看,像只大碗。"外公笑着说:"这只大碗叫毡帽,以前的绍兴人都喜欢戴,它还有个故事呢。"

很久很久以前,绍兴这里都是山,山里有很多很多动物,当时的人就靠打猎过日子。

有一天,三个猎人上山去打猎。他们发现了一只趴在草丛里的大老虎,大老虎的前方有两只兔子。一个猎人心急,举枪就打,老虎吓了一跳,大吼一声,转身就跑。三个猎人马上就追,可他们哪有老虎跑得快啊。追着追着,天下起了大雨,他们全被淋湿了,冷得要命。突然,一个年轻的猎人发现一个山洞,大家就赶紧钻进去躲雨。

洞里很黑,猎人们就点起了火把,往洞里走去。这时,他们听见有什么东西在轻轻地叫。仔细一看,原来是两只刚出生不久的小老虎,真像小猫啊,很可爱。小老虎大概肚子饿了,看见有人,叫得更起劲了。猎人们忍不住抱起小老虎,把身边带的饭团拿出来喂给小老虎吃。小老虎一点也不害怕,吃得很高兴。这时,一个猎人说:"我们把小老虎带回去吧。"另一个猎人说:"那不行的,大老虎找不到孩子,会找到我们村里的。"还有一个猎人说:"你们看啊,小老虎躺的地方像个大锅子,很暖和呢。"他们仔细看了看小老虎躺的窝,原来大老虎把吃剩下来的动物的毛都放在一起,压得实实的,水都不会漏进去。老虎真聪明啊。

突然,猎人们听到洞口有老虎的吼叫声,糟了,大老虎回来了。他们还来不及站起来,大老虎就冲了进来,猎人们吓得要命。但是大老虎看见两只小老虎好好的,嘴里还在吃着东西,马上竖起尾巴,好像在说:"谢谢你们。"猎人们看见老虎这样,知道没有危险了,都松了口气,向大老虎点了点头,大老虎就退出洞口,让他们出去。

外面还在下着大雨,他们一跑出山洞,就拼命跑,突然又听到后面一声虎叫,回头一看,那只大老虎衔了一张毯子一样的东西追上来。老虎把毯子放在他们面前,点点头,很快转身走了。他们这才明白过来,那是小老虎的窝,是老虎送的谢礼。

三个猎人把老虎的礼物顶在头上遮雨,安全地回到村里。为了感激老虎,他们就用这个老虎窝做了三顶帽子,又暖和又防雨。

后来这种帽子就在绍兴流传开了。这种帽子非常暖和,下雨时能挡雨,休息时还能当坐垫,绍兴人在生活和工作中都离不开这种毡帽。

作品分析与活动建议:

这个故事讲了绍兴毡帽的由来。几个猎人没有猎杀幼小的虎仔,还用饭团喂小老虎,老虎为了感激猎人,把小老虎的窝送给他们遮雨。从故事中可以看出,即便是凶猛的野兽,人也可以和它们和谐地相处。

家长完整地讲述一遍故事后,可以和孩子讨论:毡帽是哪里的特产?猎人怎么发现小老虎的?他们看到小老虎后,做了什么?小老虎睡的窝是怎么样的?用什么做的?假如他们伤害了小老虎,或者把小老虎抱走了,大老虎会怎么样?大老虎明白猎人们的好心了吗?你怎么知道的?

通过讨论,家长可以引导孩子明白,我们的生活中,有很多本领都是向动物学来的,人和动物应该成为好朋友。

附原文:

毡帽与老虎像

过去绍兴的商号、作坊都兴供财神菩萨,为的是祈求生意兴隆、财源茂盛。只有毡帽店挂的是一张老虎像,这是啥缘故?

老早辰光,平水里有三个猎人,他们经常打拼上山打猎。一天,他们进入深山后,发现一只大老虎正在东寻西找觅食,就端起猎枪悄悄围抄过去,突然间一齐开火。老虎大吼一声,掉头逃跑。猎人们紧追不舍，转过一个山头，勿见了老虎的影子，只见前面有一个山洞露着口。他们进洞搜索，发现里面有一只幼虎饿得哇哇直叫，趴在一张毯子上乱抓乱爬。他们见这只幼虎十分可爱，不忍心伤害它，就解下身边的饭包，给它饲饭。

这辰光，那只老虎回洞来了，它嗅着人的气息，精神一振，正要扑向猎人，看见幼虎好端端的，猎人正在一把一把饲饭给它吃呢，马上收势，摇起尾巴表示感激。猎人们见虎这个样子，晓得呒有危险了，都松了口气。他们向老虎点点头，老虎就退出洞口，让猎人们回去。

猎人们才走出一箭之地，猛听后面一声虎叫，回身一看，那只母虎口衔一张毯子一样的东西追上来了。老虎把毯子放在他们面前，点了点头回去了。猎人们明白过来，原来这是老虎送的谢礼。

猎人们拿了这张毯子赶路，忽然天空暗了下来，眨眼间就落起阵头雨。他们没带蓑衣，就将这张毯子顶在头上遮雨，雨很大，毯子却一点也勿漏水。回到家里，他们把毯子汰清爽一看，原来是由羊毛、兔毛等各种兽毛粘起来的。他们将这块毯子裁开，做了三顶帽子，每人一顶。因为这种帽子冬暖夏凉，又可遮雨挡风，同村的猎人们就把平时筹起的兽毛经过反复揉、搓，仿做成这种帽子。接着，四近山坊都学起样来。江南多雨水，做露天生活的农民很喜欢这种帽子，有人觉得可赚大钱，就开起专做毡帽的作坊。

坊主想，最早的毡帽材料是老虎送的，为了不忘根本，毡帽店里就挂起了老虎像。

——选自《中国民间故事集成·浙江卷》（绍兴市）

兄弟学艺

改编稿：

王大伯是个很勤劳的裁缝，他的两个儿子长大后，他给他们一人一枚针，让他们好好学本领，做个好裁缝。

老大拿到缝针后，专心学裁缝，技术越来越好，找他做衣裳的人一天比一天多。

　　老二呢,学了几天就没有耐心了,衣服缝得歪歪扭扭,顾客都给吓跑了。老二想:做裁缝太麻烦,又缝又剪,又缝又拼,大小不能差一点,还要一针针地缝,我要去学别的轻松的事情! 说走就走,老二就出门了。

　　一天,他走过一家木匠店,看见一个木匠师傅劈劈啪啪地敲打了一阵,一张方方正正的桌子就做好了。他想这工作多简单啊! 他就问木匠:"我跟你学木匠好吗?"

　　木匠抬头看了看他,说:"好是好,不过做木匠看看容易,学起来有点难呢! 怕苦的人是学不好的。"

　　老二想,师傅收徒弟时总是这样的,我先试试再说。

　　第二天,木匠教他推刨子,他试了试,连忙说:"师傅啊,这么吃力呀! 圆滚滚的木头怎么能刨成方方的桌子脚?"木匠师傅教他锯板,他又说:"锯子锯木板,吃力又麻烦,我要去学别的轻松的事情!"

　　学不到三天,他就走了。

　　走呀走呀,老二进了城,看见许多人在造房子,一间漂亮的瓦房在平地上盖了起来。他想这工作多轻松啊! 他就对一个泥水匠说:"师傅,我跟你学盖房子好吗?"

　　泥水匠看了看他说:"好啊! 不过做泥水匠看看容易,学起来有点难呢! 怕苦的人是学不好的。"

　　老二又留了下来。

　　泥水匠就教他砌墙。他试了试,连忙说:"师傅啊! 墙又高又长,一块砖一块砖地砌,比我缝衣服还麻烦呢!"泥水匠教他上屋顶盖瓦片,他又说:"一片一片又一片,一间小屋要铺上千片万片,我要去学别的轻松的事情!"

　　学不到三天,他又走了。

　　他在大街上荡来荡去,走过一家铁店,只听叮叮当当一阵锤声,铁匠师傅就打好了一把锄头。他想:"嗨! 这太容易了!"就要跟铁匠师傅学手艺。

　　铁匠师傅看看他身强体壮,就收下了他,并告诉他:"做铁匠看看容易,学起来有点难呢! 怕苦的人是学不好的。"

铁匠教老二拉风箱,他试了试,连忙说:"气哩呼,气哩呼!拉得我气都喘不过来,太累了!"铁匠教他打铁,他举起榔头敲不到三下,就放下了,说:"叮叮当,叮叮当!榔头太重了,我敲一下一榔头能缝三件大衣裳!我要去学别的轻松的事情!"

学不到三天,他又走了。

走呀走呀,他一连走了一百二十天,跑了很多地方,结果什么也没学成。

他回到家打开包,想拿出针线学裁缝,突然他"哇"地叫了一声,原来,他的那枚针,已经烂成一根锈铁了。

作品分析与活动建议:

故事中的老二,一心想学门轻松简单容易的手艺,学过裁缝,学过木工、泥水工,还学过打铁。但是因为怕苦怕累,动辄放弃目标,半途而废,所以他学来学去,一无所成。

故事形象地告诉我们,学习不是随心所欲的事,它没有捷径可走,唯有勤学苦练、持之以恒,才能获得成功。任何看似简单的本领,其实都是经过努力学习得来的。怕苦怕麻烦,没有耐心和毅力,什么都学不好。

家长完整讲述故事后,可以和孩子讨论:老大裁缝学得好不好?他是怎么学的?老二学过什么本领?学会了什么?老二每次看到新的本领,他总是怎么想?(简单、轻松、容易)每次他学了几天后,又怎么说?(吃力、麻烦)老二总想学什么样的事情?最后老二学会了什么?为什么呢?

通过和孩子的讨论,家长要引导孩子明白:学习是要坚持,要毅力的,东学学,西学学,怕苦怕麻烦,不肯努力,那什么都学不好。

这个故事比较多地运用了反复的手法,家长讲述几遍后,可以试着让孩子复述整个故事。

附原文:

从前有兄弟两个,父亲原是个勤劳的裁缝,手艺很好,去世的时候留下两枚引针,分给兄弟俩一人一枚,要他俩学老行当。

老大得到引针,起早摸黑,专心学裁缝,手艺一天天地熟练起来,针眼缝得又密又匀,长衫短袄样样精,找他做衣裳的人一天比一天多。他的手艺也一天更比一天好。

老二呢,学不上几天就厌烦了,针眼缝得像纳鞋底一样粗糙,顾客都给吓跑了。他自己却想:这手艺太麻烦了,又缝又剪,又缝又拼,大小不能差分毫,太难做了。一针针地缝,一件衣服要缝上千上万针,还是去找别的轻松的手艺干吧!说走就走,老二便出门了。

一天,他走过一家木匠店,看见一个木匠师傅劈劈啪啪地敲打了一阵,一张方方正正的桌子就做成了。他想这手艺多么轻便啊!就问木匠:"我跟你学手艺好吗?"木匠放下斧头,抬头看了看他,说:"好是好,不过我们这手艺看看容易,学起来还有点难呢!没心人是难学好的。"老二心想,师傅收徒弟时总是这样的,先试试再说,就留下来了。第二天,木匠便教他推刨,他试了试,连忙说:"师傅啊,费劲呀!圆滚滚的木头怎么能刨成方方的桌子脚?"木匠师傅教他锯板,他又说:"锯子锯木板,吃力又麻烦,我不如回家去吃老米饭!"学不到三天,他就走了。

走呀走呀,老二进了城,城里许多人正在修造房子,一间间的瓦房在平地盖了起来。他看着看着就对一个泥水匠说:"好师傅,我跟你学手艺好吗?"泥水匠放下砖刀,看了看他说:"好啊!"老二又留了下来。

于是,泥水匠就教他砌墙。他试了试,连忙说:"师傅啊!墙又高又长,一块砖一块砖地砌,比我缝衣服还麻烦呢!"泥水匠教他上屋顶盖瓦,他又说:"一片一片又一片,一间小屋要铺上万上千,我不如回家拿针线!"学不到三天,他又走了。

他在大街上荡来荡去,走呀走呀,走过一家铁店,只听叮叮当当一阵锤声,铁匠师傅就打好了一把锄头。他想:"嗨!这太容易了!"就要跟铁匠师傅学手艺。铁匠师傅看看他身强体壮的,就收下了他。

于是,铁匠教他拉风箱,他试了试,连忙说:"气哩呼,气哩呼!拉得汗流如雨,气喘呼噜,我不如回家拿针缝布!"铁匠教他打铁,他举起榔头敲不到三下,就放下了,说:"当当叮,叮叮当!榔头比我引针重,一榔头的力能缝上三件大衣裳!"学不到三天,他又走了。

走呀走呀,他一连走了一百二十天。跑遍了城里城外,本乡外县,结果什么也没学成。

这天,老二垂头丧脑地回到家里,解开包袱,想拿出针线来学老手艺。突然他"哇"地叫了一声,原来,他父亲分给他的那枚引针,已经烂成一根锈铁了。

——选自《中国民间故事集成·浙江卷》(金华)

大磬山

改编稿:

从前有座很高很高的山,山里住着很多人家。

那时,山里人要买米啊油啊,得翻过这座很高很陡的山,到城里去买;要吃盐,也要翻过这座很高很陡的山,到海边去挑。一年又一年,很多人在翻山时掉进了山谷。

有一天,一个年轻人挑了一担盐往回走。他来到山脚下,抬头看看高高的大山,叹了口气停下来休息。

忽然有个声音从背后传来,"年轻人,你为什么叹气啊?"年轻人回头一看,是个又脏又瘦的老人,背着一个大包。

年轻人很有礼貌地回答说:"老人家,您去哪?"

老人回答说:"回山里啊。"

"您家也在山里吗?"

"是啊,家里还有老伴和两个生病的孩子。我不回去,他们会没饭吃的。"

年轻人看看老人说:"这么高的山,您爬得动吗?我帮您做些什么吧?"老人高兴地说:"好啊,我正担心爬这座山呢,你背我上山好吗?"

年轻人说:"好啊!"

他背起老人就往山上爬。爬到山上,年轻人已是满头大汗。他放下老人,对老人说:"下山路好走了,您慢慢走吧,我回去挑我的盐。"就转身下山了。

谁知他刚回到山下,挑起盐担想走时,老人已站在他面前了。年轻人心里很奇怪,但还是和气地问:"您怎么又下来了?"

老人不好意思地说:"我年纪大了,记性不好,我忘了我的拐杖。"

"那您不好告诉我,叫我带上去?"

老人难为情地笑笑。

"好吧,"年轻人说,"帮人帮到底了,我再背您上去吧。"

年轻人又背起老人爬上山,累得直喘气。

可是真奇怪啊,年轻人回到山脚,气还没喘匀,老人又下来了。

年轻人还没说话呢,老人笑着开口了:"年轻人,你真是个好心人!跟你说吧,我是管这座山的神仙,你可以向我提个要求。"

碰到神仙了! 年轻人高兴极了,他摸摸压痛的肩膀,张口就说:"假如您能让这座大山矮一点,我们山里人就太感谢您了!"

老神仙说:"好啊!"

他拿过年轻人的扁担,"呼啦啦"朝山顶劈过去,那山尖就"呼呼"地飞了。

年轻人说:"再低一点好吗?"

"好,再劈掉一点。"老神仙又是一扁担,那山又"呼呼"地飞走一截。

"这下该好了吧?"老神仙最后一次问。

"好了。"年轻人看看原先又高又陡的大山已变得又低又平缓,开心地笑了。

作品分析与活动建议:

一个心地善良、富有同情心的年轻人,不厌其烦地帮助素不相识的老人。他的行为感动了神仙,神仙把年轻人家门口又高又陡的大山变成了低缓的山丘,使山里人免去了翻山越岭之苦,年轻人的善行得到了好报。故事赞扬了年轻人的美好品德。

尊老敬老是古老的传统,而"老吾老以及人之老",把尊重和关心推及血缘关系以外的老人,则是我们中华民族更高的道德准则了。所以对善待老人、尊重长者的行为,人们总是加以肯定和赞扬,这一类的故事也因此在民间广泛地流传。我们有必要把这一优秀的传统传承给下一代,让敬老爱老成为社会的良好风气。

家长完整讲述故事后,可以和孩子一起讨论:年轻人挑着盐来到山脚下,为什么要叹气?年轻人碰到了一个怎样的老人?老人对年轻人提出了什么要求?年轻人几次把老人背上山?他累不累?这个老人是谁啊?年轻人有没有为自己向老神仙提要求?他的要求是什么?山里人以后到城里去还需要辛苦地爬山吗?

家长还可以假设一个问题:假如这位年轻人不愿意帮助老人,只管自己爬山,神仙会帮助他吗?引导孩子明白,帮助别人其实就是帮助自己。

附原稿:

我们东阳一勿靠海,二勿靠江,出路勿便当。往昔时候,食盐要到海边的太平去担。东阳到太平,一去一来,六百多里,还有座大磐山拦路。大磐山有几何高?少讲有十万八千丈。大磐山有几何险?泥墙板壁样笔陡笔陡。春夏秋冬来来去去,数勿清的担盐客跌死在那个山坑里了。

一天,有个东阳后生担了担盐,日赶夜赶朝东阳赶。担到大磐山脚,望望高入云里的大磐山,后生叹口气,歇下了。

"后生侬叹啥冷气呀?"忽然有个声音从背后传过来,后生连忙回转头去,原来是个老讨饭。后生心里勿大爽快,想了想,还是有礼貌地打招呼:"老阿公,到哪去?"

"到东阳。"

"做啥去呀?"

"转家里去呀!"

"家里几何人过日?"

"勿瞒你讲,我家里老婆儿因,媳妇孙孙,勿是盲眼便是拐角,勿是疯瘫便是痴呆,还得我七老八十出来讨东西供他们哩。"

后生听得心动起来,讲:"我能帮你做点啥事勿?"

"好呀,好呀,我正愁爬勿上大磐岭哩。今天爬勿过,家里十六七个人饿死哩。后生,你背背我上去,好勿?"

"好呀!"后生背起老太公朝岭头爬去。一步一脚,背得气急,总算把他背上岭头。后生把他放下,讲声:"宽慢去。"便转身下岭来。

谁晓得,后生前脚走,老太公后脚就跟下来。后生来到山脚,担起盐担迈开步时,老太公已笑眯眯地立在他面前了。

后生心里有讲勿出的火,口上仍旧和和委委地问:"你做啥又下来了?"

"勿瞒你讲,有个茶筒忘在这块,下来拿。"

"真好笑,给我讲声,我带上去勿是好?"

"嘿嘿嘿……"老太公不好意思地笑。

"唉,帮人帮到底,我再背你一趟吧。"后生又把他背上岭。真是奇怪,后生回到山脚时,老公公又在他面前了。后生心里有讲勿出的懊恼,正想开口,老太公抢先说:"东阳后生,老实给你讲,我便是神仙大禹王啊。你是个老实人,良心好,我诚心帮助你。你可以提三个要求。"

碰着神仙大禹王了!后生实在太高兴了。他望望高入云里的大磐山,张张压痛肩头的担担盐,想也勿想便讲:"假如让大磐山矮些,我们东阳人便谢你勿尽啦。"

"这小意思。"老太公一把抓过后生的扁担,"呼啦啦"一扁担,就把大磐山劈了尖。这尖嘟嘟地飞,一飞飞到杭州,便是现今的飞来峰。

"好吗?"老太公问。

"还高点。"后生讲。

"好,再劈一记。"老太公又是一扁担,把大磐山劈了个头。这头嘟嘟的飞,一飞飞到东阳南乡,便是现今的八面山。

"这下该好了吧?"老太公最后一次问。

"好了。"后生望望原先高入云里的大磐山已变成个翻转的矮脚盆,满意地笑了。

　　　　　　　　　　　　——选自《中国民间故事集成·浙江卷》(东阳县)

鲎

改编稿:

从前,有个人叫阿厚,好吃懒做,整天赌博喝酒,把他家里的房屋全都输光,还把他的爸爸活活气死了,他和老婆只好住到海边的一个小茅屋里。小茅屋里有个老鼠窝,阿厚看着晚上出来偷东西的老鼠,心想:做老鼠多好,不用动脑子,不用花力气,白天睡觉,晚上出去偷点就有得吃了。

他就去庙里求菩萨,菩萨想教训教训他,就说:"好吧,我给你一张老鼠皮,让你尝尝当老鼠的味道。但你不能太贪心,被人抓住,我也救不了你的。"

阿厚把老鼠皮往身上一披,就变成了一只老鼠,往地上一滚,又变回了人。他高兴地跑回去告诉老婆,老婆也很高兴,催他赶紧去偷吃的。阿厚披上老鼠皮,溜到自己的老屋厨房里,偷了一块熟肉,几块锅巴,看看桌上有半瓶酒,也拿了,赶紧跑回茅屋。夫妻俩半个多月没吃到肉了,心急慌忙地吃,差点连自己的舌头都要当肉吞了,俩人抹抹嘴,满意极了。

从此,阿厚的邻居们不是少了肉,就是少了米,有时连成瓶的酒,好好的衣服都丢,到底是老鼠还是小偷呢?邻居们气坏了,备了老鼠夹,老鼠笼。可是老鼠逮着了,东西还是少;门窗关紧了,衣服还是丢。大家都觉得很奇怪。

一次,阿厚到一个有钱人家里偷东西,看见床底下有一个大箱子,里面全是金银财宝。他想,天天晚上出去偷,太吃力了,最好能多偷些,就能快活几年。这天半夜,阿厚披上老鼠皮,爬到有钱人的房内。他就地一滚,变出本相,钻到床底下,用死力拖大箱。那个大箱重呵,他根本搬不动,推呀拉呀还是一动也不动。他急了,忘了自己是钻在床下,想伸直身子喘一口气,不料一伸腰,头撞着了床板,头顶起一个包,叫了声"哎哟!"这一声叫,把主人惊醒了。主人没命地跳下床去开门,大叫起来:"抓贼呀!快抓贼呀!"

家人点着灯笼,抡着扁担赶来,看床下有个人,拼命去抓。咦,那个人一下子不见了,"嗖"一声,逃出一只老鼠。主人大叫:"抓住它!抓住它!"

阿厚变的老鼠在前头急急逃,主人一家在后面紧紧追。老鼠看见前后左右都是火光和人影,急了,正好前边竖着一根长木杆,一下蹿了上去。追赶的人把木杆团团围住，又叫，又骂，一直闹到天亮。这时，一只老鹰飞来，看见木杆顶的老鼠，猛地扑下来，一口叼起，飞走了。

阿厚的老婆躲在旁边看见了，就追着老鹰往山上跑，一边用石头砸老鹰，一不小心掉到了海里。被老鹰叼着的阿厚急了，突然伸出一只手，老鹰吓了一大跳，嘴巴一张，阿厚也"啪"地掉到了海里。结果夫妻俩都变成了硬壳尖尾的怪物。

后来，有人知道这种怪物是阿厚夫妻变的，就把他们叫做鲎。直到现在，鲎还是双双对对出来，一前一后紧跟着，老人指着鲎对年轻人说："贪吃懒做，就是菩萨也无法保佑啊！"

作品分析与活动建议：

这个故事辛辣地讽刺了好吃懒做，宁愿做墙洞里的老鼠也不愿堂堂正正做人的阿厚夫妻。阿厚夫妻为什么愿意做老鼠？愿意过见不得光、见不得人的日子？因为他们不明白生活的意义，偷也好抢也好，不用劳动、有吃有穿就行。结果，夫妻双双掉进了海里，变成了长相奇特的鲎。故事告诉大家：好吃懒做，贪得无厌，连神仙都救不了。

家长完整地给孩子讲述一遍故事后，可以和孩子一起讨论：阿厚和他老婆为什么只能住在海边的小茅屋里？阿厚为什么想做老鼠？为什么菩萨给阿厚一件老鼠皮？有了老鼠皮后，阿厚夫妻靠什么过日子？你愿意过这种老鼠一样的日子吗？阿厚夫妻有没有认识到这种偷窃的行为是可耻的？最后他们为了逃命，掉到哪里去了？我们想过好日子，应该靠什么？

通过讨论，家长要引导孩子明白，靠自己的双手，勤劳努力地工作，才能堂堂正正地做人，才能受人尊重。

有可能的话，家长可以给孩子介绍一些鲎的知识。

附原文：

老早有一个财主，惜钱像命，是出名的小气鬼。这个小气鬼偏养了个浪荡子，名叫阿吼。这阿吼平时娇生惯养，烟酒嫖赌样样来，用钱像流水一样。眼看大半家业败在阿吼手里，财主双脚一直，活活气死了。

阿叽只想阿爸早死，没人来管。他把阿爸草草一葬，照旧和一班朋友花天酒地。银钱用光了，卖田地；田地卖完了，典家私；家私典完了，卖厝。最后，两手空空，两翁某搬到了一间小草寮住。酒肉朋友见他身上没有油水，也不再找他了。

阿叽搬到小草寮，吃了上顿没下顿，身边没有一文钱，有什么办法呢？一日，他的某又怨他了："阿叽，祖公的家业都叫你败光了，害我也跟你受苦，还不出外去想想法子！"

阿叽摊开双手说："还有什么法子可想呢！亲戚早就跟我断绝了；那班朋友，是有酒有肉日日会，无钱无银不走来，到哪里去求呢？"

他的某一下想起，说："阿爸在世，修了娘娘庙。你去求娘娘，给你一条生路。"

阿叽欢喜："哈，你怎么不早讲？我就去，就去！"

他到了娘娘庙，两脚跪下，双眼一闭，手捧着香火胡乱磕了几下头，嘴里念："娘娘在上，受弟子一拜。求求你给一条生路，救救我翁某两条命。有灵有验，日后一定报答！"

娘娘晓得阿叽是个浪荡子，想不管，再看看他磕头像鸡啄米，又有点可怜。当夜，阿叽梦见娘娘来说："阿叽，我来救你一命。你生性懒惰，无法大用。今夜送你老鼠皮一张，你一披上，即变成老鼠，去偷一点度光阴，但不可贪心太过。若是被人捉住，我也无法解救你了！"

阿叽正要拜谢，娘娘一下不见了，自己双手拿着一张小小的鼠皮。他试着披上，即成了老鼠；就地一滚，又变了本相。阿叽欢喜，赶紧把某推醒。他的某想想，偷也好，抢也好，自己有吃有穿就行了。就说："现在正是夜深人静，你快去弄一点吃的来，我肚子饿死了。"

阿叽披上老鼠皮，溜到自己老厝。老厝已经卖给另一户财主了。他熟门熟路，爬到灶脚间偷了一块熟肉，几块锅巴，看看桌上有半瓶酒，也拿了，赶紧爬回草寮。两翁某半个多月没吃到肉了，慌慌吃，差不多连自己的舌头都要当肉吞了。阿叽把半瓶酒全喝了，抹抹嘴，心满意足困了。

就这样，阿叽晚上出外偷点东西，日里在厝内吃，不会受饿了。附近的人家，今日短了肉，明日少了米。一开始只当是老鼠偷的，他们备了老鼠夹,老鼠笼,老鼠逮着了,短缺反倒多了。有时连成瓶的酒,整领的衫都不见了。疑心是贼偷,闭门关窗,派人巡查,也没用。

过了一个多月,阿吼的心肝又不足了:日日晚上出去,太吃力,像以前那样,钱当土,酒当水,快快活活,安安稳稳,多好啊!他看准了住在自己老厝的财主,有一口大箱放在床铺下,里面全是金银财宝,珍珠玛瑙。只要把这口箱偷到手,就能快活几年。一日夜里,阿吼披上老鼠皮,爬到财主的房内,等财主困了,他就地一滚,变出本相,钻到床底下,用死力拖大箱。那口大箱重呵,他平时浪荡惯了,能有几两力气?推了几下,箱子不见动;拉几下,也不见动。他急了,忘了自己是钻在床下,要伸直身子喘一口气,不料一撞,撞着了床板,头顶起一个泡,叫了声"哎哟!"这一声叫,把财主惊醒了,他没命地跳下床去开门,杀猪一样大叫起来:

"抓贼呀!快抓贼呀!"

几个巡夜的家人点着灯笼,抡着扁担赶来,看床下有个人,拼命去抓。咦,那个人一下子不见了,"嗖"一声,逃出一只老鼠。财主大叫:"抓住它!抓住它!"

老鼠在前头急急逃,家人和财主在后面紧紧追。老鼠看见前后四边都是火光和人影,急了,正好前边竖着一根长木杆,一下蹿了上去。追赶的人把木杆团团围住,又叫,又骂,一直闹到天亮。这时,一只大雕飞来,看见木杆顶的老鼠,猛地扑下来,一口叼起,飞走了。围在木杆旁的众人才散走。

老雕叼着老鼠,飞呀飞,飞到三十里外海当中,歇在一块礁岩上。它放下老鼠,正想吃,谁知老鼠就地一滚,变成了人。老雕一惊,赶紧扇扇翅膀,逃走了。阿吼昨晚被一夜追赶、老雕抓捕,累得没力没气,如今见自己孤零零站在礁岩上,四面是海水,没船没人,没吃没喝,连声叫苦!

阿吼的某在厝内等了三天三夜,不见自己的翁回来。她想:"往日阿吼是当夜去,当夜来。三日三夜不见归家,会不会被人抓住了?"她备了香烛去娘娘庙问讯。娘娘见阿吼太贪心,心内正气,转过来一想,老鼠皮是自己给的,出事了,总不能看他死,只好再帮他一次。夜里,娘娘托梦给阿吼的某:"给你一对翅膀,你插在肋下,飞到三十里外的一块礁岩上,把你的翁驮回来。切切记住,你千万不能开口说话。你一开口,就掉下海变鱼虾了!"

第二日一早,阿吼的某赶紧插上翅膀,两脚一蹬,飞了起来,她飞到三十里外,真的看见阿吼躺在礁岩上。他饿了三天三夜,一点力气也没有了。阿吼的某把他摇了摇,叫他趴在自己背上。阿吼见半空飞下来的,是自己的某,又看她打手势,使眼色,像哑巴,奇怪,连声问:"你怎么啦? 你怎么知道我在这里? 你怎么会飞?"

阿吼的某连连摇手,背起他就飞。阿吼只想问个明白,就暗暗在腋下捏了一把。她一痒一惊,"啊",叫了一声。这一下,两人齐齐掉下海,化作了硬甲尖尾的物事。

后来,有人知道这物事是阿吼翁某变的,就把他们叫做鲎。直到如今,鲎还是双双对对出来,一前一后紧跟着,老人指着鲎对团仔讲:"贪吃懒做,就是神仙也无法保佑啊!"

——选自《中国民间故事集成·浙江卷》(洞头县)

稻子、麦子、豆子打架

改编稿:

很久以前,稻子、麦子、扁豆、豌豆还有赤豆的样子长得一模一样,胖胖的、圆圆的,大家都很喜欢他们。为什么现在看到的稻子、麦子、扁豆、豌豆、赤豆长得不一样呢? 原来啊,他们五个以前是好朋友,因为一次打架,变成了现在这个样子。

一天,稻子和麦子都说大家最喜欢自己,他们就吵了起来,越吵越凶,最后就动手打了起来。稻子的脑袋被打了一下,削去了一个角。麦子的肚子上被狠狠打了一拳,肚皮都陷进去了。

扁豆在一边看不下去了。他说:"你们两个不要打了。大家最喜欢的是我呀!"稻子和麦子听了扁豆的话,气得不得了,就一起来打扁豆。两人在扁豆的腰上各打了一拳,把扁豆打得扁扁的。

豌豆站在扁豆身边,扁豆被打得站不住脚,一头撞到豌豆的身上。

豌豆没站稳,"咕噜噜,咕噜噜"滚到了山脚下面,把自己滚得圆圆的。

赤豆看见几个朋友打得这么凶,吓得直发抖。急得脸上紫一块,红一块。赤豆大声地喊:"别打了! 别打了! 只要不打架,大家都会喜欢我们的。"

稻子和麦子看见自己和朋友都变了样子,吓得再也不打了。他们想要变回原来的样子,却再也变不回去了。五个朋友知道只要不打架,大家都会喜欢他们的。

从那以后,我们看见稻子碾出来的米都是缺个角;麦子的肚子中间都陷了进去;扁豆再也不是圆圆的,而是扁扁的;豌豆滚圆滚圆;赤豆呢,就是紫红色的了。

作品分析与活动建议:

这个作品具有两个方面的意义,一是培养幼儿仔细观察事物的行为习惯;二是引导幼儿感悟吵架打架的危害。

稻子、麦子、扁豆、豌豆和赤豆都很容易找到,家里、菜场里偶尔也会看到。不过,幼儿,甚至一些家长却未必仔细观察过这些东西的形状和颜色。这个故事以生动形象的描写刻画了稻子等的形状和颜色,会吸引幼儿进行仔细地观察。仔细地观察体认事物,而不是粗略地"知道"事物,是一种非常重要的品质。有了这种品质,人们才能更好地认识世界、感受生活。

由于稻子、麦子等事物比较细小,讲述故事前,家长可以先引导幼儿观察一下(也可在网上观看相关图片);故事中运用夸张的手法表现的人格化稻子、麦子等很容易引起幼儿的关注,讲述完后,可以引导幼儿再一次仔细观察稻子等的形状。

好朋友也免不了斗嘴吵架,应该如何认识这种行为的性质呢? 故事形象地诠释了吵嘴打架的危害——人人都会扭曲变形。当这样的感悟渗入孩子的心灵,将对他们的成长产生潜移默化的作用。

讲故事的过程中,家长可适当运用肢体动作和夸张的语态,来表现吵架斗嘴的过程以及角色形象产生的体形变化,让幼儿明白吵架会让大家都受到伤害。

附原文：

早年，稻、麦、银豆、豌豆、赤豆的样子都差不多，后来因为一次大相打，才变作现在的样子。

一天，稻和麦为了争做五谷的王，两个吵了起来，越吵越凶，就开打了。稻的肩胛头给麦打了一拳，削去了一个角；麦被稻打了一拳，肚皮陷了进去。

这时，银豆和豌豆在边上看热闹。银豆说："你两个快勿要争了，什么王不王的，人最中意的还是我。"谁知道稻和麦一听，气煞了，便合起来一齐打银豆。两个在银豆的腰边各打了一拳，把个银豆打得扁扁的。

豌豆呢，正好站在银豆身边，银豆被稻麦打得站不牢，一头撞在豌豆身上，豌豆站不稳，一下子滚到山脚，身子滚得圆溜溜的。

赤豆呢，见这班兄弟打得介凶，吓得直抖，脸色吓得青的青，紫的紫，黄的黄，红的红。

从此，碾出的米总缺只角，麦肚中央留下一条槽，银豆是扁扁的，豌豆是滚滚圆，赤豆呢，各种颜色都有了。

——选自《中国民间故事集成·浙江卷》（文成县）

六和塔

改编稿：

小朋友们都知道杭州有个六和塔，那你们知道六和塔的故事吗？

很久以前，钱塘江底有一座水晶宫，宫里住着一个龙王。这个龙王每天都会发脾气。他一发脾气，肚子气得一鼓一鼓，眼睛冒出火来，把钱塘江搅得涨起潮水来，"哗啦啦，哗啦啦，嘭！"浪头一个比一个高。渔船被打翻，渔民被淹死。钱塘江两岸田地、房屋常常会被潮水淹没，大家对龙王又气又怕。

钱塘江边有一户人家，爸爸、妈妈还有儿子六和。六和的爸爸在钱塘江上打鱼，龙王发脾气了，六和爸爸的船翻了，人被潮水冲走了。六和心想，我长大后，一定要想办法不让龙王发脾气。

　　有一天,六和跟着妈妈一起在江边打鱼。爱发脾气的龙王又发脾气了,钱塘江上的浪头掀得比小山还高,"哗啦啦,嘭! 哗啦啦,嘭"地扑过来。六和抓住妈妈的手往岸上跑,一个高高的浪头过来,一下子把妈妈卷走啦! 六和从水里钻出来,伤心地哭了很久。

　　他跑上江边的小山,一边哭一边把山上的石头扔进江里。他想:我一定要把钱塘江填满,赶走这个爱发脾气的龙王。石头落到钱塘江里,落在水晶宫前的台阶上。六和丢了七七四十九天石头,水晶宫前的石头堆成了一座小山。老百姓知道了这件事情,也都来帮忙,一起扔石头。

　　大家扔的石头很快把龙王水晶宫的门口都堵住了。龙王气坏了,他从窗户里钻出来,带着虾兵蟹将找到六和,说道:"小孩,你要再扔石头,我就把你们都淹死!"龙王一边说,一边掀起大浪,"哗啦啦,嘭! 哗啦啦,嘭!"六和一点都不害怕,站在山腰上带着大家扔石头。龙王掀起的大浪刚冲到半山腰,就冲不上去了。看到六和不害怕,龙王叹了一口气说:"嗨,你真是个厉害的小孩。我怎样做,你们才不扔石头呢?"

　　六和大声地对龙王说:"只要你不发脾气,不掀起大浪,我们就不扔石头。不然的话,我们天天扔石头,砸你的水晶宫,堵住你的门。"

　　龙王说:"可是,我总会有不高兴的时候呀。"

　　六和说:"你不能每天发脾气,要是不高兴了涨潮水,只能涨到这座小山的一半高,涨过小山腰就会把房子和田地淹没的。"

　　龙王害怕大家一直扔石头,只好答应了六和的要求。从那天以后,龙王再也不敢每天发脾气了,有时候涨潮水,只涨到这座小山的一半高就停下来了。有了这座小山挡住潮水,钱塘江潮水再也不会淹没田地和房屋了。

　　为了感谢勇敢的六和,老百姓为他在这座小山上造起了一座塔,名字就叫"六和塔"。

作品分析与活动建议:

　　神话传说里那种非凡的想象力和力求突破自身局限去征服自然的大无畏精神,一直是人类文化的重要组成部分,这种想象力和大无畏精神也是今天的儿童非常需要的。在这个传说故事里,勇敢的孩子——六和,不畏强暴,带领大家跟龙王(代表着大自然的破坏力量)作斗争,并取得了胜利。他身上就体现了中华民族的大无畏精神。

讲述故事时,家长要注意通过象声词来渲染潮水的厉害,把握龙王的语气变化,从恶狠狠到求饶,以此衬托六和的勇敢和坚定,让孩子真切地感受六和这个形象。

家长在给孩子讲述这个故事前,可以给孩子看看相关的图片,如六和塔、钱塘江、钱江潮等等;也可以在讲完故事后,带孩子去看看六和塔和钱塘江,进一步体会故事内容。

附原文:

原先,住在钱塘江里的那个龙王,性情非常暴躁,潮水涨落没一定时刻,沿江两岸的田地常常被淹没,害得人们提心吊胆地过日脚。

那时,江边住着一户穷苦的渔民,夫妻俩带着个儿子六和过日子。六和五岁那年,父亲在江上打鱼翻了船,淹死了。从此,六和一家更苦啦。有一天,娘儿俩正在江滩上捞鱼,不料潮水来得特别快,特别凶。六和看看势头不妙,拉住娘的手拔脚飞跑,可是已经来不及了,一个浪头涌过来,把他娘卷进漩涡里去啦。六和没了娘,望着江水,又伤心又气愤,他跑上江边的小山,一面哭,一面把山上大大小小的石头使劲扔进江里去,发誓要把钱塘江填满,不让潮水横冲直撞,到处害人。

石头落到钱塘江里,砸坏了水晶宫的屋顶和门窗。六和丢了七七四十九天石头,水晶宫前的台阶上丢成了一座小山,龙王吓坏了。这天正好是八月十八,龙王带着虾兵蟹将来到六和面前,说道:"小孩,小孩,不要丢石头,你要金要银要珠宝,我都给你!"

六和听了,恨恨地说:"龙王,你听着,我不要你的金银,不要你的珠宝。你依我两件事就好。假如不依,我就用石头压坍你的水晶宫,填平钱塘江!"

龙王听了,慌忙问道:"哪两件事?你说,你说!"

六和说:"第一件,你把我娘送回来;第二件,从今以后不准乱涨潮,潮水只许规规矩矩顺着河道走,涨到这座小山边为止。"

　　龙王怕六和真的把钱塘江填没了,压坍他的水晶宫,只好都答应下来。第二天,龙王果真把六和娘送了回来。从那时候起,钱塘江的潮水涨到这座小山边便稳定下来。只有每年八月十八那一天,潮水特别大,那是因为龙王怕他的部下再闯祸,亲自出来巡江的缘故。

　　后来,人们为了不忘记六和制服龙王的功劳,就在小山上造起一座宝塔,这就是"六和塔"。

——选自《中国民间故事集成·浙江卷》(杭州市)

老古怪收徒弟

改编稿:

　　从前,衢州有一个人,他的外号叫"老古怪"。他为什么叫老古怪呢?听了这个故事,你就知道了。

　　老古怪会用竹子做成各种各样的东西。拿起一根竹子,"唰唰唰……"几下,一个漂亮的东西就做好了。很多人都想跟老古怪学这个本领。可是,老古怪一直不肯收徒弟。

　　有一天,老古怪觉得自己年纪大了,就打算收徒弟。第二天,很多人来到老古怪家,有的带着钱,有的带着好吃的东西,还有的带着老酒。他们把东西放在桌子上,可是老古怪看都不看一眼,只是"唰唰唰……"地做着东西。想来学本领的人,看见老古怪不理自己,就有的在旁边玩,有的在抽烟,还有的走来走去,很不耐烦。

　　这时候,只有一个小个子的人很仔细地看着老古怪是怎样做东西的。老古怪问:"你叫什么名字?""我叫小个子。"那个人回答说。

　　想来跟着老古怪学习的人,都看不起小个子。因为,小个子穿着旧衣服,没有带一点钱和东西。老古怪问了小个子几句,又管自己做东西了。

　　过了很长时间,老古怪还是没说收谁当徒弟。等啊等,等啊等。有的人肚子饿了,就到外面去买东西吃。有的人,就开始大声说话,聊天。只有小个子认认真真地站在旁边,看着老古怪是怎样做东西的。

　　这时候,老古怪对大家说:"都回去吧。你们把带来的东西都拿回去。"想来拜师傅的人都很不高兴,只好带上东西回去。最后,小个子也跟着大家走出去。走到门口的时候,小个子看到扫把倒在地上。前面的人都从扫把上面跨过去,只管自己回家。小个子看见了扶起扫把,还把老古怪的家里扫得干干净净。

小个子正要出门,老古怪忽然说:"你留下,我收你做徒弟。"

离开老古怪家的那些人,都说这个老头真古怪。不要钱,不要东西,收了一个又穷又小的人做徒弟。从那以后,老古怪的名字就叫开来了。

作品分析与活动建议:

家长普遍很注意孩子学习知识,却容易忽视孩子学习品质的培养。其实学习品质比知识更重要,关乎人的一生,它是学有所得的前提和保障。这个故事就是帮助孩子理解这一点:专注观察、仔细揣摩,而不是等待他人传授;从小事做起,而不是志大才疏(小事不做,大事学不成)——这些是学习者应该具有的态度和品质。

故事中的小个子,眼勤,能仔细观察琢磨,有一种好学精神;手勤,看见倒地的扫帚就马上扶起,肯做小事。眼勤手勤,这种良好的学习态度和学习品质,自然就得到了老古怪的肯定,所以在这么多年轻人中,只选他做徒弟。古话说"处处留心皆学问",就是会学习,肯学习。

给孩子讲故事的时候,要将小个子的学习态度(认真仔细地观察、揣摩)以及从小事(扶起扫把,扫地)做起的品质,充分渲染出来。

讲完故事后,可以同孩子一起讨论以下问题:来拜师傅的人,看见老古怪不理自己,都在干什么? 小个子在干什么? 小个子出门时扶起了什么? 用这个东西做了什么事情? 老古怪为什么不理那些来拜师傅的人? 为什么只收小个子当徒弟?

附原文:

"老古怪"考徒

很早以前,这西山乡有个很有名气的篾匠。他编的篾席、饭盒、竹篮,样子美观,又经久耐用。许多青年纷纷慕名前来,要求拜师学艺。

可是老篾匠偏偏一个徒弟也不收。大家背地里叫他"老古怪"。

过了一年又一年,老篾匠做了六十大寿。他的眼睛花了,腿脚也不方便了,原先那点攥在手里不觉份量的篾匠工具,现在已经让他感到坠得腰酸,翻山越岭更是累得上气不接下气。老篾匠这才想到需要带个徒弟做助手。

"老古怪"要带徒弟的消息一传开,远远近近,呼隆一下涌来上百个投师学艺的年轻人。一时间,把老篾匠的小屋挤得满满的。老篾匠望着这许多人,说:"我只收一个徒弟。如果我随便在你们中间选一个,选不到的肯定要恨我。这样吧,现在请大家先回去等候我通知,我想出道题,谁回答得出就取谁。"

众人没话可说,一个个垂着脑袋,相跟着走出门去。门口的台阶下横倒着一把竹丝扫帚,走出去的青年,一个个提腿跨过去。最后走出的是个身子瘦小的少年。他因为从百里外赶来,进屋时,见堂前、厢房都坐满了,没地方插脚,就坐在灶前的柴草上。大家出门去,他将弄乱的柴草归聚好,跨出门槛,看见地上横着扫帚,随手捡起来竖在一边。这时,老篾匠说话了:"小后生,你不要走了,就你考中了。"

瘦个少年呆了呆,猛然清醒过来,赶紧回身,口叫"师傅",行起拜师礼。这时,走在前头的那些人,全都转回来了,说:"咄,哪有这样的考法? 这样简单的题谁答不上来?!"老篾匠微笑着说:"是呀,这么简单的事都做不到,又怎么做精细的活呢?"

——《中国民间故事集成·浙江卷》(开化县)

佛手

改编稿:

佛手,是一种水果,长得像人的手,又香又好看,还能治病。传说佛手还是唐僧和孙悟空他们西天取经带回来的。

孙悟空保护唐僧取经,来到印度的一个地方。一天晚上,他们在一个破庙里休息,早上起来,唐僧发现他的帽子不见了。孙悟空"噌"一个跟斗跳到屋顶东看西瞧,"看,角落里有个菩萨,是个小妖怪变的,帽子在他手里。"八戒一听，跑过去抓帽子，没想到怎么也抓不下来。"师兄，让我来！"沙和尚拿起月牙铲用力铲去，"咔嚓"一声，那个假菩萨的手就被铲断了。"嗖"，那只手拿着帽子就往窗外飞去，刚飞到一棵小树上，孙悟空用金箍棒一指，"定"，那只手就被定在树上了。

猪八戒高兴地说："哈哈，看你还跑不跑！"他伸手去拿帽子，可帽子被那只手捏得紧紧的，像是夹在了石头缝里。猪八戒累得满头大汗，帽子还是没有拿到手。孙悟空一把推开他，叫道："你这个呆子，让开！"张口一吐，一束火苗"嘶"地从口中喷出，那只手被烫得乱抖，只好放了帽子，八戒赶紧捡起。他看见那只手还不停地在空中抓啊抓。"猴哥，他还想偷，你再喷他一口火，看他还敢不敢偷东西！"猪八戒大声叫道。

"好。"孙悟空"呼"地一口火喷了过去，那只挂在树上的手被烫得焦黄，散发出一阵阵清香。悟空、八戒、沙和尚都笑了起来。孙悟空说："沙师弟，你把这棵小树拔起来，挂在行李上，省得它以后再去偷东西。"

过了好多年，唐僧师徒取经回来了，他们经过金华罗店，看见罗店的人都生了一种浮肿病。他们住的这户人家有四口人，个个脚肿得像个冬瓜，肚皮胀得像皮球，难过得"嗯呀嗯呀"地直叫。唐僧看得心里很难过，一边念经，一边让大家一起想办法。想呀想呀，谁都想不出好办法，唐僧和他的徒弟打着哈欠睡着了。这时候，佛手散发出一阵阵香气。真香呀，佛手的香气飘到每一间屋子里，生了浮肿病的四个人也都打着哈欠睡着了。

第二天早上天一亮，生了浮肿病的四个人就进来感谢唐僧和他的徒弟，他们说："大和尚，谢谢你们治好了我们的病！"唐僧奇怪地说："我没有给你们治病呀。"病人说："可是，你们住在这里，有一种很好闻的香气，我们晚上就睡得很好，病就好了。"孙悟空用力地抽着鼻子说："香，香，真香呀！"猪八戒一拍大腿说："我知道了。"他跑过去抓住行李担上的佛手问病人："是不是这种香气？"病人们走过来一闻，笑着说："对，就是这种香气。"

丝丝香气正从张开的佛手里散发出来，解药终于找到了，竟然就在他们的眼皮底下，那个偷帽子的小妖怪的手——佛手。

唐僧很高兴，叫三个徒弟把罗店的百姓请来，轮流闻这只佛手。几天后,罗店人的病都医好了。孙悟空还把小树留给罗店人。百姓们为了感谢他们,把这棵小树种在瓷缸里。后来小树长成大树,老百姓又把大树分成小树,佛手就这样在罗店生长起来了。

作品分析与活动建议:

《西游记》的故事每个孩子都喜欢,唐僧的仁慈,孙悟空的机敏和武艺高强,猪八戒的憨傻都已深入人心。在《佛手》这个故事里,我们也可以看到这些人物的性格。

《佛手》这个故事具有传奇性,情节曲折有趣。一个小妖怪变成菩萨,偷了唐僧的帽子,被孙悟空识破。八戒、沙和尚去抓时,小妖怪变成的菩萨的手逃到树上,被孙悟空用定身法定住。孙悟空用神火把小妖怪变的佛手烤得黄黄的,散发出一种香气,再也不能去偷东西了。没想到,这只黄黄的佛手跟着唐僧师徒取经回来,居然能作为一种药,解救了生浮肿病的老百姓。

有些孩子不认识佛手,家长可以找一些图片,让孩子观看;季节合适的话,家长可以买些佛手,或带孩子去市场看佛手,让孩子观察,闻闻佛手的清香。故事讲完后,还可以让孩子画一画佛手。

附原文:

佛手佛手,就是西天佛国一个佛的手,它怎么会到罗店来变作有名的花果呢?这里面有一个故事。

相传,唐僧带着三个徒弟去西天的佛国取经。有一日到了印度地界,天已经黑了,他们就在一个破庙休息。第二日五更,师徒四人准备起身走路,一看,唐僧的宝贝帽寻不着了。三个徒弟一听,马上帮忙寻,东寻西寻,在一个泥塑的佛手里找到了唐僧的帽。猪八戒为了讨好师傅,就到佛的手里去拿帽,一拿拿不下,就用力去拉,结果拉也拉勿落。沙和尚看勿过,拇起月牙铲朝佛手用力铲去,只听咔嚓一声,那只佛手给铲断了。佛手铲断没有掉在地上,嘟的一记飞到庙外的一株小树上。孙悟空怕它再飞,就用定身法把它钉牢了。猪八戒又去夺,可是帽被佛手捏得紧紧地,好比夹在石头缝里一样。孙悟空感到很奇怪,就吐了一口"三昧真火",那只佛手被烫得乱抖,只好把唐僧的帽给丢掉了。可是佛手不死心,仍旧在乱抓。猪八戒讲:"大哥,那只贼手还想偷,你再给它一口火。"孙悟空又吐了一口"三昧火",只听嗤的一声,冒出一股喷香的青烟,佛手被烫的焦黄,不怕烦的沙和尚,就拔了这棵小树挂在行李架上带走了。

唐僧取回真经,转到中原,有一日经过金华罗店,看见罗店人生浮肿病,唐僧想跟他们借宿也无人肯借,最后,在一户浮肿病最凶的百姓屋里歇下了。这户人家四个人,个个都得了病。唐僧看他们的脚肿得像个冬瓜,肚皮胀得像箕,心里很难过,就叫孙悟空想办法医病。孙悟空一个跟斗翻到太上老君那里去讨药,太上老君讲无这种药;他又到观音那里去求药方,观音说这种病从来没有见过。孙悟空无办法,之后转到罗店。唐僧听孙悟空一讲经过,心事重重的,一夜困勿熟。那日夜里,房东家四个人嗯呀嗯呀哼勿歇,后半夜呢,四个人都勿哼了。第二日五更,四个人的病好了一半,唐僧感到奇怪,就问主人家:"你们的病是怎么好起来的?"主人家讲:"我们也勿晓得,好像是闻到一股香气后,就感到舒服些了。"沙和尚赶紧从行李担上拿来那株小树,叫主人家闻。问主人家是否这株树上发出来的香气。主人家一闻,连忙讲:"是格是格。"唐僧就叫他们凑近再闻。到了第三日五更,主人家四人的病都好了,唐僧见那只粘在小树上的佛手可以医治浮肿病,很高兴,就叫三个徒弟把罗店的百姓叫来轮流闻。十来天后,罗店村得浮肿病的人都医好了。罗店百姓齐齐跪下感谢唐僧师徒的恩德。唐僧怕这种病再发,就把这棵小树留下了。百姓们很感激,就把这棵小树种在瓷缸里。就这样,西天佛国的那只佛手就在罗店生根落脚了。

——《中国民间故事集成·浙江卷》(金华市)

三潭印月的传说

改编稿:

西湖里有一个地方叫"三潭印月"。你知道这个"三潭印月"是怎么来的吗?

从前，西湖里来了一个贪吃葫芦的黑鱼精。月亮升起来的时候，他就要吃到葫芦。要是吃不到，他就会发脾气喷水。他从西湖里"呼——"地一下子吸满水，又"哗——"地一下子喷出来。喷出来的水淹掉了房子、冲走了庄稼。西湖里的鱼也会一条条摔死在岸上，杭州城里到处都是死鱼的臭味。

一天，一个老石匠带着徒弟来到杭州城，黑鱼精吃不到葫芦，又在那里发脾气喷水。老石匠和徒弟满头满脸湿淋淋的，路都没法子走了。路边的一个老婆婆告诉老石匠，老百姓恨死了黑鱼精，可是没办法对付他。

老石匠说，大家一起商量，一定有办法对付黑鱼精。老婆婆请了很多人到家里来和老石匠一起商量。老石匠的徒弟听说黑鱼精喜欢吃葫芦，想出一个好办法。

老石匠和徒弟运来很多大石头，"叮叮当，叮叮当"地做起石葫芦来。老百姓也来帮忙，一起做了三个石葫芦。石葫芦很高很高，就像三座石塔。

老百姓一起帮忙把石葫芦运到了西湖边上，黑鱼精看到那么大的葫芦，高兴得跳起来，张开大嘴就咬。石葫芦很重很重，黑鱼精一口没咬住。石葫芦"骨碌碌，骨碌碌"往黑鱼精的身上滚去，滚到了他的尾巴上。

黑鱼精再去咬第二个，又没咬住，石葫芦又"骨碌碌，骨碌碌"往黑鱼精的身上滚去，滚到了他的背上。

黑鱼精不死心，又去咬第三个，这下咬住了。三个石葫芦拖着黑鱼精往下沉。"咕噜噜，咕噜噜"，贪吃葫芦的黑鱼精吐着水泡泡，沉到了湖底下。黑鱼精"啪嗒、啪嗒"地甩尾巴，扭身子，在西湖底下搅出了三个深潭。三个潭越来越深，越来越深，石葫芦只能露出一个尖尖的葫芦顶。黑鱼精力气用完了，沉在水底一动不动，再也不能出来害老百姓了。

月亮升起来的时候，黑鱼精会在西湖底下"咕噜噜，咕噜噜"地吐泡泡。黑鱼精为什么会在月亮升起的时候吐泡泡呢？因为，老百姓在石葫芦顶上凿了三个圆洞，月亮透过圆洞，会在湖面上印下三个影子。每个石葫芦,印下三个月亮影子。三个石葫芦就有了九个月亮影子。黑鱼精看着一个月亮影子,好好想一想,再看一个月亮影子,再好好想一想。想着想着,他就明白了:发脾气害人,最后会害了自己。

作品分析与活动建议:

三潭印月的传说有很多,每一个不同的传说都表现了不同时代人们的生活智慧及感悟。改编后的这个作品,利用三潭印月的传说形象生动地表现了一个道理:乱发脾气会害人,最后还会害了自己。对儿童抑或对成人来说,控制自己的情绪,不要让不良情绪无节制地发作,是一个非常重要的生活道理。

本故事所蕴含的哲理,透过老石匠和徒弟同老百姓一起智斗黑鱼精的情节生动地表现出来。在情节描述过程中,改编者没有把黑鱼精描写得十恶不赦,必须赶尽杀绝,而是让他在湖底静静地反思。

家长给孩子讲述这个故事时,可以给孩子看一些三潭印月的图片,也可以在带孩子游玩三潭印月时回忆、联想这个故事,从而对生活有更为深入的领悟;同时不要太刻意地强调黑鱼精是个坏人;故事中的寓意点到即可,不要联系孩子可能有过的乱发脾气现象上纲上线。

附原文:

西湖里有三座石塔,像三个宝葫芦一样,长在波光粼粼的水面上。每到中秋之夜,明月当空,人们喜欢在石塔的圆洞里点上灯烛,把洞口糊上薄纸,水里就会映出好多小月亮,月照塔,塔映月,景色十分绮丽。那就是有名的"三潭印月"。

那么,这三座石塔是哪里来的呢?

有一年,山东的能工巧匠鲁班带着他的小妹,到杭州来。他们在钱塘门边租了两间铺面,挂出"山东鲁氏,铁木石作"的招牌。招牌刚刚挂出,上门拜师的人就络绎不绝。鲁班挑挑拣拣,把一百八十个心灵手巧的年轻后生收下作为徒弟。

鲁班兄妹的手艺好极了,真是鬼斧神工:凿成的石狗会看门,雕出的木猫会捕鼠。一百八十个徒弟经他们一指点,个个都成了高手。

一天，鲁班兄妹正在细心给徒弟们教手艺，忽然刮来一阵大风，顿时天上乌云翻滚，原来有一只黑鱼精到人间来作祟。黑鱼精一头钻进西湖中央，钻出一个三百六十丈的深潭。它在潭里吹吹气，杭州城里就满城的鱼腥臭；它在潭里喷喷水，北山南山下暴雨。就在这一天，湖边的杨柳折断了，花朵凋谢了，大水不断往上涨。

鲁班兄妹带着一百八十个徒弟，一起爬上宝石山。他们朝山下望望，只见一片汪洋，全城的房屋都浸泡在臭水里，男女老少四散奔逃。湖中央，有一个好大好大的漩涡，漩涡当中翘起一只很阔很阔的鱼嘴巴，鱼嘴巴越翘越高，慢慢地露出整个鱼头，鱼头往上一挺，飞起一片乌云，乌云飘飘摇摇落到宝石山顶上，云头落下一个又黑又丑的后生。

黑后生转动着圆鼓鼓的斗鸡眼珠，朝鲁妹瞟瞟："哈哈，漂亮的大姑娘，你做的啥行当？"

鲁妹说："姑娘我是能工巧匠。"

黑后生把鲁妹从头看到脚："对了，我看你亮亮的眼睛弯弯的眉，想必会绫罗绸缎巧裁剪。走，跟我去做新衣裳。"

鲁妹理也不理他。

黑后生把鲁妹从头看到脚："对了，我看你苗条身材纤巧的手，想必有描龙绣凤的好针线。走，跟我去绣棉被。"

鲁妹厌恶地别转头。

黑后生猜来猜去猜不着，心里想了想，眯起眼睛说："漂亮的大姑娘，不会裁剪不要紧，不会刺绣没关系，你嫁到我家去，山珍海味吃不完，乐得享清福。"说着，伸手拉鲁妹。

鲁班一榔头隔开他的手，喝道："滚开！"

黑后生仍旧咧着大嘴，嬉皮笑脸："我的皮有三尺厚，不怕你的榔头！大姑娘嫁给了我，什么都好说，要是不嫁，再涨大水漫山冈。"

鲁妹心里想，倘若再涨水，全城百姓的性命都保不住。她眼珠儿一转，有办法了。对黑后生说："嫁给你不能急，让阿哥先给我办样嫁妆。"

黑后生一听，开心了："好姑娘，我答应。你打算办什么嫁妆？"

"高高山上高高岩，我要阿哥把它凿成一只大香炉。"

黑后生高兴地拍大腿："好好好，天上黑鱼王，下凡立庙堂。有个你陪嫁的石香炉,正好拿它来收供养。"

鲁妹拉过阿哥商量了一阵。鲁班对黑后生说:"东是水,西是水,怎么办? 你先把水退下去。"

黑后生张开阔嘴巴一吸,满城的水都倒灌进他的肚皮里去了。

鲁班指着山上一块悬崖问后生:"你看,把这半座山劈下来作石香炉怎么样?"

"好哩,好哩,大舅子,你快凿,凿得越大越风光。"

"香炉大,香炉高,重重的香炉你怎么搬呢?"

"喏喏喏,只要我抬抬脚,身后就会刮黑风。小小的石香炉算什么,就是一座山我也吸得动。"

等到避在山上的人都回家去了。鲁班他们就爬上那倒挂的悬崖。鲁班抡起大榔头,在悬崖上砸一锤,他的一百八十个徒弟,跟着砸一百八十锤。"轰隆"一声,悬崖翻下来了。——从此,西湖边的宝石山上就留下一道峭壁。

这块悬崖真大。这边望望白洋洋,那边望望洋洋白,怎么把它凿成滚圆滚圆的石香炉呢? 鲁班朝湖心的深潭望望,估计好大小,就捏根长绳子,站在这块悬崖当中,叫妹妹拉紧绳子的另一头,"啪嗒啪嗒"跑两步。鲁妹的脚印就在悬崖上画了一个圈。鲁班先凿了一个大样,一百八十个徒弟按照样子凿。凿了一天又一天,七七四十九天,这块悬崖变成了一只很大很大的石香炉。圆鼓鼓的香炉底下,有三只倒竖葫芦形的尖脚,尖脚上,都有三面透光的圆洞。

石香炉凿成了,鲁班朝黑后生说:"你看,我妹妹的嫁妆已经做好了,现在,就请你搬下湖。"

黑后生急着要新娘子。鲁班说:"别忙! 你先把嫁妆搬下去摆起来,再打发花轿来抬。"

黑后生高兴死了,一个转身就往山下跑,他卷起旋风,竟然把那么大的石香炉骨碌碌吸得向后滚。黑后生跑呀跑呀,跑到湖中央,就变成黑鱼,钻进深潭,石香炉滚呀滚呀,滚到湖中央,在深潭边的斜面一滑,"啪"一声倒覆过来,把深潭罩得严严实实,不留一丝缝隙。

黑鱼精被罩在石香炉下,闷得透不过气来,往上顶顶,石香炉动也不动,想刮阵风,又转不开身子,没办法,只好死命往下钻,它越往下,石香炉就越往下陷……

黑鱼精终于闷死了,石香炉也陷在湖底的烂泥里,只在湖面上露出三只葫芦形的脚。

这便是"三潭印月"三个石塔的由来。

——《中国民间故事集成·浙江卷》(杭州市)

斜眼睛

改编稿:

一群兔子在比谁最勇敢。

长耳朵说:"当然是我! 大灰狼来了,我最后一个才逃!"灰毛兔说:"是我! 我最勇敢! 大灰狼来了,我就冲上去和它斗! 我才不像斜眼睛呢。"

"斜眼睛"是一只瘦瘦小小的兔子。有一次,它经过河边,没看见灰毛兔扔了一块石头到河里,只听到"咕咚"一声,就吓得大叫"大灰狼来了",然后撒腿就跑,结果一头撞在一根树杈上,把眼睛划破了,从此就成了斜眼睛。

斜眼睛见大伙儿又笑话它,不好意思地说:"我胆子是很小,我一想到大灰狼的眼睛,我就害怕。"它边说边爬上一个小树墩,"我也想变得勇敢点。"

它想把身子挺直一点,正好看见不远处有一只大灰狼悄悄地爬过来。它的腿抖起来了,喉咙好像打了结,再也发不出声音来。兔子们回头一看,"妈呀",全撒开腿飞一样地跑了。

斜眼睛来不及跑了,它使劲儿对自己说:"不能怕,不能怕。"它蜷起身子就向上一跳,刚好落在大灰狼的脑袋上。大灰狼吓得一回头,恶狠狠的三角眼,白森森的牙齿,斜眼睛都看得清清楚楚,大灰狼嘴巴里臭烘烘的气息都朝它扑过来。斜眼睛来不及细想,伸出双手就朝那双绿莹莹的眼睛抓去。大灰狼痛得"嗷"地大叫起来,身子一抖,斜眼睛趁机顺着大灰狼的脊背滚了下来,使出全身力气,撒腿就跑。

◆ 279

大灰狼"嗷嗷"地叫着，气得发疯一样，一边揉着眼睛一边就追上来。斜眼睛跑啊跑，快跑不动了。它看到坡下是一片栗子树，落叶和熟了的栗子堆了厚厚一层。它眼睛一转，赶紧将身子缩成一个球，眼睛一闭，"咕噜噜"往坡下滚去。

大灰狼追过来，东找西找，张着大口，朝着一个地方狠狠地咬了下去。马上，它又痛得"嗷"地跳了起来，原来它一口咬了好几个栗子壳。大灰狼的眼睛还痛着，舌头又被栗子壳扎麻了，只好气哼哼、灰溜溜地走了。

过了好久，小兔们悄悄伸出脑袋，看看周围，小心地走出来。长耳朵拍拍胸口说："好险啊！多亏了斜眼睛，它可真勇敢啊！"灰毛兔说："斜眼睛比我勇敢多了，要不是它，我们今天就危险了。"

可是斜眼睛在哪里啊？伙伴们找啊找啊，终于在坡下栗子树林里找到了斜眼睛。

"嘿！斜眼睛，你是最勇敢的兔子！你吓走了大灰狼！你救了大家！"兔子们一起开心地叫起来。

灰毛兔竖起大拇指说："你敢用手去抓大灰狼的眼睛，你真的很勇敢啊！"

斜眼睛抖抖身上的土，不好意思地说："大灰狼的眼睛很凶，我就想挡住那眼睛，忘了害怕。"

说着，斜眼睛又把身子挺直了一下。从这天起，斜眼睛明白了一点：越遇到危险越不能害怕，不害怕才想得出办法，才能避开危险。慢慢地，它真的成了一只勇敢的兔子。

作品分析与活动建议：

这是个有趣的故事。一连串的巧合，竟然使得胆小的兔子——斜眼睛成了"勇敢者"。

斜眼睛的胆子和其他兔子一样，也是很小，石头掉到水里的声音都会吓得它逃跑。但是当危险真的来临时，它知道害怕没有用，急中生智，蜷成一团，跳到大灰狼头上；用爪子抓痛大灰狼的眼睛；又机智地钻到落叶和栗子壳底下，逃过了大灰狼的追赶，并赶走了大灰狼。如果斜眼睛害怕了,也和大家一样转身就跑,也许就昏头昏脑地被大灰狼抓住了。真正的勇敢,不是不知道害怕,而是能在危险的时候,不慌乱,不逃跑,想出办法来对付危险。所以,它明白了一个道理:越遇到危险越不能害怕,不害怕才想得出办法,才能避开危险。斜眼睛真的成了勇敢的兔子。

家长完整地把故事讲述一遍后,可以和孩子讨论一下:斜眼睛怕不怕大灰狼? 看到大灰狼的时候,它怎么样了? 它管自己逃了吗? 它怎么做的? 它躲到什么地方去了? 它明白了什么?

讲述故事时,家长要注意语气、语调的变化,以渲染故事的气氛。

附原文:

小兔子生下来后,几乎什么都害怕。不管是小树枝儿折断的声音,鸟儿张翅起飞的声音,还是积雪从树上掉下来的声音,都吓得它们四处逃窜。小兔子们就这样日复一日,年复一年,提心吊胆地生活着。等到长大了,才敢在森林里自豪地喊道:"我谁也不怕,一点也不害怕。"

有一天,老兔子把小兔子们召集在一起,对它们说:"长耳朵、斜眼睛、短尾巴们听着,我们兔子是从不夸海口的,不要过分相信自己的耳朵,任何东西都不可怕,我们从来没有怕过谁!"说完它就俯下身,问一小兔子:"喂,斜眼睛,你怕不怕大灰狼?"

"我不怕大灰狼,也不怕大狗熊,我什么也不怕!"

听了它的话,几只兔子用前爪捂住小脸儿嘿嘿地笑起来,就连老兔子也满意地笑了。霎时间,似乎大家都变得胆大而愉快。它们有的翻筋斗,有的赛跑,玩得非常开心,几乎到了发疯的程度。

这时,一只大灰狼悄悄地来到树林里。它觉得有点饿,心想:"要是有几只兔子饱餐一顿该有多好!"突然,它听到不远的地方有兔子们嬉戏的喊叫声,同时它也闻到了兔子的气味,就塌下身子向这群玩得入迷的小兔子们悄悄地爬过去。而那些得意忘形的小兔子们谁也没有发现它,谁也没有想到森林里那些让人害怕的事。那只斜眼睛的小兔子高兴地跳上了小树墩,坐下后腿,继续大吹大擂:"听着,胆小鬼们,看着我,我给你们做个样子,要是我遇到大灰狼,我就吃掉……"

说到这里,它突然发现树墩下趴着只大灰狼。喉咙仿佛被冻住一般,再也发不出声音来。霎时间,它意识到应该赶快逃跑,就佝偻着身子向上一跳,却像个球似的跌落在大灰狼的前额上,又顺着狼的脊背滚了过去。在空中它一转身,从狼的皮毛上滑下来,就使出吃奶的力气,飞也似地逃跑。大灰狼扭身就追。这只倒霉的兔子跑得实在没有劲儿了,就索性将身子抱在一起,佝偻成一个圆球般的形状,闭上眼睛,滚到灌木丛里的一个小坑里。大灰狼绕着灌木丛转了几圈,也没有找到它,就去追捕其余的兔子。殊不知那些兔子,有的跑进灌木丛里,有的藏到树窟里,有的跳入树叶覆盖的小坑里,早就没有踪影了。大灰狼什么也没有吃到,很气恼地到别的地方去找吃食。

过了一段时间,林子里静了下来,藏了好久的兔子们才开始露面。它们有的说:"我们吓坏了大灰狼!"有的说:"要不是斜眼睛,我们都没命了,它可是勇敢的兔子!"

可是这个勇敢的兔子在哪里呢? 它们找啊,找啊,终于在一座灌木丛下的小坑里找到了它。他们见到的这个斜眼睛却在树叶堆里喘着粗气,浑身发抖。

"小伙子,斜眼睛!"兔子们异口同声地呼唤它:"你机警地吓跑了大灰狼,谢谢你,好兄弟! 我们认为,你是最勇敢的!"

这个"勇敢"的兔子听到大家在赞扬,打起精神,从小坑里爬上来,抖动一下身子,立刻就神气起来。它眯缝着眼睛说:"嘿,你们都是胆小鬼!"从这天起,这只斜眼睛的勇敢的兔子总觉得自己确实是没有什么可怕的,变得趾高气扬起来,谁也瞧不起啦!

——选自《中国民间故事集成·浙江卷》

学猪叫

改编稿:

李大大是喜欢吹牛的人,老是闹大笑话。

这天他的表哥李丁丁来做客。李丁丁会学各种动物叫,鸡啊鸭啊,猫啊狗啊,学得像极了,特别是学小猪叫,叫得就像真的一样。邻居们都来听,都笑着夸奖他学得像。一旁的李大大很不服气,对大家说:"这有什么稀奇的,我叫得比他还要像呢。"大家都不相信,叫他学给大家听。李大大抓抓头皮说:"今天不行,今天我喉咙痛,明天我学给你们听。"

第二天,邻居都来李大大家听学小猪叫,可李大大说:"今天我的感冒还没好,喉咙还有点痒痒,明天吧。"

第三天,邻居们又来了。李大大穿了一件很大的衣服,一只手插在口袋里。等大家坐好后,他用一只手捂住嘴巴,开始叫起来:"罗,罗罗,利,利利。"大家听了都笑起来,说:"还真像呢,好像这只小猪被谁狠狠掐了一下。"李大大很得意,一只手插在口袋里,更起劲地叫起来。

突然,李大大的衣服鼓起来了,里面有什么东西扭得很厉害。大家正奇怪呢,突然,一股臭气传出来,李大大的衣服纽扣"噗、噗、噗"地崩开来,一只小猪跳出来了! 只见李大大身上都是猪屎猪尿,他满脸通红,慌慌张张地去抓小猪。

原来,刚才是真的小猪在叫,小猪被李大大掐得太疼,大小便都拉出来了。大家伙笑得站都站不住了。

作品分析与活动建议:

这个带有喜剧色彩的故事,说的是一个爱吹牛的人,见别人都夸奖表哥的口技,心里不服气,便吹嘘自己的口技更好。他自以为聪明,结果闹了一个大笑话,出了大洋相,丢了面子。在善意的嘲笑声中,我们明白了一个道理:不懂装懂,吹牛说大话是要不得的。

故事非常容易懂,家长完整讲述一遍后,稍加点拨,孩子便能明白。李大大会学猪叫吗? 他为什么要吹牛说自己会学猪叫? 他有没有回家去练习学猪叫? 他为什么要穿一件大大的衣服? 结果在他学猪叫的时候,发生了什么? 自己不会做的事情,可不可以说会做? 不会做的事应该怎么办?

家长完整地讲述一遍后,和孩子讨论一下,孩子基本上便能复述这个故事。

附原文：

有个口技家装猪叫，大家都说和真的一样。有个种田人说："这不稀奇，我叫得要比他还像呢。"大家勿相信，要他叫。种田人说："今日我喉咙痛，明日我叫给大家听。"

第二日，听学猪叫的人，比头日还多。口技者叫了三遍，很多人拍手叫好。那种田人坐在屋角，把右手插在衣袋里，"哇"一声，发出猪叫声，并且越叫越响。

口技家说："大家都听见了，到底谁叫得像？"很多人说："种田佬的叫声好像开门，根本不像猪叫。"

这时，种田人解开衣服纽扣，露出一只小猪，指着它说："猪啊，你为什么不学猪叫，要学开门声呢？"

——选自《中国民间故事集成·浙江卷》（慈溪县）

只有一点像爸爸

改编稿：

王献之小时候喜欢学写毛笔字，想成为像爸爸王羲之那样的大书法家。他问爸爸："我要写多久，才能写得像你一样好？"爸爸带他走到院子里，指着大水缸说："你把这十八缸水写完了，你的字才有骨架子，才站得稳。"

王献之不服气，下决心好好练给爸爸看。他天天在书房里照着爸爸的字认真练。过了两年，他拿着自己写的字给妈妈看，妈妈看了看说："嗯，钩、划写得还可以。"

王献之回到书房，又练了两年。他爸爸把他写的字翻了一遍，摇摇头。爸爸看见有个"大"字，顺手就在下面加了一点，成了"太"字。王献之把写的字拿给妈妈看，妈妈一张一张仔细地看，最后说："只有这点像你爸爸写的。"原来这一点，正是爸爸加的那一点。

王献之觉得很灰心，连着几天没练字。

一天，爸爸带他来到一家饺子店。父子俩坐下后，王献之看见店里有个下饺子的大锅，摆在一道矮墙旁边。包好的饺子，像一只只白色的

仙人石

改编稿：

从前，有个小伙子，靠砍柴过日子。他天天要经过一条水沟。这条水沟上没有桥，人们来往都要脱鞋脱袜，很不方便。有一天，小伙子挑着两大捆柴进城。正当他又脱了鞋子，准备过水沟的时候，他想：大家这样过沟多费事，我就用这两捆柴搭个临时桥吧。

这下，人们踏着柴禾过沟，不用脱鞋啦。每个过水沟的人都会夸赞一声："什么人在这里搭桥啦，真好！"小伙子被千人夸、万人赞了。

这天小伙子进城来卖柴，经过水沟。忽然，沟旁的那块石头动了起来。呀！石头变成老头，站起来了！白胡子老头笑眯眯地对小伙子说："我在这躺了一千年了，我许下了个心愿：如果我听到谁被别人称赞一千遍，我就让他过好日子，现在这个心愿应在你身上啦。"

说完老人又在沟边躺下，变成了原来样子的石头。

小伙子回到家里，看见他的破茅屋变成了漂亮的大房子，家里要什么有什么。他一家人天天吃好的，穿好的。

时间久了，他慢慢忘记了以前过的穷日子，忘了老百姓过的苦日子，老是在乡里欺负老百姓。

一天，他想，我两捆柴搭了个桥，就有了这么大的富贵，要是我在水沟上修一座大石桥，那应该得到更大的好处了，没准可以当大官了！他越想越高兴，命令手下人把农民都抓来，挖宽水沟，雕刻石狮，要造一座大石桥。

当时正是农忙，农民正忙着收割庄稼呢，被强迫来的农民气得天天咒骂这个有钱的小伙子不替老百姓着想，真是百人怨、千人恨。

过了一个月，大石桥修好了，可是庄稼因为没人收，都烂在了地里，农民们冬天都没有粮食吃了。当官的小伙子却不管这些，独自走到仙人石旁边，洋洋得意地说："仙人石，你这次要给我什么好东西呢？"

话未说完，仙人石就动了。老人还是过去那个老人，可脸上没有笑容了。老人说："上次我的心愿应在你身上。这次，我还要还另一个心愿。要是谁被一千人怨恨，我就要他变成一头驴。这个心愿也应在你身上了。"小伙子一下呆住了,他又惊又怕地问:"难道一座大石桥,还不如柴禾搭的小桥吗?"老人听了气愤地说:"这个我不告诉你,你自己去想吧。"

老人的话刚说完,小伙子头顶上长出了驴耳朵,嘴脸"哗"地变长了,双手和双脚成了驴腿子,成了地地道道的黑驴了!

作品分析与活动建议:

这个故事非常有意思。一个小伙子偶然地用两捆柴搭了一座桥,方便了来来往往过水沟的人。人们都由衷地赞扬小伙子这一善举,神仙还让他过上了好日子。而小伙子强迫乡里农民在农忙期间建造一座大石桥,全然不顾农民们的怨声载道。结果,他非但没有得到更多的好处,还被神仙变成了黑驴子!小伙子不明白:"难道一座大石桥,还不如柴禾搭的小桥吗?"

当小伙子用两捆柴搭桥时,他只是单纯地为了方便大家,没有一点个人的目的,人们自然很感激这个为大家做好事的人。但是当小伙子为了自己的私利造桥,损害了老百姓的利益,这就要受到老百姓的谴责和咒骂了,被变成黑驴也不足为怪了。

家长在完整讲述一遍故事后,可以和孩子讨论这么几个问题:①小伙子把两捆柴放在哪里了?他为什么要这样做?②仙人石爷爷有一个什么心愿?小伙子过上了好日子,他变得怎么样了?③小伙子为什么想造大石桥?小伙子两次造桥的目的是一样的吗?为了造这座桥,他做了什么事?④当小伙子造了大石桥的时候,仙人石爷爷又有一个什么心愿?为什么会许这个心愿?

通过故事讲述和讨论,家长要让孩子明白:真正做好事的人,是真心诚意地想着别人,帮助别人,没有任何条件的;为了自己得到好处,让别人受到损害,是不道德的。

附原文:

很早以前,县城外有条水沟没有桥,行人很不方便。

有个年富力强的小伙子,孤苦贫穷,靠砍柴过日子,天天经过这条水沟上山打柴。有一天,小伙子担着柴从这经过,脱了鞋,刚要过沟。这时他想:大家这样过沟多费事,我就用这担柴搭个临时桥吧。

人们踏着柴禾过沟,不用脱鞋啦。谁到这里,都夸赞一声:"什么人在这里搭桥啦,真好!"小伙子被千人夸、万人赞了。

这天,他拿着冲担、绳子和柴刀正要过沟到山上打柴,忽然,沟旁的那块石头动了起来。呀!石头变成老头,站起来了!他面向着小伙子,脸上笑眯眯地说:"我在这躺了千年了,我许下了个心愿:如果我听到谁被别人称赞一千遍,我就赐给他荣华富贵,现在应在你身上了。"老人说着用手朝前一指,面前的空中出现了一乘大轿,侍从前呼后拥,大轿里坐着一位官员。"过不久你就是这个样子。"老人说着,一手拍拍小伙子的肩膀。小伙子看着,听着,老人一摆手,大轿又不见了。老人送给小伙子几两银子做路费,告诉他尽管放心进考场。小伙子欢天喜地,连声答谢。老人又在沟边躺下,变成了原来样子的石头。

小伙子登程赴考去了。进了考场,小伙子的笔好像自己会动一样。就这样,他三科连中,直至中了进士。

圣旨下来了,派他到本县做县官。小伙子坐着大轿,回乡上任了。真是享不尽的荣华富贵,鲜鱼好肉吃腻了,绸子缎子穿厌了,渐渐忘记了自己砍柴过的贫穷生活和百姓的苦。他想,我一担柴搭了个桥,换来这么大的富贵,要是我在河上修一座大石桥,那不知会得到多大厚报呢!于是,他就吩咐把农民征集来,挖宽水沟,打制石块,雕刻石狮,要造一座大石桥。当时正是农忙,稻谷正待收割。可是他不管这些,被强迫来的人怨声沸沸,咒骂县官,真是百人怨、千人恨。

隔了十几天,大桥修好了,农家的田园也荒芜了!这天,县官坐着大轿来到桥上,他独自走到仙人石旁边,洋洋得意地说:"仙人石,这次应给我享什么大福呢?"话未说完,仙人石就动了。老人还是过去那个老人,可脸上看不见笑容了。只听老人对他说:"上次我的心愿应在你身上。这次,我还要还另一个心愿。要是谁被一千人怨恨,我就要他变成一头驴。这个心愿也应在你身上了。"县官一下呆住了,他惊疑地问:"难道一座大石桥,还不如柴禾搭的小桥吗?"老人听了气愤地说:"这个我不告诉你,你自己去想吧。"老人的话刚说完,县官头顶上长出了驴耳朵,嘴脸豁地变长了,双手和双脚成了驴腿子,成了地地道道的黑驴了!

——选自《中国民间故事集成·浙江卷》(玉环县)

龙鼻水

改编稿:

从前有座庙,庙的后面有一个山洞叫龙鼻洞,山洞顶上有一块岩石长得很像龙的鼻子,龙鼻子里流着清凉的泉水,庙里烧火的小和尚每天就用这泉水给大家做饭。

一天,小和尚挑水回来,对做饭的大和尚说:"要是山洞里龙鼻子里流的不是水,是白米,那多好,我们天天有白米饭吃了。"大和尚看看小和尚,笑着说:"你想有多少白米呢?"小和尚说:"当然越多越好啦。"

大和尚就给小和尚讲了一个故事。

很早以前,龙鼻洞里住着一条黄龙,两只龙鼻孔一只流白米,一只流泉水。灵岩寺里的老和尚,天天让小和尚到龙鼻洞去,挑白米煮饭吃。神奇的是不管寺庙里和尚多少,挑来的米烧成饭,总是吃得一粒不多,一粒不少。

后来,老和尚觉得不满足,他想让龙鼻孔里多流出来一些白米,好去卖给别人。他叫一个力气大的小和尚背一根竹竿,把流白米的龙鼻孔用力捅大,哪晓得小和尚只轻轻一捅,龙鼻孔就一粒米也不流出来了。小和尚吓得回来告诉老和尚。老和尚不相信,自己跑到龙鼻洞,抬头一看,龙鼻洞真的不流白米了。老和尚急了,拿起竹竿朝龙鼻孔里乱捅。捅着,捅着,只听龙鼻孔哗啦一声响,喷出一股大水,贪心的老和尚来不及躲避,立刻被大水冲走了。

从此以后,龙鼻洞只"冬冬冬"地流泉水了。

小和尚听了这个故事,抓抓头皮说:"嗯,人是不能贪心的,要不然我们今天还有得吃白米呢。"

听说这个龙鼻洞在温州的雁荡山,假如你有机会去那里的话,你一定去看看哦。

作品分析与活动建议：

大自然赐予人类很多的资源，如森林、煤炭、土地等等，都在人类无尽的贪欲索取中，逐渐消失；而人类也在受着大自然的惩罚。就像《龙鼻水》这个故事。原本龙鼻洞的龙鼻子天天流泉水和白米，正好够庙里的和尚吃。可是老和尚却贪多不厌，使劲去捅流白米的龙鼻孔，结果惹恼了老龙，喷出大水冲走了老和尚，龙鼻洞再也不会流白米了。短短的故事生动形象地说明了一个道理：人不可贪心，贪心就会做蠢事，就会受到惩罚。

故事讲完后，家长可以和孩子讨论几个问题：老和尚为什么要去捅龙鼻孔呢？捅黄龙的鼻孔，黄龙会不会生气？那捅会流白米的龙鼻孔是不是一件很愚蠢的事？结果龙鼻洞还流白米吗？老和尚怎么样了？

通过讨论，让孩子自己得出结论：贪心的人会做出伤害自己、伤害别人的蠢事，我们千万不要做贪心的人。

家长还可以告诉孩子，对自然资源的过分利用，也是人类的一种贪心，也会受到惩罚的，我们应该学会珍惜有限的自然资源。

附原文：

在雁荡山灵岩寺的后头，小龙湫打横，有一个岩洞。洞顶上有一块岩石像龙鼻头，两个鼻孔里流着泉水。这石洞就叫龙鼻洞，那两股泉水就叫做龙鼻水。

相传龙鼻洞里住着一条黄龙，两只龙鼻孔，一只流白米，一只流泉水。灵岩寺里的老和尚，日日派小和尚到龙鼻洞去，现现成成担白米煮饭吃。说来也怪，不管寺里和尚多少，担来的米烧成饭，总是吃得一粒不多，一粒不少。

后来，老和尚勿满足，就叫一个力气大的小和尚背一根竹竿，把流白米的龙鼻孔用力捅大，想叫他多流出白米派用场。哪晓得小和尚只轻轻一捅，龙鼻孔就一粒米也不流出来了。小和尚吓得回来告诉老和尚。老和尚勿相信，手提袈裟下摆，慌慌张张跑上龙鼻洞，抬头一看，龙鼻洞真的不流白米了。老和尚一巴掌打倒小和尚，拿起竹竿朝龙鼻孔里捅。捅着，捅着，只听龙鼻孔哗啦一声响，喷出一股大水，贪心的老和尚来不及躲避,立刻被大水冲走了。

从此以后,那只流白米的龙鼻孔,也"冬冬冬"流泉水了。

——选自《中国民间故事集成·浙江卷》(乐清县)

朱李浦凉亭

改编稿:

朱三、李五、浦大三家是邻居。在他们三家的空地上,有一棵很大很大的樟树,树根在朱三家,树身在李五家,树叶伸到了浦大家。三家人都很喜欢这棵大樟树,村里人也喜欢在这棵大树下乘凉聊天。

有一年,这棵大樟树枯死了,三家人很心痛,都想把这棵树做成家具保留下来。他们争吵起来,都说这棵树是自己家的。

朱三生气地说:"树要从脚跟算起,树根在我们家门口,当然是我们的。有一年刮大风,树倒了,还是我们家把它重新种好的。"

李五声音很大地说:"树根是在你家,但大树的身子扑在我李家,大树就是我李家的。你们看,树身上还有我小时候刻的名字。"

浦大脸都气红了,说:"不对,大树的树叶都在我家院子里,当然是我家的树。"

他们吵啊吵啊,最后请村里年纪最大的老人来评理。

老人说:"我也不知道这棵树是你们谁家的。但我知道,你们小时候都在这棵树下玩,你们和这棵树一起长大的。现在这棵树死了,如果把它给了你们中的一个人,其他俩人会快乐吗?他们俩不快乐,你会快乐吗?"三家人都脸红了,说不出话来。

老人笑笑说:"要不,你们三家派人一起砍这棵树,砍完后卖了,把钱平分。"三家人想想,也只有这样了。

老人接着说:"可是卖掉后没多少钱,平分后,三家得到的钱更少了。"

"是啊,"三家人都说:"那也没办法啊。"

老人摸摸胡子,笑着说:"我有一个主意。你们把树砍下来后,用木头盖一个凉亭,让过路人歇脚躲雨,给村里人当喝茶聊天的地方。你们不是又天天可以看到这棵树了吗?"三家人互相看看,连声叫好。

朱三说:"对啊,我们大家又等于在大树下乘凉聊天了。"

李五说:"我们还可以在凉亭边上再种一棵小树,就当是大树的孩子。"

浦大说:"谢谢你,老人家。你的主意让我觉得很快乐,比我一个人得到这棵树还要快乐。"

几天后,凉亭造起来了,取名为"朱李浦凉亭",三家人的关系更加好了。

作品分析与活动建议:

在现代社会里,分享是一种美德,也是一种重要的交往能力。不会分享的人,往往比较孤独。因此,从小培养孩子的分享意识是非常重要的。

故事里的三家人为争夺一棵死去的大樟树,吵得不可开交,大家都不快乐,几乎失去多年的友谊。在村里老人的开导下,他们用这棵大树盖了一个凉亭,既能为村里的老百姓提供避雨歇脚的场所,又能天天看到这棵大树。他们感到快乐极了,三家人的关系也更好了。这个故事告诉我们,分享不但可以加深友谊,还能得到更多的快乐。快乐越是与人分享,它的价值便越会增加。

家长在完整地讲述一遍故事后,可以和孩子讨论这些问题:这棵大樟树是怎么长的? 三家人为什么要吵架? 来评理的老人问了一个什么问题? 你觉得三家人卖树分钱好,还是造凉亭好? 为什么? 为什么浦大说,你的主意让我觉得很快乐,比我一个人得到这棵树还要快乐?

故事讨论完后,家长可和孩子一起思考,生活中有哪些东西可以分享? 哪些东西应该分享?

附原文:

诸暨、义乌、浦江三个县是隔壁邻县。三个县的交界地方,有一株三人合抱的大樟树。这株樟树根在诸暨,树身在义乌,树叶伸到了浦江。

三个县的人对这株樟树都眼红。诸暨人说，树从根脚起，这株树属诸暨。义乌人讲，树身扑在义乌，大树的中心段属义乌。浦江人坚持树叶遮在他们头上，分份勿能少。公说公有理，婆说婆有理，争个勿休。

后来，他们请嵊县的县官老爷来处理。县官老爷觉得这场官司实在难办，左思右想，总算想出了一个两全之计。他对大家说："这株树你们三县派人一起斫，斫翻后三县都没份。""没份？"三个县的人呆住了，难道县官老爷想独吞？嵊县县官看出了大家的心思，接着说："把树卖掉，这笔钱造一个凉亭，让过路人躲躲风雨，给讨饭佬过过夜。"三县百姓连声称好。

不久，凉亭造起来了，取名为"诸义浦凉亭"。

——选自《中国民间故事集成·浙江卷》（诸暨县）

友情好喝水也甜

改编稿：

从前，有两个好朋友，一个叫张三三，一个叫李四四。他们的妻子也是非常要好的朋友，两家你帮我，我帮你，日子过得开开心心，大家都很羡慕他们。

有一天，张三三想起好些日子没见到李四四一家了，就冒着大雪来到李四四家。李四四看到张三三高兴极了，原来李四四刚刚生了一场大病，张三三埋怨他生病都不告诉一声。李四四嘱咐老婆准备饭菜，兄弟俩就在房间里聊起天来。

看到丈夫这么高兴，李四四的老婆也很高兴。可家里已经没钱了，怎么招待客人呢？她想了想，就从耳朵上摘下耳环，出门到村里小店去换了点菜，换了一点米酒。她在准备酒菜时，小女儿一直在旁边，她看到妈妈在一个碗里倒了冷开水，一个碗里倒了酒，她问妈妈为什么这样。妈妈说：只有一碗酒，应该让好朋友喝酒，爸爸就喝白开水陪好朋友。

吃饭的时候到了，李四四见到一桌子菜，心里直夸老婆能干。他拉张三三坐下，见张三三面前的那碗酒浅一点，就要换一碗。张三三连声说："不用换，不用换，"一边就喝了一口，还说："好酒，好酒。"可李四四说："不行，不行，要换的，我这碗满呢，我病刚好，不能多喝呢。"他们俩就换了一碗酒喝。刚巧，李四四的小女儿走出来看见，小孩子不懂事，就大声喊了起来："爸爸不要换，你的这碗不是酒，是开水，妈妈说的，酒应该给好朋友喝。"张三三和李四四都愣住了，李四四的妻子赶紧从厨房里出来，不好意思地解释了原因。

李四四和张三三都很感激李四四的老婆，也都很高兴。张三三笑着说："我们一起喝这碗酒和这碗白开水吧，好朋友在一起，喝水也是甜的啊！"

作品分析与活动建议：

这个作品讲的是朋友之间的相处之道，真诚地对待朋友，不管吃什么，心里都是甜的。张三三、李四四两家有着真诚的友谊，所以平淡的日子过得开开心心。李四四的老婆宁可自己丈夫喝白开水，也要让朋友喝酒，这份情谊显示出她内心的善良。

故事讲述完后，家长可以和孩子一起讨论：怎样的人才能做好朋友？应该怎样对待朋友？朋友间除了吃喝以外，更重要的是什么？让孩子明白，好朋友相处，更重要的是互相帮助，共同进步。

附原文：

老早有一对知心朋友，一个叫张三，一个叫李四，两个人胜过亲兄弟。

他俩的妻子也结成了一对好姐妹。人们都称赞他俩是前世修来的福气。

有一天，张三到李四家做客，碰巧李四手头紧，拿不出酒来招待。李四的妻子见状，就从耳朵上摘下耳环，拿去买了半碗米酒招待张三，另外用半碗水让自己的丈夫陪客人。谁知上桌后，李四不知内情，见自己的碗里满一些觉得不礼貌，就和张三换了一碗，两人就吃了起来。

饭后，张三走了，李四夸自己的妻子能干，买酒来招待朋友，没有使他失面子。妻子一听，知道糟了，忙说明原因。李四对自己的好心办错事，后悔莫及，连忙起身追赶张三。追到半路上，两个朋友又相会了，李四就把事情的经过向张三说明,请张三原谅。张三十分高兴,说:"虽然今日吃的是水,只要人情好,吃水也是甜的啊!"

——选自《中国民间故事集成·浙江卷》(淳安县)

绍兴老酒

改编稿:

绍兴有个孩子,名字叫黄老九。他没有爸爸、妈妈,一个人过日子。

有一天,他到山上去放牛。一个老爷爷看见他饿着肚子,就用大碗盛了一些饭给他。

黄老九赶着牛上了山坡,把饭小心地放在大树下的一块石头上。过了一会儿,他想吃饭了,可刚端起碗,天空"轰隆隆,哗啦啦"又打雷,又下雨了。大牛、小牛吓得到处乱跑。黄老九急忙去追,追着追着,跑出了很远。

追了很长时间,黄老九才把牛群赶回到山坡上的大树下。黄老九饿得肚子"咕咕"叫,他拿起饭碗一看,哎呀!碗里的饭都泡在了雨水里,有点糊糊了。黄老九端起碗,咦!有一种奇怪的香味。黄老九尝了一尝,哇!很好吃哎。一会儿,他就吃了一半。黄老九想,这么好吃的东西,我要留给老爷爷吃。

黄老九刚要赶着牛群下山去,可是脑袋晕乎乎的,脸上发烫。他想,就在树下躺一会儿吧。黄老九一躺下,就睡着了,很久都没有醒过来。

黄老九一直没有回来,村子里的人都着急起来,到山上来找他。老爷爷带着人找到大树下面,看到牛群围在树下,黄老九正躺在那里睡觉呢。老爷爷把黄老九喊醒,问他怎么一回事。黄老九说自己吃了那碗饭就晕乎乎地睡着了。老爷爷端起那碗饭一闻,呦!真的有一股香喷喷的味道,闻起来都会让人晕乎乎。大牛、小牛闻到香味儿围过来,馋得伸出了长舌头。

赶着牛群回到村里,黄老九就去问老爷爷:这碗饭为什么会变得很香很香,吃了以后晕乎乎的?老爷爷说,我们一起来找找这个"为什么"。老爷爷和黄老九仔细地想，一次又一次地试，又做出了很香很香，吃了以后会晕晕乎乎的东西。原来太阳把大石头晒得很烫、很烫，就像一只锅子。米饭泡在干净的水里，再放到大石头上就会慢慢变得很香了。吃了这种东西就想睡觉，睡醒了会更加有力气。

黄老九把这种东西送给村子里的人吃，大家都说好吃。村子里的人也都学会了怎么做，大家一次又一次地想办法，把这种东西做得越来越好。要是只喝里面清亮亮、黄黄的汤水，味道更好。大家知道这是黄老九第一个做出来的，就把这种东西叫做"黄老九"。为了叫着方便，有人叫成了"黄酒"，也有的人叫成了"老酒"。

喝了黄酒，舒舒服服地睡一觉，人会更加有力气。田里的牛很辛苦，有人就让牛也喝上一碗黄酒，奇怪的是牛的力气也会大起来，帮着农民做更多的事情。慢慢地，很远地方的人也都到这里来买黄酒。

作品分析与活动建议：

绍兴黄酒的传说有好多。这个改编故事不但形象生动地表达出黄酒产生的传奇性，还把黄酒的传说作为一个学习的"问题情景"，引导孩子像黄老九那样乐于追究事物的因果关系，知道仔细思考、反复探索、试验是掌握黄酒以及一切自然奥秘的关键。

讲述故事后，可以让孩子闻闻黄酒的香味，让孩子看看一些有关黄酒的实物或图片(视频)，如酒瓶、小酒坛，或者酒盅、酒碗等，还可以准备"黄老九"、"黄酒"、"老酒"等字卡。

实物或图片(视频)，可以帮助孩子以直接指证的方式形象直观地理解故事的情景氛围以及谐音词"黄老九"、"黄酒"、"老酒"等词语的所指。

附原文：

传说绍兴老酒是夏禹手下的能人水酉创造出来的。

水酉幼时住在越州壶觞村。壶觞村背靠大山岭，前面是大湖。水酉和他的弟弟米曹虽是异母兄弟，却很和睦。可是，常言道，"鸡无三条腿，娘有两条心"，水酉的后母待他却很凶，给吃给穿，完全和亲生的米曹两样。

春末夏初的一天，后母叫米曹放羊，叫水酉割草，并吩咐说："羊吃饱了，便可回来，草须割得满满的方许回来！"说完，后母给水酉盛了半钵头麦粞饭，给米曹却盛了满满一钵头糯米饭，叫他们当中饭。

兄弟两赶着羊群，不觉来到大湖边，这里水草茂密，兄弟俩就停下步来，一个放羊，一个割草。到了正午，两人拿出饭钵来准备吃饭，米曹不忍哥哥吃麦粞饭，就把糯米饭倒到哥哥的钵头里。水酉不肯吃，重新把糯米饭拨到弟弟的钵头里。兄弟俩你倒来，我倒去，倒了好几回，钵头里已经分不清哪是糯米哪是麦粞了。

这时，天气忽然变了，乌云乱飞，大雨淋头，兄弟两扔下钵头，找个地方去躲雨。等大雨过后，兄弟俩再去吃饭，还未走近就闻到一阵浓香。拿起饭钵一看，见那两钵头饭浸在水里已经滚成糜粥了。这糜粥芳香扑鼻，喝口尝尝，醉醺醺的，味道好极了。两兄弟商量着，把另一钵头饭拿回家去，让母亲也尝尝。

傍晚，羊群吃得饱饱的，草也割得满满的，兄弟俩高高兴兴回家来了。后母老远就闻到一股浓香，原来两个儿子端着一钵头香粥回来了。她拿来一尝，觉得爽口极了，问清了缘由，她疑心是神仙的点化，从此不再恶待水酉了。还叫兄弟两抬来大湖水，依法大量酿制糜粥。

后来水酉应征跟着大禹治水，每当伙伴精疲力竭的时候，他就拿亲手酿制的糜粥来慰劳他们。伙伴们饮了这种喷香的糜粥精力大增。后来，伙伴们把水酉两字合起来作为对水酉制作糜粥的纪念。这便是"酒"的由来。绍兴老酒的名声也就慢慢地传开了。

——选自《中国民间故事集成·浙江卷》（绍兴县）

海螺婆婆

改编稿：

从前，一个小渔村里住着一个小伙子，名字叫大宝，爸爸妈妈都已经没了。大宝的腿在小时候受过伤，走路有点瘸，不能出去打鱼，只好到海滩边去捡一些鱼虾卖，养活自己。大宝心地善良，很喜欢帮助别人，所以大家都很喜欢他。

一天,大宝和邻居在海边捡小鱼。突然,他们看到一个黑乎乎的东西,走近一看,原来是个样子很难看的海螺。

邻居说:"这是个难看的东西,又不能吃。别管它了,我们走吧。"说完,邻居转身就走。大宝弯下身子仔细看着这个海螺,他心想:这个海螺真可怜,孤零零的,多寂寞啊。我要把它带回家,让它和我做朋友。

大宝把海螺带回了家,小心翼翼地放进盛了海水的桶里。他轻轻地对海螺说:"海螺啊,海螺,从今以后,我就是你的好朋友,我每天回家都会来看看你,不让你孤零零的。"

第一天,大宝回到家里,看到桌上有香喷喷的米饭,还有好吃的菜。他想,一定是哪个好心的邻居帮他做的。

没想到,第二天回来又是这样。大宝心里觉得过意不去,就到邻居家去道谢。他走了许多家,邻居们都说不是他们做的。大宝心里觉得很奇怪,怎么也想不明白,他想明天一定要看个明白。

第三天,大宝像以前一样出门了,太阳一落山他就赶回家,想看一看是哪一位好心人帮自己做好了饭。他大老远就看到自己家的烟囱飘出了烟。可是,他进门一看,家里什么人也没有,只有桌上摆着喷香的饭菜。

第四天,大宝和以前一样很早出门了。这一回大宝一直躲在家门口的小树丛中,看着自己家里的一切。不一会儿,他看到一个老婆婆在厨房里做菜煮饭。

大宝飞快地跑进门,走到厨房里,向正在做饭的老婆婆说道:"老婆婆啊,您从什么地方来的啊?为什么给我做饭?"老婆婆没想到大宝会在这个时候进来,吓了一跳。听到大宝问自己的来历,就笑着对大宝说:"小伙子,我被你发现了,我不能再留下来照顾你了。"

原来,她是住在海里的海螺婆婆。海螺婆婆年纪大了,小海螺们不愿意去照顾海螺婆婆,谁都不愿意去看她。海螺婆婆只好孤零零地在海里飘来飘去,后来被海水冲到了沙滩上,被大宝发现了。

大宝的善良感动了海螺婆婆,她决定要帮助大宝过上幸福的日子。"我老了,只能帮你烧饭做菜,这样你就不用挨饿,吃死了的小鱼。现在,你已经知道了我是一个海螺。以后,别人也会知道的,我还是回海里去吧。"

　　大宝听了海螺婆婆的话,又感动又后悔,他很想让海螺婆婆留下来一起住,但是海螺婆婆还是决定要走。

　　临走前,海螺婆婆对大宝说:"我走以后,你的日子又会像以前一样,回到家吃不上热乎乎的饭。但是,你要相信善良的人总会过上好日子的。我把海螺壳留给你,你可以用它来装粮食。只要你做个勤劳善良的人,海螺壳里就会变出许许多多的粮食,你就不用担心挨饿了。"

　　说完这些话,门外就刮起了一阵海风,还下起了雨,海螺婆婆随着海风和雨水飘走了。大宝抱着海螺壳不停地向着大海挥手:"再见,谢谢您,海螺婆婆!"

　　就这样,勤劳善良的大宝过上了幸福的生活。

作品分析与活动建议:

　　《田螺姑娘》是成人熟悉的民间故事,考虑到幼儿的审美情趣,我们把这个故事改编成了《海螺婆婆》,主题跟爱情无关了,但讲的还是"爱"——仁爱,对孤苦老人的关爱。

　　故事中的大宝是一个善良、勤劳的小伙子,尽管脚有残疾,但还是很乐意帮助别人。当他看见海滩上有一只孤零零的海螺,就把海螺捡了回来,当朋友一样对待;因为他的友善,海螺婆婆也愿意帮助他,每天帮他做饭;而大宝知道海螺婆婆的经历后,更是同情婆婆,想让婆婆留下来。海螺婆婆还是走了,临走,把那只难看的海螺壳留给了大宝。大宝从此过上了幸福的生活,好人得到了好报。

　　家长讲完故事后,可以问问孩子:当我们看到老人有困难时,应该怎么办?看到别人需要帮助时,我们怎么办?

附原文:

　　早先,有个小伙子,爷娘死得早,孤苦伶仃一个人,生得蛮登样,只是屋里穷,讨不起老婆。

　　有一次,小伙子到田里去拔草,拾到个田螺,拿来养在屋里的水缸里。

一日,小伙子田畈里回来,看见几件破衣裳补好了,屋里又没有第二个人。这是啥人补的呢? 去问邻舍隔壁,都说没有碰过手。

第二日,小伙子回到屋里,看见热气腾腾一镬子饭烧好了。又去问邻居,都说没有跨进过门。真是稀奇事了! 有人同他讲:"弄勿好是田螺姑娘做的。倘是真的,你就留心,等她出来后,马上藏过田螺壳,塞个饭团给她吃。因为精怪一食人间烟火,就会变成凡人的。"

小伙子躲在角落里,等呀等,等到夜快边,只见水缸里冒起一股白烟,钻出一个大姑娘,白白嫩嫩,好登样。田螺姑娘走到灶头边舀水烧饭,小伙子轻手轻脚走过去,藏起了田螺壳,又把饭团塞进了田螺姑娘的嘴里。田螺姑娘吃进饭团,又寻勿着田螺壳,就回勿去了。小伙子把田螺壳藏到了家堂里,就同田螺姑娘拜了堂,成了亲,不久,养了个儿子。

过了几年,儿子有点懂事了,看到人家小孩都有外婆,就去同父亲讲:"爸爸,我也要去外婆家玩。"父亲告诉他:"你娘是田螺精。哪来的外婆。"着事被村上的小孩晓得了。就编出了顺口溜唱起来:"笃笃笃,笃了倷姆妈只田螺壳;叮叮叮,叮了倷姆妈只田螺精。"田螺精听得了,心里蛮懊恼,就叫男人把田螺壳拿出来,讲几年勿见了,想要看看。男人心里想,已经好几年了,总勿会有啥事体了,真的把藏着的田螺壳拿了出来。田螺精拿到了壳,"嗤"的一下就钻了进去,再也不出来了。

——选自《中国民间故事集成·浙江卷》(桐乡县)

东坡肉

改编稿:

东坡肉可好吃了,你吃过吗?

从前,山上的水带着泥沙冲到西湖里,泥沙沉到湖底,西湖越来越浅。不下雨的时候,西湖的水就干了,没有水浇地、种庄稼。下大雨的时候,湖水就会满出来,把房子和地里的庄稼都淹了。

苏东坡请了很多人来挖泥,好让西湖深一点,存住很多水,还能让湖水干净一些。苏东坡看到挖泥的人很累,请了好几个人来烧饭给大家吃。苏东坡对烧饭的人说，每天要烧一些肉给大家吃，这样才会有力气。

第二天，苏东坡去问挖泥的人，肉吃到了吗。挖泥的人说只吃到一点点肉。原来，有几个烧饭的人偷吃了一些。

苏东坡想了一想说，这不怪烧饭的人，怪我没有想出好办法。苏东坡就和烧饭的人一起商量，应该怎么办。一位烧饭的老人说，这好办，把肉切成大块大块的再烧，每人一块，这就没办法偷吃了。苏东坡说，这个办法好。

又过了一天，苏东坡问挖泥的人，你们还有什么不满意的地方吗？很多人说，现在能吃到一大块肉，这已经很好了。只有几个人说，要是能喝上一点酒就好了，喝上一点酒，会更加有力气。

苏东坡说，让我想一想。想呀想，想到睡觉的时候，苏东坡都没想出好办法。苏东坡的妻子问，什么事情难住你了？苏东坡说，挖泥的人要是喝了酒，就会更加有力气。可是又不能喝多，喝醉了，就会挖不了泥。苏东坡的妻子想了一想说，这好办，烧肉的时候加一点酒进去呀。苏东坡高兴地说，真是好办法。天亮以后，苏东坡把办法告诉烧饭的人。用这个办法烧肉，那个味道呀，很香很香，老远老远就会闻到一股酒的香味。

烧饭的人说，苏东坡真是一个好人。以前，当官的让我们干活，饭都不让吃饱。苏东坡也是当官的，他不但让我们吃饱饭，还让我们吃肉，吃上一大块肉。我们也要想办法把肉烧得更香更好吃。

烧饭的人在西湖边，一起想呀想。偷吃过肉的一个人，望着湖里的荷叶，大声叫起来："有办法了！肉的下面垫上荷叶，这样烧出来的肉会有一股荷叶的香味儿。"用这个办法一试，嗨！肉还没烧好，荷叶香味和酒香味儿就飘起来了。吃饭的时候，大家说这么香的肉从来没吃过，应该起一个名字。想了一想，大家都想到一个名字，叫"东坡肉"。吃了东坡肉，挖泥的人越来越高兴，越干越有力气。西湖挖得很深很深，湖水清亮亮的。下大雨，西湖能存住很多水，不会满出来。不下雨的时候，西湖水可以用来浇地、种庄稼。

从那以后，越来越多的人都喜欢烧东坡肉，吃东坡肉。西湖底下挖

起来的泥堆成了一条堤,名字就叫苏堤。意思是苏东坡带着老百姓造
的湖堤。来到西湖的人,都喜欢走一走苏堤,吃上一大块东坡肉。

作品分析与活动建议：

　　苏东坡体恤百姓,愿意听取来自下面的意见,激发了百姓治理疏浚
西湖的热情,也化解了可能出现的矛盾,赢得了百姓的爱戴。东坡肉、
苏堤、惠民街等,与苏东坡有关的杭州史事才会流传至今。

　　原来《东坡肉》的传说更多的是讲杭州这道名菜的来历,而本故事
的意义在于褒扬苏东坡遇到事情总是会想一想,总是愿意和别人商量,
听听别人的想法,因而他会想出一个又一个好办法。而这点正是当今
社会讲究团队、讲究合作的重要因素。让孩子从小养成遇事动脑筋,愿
意听取不同意见,与人友好相处的习惯也是很重要的。

　　讲述故事后,家长可以启发孩子,遇到困难时要动脑筋,大家一起
想办法,人多脑袋多主意也多,听听别人的意见可以把事情做得更好。

附原文：

　　苏东坡在杭州做刺史的时候,治理了西湖,替老百姓做了一件
好事。

　　西湖治理后,四周的田地就不怕涝也不愁旱了,这一年又风调雨
顺,杭州四乡的庄稼得了个大丰收。老百姓感谢苏东坡治理西湖的好
处,到过年时候,大家就抬猪担酒来给他拜年。

　　苏东坡收下很多猪肉,叫人把它切成方块,烧得红红的,然后再按
治理西湖的民工花名册,每家一块,将肉分送给他们过年。

　　太平的年头,家家户户过得好快活,这辰光又见苏东坡差人送肉
来,大家更高兴:老的笑,小的跳,人人都夸苏东坡是个贤明的父母官,
把他送来的猪肉叫做"东坡肉"。

　　那时,杭州有家大菜馆,菜馆老板见人们夸说"东坡肉",就和厨师
商量,把肉切成方块,烧得红酥酥的;挂出牌子,也取名为"东坡肉"。

　　这只新菜一出,那家菜馆的生意就兴隆极了,从早到晚顾客不断,
每天杀十头大肥猪还不够卖呢。别的菜馆老板看得眼红,也学着做了

起来。一时间，不论大小菜馆，家家都有"东坡肉"了。后来，经过同行公认，就把"东坡肉"定为杭州的第一道名菜。

苏东坡为人正直，不畏权势，朝廷中的那班奸臣本来就很恨他。这时见他得到老百姓的爱戴，心里更不舒服。他们当中有一个御史，就乔装打扮到杭州来找岔子存心要陷害苏东坡。

那御史到了杭州的头一天，在一家饭馆吃饭。堂倌递上菜单，请他点菜。他接到菜单一看，头一样菜就是"东坡肉"。他皱起眉头，想了想，不觉高兴得拍着桌子大叫："我就要点这头一道菜。"

他吃过"东坡肉"，觉得味道真是不错，向堂倌一打听，知道"东坡肉"是同行公认的第一道菜。于是，他就把杭州所有菜馆的菜单都收集来，兴冲冲地回京去了。

御史回到京城，马上就去见皇帝，他说："皇上呀，苏东坡在杭州做刺史，贪赃枉法，把恶事都做绝啦！老百姓恨不得要吃他的肉。"

皇帝问："你是怎么知道的？可有什么证据吗？"

御史就把那一大沓油腻腻的菜单呈了上去。皇帝本来就是个糊涂蛋，他一看菜单，也不分青红皂白，立刻传下一道圣旨，将苏东坡革职，远远地发配到海南去充军。

苏东坡被革职充军后，杭州的老百姓忘不了他的好处，仍然像过去一样赞扬他。就这样，"东坡肉"也一代一代地传下来，直到今天，还是杭州的一道名菜。

——《中国民间故事集成·浙江卷》

锄头底下出黄金

改编稿：

从前，有个很勤劳的老农民，他总是对三个儿子说："锄头底下有黄金呢。"可他的儿子们总是不相信。三个儿子都很懒，都不愿意劳动，老头子很伤心。

慢慢的，老农民年纪大了，儿子们还是不愿意帮助他干农活。老农民病得越来越重，地里的野草也长得越来越高。一天，老农民把儿子们叫到床前,说:"我要死了,以后谁来养活你们呢?"三个儿子都"哇,哇"大哭起来。老头子说:"唉,锄头底下有黄金啊!"老大说:"爸爸,这么多年来,你从来也没挖出过一块黄金来啊!"老二说:"爸爸,我们以后怎么办啊?"老三说:"爸爸,你不要死啊!"老农民闭着眼睛说:"我们家那三亩地下面,埋着一个罐子,里面有一个小金鸡,你们去挖出来吧。你们找的时候,别忘了撒些种子,把金鸡引出来。"说完,老农民就死了。

儿子们安葬了老爸后,就背着锄头到田里去找小金鸡。太阳出来,下山了,他们在挖;太阳又出来了,又下山了,他们还在挖。一连几天,他们把地翻遍了,没找到小金鸡。

老二说:"大概我们挖得不够深吧?"老大说:"对啊,爸爸一定把小金鸡埋得很深。"他们又把地深深地挖了一遍,还是没有。

老三说:"爸爸说的,要撒些种子,把小金鸡引出来的。"老大说:"对啊,鸡是要吃谷子的。"于是,老大老二在前面挖地,老三在后面撒种子。小金鸡还是没有找到。他们累得躺在地上都起不来了,心想:老爸在骗我们呢。

老大说:"我们太累了,不挖了,反正小金鸡在地里,不会飞出来的。我们经常来地里看看,不要让别人来挖走。"这以后,兄弟三人经常来地里看看,也照看一下庄稼。

这年的庄稼收成特别好,兄弟三人高兴极了。这时他们想起了老爸常常说的话"锄头底下有黄金",老爸真的没有骗人。

作品分析与活动建议:

这也是一个古老的民间故事,其中蕴含的生活哲理,可以让人受益很多。金子是什么? 仅仅是财宝吗? 金子从哪里来? 看了这个故事,我们会明白:金子还是一种勤勤恳恳、脚踏实地的精神。有了这种精神,没有财富可以创造财富,金子其实就在自己的双手中。脚踏实地地劳作、生活,对于大多数人来说,是更为切实可行的方法,得到的收获也会让人感到充实。

故事里的三兄弟,一直不相信父亲的话:锄头底下有黄金。父亲去世后,失去依靠的他们期望地底下冒出黄金来。三兄弟把三亩地一遍一遍地深翻,还撒下种子,希望能引出金鸡。不过,他们失望之余却也没忘了照看庄稼。秋收时,面对特别的收成,他们终于明白父亲没有欺骗他们,勤劳能创造财富,锄头底下真的有黄金。

家长先完整地讲述一遍故事,然后可以和孩子讨论:勤劳的老农民总是对儿子说什么? 儿子们相信吗? 老农民躺在病床上对儿子们说地里埋着什么? 他为什么要这么说? 三个儿子怎么去找金鸡的? 找到了吗? 这一年的庄稼收成好不好? 为什么呢? 老农民有没有骗他的儿子们? 勤劳是不是金子?

故事中对话比较多,讲述两遍后,可以让孩子慢慢地复述故事。

附原文:

老早,有个老农,生了三个儿子。这三个儿子生来就好吃懒做,成天东游西荡,田里的生活由老头子一人操劳。

有一天,老农病了,眼看就要下麦种了。可是他家的田都没有翻。三个儿子我推你,你推我,都不肯做。老农这一病,病得不轻。他晓得自己快死了,就把三个儿子叫到床前,对他们讲:"我快死了,祖上传下来一个金捣臼,埋在自己家的三亩丘的下面,你们去挖来,平分了过日子吧!"讲到这里,他两个拳头一捏,断气了。

三个儿子草草料理了老头子的后事,就去三亩丘田里挖金捣臼。今朝挖,明朝挖,起早落夜,一连挖了七日,把整个三亩丘挖了足足三尺深,可是勿要讲金捣臼,连个石捣臼的影子也没有! 三兄弟心都凉了,仰天瓣脚困在田地叹长气。这时,村里的一个老人走来,对他们讲:"金捣臼挖勿着,勿如下点麦种下去,明年麦倒靠得牢,有得收。"三兄弟听听也对,就下了麦种。第二年,果然得了好收成,三兄弟高兴得勿得了。这才记起老爷子时常讲的一句话:"锄头底下出黄金。"老爷子果然没有骗人。

——选自《中国民间故事集成·浙江卷》

风吹抖抖鸟

改编稿：

山里有一种小鸟，叫的声音是这样的："风吹——抖抖！风吹——抖抖！"声音像唱歌一样好听，山里人把它叫做"风吹抖抖鸟"。大家都说，这种小鸟是一个老妈妈变的，是教人做事要耐心仔细。

传说很久以前，大山里有一户人家，爸爸没有了，妈妈帮人织布，养活女儿。女儿叫妞妞，小嘴巴"叽里呱啦"整天不停，是妈妈的小宝贝。

妈妈很能干，织的布又细又好看，绣的花连蜜蜂都能引来，附近的人都喜欢向她学织布绣花。

妈妈教妞妞学织布，妞妞看都没认真看，就说："我会了，知道啦！"

妈妈教妞妞学绣花，妞妞学都没仔细学，就说："我会了，知道啦！"

妞妞做事还没有耐心，织布、绣花的线弄乱了，就说："烦死了，烦死了！"每次都是妈妈慢慢地把线理好。

一年春天，妈妈突然得了重病，没多久就病死了，妞妞伤心极了。

没了妈妈，妞妞才发现自己这个不太懂，那个不太会，她很后悔以前没有认真仔细学。有一天，妞妞在织麻布，一不小心，又把麻线弄乱了，怎么也理不清，她急得扔了线就哭起来。这个时候，飞来一只小鸟，停在窗外的树枝上，朝着妞妞叫："风吹——抖抖！风吹——抖抖！"

听到小鸟的叫声，妞妞想起来了，妈妈以前常常教自己："麻丝乱了不要急，风吹抖抖能解结。"自己怎么忘记了呢！她擦干眼泪，轻轻拿起那团乱麻，尖着小嘴轻轻地吹吹风，再把乱麻丝轻轻地抖抖。就这样，吹吹抖抖，吹吹抖抖，乱麻丝就真的散开了，可以织布了。她对窗外的小鸟说："谢谢你们，你们就像妈妈在教我。"

妞妞明白了，学本领要认真仔细，做事情要耐心仔细，要不然，什么都做不好的。从此，她就认认真真地向山上的阿姐学采茶，向山下的阿嫂学养蚕，粗细活儿都认真地向人家学，再也不老是说"会啦，知道啦"。

作品分析与活动建议：

学习时不仔细，做事时不耐心，是很多孩子共有的毛病。这个故事通过妞妞学本领的前后变化,告诉孩子们一个道理:学本领要认真仔细,做事情要耐心仔细,要不然,什么都做不好的。故事意在培养孩子良好的学习做事习惯。

习惯是指一种不需要去努力就会自动完成的行为方式,是不受意志和理性支配的习惯性动作。但在没形成良好的习惯之前,人的行为是需要学习而获得和改变的,需要意志力和理性的支配。因此,培养孩子良好的行为习惯,需要家长和老师的时时指导。

妞妞开始学本领时,没有好的学习习惯,总是不认真听妈妈讲,还没仔细学,就说:"我会了,知道啦。"做事不仔细,老是要出错。直到妈妈没有后,妞妞才发觉自己什么都没学会。窗外小鸟的叫声使她想起了妈妈以前的教导,她静下心来,耐心细致地学习,注意观察和模仿,形成了良好的学习做事习惯,学会了很多本领。这个故事会让孩子产生联想和自省:自己平时是否和妞妞一样?

家长讲完故事后,可以和孩子讨论:妞妞一开始学习时,她认真听吗?她总是怎么说?妞妞做事仔细吗?妞妞真的学会了织布绣花吗?小鸟的叫声让妞妞想起了什么?妞妞明白了一个什么道理?她后来是怎样学会很多本领的?

讨论后,可以试着让孩子复述故事,以加深从故事中得到的印象。

附原文:

浙南山里,有一种小鸟,叫着"风吹——抖抖!风吹——抖抖!"声音清脆悦耳,山里人把它叫做"风吹抖抖鸟"。

相传在很早以前,山岙岙里有个老妈妈,她会捻麻丝,织麻布,手艺很好,大家都向她学。她的丈夫早就死了,只有一个独养女儿,名叫妞妞,生得秀丽,老妈妈把她当宝贝呐。

老妈妈一门心思要把粗细活教给妞妞。妞妞的小嘴巴就像百灵鸟"叽里呱啦"很会说。老妈妈刚教她做事,她就说:"会啦,知道啦!"因此,老妈妈有时也不大高兴。

这年春天,老妈妈一病起不来,很快就死了。妞妞这时才十四岁,粗细活就都得做。可是她这个不大懂,那个不大会,难呵!有一天,她搬出阿妈的绩空,要把那麻丝卷在筒筒上好织麻布。但妞妞不细心,把麻丝弄乱了,怎么也拉不出来,急得她哭哩。正在这个时候,飞来一群小鸟,停在窗外的树枝上,朝着妞妞叫:"风吹——抖抖! 风吹——抖抖!"

一听小鸟的叫声,妞妞想起来啦,阿妈在世的时候,不是经常教自己:"麻丝乱了不要急,风吹抖抖能解结。"自己怎么忘记了呢! 于是,她就把乱麻丝轻轻地拿起来,尖着小嘴轻轻地吹吹风,再把乱麻丝轻轻地抖抖。就这样,吹吹抖抖,吹吹抖抖,乱麻丝就真的散开了。她理出了一个头,把麻丝抽出来卷了筒筒。

妞妞这才知道,不懂装懂,不专心学活不好。从此,她就专心实意地向山上的阿姐学采茶,向山下的阿嫂学养蚕,粗细活儿都认真地向人家学,再不老是说"会啦,知道啦"。村里人也就更喜欢她了。

听说,那群叫着"风吹抖抖"的小鸟是老妈妈的化身,经常在山岙岙里教人"风吹抖抖"理麻丝、蚕丝和棉纱呐。

——选自《中国民间故事集成·浙江卷》(泰顺县)

三个铜钱压岁包

改编稿:

有个老爷爷,年纪大啦,想从三个儿媳妇中挑一个聪明能干,会过日子的人来当家。老爷爷决定考考这三个媳妇。

吃年夜饭的时候,爷爷拿出三个压岁包说:"今年的压岁包只有三块钱,看看你们哪个能把这三块钱派上用场,做件实在的事。"

大媳妇、二媳妇听了很不高兴,心想:这么一点钱能干什么。只有三媳妇笑了笑说:"好吧! 爸爸您放心,我试试看。"

当天夜里,三媳妇仔仔细细地想了一夜。第二天就照着想好的办法去做了。

很快,三年过去了,又是吃年夜饭的时候。老爷爷问:"三年前我给你们的三块钱压岁包,派了什么用场呀?"

大媳妇想来想去想不起,还是她的儿子想起来啦:"爷爷,那三个铜钱,正月初一妈妈就给我买鞭炮啦。"爷爷听了,摇摇头,心想:"唉,真是大手大脚。"

二媳妇早想好话了,爷爷一问,她便回答:"爸爸!我的压岁钱还放着,等凑凑多再用。"其实她早就拿钱买糖吃了。

问到三媳妇,她不慌不忙地说:"爸爸,我用三块压岁钱,买来一头小水牛。"大家听了不相信。爷爷高兴地摸摸胡子,要她讲讲三块钱买小水牛的事。

三媳妇讲:"我用三块钱买来几只鸡蛋,孵了小鸡,鸡大了,又生蛋,蛋又孵鸡,就这样鸡生蛋,蛋孵鸡,一年时间卖掉鸡,买头小猪。小猪养大又生小猪了,小猪养大再卖掉,刚好买了条小水牛。"

爷爷听了点点头:"唔!三块钱看来很少,会用的人就能够办点事。只有勤俭持家日子才会越过越好,要不金山银山也会吃空的。"

大媳妇、二媳妇听后,脸通通红,头也抬不起来。爷爷就叫三媳妇当家啦。

作品分析与活动建议:

三块钱,是个不起眼的数目。大媳妇用来给儿子买鞭炮,二媳妇拿来买糖吃。然而,会持家的三媳妇通过精打细算,三年以后,用三块钱买了一头小水牛!从故事里,我们可以看出,三媳妇具有经济头脑,善于理财。用故事中爷爷的话来说:"三块钱看来很少,会用的人就能够办点事。"

积少成多,集腋成裘,这是勤俭之道。不善理财,不懂节约,大手大脚过日子,就算有金山银山也会坐吃山空的。这个故事,可以让孩子建立一种理财的意识,节约的意识。

家长先完整地讲述一遍故事,然后可以用一问一答的方式问孩子:爷爷给了每个媳妇多少压岁钱啊?爷爷要她们用压岁钱干什么?大媳妇用这三块钱干什么了?二媳妇用来干什么了?三媳妇是怎么样用三块钱买到小牛的?爷爷说,怎么样才会日子越过越好?讨论完后,孩子基本上可以复述这个故事了。

如有可能,家长可以给孩子介绍一个青年用一枚曲别针换一套房子的故事。(这个故事网上可以搜寻《用一个红色曲别针换了一套房子》)

附原文：

兰溪北山乡里，有个老爷爷，年纪大啦，想挑个媳妇当家。他想：大媳妇用钱大手大脚，二媳妇好吃懒做，只有三媳妇最能干。可是，又担心大媳妇、二媳妇不服气，就想了一个主意。

趁吃年夜饭的时候，爷爷拿出三个压岁包，讲："今年压岁包只有三个铜钱，看看哪个能把这三个铜钱派上用场，做件实在的事。"

大媳妇、二媳妇听了一肚皮勿高兴，一声不响，只有三媳妇笑了笑说："好吧！爷爷你放心，我试试看。"

当天夜里，三媳妇仔仔细细地想了一夜。第二天就照着想好的办法去做啦。很快，三年过去了，又是吃年夜饭的时候，爷爷问："三年前我给你们的三个铜钱压岁包，派点啥用场呀？"

大媳妇想来想去想勿起，还是她的儿子想起来啦："爷爷，那三个铜钱，正月初一娘就给我买鞭炮啦。"爷爷听了，勿高兴，摇摇头。

二媳妇早想好话，爷爷一问，她便回答："爷爷！我的压岁钱还放着，等凑凑多再用。"爷爷还是摇摇头。

问到三媳妇，她不慌不忙地说："爷爷，我用三个压岁钱，买来一头小水牛。"大家听了不相信。爷爷高兴地摸摸胡子，要她讲讲三个铜钱买小水牛的事。

三媳妇讲："我用三个铜钱买来两只鸡蛋，孵了小鸡，鸡大了，又生蛋，蛋又孵鸡，就这样鸡生蛋，蛋孵鸡，一年工夫卖掉鸡，买头小猪，猪大啦，卖掉后，刚好买了条小水牛。"

爷爷听了点点头："唔！三个铜钱看来很少，会用的人就能够办点事。这是个过日子的大窍门。"

大媳妇、二媳妇听后，面孔都红了，连头也抬不起来。爷爷就叫三媳妇当家啦。

——《中国民间故事集成·浙江卷》(兰溪市)

畲(shē)乡木屐

改编稿：

从前，畲族老百姓住在深山里。那座山里有一头人熊(人熊就是像人一样会站起来的熊)。人熊经常跑到山脚下，把鸡、鸭、鹅、狗抓来吃，有时候还会吃人呢！吓得老百姓躲在家里不敢出来。

山脚下住着一位老爷爷和一位老奶奶。有一天，老奶奶说："我去山里挖野菜，一会儿就回来。"老爷爷说："要是碰到人熊就喊：'人熊来了！人熊来了！'你一喊，我就叫大家来救你。"老奶奶到了山里拣起野菜。拣着拣着，听到一种可怕的声音，抬头一看，一头人熊正走过来。老奶奶赶紧往回跑，一边跑一边喊："人熊来了！人熊来了！"老爷爷听到喊声，就叫大家一起来救老奶奶。看到很多人，人熊吓跑了。

又过了几天，老爷爷说："我去山里砍点柴，一会儿就回来。"老奶奶说："碰到人熊你就喊：'人熊来了！人熊来了！'你一喊，我就叫大家来救你。"老爷爷到了山里砍起柴。砍着砍着，听到一种可怕的声音，抬头一看，一头人熊正走过来。老爷爷赶紧往回跑，一边跑，一边喊："人熊来了！人熊来了！"老奶奶听到喊声，就叫大家一起来救老爷爷。看到很多人，人熊吓跑了。

没过几天，家里的野菜吃完了，老奶奶又该去挖野菜。老爷爷说："要是你走远了，我听不到喊声怎么办？"老奶奶说："你帮我做一双木头鞋子，木头鞋子会发出很响的声音，声音很响很急，就是人熊来了。"老奶奶穿上木头做的鞋子，那双鞋子会"咯叽、咯叽咯叽"响。老爷爷说："木头鞋子咯叽咯叽，就叫它木屐吧。"

穿上木屐"咯叽，咯叽"，老奶奶走上山。听见老奶奶走得不急也不慌。老爷爷心里一点不着急。

老奶奶正在挖野菜，听到一种可怕的声音，抬头一看，一头人熊正走过来。老奶奶赶紧往回跑，木屐"咯叽咯叽，咯叽叽"地响起来。

老爷爷听到木屐响得又快又急，知道人熊来了，就叫大家一起来救老奶奶。看到很多人，人熊吓跑了。

有了木屐，老百姓就敢大胆地上山去了。只要木屐响得又快又急，大家就会一起去救人。只要木屐响得不急也不快,大家就会很放心。后来,听到木屐"咯叽,咯叽"响起来,人熊就再也不来吃人了。

因为这种木屐是畲族老百姓经常穿的,大家就叫它畲乡木屐。

今天的小朋友爱穿奥特曼鞋,像小鸡那样唧唧叫的鞋,还有一闪一闪发光的鞋。听了故事,我们知道还有一种"咯叽,咯叽"响的畲乡木屐。我们还可以做一种木屐游戏,一边念儿歌,一边玩人熊来了。

附儿歌:

木屐咯叽叽

咯叽咯叽不着急,

木屐不快也不急。

咯叽咯叽咯叽叽,

木屐又快又着急。

不着急,不着急,

我们大家来救你,

赶走人熊,咯叽叽。

作品分析与活动建议:

畲族,是浙江省人口较多的一个少数民族,主要居住在丽水和温州。这个故事讲述的是畲族木屐的来历。古代山里人生活条件很艰苦,但他们凭借自己的勤劳、智慧和勇敢,战胜了凶猛的野兽。故事里的老爷爷和老奶奶发明了木屐,和乡亲们一起赶走了人熊。

讲述这个故事时,语气要根据情节的变化而变化,营造一种紧张的气氛,把孩子带入故事的情境,从而感受老爷爷、老奶奶的勇敢和智慧。

讲完故事后,可以和孩子讨论:没有木屐的时候,老爷爷老奶奶到山里去劳动,碰到人熊怎么办? 木屐会发出什么样的声音? 大家怎么知道人熊来了? 还可以让孩子学会故事中的儿歌,学会"又快又急"这个词组。

附原文：

　　过去，畲族里有一对公婆，住在高山大岭里。两公婆恩恩爱爱，和和睦睦地过着幸福日子。可是这密林深山，是人熊出没的地方。

　　有一天，婆娘到山上斫柴。正斫着，忽见在远远的山冈上有一个人熊，她转身就逃。人熊看到人逃跑了，在后面就追。她逃得快，人熊追得更快。逃呀，逃呀，不到一会儿眼看就要被人熊追着了，幸而在这时候，她的丈夫赶来，救了她的命。又有一天，丈夫从山上劳动回来，山路上冷清清的只有他一人走路。人熊会认人的脚，能辨认走去的方向。一会儿人熊从后面赶来了，幸好她婆娘赶来相帮，人熊才回转山去了。

　　又过了很久，两公婆吃过晚饭，上床睡觉了。半夜时刻人熊照人的脚印来到他家门口。人熊在门口敲门，吓得他两公婆开后门逃走了。他们晓得这里被人熊发现，不能再住下去了，就搬到别处去了。到了别处，也是大山区，也有人熊，怎么办呢？两公婆就商量怎样对付人熊。想来想去，最后想出一个办法：人熊会认人的脚印，才能跟踪追人，他们做了两只长方形的木头鞋，前后一样大，穿在脚上，就看不出是人的脚印了。穿这种鞋走路人熊认不出人往哪里走也就跟不上了。这种木头鞋就叫"木屐"。

　　后来，畲族子孙为了逃避人熊的危害，不管是上山打柴，落田插秧，上菜园，走亲戚，娶媳妇，挑担子都穿这种木屐。现在，虽然畲民中再没人穿木屐了，但这个故事仍在流传着。

——《中国民间故事集成·浙江卷》（畲族·丽水市）

梧桐叶治病

改编稿：

　　从前有个人叫叶小三，非常懒惰，不愿意学本领，不愿意干活，整天和一帮懒汉吃吃喝喝，东游西逛。爸妈在的时候，爸妈养活他；爸妈死后，他就用爸妈留下的钱；钱用完了，就卖家具；家具卖完了，只剩下几间空房子。村里人都看不起他，不喜欢他，谁都不愿意帮助他。怎么办呢？

　　叶小三有一个亲戚，是非常有名的中医，叶小三去问他借钱。老中医借给他一百块钱,他一天就用完了。第二天他又去借钱,老中医批评叶小三:"你不把坏毛病改掉,借给你多少钱都是没用的啊。"叶小三说:"你再帮帮我,我会改好的,我想过好日子。"

老中医对叶小三说:"想过好日子只有靠自己,靠自己的双手。"叶小三一听,连忙问:"那我怎么做呢?"老中医说:"现在是秋天了,你天天去街上扫地,把城里的梧桐叶都扫在一起,晒干理好,藏在屋里,到时候会有大用场的。"

叶小三知道这位老中医从来不会骗人,不开玩笑的,他也不敢多问,回家就去扫街。一个月二个月三个月,从秋天扫到冬天,城里的梧桐叶都被他扫去了,晒干理好的梧桐叶堆满了三个房间。大家都笑话他脑子有问题,他也不响。叶小三心想:我老老实实地按老中医的话去做,总没错的。

第二年春天,城里发生了一种会传染的怪病,很多人都病得非常厉害,到医院里去看病的人多得不得了,老中医也天天忙着给病人看病。不过老中医的药方很怪,每张药方上都有"梧桐叶"这味药。药店里以前从来没有准备梧桐叶,现在春天刚刚开始,梧桐树光秃秃的,到哪去找梧桐叶呢?大家都很着急。老中医却不急不忙地说:"叶小三家里有梧桐叶,你们去买吧。"

叶小三家一下子热闹极了,大家都来排队买梧桐叶当药。怪病医好了,叶小三家中的梧桐叶也卖完了,人们都很感谢叶小三,叶小三还赚了很大一笔钱。

叶小三非常感激老中医,还问老中医,今年秋天要不要扫梧桐叶了?老中医笑笑说:"不用了,这种怪病不会年年有的,梧桐叶多了也没用的。"

叶小三说:"现在我明白了,做人要勤劳,勤劳才能过好日子。"

老中医高兴地说:"是啊,好吃懒做,被人看不起;努力工作,帮助别人,就是帮助自己,才会受人尊重。"

作品分析与活动建议:

勤劳致富,勤劳受人尊敬,是民间故事的一个重要内容。即便社会进入高科技时代、信息时代，勤劳仍是人类的一种美德。而传承这种美德，也是老师、家长的一种责任。

叶小三原本好吃懒做，家产败光，没法生活了，没有人愿意帮助他。在一个老中医的指导、帮助下，叶小三踏踏实实地扫地，扫落叶，通过自己的努力，既帮助了大家，也过上了好日子。他明白了一个道理：只有努力工作，才能受人尊重；只有帮助别人，才能帮助自己。

家长完整地把故事讲述一遍后，可以和孩子讨论几个问题，帮助孩子理解叶小三的形象：村里人为什么不愿意帮助叶小三？叶小三向谁借到了钱？他一下子花完了钱，又向谁去借钱了？老中医说想过好日子靠什么？叶小三去做什么了？他扫地的时候收集什么？叶小三捡来的梧桐叶派什么用场了？叶小三明白了什么道理？

附原文：

苏州名医叶天士十四岁开始行医，治好了不知多少疑难绝症。他不但能医病，还能医穷呢。

叶天士有个远房亲戚叶小三，父母双亡，留下一份薄薄的家产，本来小三勤勤俭俭过日脚，也是过得下去的。谁知小三沾染恶习，大手大脚浪荡惯了，哪里还记得"勤俭"两字？俗话说：坐吃山空。何况小三本来家底浅薄，几年下来，家具、细软统统典当一空，只剩几间空屋。只好到叶天士家中来借银子。

叶天士是一代名医，银子自然有的是。可是他朝叶小三望望，却皱起了眉头。心里想：你年纪轻轻，身体也蛮好，为啥不学好样学坏样，竟落到这种地步呢？借给你几百两银子也改不好你的恶习呵。有心教训他一番，又想他也不一定听得进去，就对小三说："小三，银子你先拿几两去，不过我也不开钱庄，今后还要靠你自己了。教你一个发财的办法：从今后你天天去扫街路，把苏州城里的梧桐叶都扫拢来，晒燥理齐，藏在屋里，到时候自会有大用场的。"

叶小三朝叶天士望望，实在有点不敢相信，不过见他一本正经，也不敢多问了。想这位名医从来不开玩笑，总不会让我白扫一场的。回去就扫起街路来。一个月二个月三个月，从秋天扫到冬天，苏州城里的梧桐叶都给小三扫去。好在他还有几间空屋,打扫打扫干净,把梧桐叶晒燥理齐,足足堆满三间屋。不过,叶小三却仍旧不晓得梧桐叶好派啥用场。苏州城里的老百姓倒把这件事传开来,都说这叶小三在发神经病哩。

第二年开春,苏州一带突然发起瘟疫来,蔓延极快,来势很凶。苏州府特地办起医局,请当地的名医来治瘟,到医局去看病的百姓前脚接后脚,多得不得了。叶天士也经常到医局去为病人治病。不过,叶天士开的药方很怪,每张方子上都有"梧桐叶三钱"。药店里过去从来不备梧桐叶,现在又刚开春,梧桐树上光秃秃,只有几个芽头,到啥地方去寻梧桐树叶呢?大家正在焦急万分,叶天士却笃悠悠地对他们说:"叶小三家中有梧桐叶,你们去买吧。"这一来叶小三的家门口顿时热闹得不得了,一批批的人群涌过来,都要向他买梧桐叶。叶小三靠梧桐叶赚进了好大一笔钱。

瘟疫过去了,叶小三家中满满三间的梧桐叶正好用光。叶小三对叶天士佩服得五体投地,诚心诚意上门磕头道谢,又问他今年还要不要扫梧桐叶?叶天士笑笑说:"今年就用不着扫啦。去年我预料要发生瘟疫,才托你为大家做桩好事,果然应了验,明年不会再有瘟疫,梧桐叶多了也派不来大用场。不过,你从中也应该悟出一个道理来才是。一个人活在世上,总要记得'勤俭'两字,就说每天扫街路吧,一张张梧桐叶积起来,积少成多,到头来也能为大家做桩好事。好吃懒做,坐吃山空,是被大家看不起的。"

叶小三听了这番话,真是好比寒天吃冷水,滴滴记在心。他想,过去我走在街上,没有一个人看得起;现在走在街上,十分光彩。叶先生的话确实有道理。从此以后,他拿卖梧桐叶赚来的钱去做小本生意,克勤克俭,果然日脚过得蛮好。

——选自《中国民间故事集成·浙江卷》(海盐县)

隐形帽

改编稿:

从前有个人叫王三,靠砍柴养活自己和妈妈,日子过得很苦。听人说,有一种隐形帽,只要带在头上别人就会看不见。王三常常想,我有一顶隐形帽就好了,我就可以想要什么就有什么,不用这么辛苦干活,可以过上好日子了。

有一天早上王三醒来一看,枕头旁边真的有一顶帽子!他戴上帽子,去找他妈妈。王三妈妈只听见儿子说话,但连儿子的影子都看不见,奇怪极了。王三摘下帽子,把事情告诉了妈妈。王三妈妈手一拍,叫道:"啊呀呀,这就是传说中的隐形帽了。都说一戴上这种帽子,别人就看不见。难怪我刚才看不见你。"王三说:"真的看不见我这个人?太好玩了!"王三妈妈又说:"儿子啊,你可不能戴这个隐形帽去干坏事啊。"

王三很想戴着帽子到人多的地方去试试,这天他戴上帽子去了镇上。他在人群里挤来挤去,大家都叫起来,可没有人知道是他在挤人,他高兴极了,顺手在肉摊上拿了两只猪爪就走。卖肉的人害怕地看着两只猪爪自己飘起来,不见了。接着,旁边卖鱼的人也叫起来:"呀,我的鱼怎么会飘起来的?啊,不见了,太可怕了。"

王三开心地拿着鱼和肉回家去,心想:有这顶帽子真好,我要什么有什么,想什么就可以拿什么,我再不用辛辛苦苦地上山砍柴了。到家后,他骗妈妈说鱼和肉是用卖柴的钱买来的。

连着几天,王三都戴着帽子去偷肉偷酒。这天,他又戴着帽子去镇上,看见一个老婆婆正在哭,嘴里说着:"该死的小偷,把我买药的钱偷走了,我的儿子正等着吃药呢。"旁边的人一边安慰她,一边骂着小偷。王三心慌慌地从他们身边走过,一不小心,帽子被店门上的一个钉子钩破了。

晚上,王三拿着帽子对妈妈说:"妈妈,你看这帽子被钉子钩破了,你帮我补一补吧。"王妈妈看着儿子,突然明白了,儿子在戴着帽子干坏事!她生气地说:"难怪街上大家在说鱼肉会自己不见了,原来是你干的!你虽然戴着帽子别人看不见,可这就是偷!偷东西的人是最没志气的人!"妈妈不愿意给王三补帽子。

王三看着破了个洞的隐形帽，心想，明天去最后一次，以后再也不去了。

早上王三来到镇上。他没想到自己的头发从破洞里钻出来，像一个毽子一样，在空中一跳一跳。路上的人都奇怪地看着这撮头发移动着。王三很快地走进肉店去拿肉，当他弯下腰的时候，肉店老板一把抓住那撮头发，王三吓了一跳，忍不住痛得叫了起来，肉店老板没想到这撮头发会叫起来，也吓了一跳！再一抓，抓下一顶帽子！王三就出现在大家的眼前，市场上的人都冲过来骂王三"小偷"。

王三吓得一下醒过来，发现自己还在床上，原来做了一个梦！他摸着头上的汗对妈妈说："妈妈，我不要当小偷，我再也不要隐形帽了。"

作品分析与活动建议：

自己不劳动却占有别人的劳动成果，这叫不劳而获。从本质上说，不劳而获是一种偷窃行为，是可耻的，不合理的。

故事里的王三想不劳而获过上好日子，带上隐形帽去市场偷肉偷酒，结果被人发现，遭人耻笑。幸好这只是一个梦，梦醒之后的王三，明白了戴着隐形帽拿东西其实就是偷窃。想过上好日子，就得凭借自己的努力，这样才能心安理得，无愧于心。

家长完整地讲述一遍故事后，可以跟孩子讨论：王三为什么想要有一顶隐形帽？他戴上隐形帽在市场里干什么了？市场里的一个老婆婆为什么哭？王妈妈说偷东西的人是什么样的人？王三被肉店老板抓住后，大家都骂他什么？王三醒来后他还想要隐形帽吗？为什么？

通过故事的讲述、讨论，家长要让孩子明白：幻想不劳而获是不切实际而有害的，会让人好逸恶劳，一事无成，甚至危害社会。在日常生活中，家长可以教孩子做一些力所能及的事情，并巧妙安排，使他有兴趣愿意干。通过培养孩子的劳动习惯，使孩子自觉地抵制不劳而获和好逸恶劳的思想。

附原文：

有个小伙子，名叫王三，以砍柴为生。

有一天，他在山上斫柴，碰到天下大雨，就在溪边一块大石头下面躲雨。雨越下越大，溪水也越涨越高。突然，他发现水里汆来个人，就急忙跳进水里，将他拖上岸来，一看，原来是一个既像人也像兽的怪物，已冻得浑身发抖，只剩下一口气了。王三连忙脱下衣服将它包起来抱在怀里。慢慢地那个怪物苏醒过来了，"吱吱"两声叫，跳到地上逃走了。过了一会儿，那怪物又回来了，后面跟着个老怪物，一见小伙子，老怪物说了："多谢你这位大哥救了我儿子一命，我们没啥报答，这里有帽子一顶，是我们的传家之宝，想赠与你，请你收下。"说完，"哧溜"一下，两个怪物都不见了。

王三回到家里，把事情原原本本告诉了他娘。娘听了，巴掌一拍，叫道："啊呀呀，那不是野兽，也不是鬼，更不是人，是山魈。听说山魈有帽子，一戴上这种帽子，别人就看不见。你快戴上帽子看看。"

王三拿帽子往头上一戴，果然连人的影子也没有了。

王三有了这顶帽子，就不再上山斫柴。帽子一戴，到南货店里拎油，拎酒，到肉店里拎肉，到布店里背布，到药店里拿人参，到别人鸡笼里捉鸡……反正要啥有啥，想啥拿啥，分文不花。这一来，他的日子就好过了，一年到头吃的油，穿的绸，身体养得滚滚壮。

有一天，王三拿着帽子对娘说："娘，你看这帽子昨天被钉子钩破了，你帮补一补吧。"他娘接过帽子说："儿啊，你得正儿八经做点事，不能靠帽子过一生世啊！虽然你戴了帽子别人看不见，可总是偷呀，偷来的东西，吃了不做肉！人家背后都在讲你呢。"王三说："娘，你啰嗦啥，快补一补，我要去拎点肉来吃吃呢！"

娘补好了帽子上的窟窿，王三戴到头上走了。他到了肉店里，卖肉的手拿斩肉刀，正忙着斩肉。王三大摇大摆地走过去，捡起肉来了。这一捡可出事了。他那帽子上不是有个补丁吗？这补丁人家是看得见的。这么个小补丁在空中一晃一晃，引起了卖肉佬的注意，心想："这是个啥东西？苍蝇不像苍蝇，蝴蝶不像蝴蝶，会不会咬人呦？"于是随手一刀劈去，正好劈在王三的脑袋上。事情糟糕啦！帽子一劈两半，王三脑袋开了花，躺在血泊之中，当场死去了。

——选自《中国民间故事集成·浙江卷》(桐庐县)

饭粒变蚂蚁

改编稿:

有一个人的名字叫磨蹭,这个人做事情特别慢。

有一天,磨蹭到田里去割稻子。别人已经割了很多稻子,他还在打哈欠,伸懒腰。

中午吃饭的时候,别人快吃完了,磨蹭才端起碗。他拿着饭碗,拨来拨去,半天才吃几颗饭粒。

别人吃完饭,又去割稻子,磨蹭还在那里慢慢地拨饭粒。

割稻子的人喊起来:"磨蹭,快来割稻子。一会儿要下雨了。"

"轰隆隆,劈啪……"天上又打雷,又闪电。磨蹭着急起来,要是不把稻子割回家,以后就会没饭吃。

磨蹭把饭碗放到地上,又去割稻子。这时候,大家已经割完稻子,开始往家里运了。

磨蹭割了一会儿稻子,肚子饿得"咕咕"叫,只好再去吃点饭。磨蹭端起饭碗,往嘴里拨饭粒。奇怪,吃到嘴里的饭粒怎么会痒痒的?磨蹭把饭粒咽下去,喉咙也是痒痒的。磨蹭仔细一看,咦!饭碗里都是蚂蚁。

原来,蚂蚁知道要下雨,都来搬碗里的饭粒。磨蹭刚才吃的都是蚂蚁。看到碗里那么多蚂蚁,磨蹭吓得不敢再吃了。

"哗啦啦……劈里啪啦,轰隆隆……"大雨下起来。雨越下越大,磨蹭水淋淋的,好像一只落汤鸡。他急得哭起来。

看见磨蹭没有回家,很多人跑来帮忙。看见磨蹭还是慢慢地割稻子,帮忙的人问:"你怎么一点力气都没有?"

磨蹭说:"没有吃饱饭,我哪有力气啊。"

帮忙的人说:"你的饭呢?"

磨蹭说:"碗里的饭粒变成蚂蚁了。"

帮忙的人"哈哈"大笑起来。他们一边割稻子,一边唱起歌谣:

有个磨蹭真稀奇,

拿着饭碗拨饭粒。

拨过来,拨过去,

碗里的饭粒变蚂蚁。

哈哈哈,哈哈哈,

碗里的饭粒变蚂蚁。

大家一边唱,一边割。割完稻子,大家又帮着磨蹭把稻子运回家。

从那以后,谁慢吞吞的,别人就会说这个人"磨蹭"。谁要是吃饭慢,别人就会告诉他,慢吞吞吃,饭粒就会变蚂蚁。

磨蹭也给自己编了一首歌谣:

不磨蹭,不磨蹭,

吃饭不磨蹭,

割稻不磨蹭。

事事不磨蹭,

饭粒不会变蚂蚁,

变蚂蚁。

唱着自己编的歌谣,磨蹭做事情越来越快,再也不会慢吞吞的了。他的饭碗里再也没有饭粒变的蚂蚁了。

作品分析与活动建议:

动作拖拉,做事磨蹭是很多孩子的毛病,因此这个有趣的故事很能引起孩子的注意。

故事运用夸张的手法,刻画了一个做事拖拉、磨蹭的形象。主角叫磨蹭,已经点明了故事的主题。磨蹭做什么事都是拖拖拉拉,磨磨蹭蹭,走路磨蹭、割麦子磨蹭,吃饭也磨蹭,以至于饭粒儿都要被蚂蚁搬走,要不是大家帮忙,稻子也要泡在水里了。

听完了这个故事,在笑声中,家长可以跟孩子通过一问一答的形式,来加深对故事的理解:别人割了很多稻子了,磨蹭还在干什么? 中饭时,别人饭吃完了,磨蹭还在干什么?大家割完稻子往家运的时候,磨蹭在干什么?磨蹭吃饭怎么吃的?磨蹭嘴巴里、喉咙里为什么痒痒的?磨蹭为什么没力气割稻子?他的饭碗里的饭都变什么了?磨蹭以后做事情还这么慢吞吞吗?

附原文:

　　地上原没有蚂蚁,据说蚂蚁是饭粒变的。

　　从前,某村有一个寡妇,家里有几亩土地,全种上小麦,小麦黄了,她雇来一个割麦客。割麦客欺她是个寡妇,便慢吞吞地割,割了不多工夫,便倒在树下困觉。寡妇把中饭送到地边,不敢叫他就坐在地边等。割麦客躺在那里,四脚朝天,鼾声如雷。寡妇看着熟透的小麦,好不辛酸。

　　这时,有一个乞丐向寡妇要饭吃,寡妇把饭篮递过去说:"你先吃吧!"乞丐说:"我吃了,割麦客吃什么?"寡妇说:"家里还有呢,我回去拿。"说完,站起来回家去了。乞丐吃了大半碗饭,把小半碗饭倒在地上,碗倒扣在上面,走了。

　　寡妇拿饭回来,不见乞丐,只见碗倒扣在地上,还以为乞丐不小心敲了碗,不好意思才走了。仔细看看,碗没有破,她弯下腰去把碗拾起,一看地面,碗底下哪里还有饭。只见一个个黑乎乎的又细又长的小东西,纷纷爬到割麦客身上乱咬。割麦客慌慌张张爬起来,伸手去抓,那小东西早跑到树洞里去了。割麦客吃过饭,又倒在树下困觉,小东西又从树洞里跑出来乱咬,搅得割麦客困不好觉,只得去割麦。那黑乎乎的又细又长的小东西就是蚂蚁。

　　　　　　　　　　——选自《中国民间故事集成·浙江卷》(三门县)

半 缸 米

改编稿:

　　从前,有个王木匠,他有两个儿子,大儿子早就结婚了,小儿子刚刚结婚。

王木匠家里养了十只鸭，二十只鸡，三十只鹅，还有四只大肥猪。大媳妇每天烧饭烧一大锅，吃不完的饭菜就拿去喂猪，喂鸡喂鸭都是用米喂。小媳妇看了心痛，说："嫂嫂呀，我们家这样太浪费了，喂鸡喂鸭喂猪可以用烂菜烂叶，还可以去山上割猪草啊。"大媳妇说："妹妹，这多累啊！米吃完了，还可以买，我们家又不是没钱。"小媳妇说："嫂嫂，我们有吃的时候要想到没得吃的时候啊！"嫂嫂听了不高兴了，说："你这么小气，幸好不是你当家！"

晚上，小媳妇搬了一只很大的缸到房间里。第二天她对大媳妇说："嫂嫂，你一天到晚忙，很辛苦。我来做饭做菜吧。"大媳妇很高兴，每天把米量好交给小媳妇。小媳妇呢，每次都悄悄地舀出一碗米放进大桶里。小媳妇还三天两头到山上去割猪草来喂猪。

这年一个夏天没有下雨，收成很不好，街上米也没得买，王木匠家里的米很快也吃完了。大媳妇发愁地说："这下怎么办呢？我们吃什么呢？"小媳妇说："是啊，我们还有这么多鸡鸭猪鹅呢。"大媳妇后悔地说："想想以前用米喂鸡鸭猪多浪费啊，现在有钱都没地方买米。"

这时候，小媳妇拉着大媳妇走到自己的房间。大媳妇看着大半桶米，嘴巴都闭不拢了："妹妹，这么多米，你哪里买来的？"小媳妇笑笑，告诉她米是哪里来的。大媳妇惭愧地说："妹妹，你是对的。我再也不用米喂鸡鸭，不用白米饭喂猪了，我一定要节约爱惜粮食。"

王木匠知道事情后，夸奖小媳妇会勤俭过日子，是个好当家。

作品分析与活动建议：

这个故事说的是居家过日子要勤俭节约。故事里的大媳妇以为家境好，过日子就可以大手大脚，不把粮食当回事。她不听小媳妇的劝阻，还嘲笑小媳妇"小气"。等到荒年来临时，有钱都无处去买粮食。小媳妇用平时积攒下来的粮食，使全家人度过了荒年，也教育了大媳妇。这时候，她才感到平时的浪费是多么的不应该。

这个故事在今天仍有很好的教育意义。节约是什么？是一种不浪费的意识，更是一种社会的文明，它提倡的是一种理性的、合理的消费使用。低碳、环保生活就是节约理念的体现。假如人们都像故事里的大媳妇，因为物质条件丰富了，就随意挥霍、浪费，那么等待人类的将是毁灭性的灾难。因此，让孩子从小树立节约的意识，学会珍惜，是全社会的责任。

家长在完整地讲述一遍故事后，可以和孩子讨论：大媳妇用什么喂猪喂鸡？为什么？小媳妇是怎么想的？你觉得小媳妇小气吗？收成不好时，大媳妇有钱能买到米吗？小媳妇那半桶米是哪里来的？什么是节约？

通过讨论，引导孩子明白，节约就是不浪费，每一个人都要养成节约的好习惯。家长还可以和孩子讨论，我们怎样从身边的小事做起，节约一滴水、一度电、一张纸、一粒米。

家长还可以让孩子学习背诵古诗《悯农》："锄禾日当午，汗滴禾下土。谁知盘中餐，粒粒皆辛苦。"

附原文：

阿彩嫁到阿牛家，见婆婆养了二十只鸡、十只鸭、三十只鹅，还有四只大母猪。平时喂鸡鸭都是稻谷，烧起饭来三个人一大淘箩米，吃不完，婆婆统统倒进猪槽里。阿彩看了心痛，对婆婆说："婆婆呀，有吃时想到呒吃时，喂鸡喂鸭喂猪可以用菜片皮。"婆婆听了不顺耳："你勿要小家子气了，我屋里介多的粮食，喂喂畜生是牛身上拔根毛。"

阿彩一听，婆婆生气了，话里还有骨头，只得闷声不响。到了晚上，阿彩和阿牛一商量，从院子里抬进一只七石缸，放进房里。第二天，阿彩对婆婆说："婆婆呀，你一天忙到晚，够辛苦了，这淘米烧饭的事我就包了吧。"婆婆很高兴，每天舀好米交给阿彩。阿彩每次都背着婆婆舀出一竹罐放进七石缸里。

转眼到了霜降，晚稻还未收割，阿牛家的谷仓却露了底。阿牛气煞了，说道："姆妈呀，你看你看，这一下要断餐了。"婆婆叹口气说："没有办法，只好去借。"阿牛说："亏你说得出口！你屋里介多的稻谷够吃两年的，再向人借，人家不会说我们装穷呀？"说得婆婆拿着空淘箩直叹大气。

　　这辰光,阿彩拉起婆婆走到自己房里,婆婆看到半七石缸米,忙问是哪里来的,阿彩一五一十地讲了一遍。从此,婆婆再也不用稻谷养鸡养鸭了。

——选自《中国民间故事集成·浙江卷》(杭州市江干区)

第五章　民间故事传承实践的研究

　　传承实践研究是在"民间故事传承现状的调查"和"民间故事的文本改编"的基础上开展的实证研究。研究的意图是了解学前儿童接受理解民间故事的特点。学前儿童接受理解民间故事,大多是在成人传述者帮助下实现的,因此,在研究中既需要了解儿童本身的接受理解特点,也需要了解传述者的帮助行为及策略。研究运用了问卷调查、观察以及行动研究等方法。

　　本章包括研究设计与结果分析、传承实践活动的设计与实施范例①三个部分的内容。由于传承实践活动包括教学活动与亲子分享活动两种形式。为了表述方便,本章分为四节:第一,研究的设计;第二,教学活动的结果与分析;第三,亲子分享活动的结果与分析;第四,教学活动的设计与传承活动的范例。

第一节　民间故事传承实践的研究设计

一、传承实践研究与现状调查的关系

　　前期的"民间故事传承现状的调查"(以下称"前期调查")和"民间

---

　　① "传承实践活动的设计"此处仅指教学活动的设计,因为教学活动能够进行直接观察,便于获得比较清晰的认识;其设计原则对于其他传承活动也具有普遍的指导意义。因此,只阐述这一部分的设计。"实施范例"则包括教学活动、日常活动两种形式。

故事的文本改编"是传承实践研究的基础。首先,"前期调查"为传承实践提供了对学前儿童接受理解特点的初步认识和理论假设;其次,民间故事的文本改编为传承实践提供了可选择、可对照比较的接受材料。

传承实践的活动及其研究分为两个部分:一是民间故事传承的教学活动研究(以下称"教学活动研究");二是民间故事传承的亲子分享活动研究(以下称"亲子分享活动研究")。

"前期调查"和本研究既有相同之处,也有不同之处。

相同的是:两者都是对传承活动的研究,都在幼儿园和家庭中进行了调查,也都运用了问卷调查和访谈的方法。

不同的有以下三个方面:

第一,前期调查是了解民间故事传承的"已然"现状,本研究是了解传承活动实施中"实然"的问题以及应该采取的措施。简要地说,前者侧重"已然",后者侧重"实然"与"应然"。

第二,前期调查只运用了调查法,本研究不仅运用了调查法,还运用了观察法、个案研究法、行动研究法。

第三,本研究既为传承者提供了民间故事的原文,也提供了经过改编的民间故事,这两类民间故事均由传述者自主选择。"前期调查"则没有提供经过改编的作品,也没有提供民间故事的原文。为了了解改编后的民间故事与原文哪一种更适合传承,本研究运用独立样本的 T 检验方法进行对照比较。在数据处理与报告表述中,我们把未经改编的民间故事称为"原文",把经过改编的民间故事称为"改编稿"。

二、传承实践研究的方法

传承实践研究分为两个主要的方面:一是教学活动的研究;二是亲子分享活动的研究。

对民间故事的传承主要通过幼儿园和家庭两个途径进行传承。在幼儿园里教学活动是主要的形式,而家庭当中则是以亲子分享为主要形式。民间故事的传承是否能在教学活动和亲子分享活动中得到有效的实施,决定着传承的可行性、有效性。

教学活动的研究可以进行有效的观察和分析,适合采用个案研究。

通过个案的观察、描述以及解释,可以获得学前儿童接受理解民间故事的规律性认识。这种认识可以帮助我们构建民间故事传承的理论假设。

家庭环境中的亲子分享活动是民间故事传承的重要途径,但是不利于直接观察和临床分析。因此,我们侧重于问卷调查,以获得一些反馈意见来印证理论假设。幼儿园的教学活动与家庭中的亲子分享活动有着相同之处,也有着显著的差异,因此,在运用亲子分享活动中的反馈意见来印证民间故事接受理解的理论假设时,需要小心地区分因为两种活动形式不同所造成的差异,求证两者共同的规律。

就具体的研究方法而言,本研究将解释性研究与描述性研究结合起来,个案研究与问卷调查研究结合起来。下面予以简要说明:

(一)解释性研究与描述性研究

解释性研究(explanatory analysis)是以探索和寻求现象产生和发展的原因为主要目的的一种研究方法,也就是回答"为什么"和"如何做"的问题;描述性研究(descriptive analysis)是指运用各种方式收集有关资料,经过分析加工,并以对研究对象状态和情况的描述为最终成果的研究类别,也就是回答"是什么"和"发生了什么"的问题。

德沃斯等人认为,"研究者进行研究设计的方式从根本上受到研究问题是描述性研究还是解释性研究的影响。"[①]民间故事传承实践的研究既需要了解"发生了什么",也需要了解"为什么会发生这些现象"的因果联系。因此,我们同时采用了这两种研究方式,以解决不同的问题。

认识民间故事传承中儿童的理解问题,主要采用解释性研究方法。学前儿童能否理解民间故事包含着一系列因果关系,这些因果关系需要通过个案研究来解释。民间故事的理解取决于两个主要原因,一是故事文本是否适宜学前儿童的接受需要及其前理解图式(也称为"前见

---

① 戴维·德沃斯:《社会研究中的研究设计》,郝大海等译,中国人民大学出版社,2008年,第4页。

解"或"前见""前把握"①);二是教师与家长采用的帮助方式是否适宜。上述因果关系可以直观地表示如下。

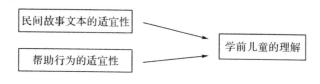

图 5.1　直接因果关系

个案研究中,我们同时运用了描述性研究方法。帮助儿童理解民间故事时,教师运用了哪些方法?儿童有哪些反应?这些问题需要进行具体的描述。对于本课题来讲,解释性研究与描述性研究关注的侧重点不一样,各有其价值。描述性研究是解释性研究的基础,解释性研究是描述性研究的深入。运用这两种研究方法的时候,我们注意了两个问题:一是描述的时候,不能只是事实的堆砌,而应该通过描述激发出"为什么"的问题;二是解释的时候,必须准确捕捉事实中蕴含的因果关系,不能把"相关"当作"因果"。

(二)个案研究与问卷调查研究

个案研究(case study)也称个案调查,是对某一特定个体、单位、现象或主题的研究。本研究从杭州市选取了两所幼儿园,作为个案研究的单位。

问卷调查法(questionnaire survey)也称问卷法。通过问卷,我们了解教学活动和亲子分享活动过程中发生的事实和呈现的问题。我们对问卷数据进行量化处理,以期更清楚地认识事实和问题。

个案研究的单位选择不需要统计意义的抽样,因为每一个个案在一定程度上都代表了更为广泛的总体。尽管如此,我们仍然注意了研究对象和参与者的抽样需要,个案研究单位的中大班幼儿家长和教师全部都作为研究的参与者与调查的对象。

---

① 汉斯-格奥尔格·加达默尔:《真理与方法》,洪汉鼎译,上海译文出版社,2004 年,第344—345 页。

问卷调查中,我们有意识地排除"竞争性假设",①以消除经验直觉可能产生的错误。课题设计中,我们把民间故事的改编作为一项主要的任务。凭借经验,我们认为,民间故事的传承需要解决文本存在的三个问题,一是难以理解;二是思想意识陈旧;三是缺乏趣味性。只有经过改编,民间故事才能更符合学前儿童的生活经验,具有现实的意义,适合学前儿童的审美趣味。这三个问题只能通过民间故事文本的改编来解决。然而,这种假设是凭借经验作出的,只有排除"竞争性假设",才能保证这个假设是确凿无疑的,故事文本的改编是有价值的。也就是说,"民间故事改编稿更适合"与"民间故事原文更适合",是竞争性的假设,两者具有互相替代的可能。

为此,我们向家长和教师同时提供民间故事的原文和改编稿,由他们自主选择合适的文本进行传承。问卷中设计了相应的问题,请他们根据自主选择时的评判,从不同角度对民间故事的原文和改编稿作出价值判断。随着研究的进展,这一研究设计的必要性得到了充分的证明。

(三)传承实践研究的抽样

1. 教学活动研究的抽样

我们在杭州市两所省一级幼儿园的中大班全部班级进行了集体教学活动的观察研究。参与研究的有这两所园的 37 名教师和教研人员。观察了儿童在 52 次民间故事传承活动中的具体表现。教师与教研人员的有效观察记录表 52 份。

教学活动研究采用了 52 个民间故事,以包括尽可能多的类型。我们既提供民间故事的改编稿,也提供民间故事的原文,由教师自主选择。经过反复衡量,所有教师均选取民间故事改编稿。以下提到的民间故事均为改编稿。

选取杭州市的幼儿园主要是考虑到研究的可行性。实践研究需要课题组成员同一线执教者反复讨论活动的设计与实施中的问题。如果去外地幼儿园,经费和时间上都不具有可行性。选取中大班儿童的原

---

① 戴维·德沃斯:《社会研究中的研究设计》,郝大海等译,中国人民大学出版社,2008年,第12—16页。

因是民间故事的实践研究尚不能配套相关的挂图或图书资料,只能采用讲述为主的方式进行传承实践。没有直观形象的图像,学前儿童难以理解故事,尤其是小班年龄的孩子更为困难。为此,先选取中大班儿童作为接受主体。

2. 亲子分享活动研究的抽样

首先,选取与教学活动研究相同的幼儿园、相同的班级,进行亲子分享活动的研究,这样有利于控制因幼儿园不同而产生的各种无关变量。其次,教师参与两种形式传承活动的研究,对研究的意图和可能出现的问题比较了解,可以及时与家长沟通,以确保课题的顺利进行。

参与研究的有 19 个班级,410 名幼儿及其家长。其中,中班幼儿及其家长 174 名,大班幼儿及其家长 236 名。分别占 42.4% 和 57.6%。发放问卷 688 份,回收有效问卷 661 份。有效率 96.0%。

亲子分享活动的样本需要说明三点:第一,进行亲子分享活动的班级与集体教学活动的班级数量一致,但是人数不一致,原因是有些家长不能或不愿参与研究,因此样本少于集体教学活动的数量。第二,问卷按照一次活动(分享一个故事)一份发放,由于有的家长只同意进行一次分享活动,只填写了一份问卷,有的家长则同意,并实际进行了两次分享活动,填写了两份问卷。因此,问卷的数量多于幼儿及其家长的数量,但不是整数倍。第三,亲子分享活动的样本是以幼儿及其家长为单位的,也就是说,每一次活动都是幼儿及其家长共同参与,并由家长完成问卷填写的。

第二节　教学活动的结果与分析

教学活动的结果与分析从以下三个方面进行讨论:第一,儿童的反应、理解与兴趣;第二,帮助者的行为;第三,帮助者的认识。第一部分,是根据儿童在传承活动现场的反应,来认识民间故事接受理解的实际情况;第二部分和第三部分,是帮助者对自身的帮助行为以及态度立场的理性反思与客观描述。

一、儿童的反应、理解与兴趣

（一）儿童的反应

1. 专注倾听的程度

儿童接受民间故事时是否专注，是一个能够直接观察的指标。对于专注程度的判断，研究者与执教者比较容易达成一致的认识。由此，获得的数据就会更加客观真实。因此，我们同执教者反复讨论，逐步统一观察评价的尺度。

专注程度涉及理解和兴趣两个方面的因素，幼儿只有既理解，又感兴趣，才能专注倾听。从现场观察情况看，儿童喜欢民间故事，绝大多数时间能够集中注意倾听。半数以上的儿童能够始终倾听故事。见图 5.2。

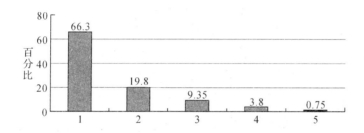

图 5.2　儿童倾听故事专注程度

注：1. 始终专注；2. 多数时间专注；3. 半数时间专注；4. 多数时间不专注；5. 始终不专注。

图 5.2 显示，86.1％的儿童能够专注倾听，其中始终专注的儿童占 66.3％，多数时间专注的占 19.8％。这样的比例出乎很多执教者的意料。执教的教师曾经认为，现在精美的绘本很多，没有直观形象的绘本作为载体，很多孩子对单一的故事讲述已经不感兴趣。没有想到的是，只要改编出适合孩子接受理解的故事文本，再精心设计传承方式，民间故事仍然能够吸引孩子。执教者在活动之后作出的评价表明，民间故事文本的适当改编与活动方式的精心设计是吸引儿童倾听民间故事的关键因素。

图 5.2 还显示,仍然有 9.35％的儿童半数时间不专注,更值得关注的是多数时间不专注与始终不专注的儿童占了 4.55％(其中,多数时间不专注的儿童占 3.8％,始终不专注的占 0.75％)。

从统计学意义上讲,85％以上的儿童是专注的,是一种比较理想的结果。然而,对于高质量的学习活动来讲,有 15％左右的学习者不能始终专注,仍然是令人不快的现象。

上述观察结果与亲子分享活动的调查相吻合。家长卷的调查统计数据表明,大多数孩子能够专注倾听。其中,非常专注的占 29.7％,专注的占 37.5％,比较专注的占 25.2％。而不太专注的(7.1％)和非常不专注的(0.5％)共占 7.6％。也就是说,只有不到 8％的儿童听民间故事时不专注。总体而言,儿童对民间故事基本上能够专注聆听。

2. 回应与交流

回应与交流是指听故事的过程中,儿童能够积极主动地与讲述者互动。这种行为的产生表明儿童能够理解故事,并愿意进行交流。这种行为以举手、回答问题或表述自己的见解为判断依据。与专注倾听相比较,这种行为更直观,据此设立的指标更具有客观性。

从现场观察的情况看,儿童对民间故事的回应与交流比较积极。半数以上的儿童能够非常积极地回应与交流。见图 5.3。

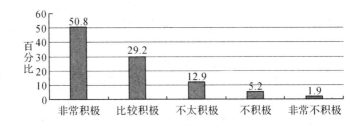

图 5.3　儿童的回应与交流

图 5.3 显示,在民间故事的教学活动中,八成儿童能积极回应与交流。其中,非常积极地回应与交流的占 50.8％,比较积极的占 29.2％。这一结果与前面的专注倾听指标相比较,略低于专注倾听的指标

（86.1％），但仍然保持在八成左右。两项指标互相印证，说明上述结果均为可信。

图 5.3 还显示，回应与交流不太积极以及不积极或非常不积极的儿童近两成。其中，不太积极的占 12.9％。不积极的占 7.1％（其中，不积极的占 5.2％，非常不积极的占 1.9％）。这一结果与亲子分享活动中的调查数据相比较，大致相似。亲子分享活动中，七成以上的幼儿能够与家长积极回应与交流。其中，积极回应的占 57.1％，非常积极的占 21％，不积极和非常不积极的只占 1.7％。

（二）儿童的理解

专注倾听和回应、交流的行为中，必然包括儿童的理解因素。为了更深入地了解影响理解的具体因素，我们又设计了三个方面的指标：一是词语的理解；二是情节的理解；三是故事意义的理解。

1．儿童对民间故事词语的理解

学前儿童的故事接受主要是经由听觉途径实现的语言符号理解。口耳相传的语言表述是一个转瞬即逝的流动过程，因此，词语的理解是前提。只要几个词语不能理解，幼儿就会对故事失去兴趣，不再专注倾听。

词语是音响形象与概念的结合，两者结合为一个整体，用以指称对象。由于民间故事的内容同学前儿童的生活经验有明显的历史间距，故事中很多词语所指称的事物或现象是他们没有接触过的，缺乏前理解经验的，因此这些词语是他们难以理解的。

为了解决词语理解的问题，我们采取了两个办法：一是在民间故事的文本改编中，对幼儿不容易理解的词语进行了替换和更改；二是在教学活动过程中给予必要的解释或呈现直观的图片和实物。实践表明，这两个办法起到了非常有效的作用。

教学活动共采用了 52 个民间故事改编稿，教师认为运用改编后的民间故事进行传承，儿童能较好地理解民间故事中的词语。见图 5.4。

数据表明，近七成（69.2％）的儿童能够理解所有的词语，21.2％的儿童只有 1～2 个词语不理解。这两部分儿童占 90.0％以上。绝大多数儿童只有一两个词语不理解，是各类故事讲述都可能出现的情况。

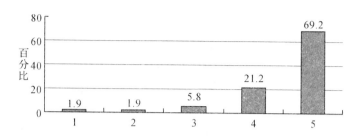

图 5.4　儿童对故事中词语的理解

注:1.7 个以上词语不理解;2.5～6 个词语不理解;3.3～4 个词语不理解;
4.1～2 个词语不理解;5.没有不理解的词语。

换句话说,改编以后的民间故事文本在词语理解方面,已经实现了相同于现代儿童故事的通俗程度。

数据还表明,5.8%的儿童有 3～4 个词语不理解,只有 3.8%的儿童有 5 个以上的词语不理解。在民间故事的现状调查中,儿童能较好地理解民间故事中词语的比例只占 26.6%。传承现状调查与传承实践的数据比较表明,民间故事改编稿的词语比原文的理解可能性大幅度提高。在后面的章节中,将作更为具体的分析。

2. 儿童对民间故事情节的理解

从信息加工的角度讲,故事情节的理解是一种连贯信息加工和焦点信息加工互相交织的双加工过程。[①] 连贯信息加工是指主体对一系列具有因果联系的事件过程的理解,焦点信息加工是指主体对故事的主题或角色的性格特征等焦点实现理解的信息加工。这两种信息加工互相交织、同时共振。生活经验比较狭窄的学前儿童,往往缺乏引发共振的背景信息通达。如果没有相应的前理解经验,学前儿童就无法实现双加工信息共振。为了解决这一难题,我们采用了玩偶表演、情景表演、背景图出示等一系列方法,再现直观形象的故事场景,较好地解决了故事情节的理解难题。

---

① 莫雷、王穗平、王瑞明:《文本阅读研究的百年回顾》,《华南师范大学学报》(社会科学版),2006 年,第 134 页。

数据表明,在 780 人次的教学活动中,儿童能较好地理解民间故事情节的占 98%以上。其中完全理解的占 76.9%,理解的占 17.3%,大致理解的占 3.9%。见图 5.5。

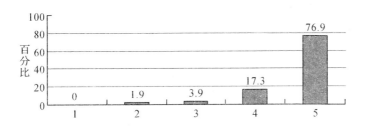

图 5.5　儿童对故事情节的理解

注:1.完全不理解;2.不理解;3.大致理解;4.理解;5.完全理解。

这一事实表明,除了文本改编的合理性以外,课题组成员对学前儿童接受理解规律的认识是基本正确的,所采用的帮助策略是适宜的、有效的。

3. 儿童对民间故事意义的理解

民间故事的意义是指通过生动的故事情节展现与角色形象描述,揭示出来的生活意义。民间故事的意义渗透着人民群众的历时生活智慧,也印刻着当时社会意识的痕迹。帮助儿童理解故事意义时,面临两个关键的问题,一是故事的意义应该符合今天的时代需要,是一种积极向上的、健康的思想意识;二是只有在理解故事情节与角色行为的基础上,儿童才能实现故事意义的理解。通过民间故事的文本改编和教学活动中严谨而又生动的诠释,大多数儿童能够实现故事意义的理解。见图 5.6。

图 5.6 的数据表明,集体教学活动中,约 98%的儿童能够理解民间故事的意义。其中完全理解的占 65.4%,理解的占 23.1%,大致理解的占 9.6%。我们注意到还有近 2%的儿童不能理解民间故事的意义。在传承实践活动中,我们观察到凡是运用了直观形象的方式来诠释故事,儿童的理解程度就更为理想一些。我们认为,运用数字化的手段来直观形象地展现故事情景,将是我们下一步研究的重点。

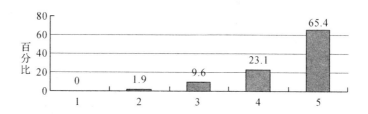

图 5.6　儿童对故事意义的理解

注:1.完全不理解;2.不理解;3.大致理解;4.理解;5.完全理解。

（三）儿童的兴趣

前面已经提到,儿童的倾听、回应与交流行为必然包含着兴趣因素。为了具体了解儿童对改编以后的民间故事感兴趣的程度,我们还专门设计了一个指标来进行了解。

课题研究初期,执教者非常担心幼儿对民间故事不感兴趣。他们认为学前儿童缺乏理解民间故事的生活经验,因此儿童不会对民间故事感兴趣。随着课题研究的进展,教师的担心逐渐减少。很多教师惊讶于幼儿的感兴趣程度出乎自己的意料。图5.7呈现了儿童对改编后的民间故事的喜爱程度。

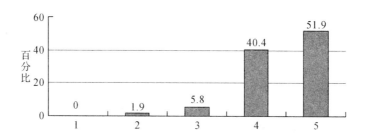

图 5.7　儿童对故事的喜爱程度

注:1.非常不喜欢;2.不喜欢;3.不太喜欢;4.喜欢;5.非常喜欢。

数据表明,九成多的儿童喜欢民间故事。其中,非常喜欢的占51.9%,喜欢的占40.4%。不太喜欢和不喜欢的儿童占了7.7%。虽然这部分儿童很少,却仍然值得我们继续探究民间故事的改编以及传承方式的改进途径。

（四）影响儿童接受民间故事的原因

尽管不理解与不喜欢民间故事的儿童只是少数,影响他们接受的原因却有必要深入了解。执教者的反思与分析见图5.8,相关数据为频数百分数。

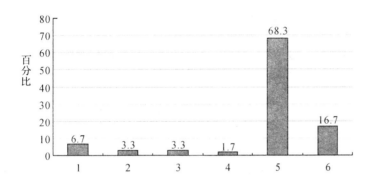

图5.8　影响儿童接受民间故事的原因

注:1.没有直观的图片、图书或实物等;2.故事本身不适合;3.活动方式不够合理;4.帮助者的表现不够生动;5.没有不理解或不喜欢;6.其他。

经过传承实践,教师大多选择儿童"没有不理解或不喜欢"民间故事这一选项。虽然,这种看法占了68.3%,但仍然需要对影响儿童理解或喜欢民间故事的具体原因进行分析。根据意见的集中程度分析如下:第一,关于"其他"这一选项的分析。教师所填的具体看法主要是两点,一是与其他故事比较,儿童更喜欢现代的创作故事,尤其是国外的绘本故事,而不喜欢民间故事;二是与其他活动比较,儿童更喜欢能自主、自由表现的活动,而不喜欢安静聆听的活动。由于这两个问题越出了民间故事本身的范围,因此,教师选择了"其他"这一选项。第二,"没有直观的图片、图书或实物"这一看法占了6.7%,由于民间故事所反映的生活场景和儿童的直接经验相距甚远,因此没有直观的图像或实物的呈现,必定会影响儿童对故事内容的理解。第三,民间故事本身的内容不适合儿童的现实需要,持有这一看法的占了3.3%。此问题其他章节已有分析,不再赘述。第四,民间故事传述的"活动方式不够合理"与"帮助者的表现不够生动"这两项看法分别占了3.3%和1.7%。

这是从传述者本身进行反思的问题。一方面,可以看到民间故事的传述需要较高的传述能力;另一方面,可以看到传述者能够直面自己存在的问题,进行理性的反思,并客观地填写在反馈意见之中。后者表明,参与传承实践的教师能够不伪饰、不遮掩,真实反映问题。

二、帮助者的支持性行为

学前儿童是个特殊的接受主体,他们无法直接阅读文字记载的民间故事,也很少能够直接倾听坊间流传的民间故事。儿童对民间故事的接受理解,需要依靠成人的帮助。因此,成人教养者的支持性行为,起着决定性的作用。在教学活动中,教师的支持性行为主要表现在活动形式和具体方式两个方面。

支持性行为的形式是指幼儿园一日活动中采用何种形式来传承民间故事。幼儿园一日活动包括集体教学活动、日常活动、区域活动以及家园共育活动等形式。其中,集体教学活动是学习意味最明显,采用方式、方法最丰富多样,教师的支持性作用最为明显的一种活动形式。

支持性行为的方式是指包括民间故事传承在内的学习活动中具体采用的方式、方法,包括讲述、情景表演、阅读等。其中的讲述方式又可以根据是否配合图片/视频,是否配合实物/道具以及是否与幼儿进行互动交流等有所区分。

(一)支持性行为的形式

了解各种形式的传承效果,对于帮助者的行为模式构建具有重要的意义。调查显示,67.4%的教师认为组织集体教学活动最适合民间故事的传承。其次是日常活动形式,占 26.9%;区域活动和其他形式分别占 1.9%和3.8%。见图 5.9。

从图 5.9 中可以看到,集体教学活动和日常活动是绝大多数教师认可的活动形式,两者共计 94.3%。区域活动形式与其他活动形式仅占 6%左右。教师认为集体教学活动与日常活动形式更适合传承民间故事的原因需要具体分析。

集体教学活动是一种教师作用体现得最为显著的活动形式,在这种活动形式中,教师可以根据学习内容的特点与学习主体的认知水准,

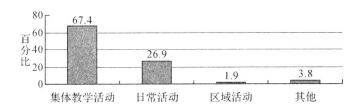

图 5.9　民间故事传承的活动形式

有计划、有目的地运用适宜的策略来帮助儿童理解。民间故事的传承也同样如此,教师可以根据故事内容准备相应的图片、视频、实物、玩偶以及情景表演或游戏活动等方式,激发儿童的兴趣,帮助他们更好地实现理解。日常活动是指晨间活动前后、进餐前后以及离园之前等时间段所开展的活动。这些时间段,儿童处于相对安静的状态,比较适合聆听故事。相对而言,日常活动时段进行的民间故事传承,大多是聆听为主的,讲述者与聆听者的互动交流远远不及教学活动形式。然而,日常活动相对集体教学活动而言,教师选择学习内容的自主性更强,准备更为便捷。总之,就民间故事的传承形式而言,集体教学活动形式的效果更好,日常活动形式更为简便易行。

区域活动是儿童相对自主的一种学习形式,教师需要轮流到各个区域给予儿童一些支持。当缺乏配套的图画书等材料时,传承民间故事只能依靠教师的讲述。于是,在区域中开展民间故事传承,教师就会分身乏术。

我们认为,适合儿童自主阅读的图画书如能配套出版,区域活动中开展民间故事传承将成为教师选择的主要形式之一。

（二）支持性行为的方式

在教学活动形式的民间故事传承中,最主要的方式是讲述。情景表演、阅读等方式都需要在讲述的基础上才能整合进去。因此,我们以讲述方式为主整合各种其他方式进行有效性的了解。也就是说,以下各项指标中均包括讲述方式,然后结合其他各种方式。我们设立的各项指标包含了目前运用的各种语言教育方式。见图 5.10。

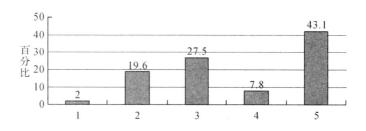

图 5.10　民间故事传承的活动方式

注：1.教师讲述、幼儿倾听；2.教师讲述，并与幼儿互动交流；3.配合图片、实物等，讲述交流；4.教师讲述，与幼儿交流并结合其他方式（如游戏、情景表演等）；5.配合图片、实物等，讲述交流并结合其他方式。

　　以上各种讲述方式的教师认可程度，对我们认识民间故事的传承方式具有重要的启示作用。图中可以直观地看到，凡是配合图片、实物等直观教具并进行互动交流的传述方式，得到教师认可的程度都比较高，而仅仅采用口耳相传的传述方式，得到认可的程度都比较低。其中，认可程度最高的第五项占了43.1％。这一项采用的传述方式最为直观形象。教师在讲述的基础上，不但与儿童互动，还运用图片、实物等直观教具和游戏、情景表演等场景再现方式。而仅仅采用口耳相传传述方式，得到教师认可的比例则不高。尤其是完全以口耳相传方式进行传述的方式，认可的教师人数最少，仅占2％。

　　上述调查结果表明，民间故事的内容与儿童的生活经验有着明显的距离，需要运用一些直观的图像、实物以及情景再现的方式，才能获得较好的传承效果。

三、帮助者的认识

　　帮助者的行为直接受制于他们对传承必要性的认识，我们从两个层次来了解教师对这个问题的看法：一是有没有必要；二是什么样的必要。

　　（一）民间故事对儿童发展是否有意义

　　调查结果表明，96.2％教师认为民间故事对儿童的发展有意义。

其中非常有意义的占 59.6％,有意义的占 32.7％,一般的占 3.9％。同传承现状调查的数据相比较,可以看到教师的认识提高了 10 个百分点以上。前期的民间故事传承现状调查中,认为"有必要"(71.4％)和"非常有必要"(13.7％)传承民间故事的教师,占了 85.1％。教师对传承必要性认识的提高,主要原因是传承实践阶段,教师运用民间故事改编稿组织活动,现场效果使得教师的信心显著增强。见图 5.11。

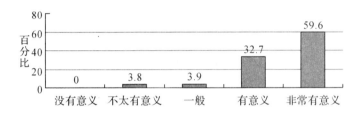

图 5.11 民间故事对儿童发展是否有意义

对于改编过的民间故事,虽然没有教师认为完全没有意义,但仍然有 3.8％的教师认为不太有意义。这一事实表明,民间故事传承研究的路途还很漫长。

(二)民间故事对儿童发展的意义

传承实践活动之后,教师对民间故事意义的认识是我们需要了解的重点之一。因为,教师对民间故事意义的真切认识直接影响他们传承的主动性与积极性。

民间故事的价值呈现多元化的特点,而且,不同教师的认识也可能是多元的。因此,问卷中设计的这一题项是"不定选项",教师可以选择单项,也可以选择多项。统计时,根据多选项二分法进行处理,统计结果是"频数百分数"。

图 5.12 直观地显示,教师的认识呈现出多元化的特点。认为民间故事对儿童的成长具有直接意义的比例最高,达到五成以上;认为民间故事具有了解传统文化价值的占 24.7％;认为民间故事具有了解家乡风俗人情意义的占 12.4％;认为民间故事具有其他价值和娱乐意义的

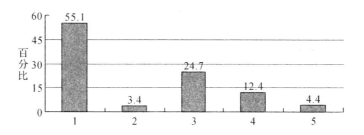

图表 5.12　民间故事有什么意义

注：1. 对儿童成长有直接意义；2. 娱乐的意义；3. 知道一些传统文化；4. 了解家乡的风俗人情；5. 其他。

分别占 4.4％和 3.4％。上述结果表明，教师认为民间故事的娱乐意义最微弱，而帮助儿童成长的意义最明显。我们认为，这一结果的出现同我们改编民间故事的工作有着密切关系。进行民间故事改编的课题组成员均为从事教育工作的人员，改编过程中不可避免地更多地考虑教育的需要，而对娱乐的需要考虑较少。见图 5.12。

这一结果表明，教师认识到民间故事中蕴含的生活智慧，经过改编可以具有现实的意义，可以与今天的儿童产生心灵的共鸣。

（三）提高民间故事传承效果的措施

传承实践活动中，教师根据不同的故事内容采用不同的措施来设计和组织活动。执教的教师互相观摩、分析各种措施运用的效果。他们认为，以下三种措施对于提高传承效果都能起到一定的作用。其中，效果最明显的是第三种措施，其次是第一种措施。根据教师的反馈，我们可以看到配备图书、图片等直观的材料以及提供可资借鉴的作品分析或活动设计是教师比较认可的措施。见图 5.13，表中数据为频数百分数。

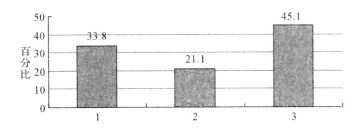

图 5.13　提高民间故事传承效果的措施

　　注:1.配备相应的图片、图画书或教具、学具;2.提供相关的作品分析和活动设计;3.1 和 2 的结合,并在活动中有让幼儿可以操作的游戏或情境。

第三节　亲子分享活动的结果与分析

　　家庭中的亲子分享活动也是民间故事传承的重要途径。我们通过问卷调查了亲子分享活动中六个方面的问题:第一,民间故事传承的方式;第二,民间故事改编的必要性;第三,民间故事的理解;第四,民间故事的趣味性;第五,民间故事传承的必要性;第六,民间故事传承中的困难与应对措施。

一、民间故事传承的方式

　　民间故事的亲子分享方式主要有三种:一是家长讲述,孩子聆听;二是讲述的过程中,家长与孩子进行对话交流;三是讲述、交流中出示一些直观的图片或实物帮助孩子理解。我们了解到,极少数家长会利用民间故事同孩子一起绘画故事情景,或者开展一些游戏、情景表演类的活动,所以设计了"其他"这个选项。见图 5.14。

　　上述四种方式中,多数家长选择了口耳相传的讲述方式与对话交流方式,分别占到 31.4% 和 63.6%;而讲述中出示图片或实物仅占 3.8%。采用比较复杂的"其他"方式进行传承的家长只占极少数。

　　上述结果表明,民间故事的传承中,大多数家长还是采用了最为简便易行的方式。家长并非专业人员,他们很少能够为此寻找相关图片

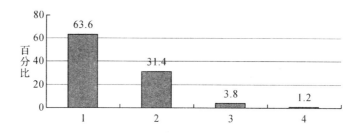

图 5.14　亲子分享中民间故事的传承方式

　　注:1.讲述与对话交流;2.口耳相传的讲述;3.讲述、交流,同时出示实物或图片;4.其他。

或实物来帮助幼儿理解民间故事。从现实的情况看,家长能够运用对话交流的方式来传承民间故事是一件令人欣喜的事情。国外的研究表明,对话交流是非常适合亲子分享的重要方式。这种方式改变了传统的家长讲述孩子听的模式,能够使孩子更多地成为主动的交流主体。这种主动性的激发,有利于孩子更好地理解故事。[①]

二、民间故事改编的必要性

　　传承实践的研究中,我们同时提供经过改编的民间故事和未经改编的原文,由家长自主选择。根据家长的选择,我们可以判断出哪一种文本更受到家长喜欢。家长的选择间接表明了孩子喜欢哪一种文本。我们还要求家长具体说明自己的选择原因。详见"民间故事传承家长反馈表"第四题和第八题。见图 5.15。

　　调查表明,绝大多数家长选择了改编稿,占总数的 87.6%。只有82 位家长(占总数的 12.4%)认为民间故事的原文更适合传承。他们认为,改编稿和原文相比较,在是否容易理解和更有趣味方面没有明显差异,而在价值方面原文更为有意义。

　　我们对持有这种看法的部分家长进行了访谈。他们认为传统的东

---

　　① 鲍曼等:《渴望学习:教育我们的幼儿》,吴亦东等译,南京师范大学出版社,2005 年,第 144－147 页。

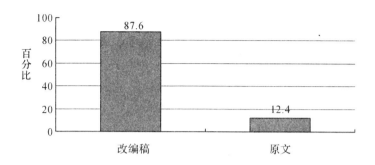

图 5.15   亲子分享中是否选择改编稿

注:调查中同时提供民间故事的原文和改编稿,由家长自主选择。

西就应该是"原汁原味"的,因此不赞成改编民间故事。这些家长的文化素养比较高,他们对目前的历史题材影视剧以搞笑形式进行改编非常不满。同时,他们也认为课题组的民间故事改编稿还是比较严谨的。

尽管持有这种认识的家长只占 12.4%,但还是给我们一个重要的启示:如何处理传统文化继承中的原生态与改造加工,仍将是一个不可回避的命题。不改造加工以适应新的时代需要,传统文化必将面临"缺场"的窘境;过度改编,变得面目全非,有可能失去传统文化的意味。尤其是不顾历史事实的胡乱改编,很可能让人们反感对传统文化的改造。

由于绝大部分的家长选择了改编稿进行传承,以下根据选择民间故事改编稿的传承结果为主展开讨论。

三、民间故事的理解

民间故事传承的关键是理解。学前儿童能否理解决定着传承的可能性,对此需要进行比较深入和全面的研究。我们从四个方面对民间故事的理解问题进行了了解:第一,词语的理解;第二,内容(情节)的理解;第三,幼儿听故事时的专注程度;第四,儿童的回应与交流。前两个问题是儿童对故事理解的不同方面,后两个问题从儿童的行为角度反映了他们是否理解以及理解的程度。

这四个问题,我们运用频数和 T 检验两种方法进行统计分析。

（一）对词语的理解

亲子分享的传承实践的结果表明,孩子对改编后的民间故事的理解程度很高。没有不理解的词语占总数的 46.5％;只有 1～2 处不理解的占 31.9％;这两项占总数的 78.4％。见图 5.16。

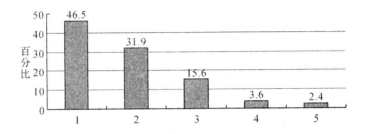

图 5.16　故事中词语的理解难度

注:1.完全没有难度;2.1～2 个词语有难度;3.3～4 个词语有难度;4.5～6 个词语有难度;5.很多词语有难度。

（二）对故事情节的理解

故事内容(情节)的理解结果表明,孩子基本上没有困难。完全没有困难的占 55.8％,只碰到 1 处困难的占 22％。这两项共占 77.8％。见 5.17。

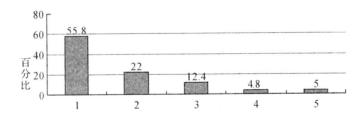

图 5.17　故事内容(情节)的理解

注:1.完全没有难度;2.一处有难度;3.两处有难度;4.三处有难度;5.四处以上有难度。

这一事实表明,即使是亲子分享活动中,孩子也能够比较容易地实现民间故事(改编稿)情节的理解。

（三）对改编稿和原文理解程度的比较

为了证实上述结果,我们进行了检验。T 检验表明,对词语的理解和内容的理解,改编稿都比原文的结果更为理想。而且改编稿明显比民间故事的原文更容易理解。(见表 5.1、表 5.2)

表 5.1　民间故事改编对词语理解的影响

故事类型	数量	平均数	标准差	T 值	概率值(P)
原文	82	3.52	0.993	4.32	0.00
改编稿	578	4.15	1.269		

经独立样本 T 检验发现,改编后的民间故事与未经改编的民间故事在儿童的词语理解上存在显著差异,$P<0.05$。M 改编稿$>M$ 原文,说明改编稿更有利于儿童对故事中词语的理解。

表 5.2　民间故事改编对内容理解的影响

故事类型	数量	平均数	标准差	T 值	概率值(P)
原文	82	3.68	1.40	3.51	0.001
改编稿	579	4.25	1.08		

经独立样本 T 检验发现,民间故事是否改编对于儿童的理解存在显著差异,$P<0.05$。M 改编稿$>M$ 原文,表明改编稿更有利于儿童对故事内容(情节)的理解。

（四）儿童的专注程度

儿童在亲子分享活动中的专注程度也表明,改编以后的民间故事是容易理解的。统计数据表明,非常专注的占 29.7%,专注的占 37.5%,比较专注的占 25.2%。不太专注(7.1%)和非常不专注(0.5%)的共计 7.6%。也就是说,只有不到 8% 的儿童听民间故事时不专注。见图 5.18。

T 检验证实了这一点,同民间故事的原文相比,改编后的故事更吸引儿童,他们能够更为专注地聆听。独立样本 T 检验表明,选用原文或改编稿在儿童的专注程度上存在显著差异,$P<0.05$。M 改编稿$>M$ 原文,表明在倾听改编的民间故事时,儿童更为专注。见图表 5.3。

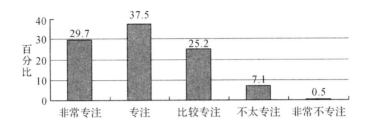

图 5.18　儿童倾听故事的专注程度

注:1.非常不专注;2.不太专注;3.比较专注;4.专注;5.非常专注。

表 5.3　民间故事改编稿与原文对儿童专注程度的不同影响

故事类型	数量	平均数	标准差	T 值	概率值(P)
原文	82	3.62	0.96	2.41	0.016
改编稿	579	3.88	0.93		

　　结果还表明,一小部分幼儿的注意力不是很集中。其中,7.1%的儿童不太专注,0.5%的儿童非常不专注。我们认为,这一事实既同民间故事的改编稿不具有非常强的吸引力有关,也可能同家长的传承方式有一定的关系。一部分家长不善于生动地讲述故事,也不能开展有效的对话交流,来吸引儿童专注聆听。

　　(五)儿童的回应与交流

　　调查表明,在亲子分享活动中,七成以上的幼儿能够与家长积极回应与交流。其中,积极回应的占 57.1%,非常积极的占 21%。不积极和非常不积极的只占 1.7%。儿童能积极回应与交流,说明他们对故事是理解的,而且是感兴趣的。没有这两个前提,儿童就不可能回应与交流。见图 5.19。

　　我们对采用改编稿和原文的两种传承进行了对照比较。经独立样本 T 检验发现,采用民间故事的原文或改编稿,儿童的回应与交流不存在显著差异,$P>0.05$,表明倾听民间故事时,儿童都能进行积极的回应与交流。见表 5.4。

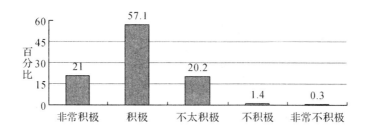

图 5.19　儿童倾听故事的回应与交流程度

注:1.非常不积极;2.不积极;3.不太积极;4.积极;5.非常积极。

表 5.4　民间故事改编稿与原文对儿童的回应与交流的影响

故事类型	数量	平均数	标准差	T 值	概率值(P)
原文	82	3.81	0.77	1.64	0.10
改编稿	578	3.96	0.70		

　　为什么两者没有显著差异呢?前面已经提到,采用原文的家长非常少,而且这部分家长的文化素质较高,他们有能力生动讲述,并与孩子进行有效的交流。也就是说,家长在讲述时能根据自己的理解清晰生动地诠释民间故事,孩子就能实现理解,并与讲述者形成互动。

四、民间故事的趣味性

　　调查结果表明,六成以上的家长认为民间故事是有趣的,孩子是喜欢的。也有不少家长认为民间故事趣味不明显,这部分家长占了30.8%。值得警醒的是,认为民间故事没有趣味的家长占了4.4%。其中,认为毫无趣味的占 0.3%,不太有趣的占 4.1%。见图5.20。

　　我们比较了民间故事改编稿与原文的趣味性。59.8%的家长认为,改编稿更有趣味,24.5%的家长认为两者没有明显区别,15.7%的家长认为原文比改编稿更有趣味。这一结果表明,近六成的家长肯定了民间故事改编在增强趣味性方面的作用。见图5.21。

　　家长持肯定态度的人数远远不及教师的人数。前面的报告中提到,九成教师认为改编后的民间故事能够激发孩子的兴趣。为什么家

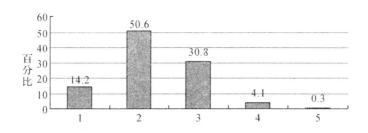

图 5.20　改编稿的趣味程度

注:1.非常有趣;2.有趣;3.趣味不明显;4.不太有趣;5.毫无趣味。

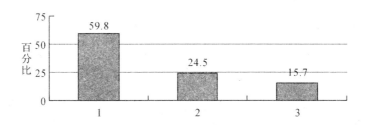

图 5.21　改编稿和原文的趣味程度比较

注:1.改编稿更有趣味性;2.两者无明显差异;3.原文更有趣味

长的认识与教师的认识有这么大的差别?

　　我们访问了部分家长和教师,了解这种差异的原因。访谈结果表明,原因有两点:一是教师与家长的判断标准不一样,教师以民间故事原文与改编稿相对比作出判断。家长则是以国外绘本与民间故事相对比作出判断。二是教师与家长的讲述能力以及引导儿童理解故事,激发兴趣的能力不一样。相对而言,教师的讲述能力以及引导孩子理解故事的能力超过家长,孩子听故事时的专注程度更高。教师据此认为故事有趣的比例就会显得更高一些;同样,家长讲述故事的能力不强,孩子听故事的专注程度较低,家长也就容易据此认为故事的趣味性低一些。

　　访谈的结果并没有使我们忽视民间故事趣味性不足的问题。我们认为,必须对民间故事趣味性不足的问题持有清醒的认识。

民间故事缺乏趣味性的主要原因是:没有走进儿童心里。国外绘本恰恰在这一点上做得比较到位。我国的民间故事往往把孩子看成小大人、缩小的成人,即使"走近孩子,蹲下来说话",故事里的内容还是显现出"满额皱纹"。

"五四"前后,我国的儿童文学先驱开始强调,自觉地认识儿童,把儿童看作独立的人。期待儿童文学工作者和民间文学整理研究者能够真正认识儿童、理解儿童、尊重儿童、顺应儿童的需要。然而,几十年之后的客观现实表明,这方面的成效并不显著,尤其是民间故事的整理和研究,还是没有真正顺应儿童的现实需要。

五、民间故事传承的必要性

之前的研究结果(民间故事的传承现状调查)表明,半数以上的家长认为有必要传承民间故事。认为非常有必要的占 13.9%,有必要的占 70.4%。传承实践研究的数据表明,认为民间故事有意义的家长占 56.3%,非常有意义的占 28.1%,这两个数据比较接近,后者稍高于前者。见图 5.22。

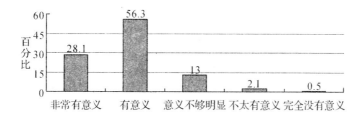

图 5.22　现状调查中,家长认为民间故事的价值

需要进一步了解的是:民间故事蕴含什么价值,使得家长作出了有必要传承的判断。我们认为,民间故事只有对学前儿童的成长具有现实的意义,才能吸引家长主动选择、自觉传承。在此次的实践研究中,大部分家长采用了民间故事改编稿进行传承。47.9%的家长认为民间故事可以帮助儿童习得生活智慧,从而更好地生活与学习。44.6%的家长认为可以让孩子了解家乡的风俗人情、历史典故以及人物传说、景

物传说、乡土特产传说等。7.5%的家长认为民间故事具有娱乐作用。见图5.23,数据为频数百分数。

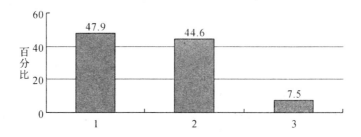

图5.23　传承实践中,家长认为民间故事的价值

注:1.学习生活智慧,更好地生活、学习;2.了解家乡的风俗人情典故传说;3.有一定的娱乐作用。

以上数据表明,大多数家长充分肯定了民间故事对于儿童成长的现实意义以及了解民间习俗、传统文化的作用(传承实践中,家长大多选择了民间故事的改编稿)。由此可以了解到,民间故事的改编稿既具有较强的现实意义,又具有鲜明的民俗风情特色;并没有因为现实意义的突出,而削弱其民俗意义。

我们也看到,绝大多数家长对民间故事的娱乐作用没有给予肯定。我们认为,这种情况的产生同改编者的观念有着直接的关系。参与改编的作者都是教育工作者,改编时下意识地突出了教育意义,淡化了娱乐意味。这一事实表明,如何在改编中增强民间故事的趣味性是一个值得继续探索的重要命题。

六、民间故事分享中的困难及应对措施

（一）民间故事分享中的困难

家长认为,以下一些因素影响了民间故事的传承。这些因素依次为:民间故事同孩子的生活脱离,不容易理解;没有民间故事的图画书;孩子有更喜欢的故事;家长没有意识到民间故事传承这件事;民间故事的内容思想意识陈旧,不符合时代要求;孩子有更喜欢玩的事情;孩子有更需要学习的内容以及没有时间给孩子讲故事等。见图5.24。

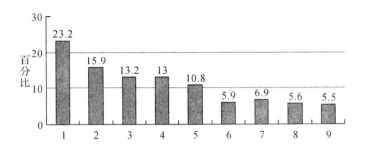

图 5.24　民间故事传承的困难

注:1.民间故事同孩子的生活脱离,不容易理解;2.没有困难,应该给孩子传承民间故事;3.没有民间故事的图画书;4.孩子有更喜欢的故事;5.以前没有仔细想过这些问题;6.民间故事的内容思想意识陈旧,不符合时代要求;7.孩子有更喜欢玩的事情;8.孩子有更需要学习的内容;9.没有时间给孩子讲民间故事。

从图 5.24 可以看出,民间故事文本存在的问题是影响传承的主要因素。其中故事不容易理解占了 23.2%,思想意识与时代要求不相符合占了 5.9%。另一个重要因素是没有适合阅读的图书,持有这种认识的家长占了 13.2%。第三个客观因素是没有时间给孩子讲故事,占了 5.5%。值得指出的是,15.9%的家长经过亲子分享的传承实践,认为向孩子传承民间故事没有困难。这部分家长虽然比例很小,但仍然可以看到已经有不少家长十分重视传统文化的继承、延续。

我们不仅就民间故事本身了解家长的看法,还从民间故事与其他学习内容以及孩子选择的其他活动进行了比较。数据表明,12.5%的家长认为,相比而言,还有其他的学习内容或者其他的活动更符合孩子的需要。

(二)应采取的措施

如何解决上述困难呢? 家长的认识包括三个方面。第一,应该出版适合家长和孩子阅读的图书,其中 44.6%家长认为应该出版适合孩子阅读的图画书,14.7%的家长认为应该出版适合家长阅读的相关图书。第二,社会宣传应该加强,以提高家长传承民间故事的意识。其中,16.2%的家长认为应该加强宣传,10.2%的家长认为传承民间故事的自身意识有待提高。第三,应该给予家长传承民间故事方面的指导,这个任务由教育机构和教师承担较为适宜。见图5.25,表中数据为频数百分数。

上述分析表明,提供适宜的相关图书资料,尤其是适合儿童阅读的图画书是最为迫切的任务;再配合社会宣传和教育机构的帮助指导,民间故事的传承有可能出现新的局面。

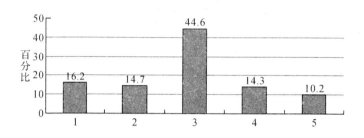

图 5.25　传承民间故事应该采取的措施

注:1. 社会宣传需要加强;2. 出版适合家长阅读的民间故事书籍;3. 出版适合孩子阅读的民间故事图画书;4. 教育机构与教师给予家长指导;5. 家长的认识需要提高。

附录一:

民间故事传承的教学活动反馈表

教学活动反馈包括三份表格,一是教学活动中儿童反应的记录表;二是教学活动形式、方式与作品选择的记录表;三是教师基本情况表。为了使教师反馈的情况更为集中和深入,提供了两份参考,一是民间故事的评价参考;二是活动形式与方式的反思参考。

民间故事传承的"儿童反应"记录表

故事名称：

儿童年龄：_____班

活动时间：_____年_____月___日；起止时间：_____

儿童人数：

帮助者（教师或家长）：_____ 记录者：_____

1. 儿童聆听故事的状态（根据听故事的专注程度，将相应的人数与百分比记入；家长记录只需在答案的序号前打"√"即可）

A. 始终专注_____人_____%

B. 多数时间专注_____人_____%

C. 半数时间专注_____人_____%

D. 多数时间不专注_____人_____%

E. 始终不专注_____人_____%

2. 儿童的回应与交流

A. 非常积极_____人_____%

B. 比较积极_____人_____%

C. 不太积极_____人_____%

D. 不积极_____人_____%

E. 非常不积极_____人_____%

3. 儿童对故事中词语的理解（以下均根据大多数儿童的实际情况记录；在相应答案的序号前打"√"）

A. 没有不理解的词语　　 B. 1～2个词语不理解

C. 3～4个词语不理解　　 D. 5～6个词语不理解

E. 7个以上词语不理解

4. 儿童对故事内容的理解

A. 完全理解　B. 理解　　 C. 大致理解　D. 不理解

E. 完全不理解

5. 儿童对故事意义的理解

A. 完全理解　B. 理解　　 C. 大致理解　D. 不理解

E. 完全不理解

◆ **359**

6. 儿童对故事是否喜欢

A. 非常喜欢　　B. 喜欢　　　　C. 不太喜欢　　D. 不喜欢

E. 非常不喜欢

民间故事传承活动的形式、方式与作品选择记录表

说明:每次活动均需填写本表,在相应的答案序号前打"√"

一、传承过程与效果记录

以下只能选择一项

1. 活动形式

A. 集体教学活动　　　　　　B. 日常活动

C. 区域活动　　　　　　　　D. 其他

2. 活动方式

A. 教师讲述,幼儿倾听

B. 教师讲述,并与幼儿互动交流

C. 配合图片、实物等,讲述交流

D. "B"结合其他方式(如游戏、情景表演等)

E. "C"结合其他方式

3. 故事对儿童发展是否有意义

A. 非常有意义　　B. 有意义　　C. 一般　　　　D. 不太有意义

E. 没有意义

以下可以选一项,也可以选择多项

4. 儿童不理解或不喜欢的原因

A. 没有直观的图片、图书或实物等

B. 故事本身不适合

C. 活动方式不够合理

D. 帮助者的表现不够生动

E. 没有不理解或不喜欢

F. 其他

5. 提高民间故事的传承效果,您认为需要采用哪些办法

A. 配备相应的图片、图画书或教具、学具

B. 提供相关的作品分析和活动设计

C. 其他:结合 A 和 B,并在活动中有让幼儿可以有操作的游戏或情境

6. 故事具有什么样的意义(不定选项:可以选择一项,也可以选择多项)

A. 对儿童成长有直接的意义　B. 娱乐的意义

C. 知道一些传统文化　　　　 D. 了解家乡的风俗人情

E. 其他

二、作品的选择与比较

(改编稿与原文相比,您认为哪一篇更适合学前儿童)

以下为单项选择,请在所选项目的序号前打"√"

1. 词语理解:

A. 改编稿更容易理解　　　　 B. 原文更容易理解

C. 两者没有明显差异

2. 内容理解:

A. 改编稿更容易理解　　　　 B. 原文更容易理解

C. 两者没有明显差异

3. 故事的价值:

A. 改编稿更有价值　　　　　 B. 原文更有价值

C. 两者没有明显差异

4. 故事的趣味性:

A. 改编稿更有趣味　　　　　 B. 原文更有趣味

C. 两者没有明显差异

5. 您选择改编稿或原文的主要原因:(以下请自主填写)

民间故事传承活动教师基本情况表

说明:每位教师只填写本表一份

以下均为单选,请在答案的序号前打"√"

1. 所在幼儿园的级别

A. 省一级　　 B. 省二级　　 C. 省三级　　 D. 准办级

E. 其他

2. 教师年龄

A. 22～30   B. 31～35   C. 36～44   D. 45 岁及以上

3. 教师职称

A. 中学高级   B. 幼儿园高级

C. 幼儿园一级   D. 幼儿园二级

E. 仅具有教师资格证的教师

4. 教师教龄

A. 0～1 年   B. 2～4 年   C. 5～7 年   D. 8～10 年

E. 11 年及以上

5. 教师学历

A. 硕士研究生及以上   B. 本科

C. 专科   D. 中专（职业高中）

E. 普通高中及以下

作品评价参考

说明：为使评析标准相对统一，提出以下标准。评价具体作品时，可侧重于比较突出的问题进行分析，不必面面俱到。

1. 作品的价值：您认为该作品内容对孩子发展是否有价值？这些价值体现在哪些方面（可以从幼儿的认知发展、情感陶冶、意志品质养成、行为习惯培养等角度分析）。这些价值是可有可无的，还是不可或缺的。

2. 作品的语言表达：您认为是否符合幼儿的理解水准？哪些词语或者句子不能被幼儿理解？

3. 作品的情节：您认为作品的情节是否吸引幼儿？故事情节不能吸引幼儿的原因是什么？故事开头不吸引人？矛盾冲突不明显？情节发展（转折）不自然、不巧妙？

4. 作品内容与幼儿理解的关系：您认为该作品的内容难以理解的原因是同幼儿的生活经验相距较远吗？如果配以教具（如挂图、玩偶、实物等）、学具（绘本读物、图片、操作材料）以及相关的经验准备（参观）等，幼儿难以理解作品的问题是否可以解决？

活动形式与方式的反思参考

说明:活动形式是指集体教学活动、区域活动、日常活动、亲子分享活动等;活动方式是指帮助幼儿学习理解民间故事的具体行为方式,如讲述方式、阅读方式、游戏方式等。以下项目仅供参考,教师可以选择其中的一项或几项进行反思性分析,不必面面俱到。

1. 活动形式反思:您认为这个作品适合现在采用的形式,还是更适合其他形式?

2. 活动准备反思:

——本次活动前,您认为自己对作品的理解充分吗?

——您认为本次活动准备的教具或学具合适吗?

——您认为本次活动中,自己讲述故事的方式合适吗? 还可以怎样改进?

3. 活动方式反思:

——您与幼儿交流讨论的话题设计得合适吗? 是理解这个作品必不可少的问题吗? 幼儿的发言同您预想的意图相符合吗?

——您认为幼儿在活动中有积极主动的表现吗? 幼儿不够积极主动的原因同自己采用的什么方式有关?

——您认为本次活动的设计意图充分实现了吗? 没有完全实现设计意图的主要原因是什么?

附录二:

民间故事传承的亲子分享活动反馈表

一、故事名称:＿＿＿＿＿＿＿＿＿＿＿＿＿＿＿＿＿＿

二、儿童年龄段:＿＿＿＿＿＿班

三、活动时间:星期＿＿＿＿ 起止时间:＿＿＿＿＿＿＿

以下各项请在答案的英文序号前打"√",只能选择一项

四、是否改编稿

A. 是　　　　B. 否

五、传承方式

A. 口耳相传的讲述 　　　　B. 讲述与对话交流结合

C. 讲述、交流,同时出示实物或图片

D. 其他(说明具体形式):＿＿＿＿＿＿＿＿＿＿＿＿＿＿

六、对作品的评价

1. 故事的价值

A. 非常有意义　B. 有意义　C. 意义不够明显　D. 不太有意义

E. 完全没有意义

2. 故事的趣味性

A. 非常有趣　　B. 有趣　　C. 趣味不明显　　D. 不太有趣

E. 毫无趣味

3. 故事的词语理解难度

A. 完全没有难度 　　　　　B. 1～2 个词语有难度

C. 3～4 个词语有难度 　　 D. 5～6 个词语有难度

E. 很多词语有难度

4. 故事内容的理解难度

A. 完全没有难度 　　　　　B. 一处有难度

C. 两处有难度 　　　　　　D. 三处有难度

E. 四处以上有难度

七、儿童反应记录

1. 倾听故事的程度

A. 非常专注　　B. 专注　　C. 比较专注　　D. 不太专注

E. 非常不专注

2. 儿童的回应与交流

A. 非常积极　　B. 积极　　C. 不太积极　　D. 不积极

E. 非常不积极

八、改编稿与原文相比,您认为哪一篇更适合学前儿童?

1. 词语理解

A. 改编稿更容易理解 　　　B. 原文更容易理解

C. 两者没有明显差异

2. 内容理解

A. 改编稿更容易理解　　　　B. 原文更容易理解

C. 两者没有明显差异

3. 故事的价值

A. 改编稿更有价值　　　　　B. 原文更有价值

C. 两者没有明显差异

4. 故事的趣味性

A. 改编稿更有趣味　　　　　B. 原文更有趣味

C. 两者没有明显差异

5. 您选择改编稿或原文的主要原因：(以下请自主填写)

九、您的看法与建议：(可以选择一项，也可以选择多项)

1. 民间故事传承的必要性

A. 学习生活智慧，更好地生活、学习

B. 了解家乡的风俗人情典故传说

C. 有一定的娱乐作用

2. 民间故事传承的困难

A. 民间故事的内容思想意识陈旧，不符合时代需要

B. 民间故事同孩子的生活脱离，不容易理解

C. 孩子有更喜欢听的故事　　D. 孩子有更需要学习的内容

E. 孩子有更喜欢玩的事情

F. 以前没有仔细想过这些问题

G. 没有时间给孩子讲民间故事

H. 没有民间故事的图画书

I. 没有困难，应该给孩子传承民间故事

3. 传承民间故事需要解决的问题

A. 社会宣传需要加强

B. 出版适合家长阅读的民间故事书籍

C. 出版适合孩子阅读的民间故事图画书

D. 教育机构与教师给予家长指导

E. 家长的认识需要提高

第四节　民间故事教学活动的设计与实施范例

这一节分为四个部分：一是教学活动的设计；二是教学活动的设计范例；三是教学活动的实施范例；四是日常活动的实施范例。①

一、教学活动的设计

幼儿园中的教学活动同家庭中的亲子分享活动相比较，教学活动更有利于现场观察。通过现场观察的描述和分析，可以获得"发生了什么"和"为什么"的认识。从这个意义上讲，教学活动的研究是"描述性研究"与"解释性研究"的结合。描述是为了激发解释性的"为什么"，解释性的回答是为了提供通则性意义的认识，为民间故事的传承提供具有普遍意义的参照。

教学活动研究的过程如下：第一，民间故事文本的选择与改编；第二，教学活动的设计；第三，教学活动的实施；第四，执教者与观察者互动交流。本节只报告学前儿童在这一过程中呈现出来的接受理解特点，教学活动的设计、实施以及执教者与观察者的互动交流在教学活动设计及实录部分予以呈现。文本的选择改编等前面已经阐述，此处不再赘述。

学前儿童对民间故事的接受理解是一个多种理解方式交织的过程。我们可以把它看作四种方式交互作用的信息加工过程，分别是词语的理解、情节连贯的理解、情景再现的理解、意义的理解。教学活动过程中，教师不仅要认识学前儿童的接受理解规律，还要探寻帮助学前儿童接受理解的策略。以下将从接受理解规律和帮助儿童理解的策略两个方面进行阐释。

（一）学前儿童的接受理解规律

维果斯基认为，儿童的高级心理机能发展，主要通过语言为代表的

---

① 活动设计与实施范例中，所用作品详见第四章第六节"民间故事改编范例"。

符号体系以及文学、音乐等艺术作品为主的心理工具实现。民间故事是以语言符号为载体的一种重要的艺术作品。它不但具有一般艺术作品的价值,还承担着民族文化传统的传承作用。要实现民间故事的价值,必须建立在接受者的理解基础上。

对民间故事的接受理解,首先是对词语符号的解码;在词语理解的基础上,获得对故事情节的大致理解,即能够对故事的角色以及因果联系的事件获得了解。这是一种框架性的认识,还不能在接受者心中召唤出故事中形象生动的场景;随着帮助者的支持性行为,尤其是表演性讲述的促动,儿童会产生联想、回忆等一系列心理加工活动,以致将故事的具体情景在自己的内心展现出来;在问题情境的有效激发下,儿童会深入地理解蕴含在故事情景中的意义,首先是部分意义的理解,然后是整体意义的理解。以下将对这一过程中的四种方式分别进行阐释:

1. 词语的理解

词语的理解是指故事理解过程中经由听觉途径实现的语言符号的理解。词语是音响形象与概念的结合,两者结合为一个整体,用以指称对象。民间故事的内容同学前儿童的生活经验有一定的历史间距,很多事物或现象是他们难以理解的,此时的解决办法主要是两种:一是进行解释,运用"直接指证"和"家族相似"的方式进行解释;二是呈现直观的图片或实物。(详见第四章第一节"民间故事文本中的词语改编")

2. 情节连贯的理解

情节是指故事中一系列为表现人物性格和展示主题服务的有因果联系的事件的发展过程,它循序发展,环环相扣,富有吸引力。

现代认知心理学的观点认为,理解故事实际上就是图式的"具体化"过程,也就是说,当儿童能理解这个民间故事时说明他形成了一个内在的图式,可以帮助他理解故事中所描述的事实、情境。因此,如果儿童不能理解民间故事,说明儿童头脑中没有形成该故事的图式或是因从故事中得到的线索不足,没能够激活图式。

教师应该帮助幼儿从故事中获得足够的线索来激活理解故事的图

式,提问是帮助儿童获得线索、激活图式的有效方式。在教学活动中,教师常常根据情节中的角色及其行为进行提问,也就是我们常常提问的"故事里面有谁""他们做了什么",以帮助幼儿获得对情节连贯的理解。

3. 情景再现的理解

情景再现是指在了解大致情节的基础上,以言语活动或肢体动作等再现故事中的具体情景,如角色的动作、神态、内心活动以及与情节发展相关的细节等,即将符号内容转化为相应的情感和行为。

学前儿童对故事的理解不以文字符号认读和语义理解的心理表征为主,而是建立在直观具象、亲身体验的基础上,更为注意直观的、动作性的、情景化的心理表征和意义理解。因此,不仅需要借助语言符号的中介作用,还需要运用多种行为,尤其是图像符号表征、肢体动作、神态等来帮助读者建立情景化的心理表征,从而有效地建立新情景、内化新经验。

理解的实现需要生活经验的积累以及观察、感受、体验生活的能力,帮助幼儿实现这样的理解有多种形式,表演性的讲述则是最为简单,也是最为常用的形式。

4. 意义的理解

民间故事是解释生活现象中蕴含的因果联系及人们对待生活的态度、立场和方式的艺术样式。它通过形象生动的描写,呈现人们的思想认识和情感。通过故事的学习所起到的作用是"扶正祛邪",它帮助人们萌生正确的思想认识和健康的情感体验,揭示不正确的思想认识、消极负面情绪的产生缘由及其后果。

故事的意义价值蕴含在具体的情景之中,只有实现了上述理解,才能理解故事意义。与此同时,前面讲到的三种理解的实现,也是为了实现整体意义的理解。

(二)帮助儿童理解的策略

1. 提供直观的教具

直观的教具是指实物、图片、玩偶等帮助儿童实现词语理解、情景再现理解的教育教学用品。

现场观察表明,是否提供直观的教具对于民间故事的理解起着不可忽视的作用。譬如,很多民间故事都与风景名胜、当地特产有着直接联系。提供直观的教具能够帮助儿童很快地理解故事的相关内容;反之,则会产生难以理解的困难。

2. 合理设问

教学活动中的设问一般包括两种:一种是引起幼儿注意,引导幼儿有目的倾听故事的提问;另一种是对故事情节、细节以及意义理解的提问。

前一种提问不需要展开讨论,其目的主要让儿童在听故事的过程中主动地、有意识地带着"命令""任务"聆听,更确切地说是带着问题听,有意识地、用心地听,而不是被动地、无意识地听。

对故事情节理解的提问,一般在最重要、最有效的环节或者步骤展开讨论,其设问应该引发集中、生动、意义鲜明的互动交流。集中是指不随意、不散漫,紧紧围绕主题意义的理解需要。生动是指所提问题与儿童的生活经验紧密结合,儿童能够调动自己的经验予以丰富多样的表达。意义鲜明是指儿童的表达具有鲜明的指向。

设问根据以下原则设定:一是与主题的理解是否密切相关,应该是一种"无之必不然"的话题;二是与儿童的生活经验是否直接相关,能引发儿童充分表达的意愿;三是与后面的环节或步骤是否有着内在联系,是下一环节或步骤的准备。

3. 情景表演

学前儿童主要通过听觉途径获得的语言符号信息来接受理解民间故事。从学习的角度讲,语言符号的信息加工是一种间接学习的方式。由于直觉与行动是学前儿童的主要学习方式,因此越是间接学习特点明显的活动过程,越需要采用辅以直觉与行动的学习方式。情景表演就是诉诸直觉和行动的一种方式。陈鹤琴指出,故事教学应该特别注重表演,他说,"故事与歌谣,皆为幼稚生时代特别之好尚……唯故事与歌谣能兼以表演者,其收效尤宏。"①参照陈鹤琴先生的实践经验和理

---

① 陈秀云、陈一飞:《陈鹤琴全集》(第二卷),江苏教育出版社,2008年,第198页。

论总结,我们在教学活动形式的民间故事传承中把情景表演作为帮助儿童理解的常规方法。事实证明,情景表演确乎达到了"收效尤宏"的作用。

情景表演运用言语、肢体动作、神态等帮助学习者建立情景化的心理表征。它能产生直接的亲身体验,有效地建立新情景、内化新经验、领悟故事中蕴含的生活智慧。

我们采用的情景表演方式主要是三种:一是故事的整体意义理解之后,学前儿童相对自主地进行表演。二是故事讲述过程中,教师即以表演性极强的方式呈现故事情景,采用边讲述边互动的方式,帮助儿童在参与表演中理解故事情节和意义。这种方式运用于分角色对话,尤其显得自然贴切。三是分段讲述中,教师主导、儿童参与的情景表演。这种方式适用于故事中的部分内容特别有趣或需要特别深入地理解的情况。

情景表演能够避免中止有趣的故事情节,不时进行理性思辨的讨论所带来的枯燥乏味感。不仅如此,情景表演能解决故事教学中的一系列问题,限于篇幅此处不展开。

二、教学活动设计范例

龙虾

——大班民间故事传承教学活动

杭州市三塘实验幼托园 方坤霞

活动目标:

• 通过故事情景,萌发认识周围世界的好奇心。

• 体验小龙女既向往陆地又依恋父母的矛盾心情。

活动准备:

• 龙虾手偶。

• 小龙女在陆地上看到的山羊、公鸡、母鸡、鸭子等角色以及过年情形的图片。

活动过程:

• 小龙女看陆地

——海龙王的女儿名字叫小龙女,小龙女很想去陆地看看。她是怎样去陆地的,在陆地上看到了什么?

——教师讲述故事(开头到"小龙女把隐身衣脱下来,悄悄地放在海边")。

——小龙女第一次到陆地看到了什么,她是怎么说的?

——小龙女第二次去陆地看到了什么,回来又是怎么说的?

——小龙女第三次去陆地看到了什么,回来怎么说的?

——幼儿分角色模仿,感受小龙女眼里的陆地。

——如果小龙女再去陆地,还会看到什么,她会怎么说?

· 小龙女想要留在陆地上

——小龙女为什么脱下隐身衣?(她想留在陆地上,不想回海里去)

——知道小龙女想要留在陆地上,龙王和龙王婆婆会怎么样?

——讲述故事"海水把隐身衣带到⋯⋯"至"知道小龙女回家来⋯⋯让海水退下去"。

——小龙女为什么又回到了海里?(看到海里卷起了很高的海浪。知道龙王和龙王婆婆想念自己;生气了;海浪冲倒了房子、淹死了⋯⋯)

· 小龙女变龙虾

——小龙女还想到陆地上去吗?龙王和龙王婆婆会让她去吗?

——讲述故事"回到大海里,龙王婆婆抱着⋯⋯"至"⋯⋯所以叫作'龙虾'"。

——龙王不许小龙女去陆地上,小龙女心里是怎么想的?(陆地上很好玩,还想再去陆地上)

——为了不让小龙女去陆地上,龙王和龙王婆婆是怎么做的?

——引导幼儿体验小龙女的矛盾心情。小龙女为什么没有变回原来的样子?

——小龙女答应不去陆地了吗?(不答应)她又想办法逃走吗?(没有;只好在海里游来游去)

——小龙女又怕爸爸、妈妈伤心,又想去陆地上,只好穿着隐身衣,像海虾那样游来游去。

——讲述故事最后两段。这个故事就叫作《龙虾》。

——完整欣赏故事。

• 小龙女,我问你

——学习儿歌,并以肢体动作表现。

——这首儿歌是问答歌的形式,可以先学习第一段。熟悉问答歌的形式以后,可以引导幼儿续编后面几段。

——续编的方式是:教师先设问,即吟诵到“问你知道不知道”,然后幼儿来回答。幼儿熟悉这种形式以后,可以由一组幼儿设问,另一组幼儿来回答。

活动建议:

• 最后一个环节,可以安排在日常活动或以后的教学活动中进行。学习儿歌应该根据问答歌的形式来组织实施。问答歌包含着问与答两个方面的内容,“问”的部分描述“对象”的特征,而不能出现“对象”的名称。“答”的部分则一定要出现“对象”的名称,有时还要简要描述“对象”的主要特征。

• 可以根据教学需要安排龙虾手偶呈现的时间和方式。例如故事中讲到小龙女看到陆地上的景象时,一边出示相应图片,一边出现手偶,时而走近图片,时而退后几步,仔细端详图片上的形象,以表现出小龙女好奇而又疑惑不解的猜疑神情。

• “小龙女变龙虾”这个环节的重点是帮助幼儿体验小龙女的矛盾心理。应该充分利用故事中的相关描写,采用提问与重复讲述相结合的方式。也就是,选取鲜明体现小龙女矛盾心理的部分予以讲述,然后提出问题,有必要时再次重复讲述。选取部分内容重复讲述与讨论相结合的方式,可以有效地帮助幼儿更好地理解重点、难点部分的意义。

• 民间故事教学活动往往需要先实现故事的理解,然后再进行情景表演。集体教学活动的单位时间以半小时之内为宜。一般情况下,第一个单位时间侧重故事的理解;第二个单位时间,侧重情景表演。如果情景表演需要配合儿歌的吟诵,那就需要安排更多的时间。民间故事的教学应该看作一组系列的活动,而不能认为只能安排在一个单位时间进行的活动。也就是说,民间故事的教学活动往往需要安排几个单位的时间。

附儿歌:

小龙女,我问你

小龙女,我问你,

长着胡子长着角,

四条腿,咩咩叫,

问你知道不知道。

我知道,我知道,

不是虾,不是鱼,

那是山羊"咩咩"叫。

小龙女,来问我,

两只钳子八只脚,

走起路来横着跑。

我知道,我知道,

两只钳子八只脚,

那是螃蟹我知道。

链锁"庙顶神"
——大班民间故事传承教学活动
杭州市三塘实验幼托园　相　莉

活动目标:

· 通过聆听故事和对话交流,理解企求恩赐会吃苦头的生活哲理。

· 通过情景表演,体验故事的意义:只有做好事,才能摆脱不利境遇。

活动准备:

· 教师熟悉故事内容,能脱稿讲述故事。

· 故事所需要的道具:情景表演用的树、桌子等。

活动过程:

· 阿大想要做神仙

——今天讲的故事里有一个人很想当神仙,他有没有当成神仙,当了什么样的神仙?

——我们先来听一听,他为什么想当神仙。教师讲述故事第一段至第三段。

——阿大为什么想当神仙?(神仙很神气、别人要向神仙磕头;还会有人送来很多东西……)

· 做好事,才能当神仙

——阿大当成神仙了吗? 教师继续讲述故事第四段至"大神仙叹了一口气,说:'……怎么让你做神仙呢'"。

——大神仙说,怎样才能当神仙?(做好事,才能做神仙)

——阿大做了好事吗?(没有做好事,阿大不知道怎样做好事)

· 阿大当了庙顶神

——阿大不会做好事,还想不想当神仙了呢? 他当成神仙了吗?

——教师讲述故事"阿大说:'你是大神仙,你让我做神仙,我就可以做了呀'"至"阿大坐到了神仙庙的房顶上……阿大很开心,很神气"。

——大神仙没办法,只好让阿大当了神仙。阿大这个神仙坐在什么地方?(阿大当了一个坐在庙顶上的神仙)

——阿大当了庙顶上的神仙,一个叫阿二的人知道了,他也恳求大神仙让自己坐到庙顶上做神仙。他们两个庙顶上的神仙,每天都很快活、很神气吗?

——引导幼儿猜测、想象阿大和阿二有什么样的感受、日子过得怎么样,以便与后面出乎意料的结局形成鲜明的对比。

——我们继续听故事,看看阿大和阿二做了庙顶上的神仙,日子过得怎么样,他们很高兴、很快活,还是很难受?

——教师讲述故事"没过几天,阿大和阿二觉得不高兴了……"至故事结尾。

——没过几天,阿大和阿二为什么就不高兴了?(每天傻傻地坐

着,多没意思啊;风吹雨淋,小鸟、老鹰在他们头顶上拉屎撒尿)

——不做好事,只知道求神仙,能过上好日子吗? 这个故事的名字是什么?

——引导幼儿理解故事的意义:不做好事,不去帮助别人,只是求神仙是没有用的,不会过上好日子的。

• 不做神仙,做好人

——学习儿歌,开展情景表演。

——两人扮演庙顶神,端坐不动。另两人扮演帮助者,分别走到"庙顶神"身后,手按其肩,以象声词"嘘嘘"、"嗯嗯",表示小鸟和老鹰在其身上撒屎尿。"庙顶神"以手掌在自己鼻子前扇动,表示臭不可闻。

——帮助者轻轻地在"庙顶神"耳后吹风,表示风雪来临。然后,帮助者来到"庙顶神"身前,告诉他可以做的一件好事。如果讲不出可以帮助别人的一件事情,就换做"庙顶神";如果能讲出可以做的好事情,就同"庙顶神"一起回到座位上。

——扮演"庙顶神"和帮助者角色的可以是各两人,也可以各一人。扮演者表演时,其他人吟诵儿歌,渲染气氛。

——还可以两人结伴表演。两人面对面相向而坐,共同吟诵儿歌。一边吟诵,一边随着歌词做相应动作。表演鸟和鹰撒屎尿时,随着儿歌韵律按对方的肩部。表演风雪来临时,"呼呼"吹气。表演不愿帮助别人的情景时,摇头摇手表示。表演最后三句儿歌时,先拉起对方的手,再指指其他的人。最后,各自说出一件帮助别人的事情。孩子的生活经验有限,帮助他人的事情,可以包括帮助父母家人。

虎跑泉

——大班民间故事传承教学活动

杭州市三塘实验幼托园　赵　丽

活动目标:

• 通过故事里的夜梦老虎刨泉,感受顿悟思维的过程与规律。

• 吟诵儿歌,以肢体动作表演发现虎跑泉的情形和愉悦情感。

活动准备：

- 熟悉故事内容，能一边讲述，一边以肢体语言生动地表现故事。
- 背诵儿歌，能以生动准确的动作表现有关情景。
- 学习顿悟思维的有关知识。
- 虎跑泉图片等。

活动过程：

- 老和尚找泉水

——今天讲的是一个找水的故事，你想知道故事里的人是怎样找到水的吗？（此处不讨论，只是设定悬念，引发幼儿关注）

——教师讲述故事第一自然段至第三自然段。

——老和尚为什么要找水？找不到水，老和尚急得怎么样了？（动物快要渴死了、老百姓天天挑水很辛苦；找不到水，老和尚急得吃不下饭，睡不着觉）

- 夜梦老虎刨泉

——后来，老和尚找到水了吗？（此处不展开讨论，只是引发悬念，使幼儿对老和尚能否找到水的故事情节发展产生急切的期待）

——教师讲述故事"这一天，老和尚又去找水……"至"可是，醒来以后，老和尚只记得……其他的事情都不记得了"。

——老和尚睡觉的时候，梦见老虎挖出了泉水。他为什么会梦到老虎挖出泉水？（到山上去找水的时候，看见过老虎在岩石下挖坑）

——如果老和尚不是着急找水，他会晚上做梦都在找泉水吗？如果白天没有看到老虎挖坑，老和尚会梦到老虎挖出了泉水吗？（不会。老和尚一直着急地找水，才会做找水的梦；才会想到老虎也渴得难受去挖坑。如果幼儿具体回答有困难，可以由教师具体解答）

- 叮叮咚、清亮亮的虎跑泉

——老和尚醒来以后，找到泉水了吗？我们接下去听故事。教师讲述故事"老和尚吃了饭，又出去找水……"至故事结尾。

——老和尚为什么要把这泉水叫作"虎跑泉"？（老虎跑遍整座山，才找到的）

——虎跑泉的水是怎么样的？现在还有吗？(叮叮咚,清亮亮,甜滋滋;一直到今天还不停地流)

——老师带来了一首儿歌,我们一边学儿歌,一边来表演。

——教师引领幼儿吟诵儿歌,以肢体动作表现故事情景,体验发现泉水的愉悦。

勤俭不分家
——大班民间故事传承教学活动
杭州市三塘实验幼托园　朱　盈

活动目标:

• 理解故事内容,知道"勤俭"的含义。

• 有意识做勤俭的人。

活动准备:

• 老木匠及两个儿子的人偶。

• 两个纸房子、一个"宝箱"。

• 写着"勤俭"两字的卡纸三张,其中的一张中间能分开,另两张中间不分开。

活动过程:

• 老木匠传传家宝

——教师出示教具:一个宝箱,一个老木匠。讲述故事(第1～5自然段),设下悬疑。

——有个老木匠,他老了。他有两个儿子,他要给儿子们分家,于是他拿出了一个宝箱,他说宝箱里有他最好的宝贝,要传给两个儿子,我们一起来猜猜会是什么样的宝贝。

——幼儿简要回答。

——教师公布答案,出示上面写着"勤俭"两字的卡纸。原来宝贝是这个。

• "勤劳"的哥哥和"节俭"的弟弟

——我们一起听听,哥哥和弟弟拿了传家宝后,有没有过上好日子。教师讲述故事第6～12自然段。

——教师操作人物木偶讲述故事。讲述两兄弟只领会了"勤俭"中各一字的意义，结果没有过上好日子的部分。然后提问："老大和老二过上好日子了吗？为什么？"

——幼儿回答后，教师小结：哥哥和弟弟只懂得"勤俭"中的一半，哥哥虽然勤劳，但是乱花钱，最后还是没有过上好日子。弟弟虽然很节约，但是不勤劳，不愿意劳动干活，所以也没有过上好日子。

——哥哥和弟弟怎样才能都过上好日子呢？我们一起来听后面的故事。

• "勤俭"不能分家

——教师操作人物木偶讲述完故事（第13～19自然段），然后提问："最后老大和老二过上好日子了吗？"

——哥哥和弟弟为什么都过上了好日子？他们家里的门上挂着什么字？一个字，还是两个字？

——为什么别的人也都挂上了"勤俭"两个字的牌子？

——教师完整讲述故事。

——勤俭的意思是什么？

——教师小结：勤俭就是又勤劳又节约的意思。

——观看、聆听视频《勤俭是咱们的传家宝》（优酷视频）。

——活动后，请幼儿到区域中操作人物木偶讲述故事片段。

活动建议：

• 将人物木偶投放在语言区，邀请孩子分组进行表演。

• 欣赏歌曲《勤俭是咱们的传家宝》，明白勤劳和节俭是分不开的。

• 节约买玩具的钱，学会自己动手做玩具。

苏堤

——大班民间故事传承教学活动

杭州市三塘实验幼托园　阮　琴

活动目标：

• 通过故事情景，理解轮流说话、友好协商的必要性。

- 通过互动交流,感知"再想一想"的思维方式。
- 通过绘画西湖图景,体验协商与合作的具体方式。

活动准备:

- 苏东坡图像;苏堤等西湖图景多幅。
- 幼儿绘画用品。

活动过程:

- 好好商量,才有办法

——从前,西湖边的老百姓经常吵架、打架,还到官府去告状。当官的一点办法都没有,老百姓天天过着不开心的日子。这是为什么?有什么办法让老百姓过上开心的日子呢?我们来听故事。

——教师讲述故事开头至第 8 自然段。出示苏东坡画像。

——苏东坡说,不再吵架、打架的办法,就在老百姓的心里。是什么原因,老百姓心里的办法才没有想出来呢?(因为没有人带着他们商量;不商量,办法就想不出来)

——应该怎样商量,才能想出好办法?

- 轮流说话,仔细想

——我们一起听听,苏东坡是怎样带着老百姓商量的。教师讲述故事第 9~17 自然段。

——养鱼的人和种茭白的人是争着说话,还是一个个轮流说话?为什么轮流说话就能想出好办法?(争着说话,很容易吵起来;一个个轮流说话,大家不会吵架)

——大家想出了一个好办法,把小岛挖掉,一起养鱼,养很多很多的鱼。听了这个好办法,苏东坡笑眯眯地说了一句什么话?

——我们再来听一听苏东坡是怎么说的。教师讲述第 12~13 自然段。(我们还要仔细想一想,挖出来的泥土堆到哪里去)

——仔细想,还是想也不想就说,能够想出好办法?(只有仔细想,多想一想,才能商量出好办法)

——故事里的人知道应该仔细想一想的道理了吗?教师讲述第 14~16 自然段。

——年轻人怎么知道苏东坡要大家再仔细想一想?(因为苏东坡只是笑,不说话,他想让大家再仔细想一想)

——老师也经常用眼睛看着小朋友,等着大家说出自己的想法,对吗? 说话的时候,不光要仔细听,还要看明白别人眼睛里的意思。

· 有了聪明人,西湖才美丽

——好好商量,仔细想,每一个人都会变成聪明人。有了聪明人,西湖会变得怎样? 我们继续听故事。

教师讲述故事第17自然段至结尾。

——出示西湖图景,今天的西湖很漂亮,是因为苏东坡带着大家商量出了一个又一个好办法。我们再来听一遍故事。

——教师完整讲述故事。

——我们分成小组,画一画美丽的西湖。我们也要像故事里讲的那样,好好商量怎样画。

——商量的时候,应该怎样说话? 轮流说话,还是抢着说话? 仔细想一想再说,还是不想明白就说?

——引导幼儿分组合作绘画"美丽的西湖"。

老鼠偷稻种

——大班民间故事传承教学活动

杭州市三塘实验幼托园 羊明霞

活动目标:

· 感知故事中主要角色老鼠获取稻种时勇敢而又聪明机灵的品质。

· 理解故事内容,尝试用自己的方式表现故事中的主要角色。

活动准备:

· 老鹰、老鼠图片各一张。

· 头饰:老鹰、老鼠各一个,黄狗、白猫若干。

活动过程:

· 勇敢老鼠出山洞

——引导幼儿理解寻稻种团队面临的艰险境遇。讲述故事第1~3自然段。

——故事里的老鹰厉害吗,是怎样的一种厉害?(张开翅膀把天都遮住了;嘴巴尖尖,像钩子,啄断了狗的尾巴;扇起翅膀,树林"簌簌"响,黄狗、白猫满地打滚;大家都只能躲回山洞)

——引导幼儿以肢体动作和神情表现老鹰凶狠地飞扑过来的情状:神情凶恶、张开翅膀。

——老鹰很厉害,大家都躲进了山洞。谁能勇敢地再出去找稻种呢?

——待幼儿略作猜测后,讲述第4~13自然段。

——同幼儿交流老鼠请求出洞时的勇敢坚毅的态度和动脑筋、想办法的思想准备。

——黄狗和白猫瞧不起老鼠,问老鼠有什么办法,老鼠是怎样回答的?(老鼠说,自己走路很轻很轻,有尖尖的牙齿,还会动脑筋,想办法)

——故事里讲,老鼠的眼睛好像也会说话,说了什么话?(我不害怕,我会动脑筋,想办法)

• 机灵老鼠偷稻种

——老鼠找到稻种了吗? 它能把稻种带回来吗? 我们接下去听故事。

——教师讲述"老鼠悄悄地往种稻子的地方跑去……"至"大家高高兴兴地回到原来的地方"。

——幼儿聆听故事后,引导幼儿讨论以下三个问题。

——老鼠救了水牛,水牛怎样帮助老鼠?(让老鼠钻到自己的身体下面,带着老鼠到了种稻子的地方)

——老鹰啄水牛的时候,老鼠怎么办?(把稻穗丢在地上,骗过了老鹰)

——大家以为老鼠没有带回稻种,老鼠说了什么,又做了什么?(把稻种吞到肚子里,"嗯嗯嗯"地把稻种拉了出来)

——老鼠能把稻种带回来,是因为它很勇敢。除了勇敢,还有什么原因?(它很聪明,很机灵,会想办法)

• 勇敢机灵的老鼠排第一

——聆听故事最后部分:"水牛会耕田,大家一起劳动……"至结尾。

——有了稻种,大家吃上了什么?(香喷喷的米饭)

——老鼠为什么排在牛的前面,当了第一名?(老鼠勇敢机灵,所以当了第一名)

——因为老鹰到处说老鼠偷了稻种,后来,有人就把这个故事叫作《老鼠偷稻种》。不过,大家知道老鼠是因为老鹰不愿意把稻种给大家才去的。

——完整欣赏故事一遍,熟悉故事中重要角色的对话,尝试用肢体动作简单表现。

• 不让老鹰叼老鼠

——熟悉故事之后,可以开展情景游戏"不让老鹰叼老鼠"。教师简要交代游戏意义与规则:老鹰恨死了老鼠,飞过来抓它。我们帮助老鼠,不让它被老鹰叼走。一个人扮演老鹰,一个人扮演老鼠,其他的小朋友扮演帮助老鼠的人和小动物。老鹰飞过来的时候,大家要把老鼠围在中间,挡住老鹰。

——扮演老鹰、老鼠的幼儿戴着各自的头饰。老师和其余的幼儿扮演帮助老鼠的角色,开始游戏。根据幼儿园的条件,幼儿可以戴上各种动物的头饰,也可以不戴头饰。如果扮演老鹰的幼儿能力较弱,可以由教师扮演老鹰,以增加游戏的激烈程度。

公道和良心
——大班民间故事传承教学活动

杭州市三塘实验幼托园　陈燕燕

活动目标:

• 通过表演性讲述的方式,生动形象地揭示度量衡工具的社会性意义——帮助人们公平交易。

• 理解角色的内心活动,参与角色对话。

活动准备：

· 官老爷、老人、小孙子、小姑娘的图片。

活动过程：

· 官老爷想要骗东西

——今天，老师讲的故事里，有一个小孙子特别聪明。我们来听听这个故事。教师讲述故事从开头到官老爷出了一个伪善的难题。

——官老爷想要老人多少东西？（要山一样重的粮食，河流一样长的棉布）

——官老爷说，会怎么样买？（公道地买）

· 公道是什么

——通过表演性讲述，引导幼儿理解故事第二部分。

——小孙子让官老爷带上什么东西？（公道）

——官老爷吃饭想，睡觉想，走路也在想的是什么事情？（想知道公道是什么）

——为什么要用秤和尺？用眼睛看，用手拎，能很清楚地知道东西有多重，有多长吗？用一样的钱，买的东西不一样，人们会怎么说？（不公道）

· 有了秤和尺，还要有良心

——教师讲述故事，从"老百姓听说了这件事情……"到结束。

——官老爷为什么躲在家里不敢出来了？（他觉得自己很倒霉、很难为情）

——小姑娘听说了这件事情，说了什么？（有了秤和尺，还要有良心。总是想骗人家的东西，一定会倒霉）

——故事讲完了，我们来给这个故事取一个名字。

附表演性讲述剧本：

公道和良心

角　色：叙述者、官老爷、老人、小孙子、小姑娘；幼儿听过一两遍故事后，由幼儿扮演。

（第一幕）

　　叙述者：有一位老人，家里的日子过得越来越好。他很高兴，在自己家的门上写了一句话：不缺吃，不缺穿，天天不发愁。

　　官老爷：(羡慕、狡诈地)这个人家里有那么多东西，我要想办法弄到手。(眼珠子骨碌碌一转)想个什么办法呢？

　　叙述者：官老爷来到了老人家里。

　　官老爷：(既凶恶，又伪善地)老头，你家里的粮食和棉布，都卖给我。我会公道地买的。

　　老　人：你要多少呢？

　　官老爷：(自鸣得意地)我要山一样重的粮食，河流一样长的棉布。

　　叙述者：话一说完，官老爷就不理老人，回去了。老人知道，官老爷是想要骗走自己的东西，急得吃不下饭，睡不着觉。

　　小孙子：(胸有成竹地)爷爷不用担心，你带着我去见官老爷，我会有办法的。

　　叙述者：老人想不出更好的办法，就带着孙子去见官老爷。官老爷看见老人来了，以为东西可以骗到手了。

　　官老爷：(大大咧咧地)东西准备好了吗？

　　小孙子：(不卑不亢地)东西准备好了。可是，你会公道地买吗？

　　官老爷：(略显诧异)当然啦，我会公道地买。

　　小孙子：(一字一顿，坚定地)那好吧，你带上公道，去我家里拿东西吧。

　　官老爷：(惊诧地)带上公道去买？公道是什么呀？

　　小孙子：(耐心地提醒)你自己说，会很公道地买，怎么会不知道"公道"是什么呢？

　　叙述者：官老爷想不出来，公道是一个什么东西，只好让老人和他的孙子回去了。官老爷想把老人的东西骗到手里。可是，他不知道公道是个什么东西。他吃饭想，睡觉想，不停地想。

　　官老爷：(絮絮叨叨，不停地念叨)公道，公道，什么是"公道"？

　　叙述者：官老爷想不出"公道"是一个什么东西。一天，官老爷出去喝茶。他坐在那里，不停地念叨：公道，什么是公道？卖茶的小姑娘听到了。

　　小姑娘:(清晰地解释)公道就是秤和尺。买重的东西,用秤。(稍作停顿,继续解释)买长的东西就用尺。一样的钱,买的东西不一样重,不一样长,就不公道了。

　　官老爷:(佩服而又窃喜地)小姑娘,你真聪明。

　　小姑娘:(根据观众的理解能力,控制语速)只用眼睛看,不清楚到底有多重、有多长。有了秤和尺,有多重、有多长,就会清清楚楚,明明白白。

　　叙述者:官老爷想,有了秤和尺,可以把老头儿家的东西都弄到手了。他带着秤和尺,来到老人家里。

　　官老爷:(大声地呼喊)快把东西拿出来,我把公道带来了。

　　叙述者:老人看到官老爷又来了,着急起来。他想,自己家里哪有山一样重的粮食,河流一样长的棉布啊。

　　小孙子:(不慌不忙地)你带来公道,就好办了。

　　叙述者:官老爷笑得胡子都翘起来,别提多高兴了。

　　小孙子:(镇静地)你要买山一样重的粮食,河流一样长的棉布,对吗?

　　官老爷:(暗自得意)对呀,对呀。

　　小孙子:(自信地)那好吧。你称一称山有多重,量一量河流有多长。你清清楚楚、明明白白地告诉我们,我们就把东西给你。

　　叙述者:官老爷傻眼了,这山怎么称,河流又怎么量呢? 没办法,官老爷一脸倒霉的样子,灰溜溜地回去了。老百姓听说了这件事情,都说:"小孙子真聪明。"从那以后,官老爷一出来,大家都会笑话他。官老爷觉得自己很倒霉,难为情地躲在家里,不敢出来了。卖茶的小姑娘也听说了这件事情。

　　小姑娘:(夸赞地揭示故事意义)有了公道的秤和尺,还要有良心。官老爷没有良心,总想骗别人的东西,一定会倒霉的。

天外天

——大班民间故事传承教学活动

杭州市三塘实验幼托园　全晓若

活动目标:

- 通过表演性讲述的方式,感知读书学习的方法。
- 理解角色的内心活动,参与角色对话。

活动准备:

- 浓积云图片。
- 晾晒麦子、麦田以及下棋情形的图片。

活动过程:

- 只读一本书的"管天"

——引导幼儿聆听故事第一部分,理解故事中角色"管天"只读一本书的特点。

——今天,老师讲的故事里,有一个人的名字叫"管天",意思是:老天会不会下雨,他都能管住。为什么他给自己取了这么个名字呢?他能管住老天吗?我们仔细听故事。

——教师讲述故事第1～2自然段。

——管天喜欢读什么书?他读了几本这样的书?(喜欢读什么时候下雨、什么时候天晴的书;就读这一本书)

——读了这本书,他能知道老天什么时候会下雨了吗?教师出示浓积云和麦子晾晒情形的图片。

- 知道天外天的老人

——通过表演性讲述,引导幼儿理解故事第二部分(第3～20自然段)的意义:照搬书本知识,会在实践中碰壁。

——根据表演性讲述的脚本(第一幕),教师一边表演性讲述,一边引导幼儿融入故事情景,参与对话。

- "管天"成了"天外天"

——教师讲述故事第三部分(第21自然段至结尾),引导幼儿体会学习的方法:读书与观察(实践)结合,读书与思考、交流结合。

——根据表演性讲述剧本(第二幕),一边表演性讲述,一边引导幼儿融入故事情景,并参与对话。

——教师讲述一遍故事,要求幼儿仔细听,记住管天说的话语。再次讲述时,要求幼儿用管天的话语来参与对话。管天的话语,可以给予重复,以便幼儿记忆。

——教师再次表演性讲述,幼儿扮演管天参与对话。

——管天记住了老人说的话,变成了"天外天"。很多人也想变成天外天,也想记住这句话。老师再讲一遍这句话,然后我们一起来说说。

——教师重复老人的话语:"不能只看一本书,一边看书,一边问别人,再经常出去看天气,也会变成'天外天'。"教师轻声地引领,幼儿大声地跟着重复。

——回家和爸爸、妈妈说,到灵隐去玩的时候,要去"天外天"吃饭。那里也可以听到这个故事。

附表演性讲述剧本:

天外有天

角　色:叙述者、管天、老人;幼儿听过一两遍故事后,老人角色可以由幼儿扮演。

背景图:浓积云、晒麦子、麦田等情形的图片。

(第一幕)

叙述者:(一边叙述,一边仰头看一下浓积云图片)一天早上,管天看见天上有一团云。这团云很厚很厚,好像大大的花菜。

管　天:(着急地喊)老人家,马上下雨了。快把麦子收起来。

老　人:(仔细看一下浓积云,轻松而感激地)现在不会下雨,下午才会有雨。

管　天:(向着老人,好心地解释)书里写着天上有团云,地上雨淋淋。(仰头指着天上)你瞧,天上的云,已经很厚很厚了。

老　人:(笑容满面,字字清晰、赞许地)你喜欢看天气,喜欢读书,真不错。

叙述者:(出示下棋图片)讲述故事第8～11自然段,要求幼儿仔细听管天的话语。讲述故事后,幼儿以管天的角色参与对话。

老　人:(好像捏着棋子,以下棋的姿态,友好地)别担心,现在不会下雨的。(放慢语速,力求清晰)你看了多少书?

管　天:(自豪地)看了一本书。

老　人:(遗憾地)哦,只看了一本书。(俯身向前,询问)你经常看天气吗?

管　天:(满不在乎地)我看书呀,不怎么看天气。

叙述者:讲述故事"老人和管天一边下棋,一边聊天"至"……我们把麦子收起来吧"。要求幼儿思考:老人和管天下棋,一直到吃中饭都没有下雨。管天很佩服老人,他想知道老人的名字,怎么会那么神奇。

管　天:(好奇地)老人家,你怎么知道早上不会下雨,下午才有雨?

老　人:(笑眯眯地善意调侃)你叫管天,管的是头顶上的天。我呢,知道天外面的天。

管　天:(恍然大悟而又充满敬意地)哦,那你的名字叫(以期待的目光和神态,引导幼儿大声地说出)"天外天"喽。

老　人:(哈哈大笑,点头赞许)天外天,这个名字好。

(第二幕)

叙述者:(指着晒麦子情形的图片)管天帮着老人……这时候才下起雨来。(指着浓积云图片)看到这样的云,不要着急,要下午才会下雨呢。

管　天:(恭敬地)您说的话,比书上写的还有道理。这是为什么?

老　人:(出示气象学方面的图画书,耐心地)书上的道理都是人写的。看了书,还要自己想一想。(指着浓积云图片)早上的云,好像我们吃的花菜。看到这样的云,不要着急,要下午才会下雨呢。

管　天:(仰慕地)我也想当"天外天",以后不再看书,就跟着您看天气。

老　人:(笑眯眯地)不能只看一本书,一边看书,一边问别人,再经常出去看天气,你也会变成"天外天"。

叙述者:(舒缓、清晰地)管天这下明白了……至故事结尾。

曹娥投江

——大班民间故事传承教学活动

杭州市三塘实验幼托园　诸晓琴

活动目标:

• 理解曹娥与父亲、百姓之间的一系列感人的情节。

• 体验曹娥为救父亲和百姓,有效地积极应对自然灾害的情感。

活动准备:

• 表现故事内容的幻灯片,背景音乐,曹娥图片一张。

• 活动前,让幼儿理解"涨潮"、"打鱼"、"堤坝"等的含义。

活动过程:

• 曹娥爸爸求潮神

——(出示曹娥图片)她是一个女孩子,名字叫曹娥,今天老师给你们带来了她的一个故事,我们一起来听听吧。

——教师讲述第1～3段,出示幻灯片第1～3幅,引导幼儿根据自己看到的内容说出图意。

——归纳小结:曹娥爸爸为了让老百姓过上好日子,划着小船去求潮神,结果被水淹死了。

• 曹娥找爸爸

——潮水厉害,老百姓不敢打鱼,不敢种庄稼。曹娥知道只有找回爸爸,老百姓才会过上好日子。

——观看幻灯片第4～8幅,体验曹娥为救父亲和百姓,积极应对自然灾害的态度。

——观看幻灯片第4幅:发生了什么事情? 你看曹娥有什么表情?

——观看幻灯片第5幅:发生了什么事? 老百姓都怎么了?

——观看幻灯片第6、7幅,说说图意。提问:你看到了什么? 发生了什么事情?

——猜想环节:曹娥跳下水能把父亲救回来吗?

——观看幻灯片第8幅,说说图意。

——归纳小结:曹娥为救父亲和百姓也被淹死了。

• 老百姓纪念曹娥

——观看幻灯片第9幅:介绍"曹娥江"和"曹娥碑"的由来。

——完整欣赏故事一遍。

——曹娥看到江边的老百姓是怎样修堤坝、造大船的。

——教师一边吟诵儿歌,一边用肢体动作表演。

——引导幼儿一边吟唱歌谣,一边用肢体动作表演故事情景时。时而手挽着手,筑起堤坝;时而挥动手臂,划大船。表现筑起堤坝的情景时,可以用象声词"哗啦,哗啦,哗啦啦……"来渲染潮水的冲击,同时吟唱"潮水,潮水,我不怕……"的歌词和晃动身体表现出抵挡潮水的情形。

断桥
——中班民间故事传承教学活动
杭州市三塘实验幼托园 诸晓琴

活动目标:

• 通过故事情景,理解段家人义务修桥的志愿服务精神。

• 表演故事情景,体验为他人服务会获得积极评价的愉悦情感。

活动准备:

• 断桥图片一张。

• 根据故事情景设计符合幼儿特点的游戏与儿歌。

活动过程:

• 不断的断桥

——出示断桥图片,引发断桥为什么不断的悬念。

——这是西湖边的一座桥,大家一直叫它断桥。这座桥没有断,为什么还要叫它断桥呢?

——教师完整讲述故事一遍。

• 修桥不收钱的段家人

——引导幼儿理解段家人修桥不收钱的义务服务精神。

——断桥原来是一座木桥,日晒雨淋经常会断。每次断了,都是段家人修好的。

——白胡子老人问,你们修了桥,收钱吗? 段家人是怎么回答的?

——我们再来听一听故事里的那一段。教师讲述"你们修了桥,向别人收钱吗……"至"老人说:'大家高高兴兴走过桥,我们心里就高兴'"。

——引导幼儿注意白胡子老人与段家人的对话,并以段家人的口吻进行表述。

——白胡子老人问,修桥收不收钱,段家人是怎么回答的?(做好事,不用收钱)

——老人想要喝酒,段家人为什么拿不出酒?(经常吃不饱饭,也没有钱买酒)

——段家人很穷,还是做好事修桥。他们修好桥,请老人走过桥的时候,段家人是怎样对老人说的?(大家高高兴兴走过桥,我们心里就高兴)

• 桥会断,情义不会断

——白胡子老人给段家人留下一个葫芦,走过桥的时候还唱着歌。老人为什么要留下葫芦,他唱的歌是什么呢? 我们再来听一听这一段故事。

——教师讲述"老人说:'桥会断,人的情义不会断……'"至故事结尾。

——老人留下的葫芦有什么用?(可以做酒,卖了酒,可以用来修桥,段家人还可以过上好日子)

——老人过桥的时候唱着什么歌?

——教师引领幼儿反复吟诵歌词:段家桥,段家桥,/日晒雨淋,断了桥。/段家人,修好桥,/大家都能走过桥。

• 修好段家桥,大家走过桥

——我们像故事里的孩子那样,一边唱着歌,一边游戏。

——教师结合歌词示范,并讲解游戏方式。

——幼儿边吟诵歌词,边游戏。

姑嫂饼

——中班民间故事传承教学活动

杭州市三塘实验幼托园　应燕翔

活动目标：

- 通过姑嫂做饼的不同态度、方式，理解为什么嫂子要观察、揣摩他人需要。

- 同伴合作做饼，感知根据他人需要制作的方式。

活动准备：

- 姑嫂饼图片一、图片二。

- 橡皮泥、泥工板。

- 各种瓶盖。

活动过程：

- 女儿、媳妇分开做饼

——出示乌镇姑嫂饼图片一，这种饼有一个好听的故事。今天，老师讲给大家听。教师讲述故事开头至第 7 段"方老板看见女儿一定要分开……"。

——女儿做的饼好，还是媳妇做的饼好，我们继续听故事。

- 怎样做出更好的饼

——女儿和媳妇都想做出更好的饼，可是怎样才能做出更好的饼呢？教师讲述故事第 8～15 段。

——媳妇做的饼买的人多，还是女儿做的饼买的人多？

——媳妇做的饼，为什么买的人多？我们仔细听故事里是怎么讲的。教师讲述故事第 8～11 段。

——媳妇为什么想到要把饼做得小一点？（因为，她看到大的甜饼要分开来吃，会把饼弄碎，掉到地上）

——媳妇做饼会仔细地看买饼的人怎么吃，还会仔细想一想。女儿仔细看了吗？仔细想买饼的人想要什么样的饼了吗？（没有仔细看，也没有仔细想）

——媳妇还会把饼做得更好,她是怎样做的呢?我们听故事里是怎样讲的。教师讲述故事第 12~15 段。

——媳妇做的饼不是很甜,为什么买的人更多了?(因为,她听见大家说,饼太甜了,吃不下)

——媳妇仔细听吃饼的人怎么说,按照别人的需要去做饼。女儿仔细听别人的话了吗?是按照别人的需要去做,还是自己想怎么做就怎么做?(女儿是:自己想怎么做就怎么做)

——教师总结女儿和媳妇做饼的不同态度以及结果:媳妇想着别人的需要,做出来的饼,大家都喜欢;女儿想怎么做就怎么做,做出来的饼,大家都不喜欢。

• 同心协力做出姑嫂饼

——女儿做的饼,大家都不喜欢。女儿心里难过吗,她会怎么做?我们继续听故事。

——教师讲述故事第 16 段至结尾。

——女儿和媳妇在一起做饼了吗?她们做出来的饼是什么味道的,叫什么名字?(女儿和媳妇一起合作做饼,动脑筋想办法,做出又甜又咸的姑嫂饼)

• 做朋友喜欢的饼

——两个人一组为朋友做饼,引导幼儿仔细听取对方的想法再动手做饼。做好饼送给对方,听取朋友的评价。

——我们也来做饼,做出朋友喜欢的饼。刚才的故事告诉我们:知道朋友的想法,才能做出他喜欢的饼。做饼以前,要听一听朋友的想法,按照朋友的想法来做。

——指导幼儿为朋友做饼,提醒幼儿是否已经清楚地知道朋友的想法和要求。

——引导幼儿将自己做的饼送给朋友分享,听取朋友的意见。幼儿接受同伴制作的饼时,应该尽量给予积极的评价和建议。

好事情

——中班民间故事传承教学活动

杭州市三塘实验幼托园　史丹丹

活动目标：

- 通过两个儿子所做好事的对比,理解宽容的意义。
- 通过互动交流,启迪幼儿以移情体验的方式宽容待人。

活动准备：

- "哥哥捡钱还给别人"、"弟弟救牛二"图片两幅。
- 面部表情图片:喜悦、悲伤、痛苦各一幅。
- 哥哥、弟弟和爸爸的头饰若干。

活动过程：

- 什么是最好的事情

——讲述故事第一自然段,提出悬念:有个爸爸,他让两个儿子去做一件好事,看看谁做得好。故事里的大儿子和小儿子谁做的事情好呢? 今天老师就给小朋友讲讲这个故事。

——教师分角色讲述故事第2~11自然段。

——引导幼儿讨论,哥哥和弟弟各做了一件什么事情,谁做的事情好? 讨论时,应允许幼儿有不同看法。

- 宽容是体验别人的感受

——哥哥和弟弟不知道救牛二是不是好事,他们要去问爸爸,故事里的爸爸是怎么说的?

——聆听故事第二部分第12~25段。

——引导幼儿讨论,哥哥为什么说不要去救牛二?(他做过坏事,踩过小狗,踢过弟弟)

——爸爸又是怎么讲的? 我们再听一遍,故事里的爸爸说了哪些话,老师讲到爸爸说话的地方,小朋友一边听,一边跟着老师讲出来。

——教师讲述故事第20~22段。讲述中,择机出示痛苦表情的图片和悲伤表情的图片,帮助幼儿体验牛二及其父母的内心感受。

——哥哥和弟弟听了爸爸的话,他们会怎样想呢? 引导幼儿体验牛二及其父母的感受。

——我们再来听听,故事里的哥哥和弟弟是怎么想的。教师讲述故事第23～25段。

• 宽容是最好的事情

——哥哥和弟弟都知道应该救牛二,他们谁做的事情更好呢?

——教师讲述故事最后部分,第26段至故事结尾。

——引导幼儿讨论什么是"最好的事情"。

——大家都知道捡了钱,应该还给别人。原谅别人,还要去帮助这个人,这件事情更难。

——如果幼儿难以回答,可以直接讲述故事意义:原谅别人,还要去帮助这个人,弟弟做的好事更难、更好。

——教师完整讲述故事一遍,帮助幼儿进一步理解故事中的重要对话。

红豆娃
——中班民间故事传承教学活动
杭州市三塘实验幼托园　马　丽

活动目标:

• 聆听故事,感受故事主人公勇敢聪明的品质。

• 吟诵儿歌,表演故事情景,培养机灵的品质和勇敢的精神。

活动准备:

• 红豆图片和羊群图片各一幅。

• 表现紧张气氛的音乐与欢庆氛围的音乐。

活动过程:

• 聪明可爱的红豆娃

——有一个小娃娃是红豆变成的,名字叫"红豆娃"。他是一个怎样的孩子? 可爱的、聪明的、勇敢的,还是怎么样的呢? 我们一起来听"红豆娃"这个故事。

——教师讲述故事,开头至"……老头再也不用跑来跑去赶羊群了"。

——故事里的红豆娃是一个怎样的孩子?(聪明能干、可爱。幼儿能大致表述红豆娃聪明能干的具体情形,如红豆娃骑着大白羊以及轻盈灵巧地在小黑羊脑壳上"梆梆梆"地跳几下等细节)

• 勇敢机灵的红豆娃

——红豆娃跟着老人去放羊,会发生什么事情吗?

——教师讲述故事"到了山坡上……"至"……老头和老太太急得哭了起来"。这一部分的讲述要突出紧张激烈的氛围(山上的一只独眼狼……老头和老太太急得哭了起来)。

——引导幼儿理解红豆娃的勇敢:红豆娃第一个发现独眼狼,没有独自逃跑,而是保护小黑羊,跳到独眼狼头上,踢狼的脑袋。

——谁先发现独眼狼?红豆娃怎样对付独眼狼?(红豆娃发现独眼狼,大声地叫起来,让羊群快跑;小黑羊跑得慢,红豆娃为了保护它,跳到狼的脑袋上踢它)

——红豆娃还能活着回来吗?他怎么样才能活着回来?我们继续听故事。

——教师讲述故事"天黑了,独眼狼饿得咕咕叫"至结尾。

——引导幼儿理解红豆娃机智勇敢的行为。

——老头、老太太和黄狗、水牛怎么知道狼来了?是谁提醒他们的?(引导幼儿模仿红豆娃的叫声,表述老头、老太太、黄狗、水牛冲出来的情形)

——大家都冲出来,独眼狼怎么样了?(引导幼儿表述独眼狼慌不择路掉进河里的情形)

——听了故事,我们知道红豆娃是一个怎样的孩子?(勇敢、机灵的小娃娃)

——勇敢机灵的红豆娃和老头、老太太过上了好日子吗?

——完整讲述故事一遍,幼儿熟悉故事中角色的重要对话,模仿教师的肢体动作和表情、语气表现红豆娃的行为与话语。

老猪教小猪

——中班民间故事传承教学活动

杭州市三塘实验幼托园　蔡丽琼

活动目标：

- 通过故事情景，体验一天到晚吃和睡的可笑。
- 通过情景表演，进一步加深对生活意义的理解。

活动准备：

- 自制老猪和小猪的玩偶。
- 阅读"活动建议"，认识故事的意义；了解什么是滑稽；把握好讽刺的态度。

活动过程：

- 老猪期望有意义的生活

——引导幼儿讨论，一天到晚只是吃饭、睡觉，是否有意义。

——有一个故事，里面的老猪和小猪一天到晚就是吃饭、睡觉。老猪觉得这样很没有意思，就对小猪说：不能只是吃饭、睡觉。小猪会怎么对老猪说？

——教师讲述故事第一、二自然段。

——老猪说不能只是吃饭、睡觉，是想做一些更有意思的事情。小猪是怎样对老猪说的呢？（知道啦，爸爸怎么做，我就怎么做）

- 老猪怎样教小猪

——小猪跟着老猪做了哪些事情呢？

——教师讲述故事，从第三自然段至结束。讲述时，应该伴随生动的表情和略显夸张的肢体动作。故事中，表现老猪和小猪的行为运用了相似而又有所不同的象声词，应该鲜明地表述，以便幼儿辨别。

——讲述后，引导幼儿辨别表现老猪与小猪吃饭、睡觉的象声词。一边与幼儿讨论，一边复述故事中的相关部分。

——老猪睡觉，发出的声音是怎样的？（呼噜呼噜）

——小猪睡觉是怎样的？（哼唧哼唧）

——老猪吃东西时发出的声音是怎样的？（吧唧吧唧）

——小猪吃东西的声音又是怎样的?(吧唧唧,吧唧唧)

——我们再听一遍故事,讲到老猪和小猪吃饭、睡觉发出声音的时候,我们一起来学一学。

——教师和幼儿一边学说象声词,一边以肢体动作表现吃饭、睡觉。

• 老猪、小猪真可笑

——引导幼儿理解故事的意义:老猪想要教小猪一些有意思的事情,结果只教了小猪吃饭、睡觉。

——老猪不让小猪只是吃饭、睡觉,要学一些有意思的事情。结果老猪只是教小猪吃饭、睡觉。他们每天这样过日子,有意思吗?别人会笑话他们吗?(老猪和小猪只会吃饭、睡觉,每天做这样的事情,别人都会笑话它们)

——我们会做哪些有意思的事情?告诉老猪和小猪,让它们以后也学着做起来。

——教师根据幼儿所说的有意义的事情,提炼出简单的象征性动作,并以肢体动作表现。

——情景表演:我教老猪和小猪。

蛇头和蛇尾
——中班民间故事传承教学活动
杭州市三塘实验幼托园　倪敏霞

活动目标:

• 通过蛇头、蛇尾由埋怨、赌气到友好协作的转变过程,理解合作的意义。

• 通过分组情景表演,感受互相协调行动的方式。

活动准备:

• 蛇头、蛇尾人格化造型的图片。

• 纸制的"伙伴连"。方形废报纸或硬纸中间抠出两个孔洞,孔的大小以幼儿的脚刚能伸进去为宜。

活动过程：

• 蛇尾、蛇头,闹别扭

——今天要讲一个蛇头和蛇尾吵架的故事。蛇头和蛇的尾巴为什么会吵架？它们吵架的时候,说了哪些话,做了哪些事情？我们一起听一听。

——教师一边讲述故事开头至"你快松开吧",一边出示蛇头、蛇尾人格化造型的图片。

——蛇尾为什么生气？(蛇头睡醒了,没有和蛇尾说一声,就自己往前爬)

——蛇尾生气了,蛇头好好说话了吗？它是怎么说的？(蛇头也很生气,没有好好说话。蛇头说,我要去就去,你管得着吗？)

——蛇头和蛇尾吵起来以后,蛇尾怎么做,蛇头又是怎么做的？(蛇尾缠在树上,让蛇头不能往前爬,蛇头使劲爬,蛇尾疼得叫起来)

——幼儿不能清楚回答问题时,教师适当回述故事中的相关细节,或以原先讲述故事时的肢体动作、神态表情给以提示。

——蛇尾、蛇头和好了吗？我们继续听故事。

• 爬不了,饿肚子

——教师讲述故事,从"蛇尾知道蛇头不再用力往前爬了"至"我们都会饿死的"。

——蛇尾在前面,蛇头跟在后面,他们不能爬,只能一点一点用力扭。吃不着东西,他们饿得很难受。有什么办法,爬得快,不再饿肚子？

——教师引导幼儿讨论,然后归纳。(还是应该蛇头在前面,因为蛇头能够抬起头来往前爬,蛇尾不能抬起来,只能一点点扭。蛇头往前爬的时候,应该告诉蛇尾。他们都要好好说话,不要生气)

——我们知道了应该怎么办,蛇头、蛇尾明白了吗？我们继续听故事。

• 好好合作,吃得饱

——教师讲述故事"蛇尾累得……"至结尾。引导幼儿理解合作的方式:事先明确行动的意图,根据行动目的互相协作。

——蛇头、蛇尾怎样说话、怎样合作,才能吃饱肚子？(往前爬的时

候,蛇头先告诉蛇尾,让蛇尾明白自己想要怎么做。蛇尾很好地配合蛇头)

——完整欣赏故事一遍。

· 伙伴连,走得稳

——蛇尾、蛇头一条心,配合得越来越好,每天过着快活的日子。我们能不能像他们那样,两个人好像一个人呢?

——请两名幼儿分别将一只脚伸进"伙伴连"的孔洞之中,试着一起走路而不把"伙伴连"撕破。

——引导幼儿讨论,怎样才能不把"伙伴连"撕破。应该像蛇头、蛇尾那样互相合作。一个人扮演蛇头发出行动口令"向前走,迈小步,/一二一,一二一,/齐步走,小心走",另一个人听口令,协调行走。

——1~2组幼儿试着行走之后,其他幼儿在日常活动中继续体验"伙伴连"行走的方式。

石人岭

——中班民间故事传承教学活动

杭州市三塘实验幼托园　徐　逸

活动目标:

· 倾听故事内容,感受故事主角勇敢坚毅的意志品质。

· 能与同伴合作,根据故事情景进行表演。

活动准备:

· 民间故事《石人岭》熟读成诵,已经能脱稿讲述。

· 图片多幅。图一:"石人岭";图二和图三:凿洞取水;图四:泉水流下山来;图五和图六:冷泉亭;图七:泉水流往西湖。

活动过程:

· 怎样才能凿出水

——从前,杭州经常没有水。为了给老百姓找水,勇敢的人吃了很多苦,还丢掉了性命。今天讲的故事里就有这样一个勇敢的人。

——我们来听故事,听听这个人怎么样勇敢。出示图一,讲述故事

1～2 段。

——讲述故事 3～4 段,出示图二和图三。教师以肢体动作和艰难的神情,表现凿石壁的情形。

——爷爷告诉水儿怎样才能凿出水?(凿的时候,要坚持,不能怕困难)

——爷爷还告诉水儿,凿出来的泉水冰冷冰冷,喷到身上,人就会变成石头。

• 不怕困难凿石头

——引导幼儿感受凿石引水的艰难,理解水儿等人不怕困难的坚毅品质。

——讲述故事 5～9 段,讲述时以丰富的肢体语言表现出具体的情景。以象声词表现凿石的场景,要辅以具体的凿石动作和非常艰难的感觉。讲到有人退缩,水儿不动摇,坚持凿石的部分,要表现出水儿的坚毅神情。

——凿了很长的时间,还是没有凿出水。有的人对水儿怎么说?为什么这样说?(凿到啥时候呀,我们坚持不住了。他们不耐烦了、他们怕吃苦……)

——怕吃苦的人下山了,水儿带着人继续凿石头,他是怎么说的?(坚持一下,一定能凿出水)

——又有人坚持不住下山了,水儿是怎么说的?(引导幼儿以坚毅的神情复述水儿的话)

——教师再次讲述 6～8 段,要求幼儿仔细倾听,记住水儿的话。引导幼儿在水儿的对白处,大声而又坚毅地把水儿的话讲出来。

• 勇敢的水儿凿出泉水

——水儿和他的伙伴有没有凿出水来呢? 我们一起听故事。

——教师讲述故事第 10～15 段。

——讲述第 11 段前,引导幼儿回顾爷爷曾经说过的话。第 11 段的讲述要表达出惊险紧张的气氛,让幼儿如临其境。

——讲述到第 12 段时,水儿要求同伴先跑出去的喊叫,要表现出非常急切的感觉。讲述第 13 段时,要让幼儿体验到沉痛的情感。讲述第 14～15 段时,要舒缓、抒情。

——引导幼儿理解水儿面对危险,勇敢地凿出泉水以及凿水为民的意义。

——水儿知道泉水喷出来会把人冻成石头人吗？他让别人跑出去,自己留下来,勇敢吗？

——水儿不怕冰冷的泉水,一定要留下来把石头凿穿,是为了什么？要是不把石头凿穿,泉水会流出来吗？

——因为有很多像水儿那样勇敢的人,今天的西湖才有清亮亮的水,我们才会每天有很多水。我们到灵隐去玩的时候,可以到冷泉去看看,请爸爸、妈妈帮我们带一点冰冷的泉水回来。

附儿歌:

凿石头不怕难

叮叮当,叮叮当,

凿了一天又一天。

不怕石头硬,

不怕有困难。

叮叮当,叮叮当,

凿了一天又一天。

孙钟种瓜
——中班民间故事传承教学活动

杭州市三塘实验幼托园　王　蕾

活动目标:

• 乐于做个勤快人,养成爱劳动的习惯。

• 学会用善良的心去对待每一个人。

活动准备:

• 课件、故事磁带。

• 西瓜地图景,富春江图景。

活动过程:

• 勤劳的孙钟

——出示西瓜地图片。今天的故事里有一个种西瓜的人。这是一个什么样的人呢?教师讲述故事第一部分,开头至"……这个西瓜一定又甜又解渴"。

——引导幼儿理解故事中的孙钟是一个勤劳的人。

——天不下雨,孙钟的地里为什么还长着一只大西瓜?(因为孙钟是一个勤快人,每天到很远的江里去挑水浇瓜)

• 善良的孙钟

——孙钟的西瓜又甜又解渴,这只西瓜给谁吃了?我们接着听故事,教师讲述故事第二部分,"这一天,……"至"吃了西瓜,老爷爷有力气了……跟着我往前走,好吗"。

——白胡子老爷爷是穷人,买不起西瓜。孙钟为什么还要把大西瓜给老人吃?孙钟是怎么对老人说的?(老爷爷渴得走不动路了;老人渴得难受,嘴唇都裂开了;挑来的水都浇到地里去了)

——老爷爷说孙钟是一个什么样的人?(愿意帮助穷人的小伙子;善良的人)

• 想着老百姓、帮助穷人的好人

——孙钟跟着老爷爷走到哪里去了?我们继续听故事。教师讲述故事第三部分,"孙钟闭上眼睛……"至故事结尾。

——老爷爷找的是一个什么样的人?他为什么要找这样的人?(想着老百姓,愿意帮助穷人的好人;这样的人当皇帝,老百姓都能过上好日子)

——老爷爷变成白鹤飞到天上去的时候,一边飞,一边对孙钟说了什么话?(想着老百姓,帮助穷人)

——这个故事的名字就叫"孙钟种瓜"。孙钟种瓜的地方就在杭州的江边上。孙钟是一个让老百姓过上好日子的人。

一只蝈蝈

——中班民间故事传承教学活动

杭州市三塘实验幼托园　李　秀

活动目标：

· 通过兄弟分家的故事情节,了解善良与霸道的行为及其必然结局。

· 通过弟弟的成长经历,习得勇于面对困难的意志品质。

活动准备：

· 兄弟指偶一对。

· 蝈蝈、舅舅、大公鸡、叔叔、大白狗、大树、小船的图片各一张。

· 录音故事磁带、录音机。

活动过程：

· 兄弟分家

——有一个讲哥哥和弟弟分家的故事,哥哥会怎样对待弟弟呢?

——出示兄弟手偶,教师以弟弟的角色介绍哥哥。教师讲述故事开头至第3段。

——蝈蝈叫的时候,弟弟好像听到蝈蝈在说什么话?(靠自己,靠自己)

· 分到一只蝈蝈的弟弟

——只分到一只蝈蝈的弟弟,能过上好日子吗?

——教师讲述故事第4~6段。

——只带着一只蝈蝈的弟弟过上好日子了吗? 为什么能过上好日子?(弟弟很勤劳;大白狗力气大,又听话)

——蝈蝈被吃掉,弟弟哭起来;公鸡被咬死,弟弟又哭起来。要是再碰到困难,弟弟还会哭吗?

· 弟弟不再哭了

——哥哥知道弟弟日子过得好,会很高兴,还是会想办法害弟弟?

——教师讲述故事第7~11段。

——哥哥为什么打死大白狗,砍倒大树?

——大白狗死了,弟弟更加伤心。大树被砍倒了,弟弟有没有哭?
(弟弟不哭了,他勇敢起来,不再怕困难了)

• 弟弟过上了快活的日子

——做成了小船,弟弟过上好日子了吗?教师讲述故事第12段至
结尾。

——哥哥为什么会掉到水里淹死?弟弟过上好日子了吗?

• 勤劳善良,过上好日子

——放录音,教师用手偶示范表演故事。

——分家的时候,哥哥把好东西都拿走了,弟弟只拿了一只蝈蝈。
为什么弟弟过上了好日子,哥哥却淹死了?(因为弟弟善良、勤劳;哥哥
总是欺负人)

——教师总结概括故事的意义:勤劳善良,就能过上好日子;欺负
人,就不会过上好日子。

——有人把故事编成了儿歌,老师先念一遍,第二遍的时候,小朋
友一起跟着念。

——教师吟诵儿歌时,应该根据歌词的意思和韵律节奏配合相应
的肢体动作,以便幼儿模仿学习。

附儿歌:

一只蝈蝈滋滋滋

一只蝈蝈滋滋滋,
好像在说靠自己。
白狗听话力气大,
勤劳善良是弟弟。
哥哥经常欺负人,
打死白狗,砍倒树,
乘上小船使劲踢,
"扑通"一声掉水里。
小船漂,蝈蝈叫,

公鸡、白狗唱着歌。

乘着小船漂呀漂，

天天快乐是弟弟。

三、集体教学活动实施范例

稻麦豆打架

——大班民间故事集体教学活动实录

浙江师范大学杭州幼儿师范学院附属幼儿园彩虹城分园

执教：卢莎莎　记录：童灵芝

活动目标：

• 观察稻子、麦子、豆子的形状特点，理解稻子、麦子、豆子变样的过程。

• 愿意运用自己的肢体（或道具）表现稻子、麦子、豆子打架后变形的样子。

• 倾听故事，了解吵嘴打架的危害，知道应该与同伴友好地相处。

活动准备：

• 纸袋做的胖胖圆圆的稻子、麦子、扁豆、豌豆各一粒，赤豆两粒（含一个紫红色的纸袋）。

• 稻子、麦子、豆子（扁豆、豌豆、赤豆）的实物图片各一张。

活动过程：

• 胖胖圆圆的稻子、麦子、豆子变样了

——教师打开用盒子遮盖着的稻子、麦子、豆子，说："你们见过稻子、麦子、豆子吗？你们知道他们原来都长什么样吗？我们一起来听听。"

——教师一边指一边以稻子、麦子、豆子的口吻说："我是胖胖圆圆的稻子。""我是胖胖圆圆的麦子。""我是胖胖圆圆的扁豆。""我是胖胖圆圆的豌豆。""我是胖胖圆圆的赤豆。"

师：你们发现他们什么地方是一样的？（你们觉得他们都长得怎么样）

幼:他们全都一样的表情。

幼:他们全都是笑脸。

师:你们看看他们的体形是怎么样的?

幼:他们是圆柱形的。

幼:他们是胖胖圆圆的。

师:可是有一天,他们变样了。变成什么样了呢?

——教师出示实物图片,引导幼儿仔细观察图片,并学习描述稻子、麦子、豆子现在的样子。(比较现在看到的稻子、麦子、豆子和原来的稻子、麦子、豆子)

师:(教师指着稻子的图片)这是现在的稻子,他是什么样子的?

幼:变成了白白的。

幼:是长圆形的。

师:再仔细看看他的头。

幼:头上少了一块。

师:(教师指着麦子的图片)这是现在的麦子,他是什么样子的?

幼:他变成两头尖尖的了。

师:再仔细看看他的肚子。(这时教师取下图片让幼儿近距离观察)

幼:肚子中间有一条凹进去的。

师:(教师指着扁豆的图片)这是现在的扁豆,他是什么样子的?

幼:扁扁的。

师:(教师指着豌豆的图片)这是豌豆,他是什么样子呢?

幼:他是滚圆滚圆的,像颗珠子。

师:(教师指着赤豆的图片)这是赤豆,他是什么样子的?

幼:他是红红的。

——这些稻子、麦子、豆子跟原来都长得不一样了,他们怎么会变成现在这个样子的呢?

• 稻子和麦子打架

——教师边讲故事边用纸袋演示稻子、麦子、豆子打架的情形,幼儿理解故事。

——教师讲述故事第1～2自然段。

师:稻子、麦子怎么会变成现在这个样子的?

幼:因为他们打架了。

师:他们怎么打才变成这个样子的呢?

幼:麦子去打稻子的脑袋,稻子去打麦子的肚子。

师:稻子的脑袋被麦子打了一下,削去了一个角。麦子的肚子被稻子狠狠打了一拳,肚皮都陷进去了。(这时教师把稻子的纸袋撕了一个角,把麦子的纸袋中间弄凹进去)

• 胖胖圆圆的扁豆被打扁了

——教师继续讲述故事第3自然段。

师:扁豆怎么变扁的?

幼:稻子和麦子一起打扁豆,就把扁豆打扁了。

师:稻子和麦子打在了扁豆身上的什么地方?

幼:腰上。他们一人打了他一拳。

师:稻子和麦子在扁豆的腰上各打了一拳,把扁豆打得扁扁的。(这时教师用双手噼地一下把纸袋拍扁了)

• 豌豆和赤豆

——教师先让孩子们猜猜豌豆和赤豆是怎么会变成现在这个样子的。

师:那豌豆和赤豆又怎么会变成现在这个样子的呢?

幼:他们打来打去变成这个样子的。

幼:他们饿成这个样子的。

幼:不能打的。是在回去的路上,没看见,不小心撞了变成这个样子的。

——教师讲述故事第4～5自然段。

师:豌豆没站稳,"咕噜噜,咕噜噜"滚到了山脚下面,把自己滚得圆圆的。而赤豆看见他们打得这么凶,吓得直发抖。急得脸上紫一块,红一块。才变成这样的。(当教师讲到豌豆的时候,把纸袋揉搓成一个圆圆的球状;讲到赤豆的时候,把纸袋换成紫红色的纸袋)

• 大家喜欢不打架的稻子、麦子、豆子

——教师讲述第6～7自然段。

师:稻子和麦子看见自己和朋友变样了,他们怎样了?

幼:他们都吓坏了。

师:他们还能变回原来的样子吗?

幼:不能。

师:他们因为打架变不回原来的样子了,那大家喜欢什么样的稻子、麦子、豆子呢?

幼:喜欢和平,一点都不打架的稻子、麦子、豆子。

师:如果你和你的好朋友因为一点事情吵架了,你可以怎么做呢?

幼:不要让他们打来打去,"淡定"一点。

幼:可以叫老师来。

幼:可以给好朋友吃棒棒糖。

幼:可以给他讲个笑话。

幼:可以给他们讲个故事。

幼:可以给(带)他们去兜风。

幼:我们要互相关爱,要和平。

——教师小结:朋友之间有矛盾可以相互协商,想办法解决问题,吵架、打架会让两个人都受到伤害。

• 稻子、麦子、豆子打架(用肢体来表现)

——交代任务,讨论如何用肢体表现稻子、麦子、豆子打架的情形和形态。

——幼儿表现被打的"稻子":有的用双手遮住脑袋的一边;有的用一只手成敬礼状斜放在额角,表示削去了一个角;有的先用双手抱住头,然后被打了之后,就放开一只手,表示削去了一个角(这是最终被小朋友认可的表演方式)。

——幼儿表现被打的"麦子":双手捂住肚子弯腰。

——幼儿表现被打的"扁豆":双手放在身体两边,提气,吸肚子,尽量让自己变得扁扁的。

——幼儿表现被滚得圆圆的"豌豆":先在地上滚两下,最后蹲着,双手抱膝,低下头表示圆圆的。

——幼儿表现被急得脸上紫一块、红一块的"赤豆":拿自己的手,左一下、右一下贴在自己的脸颊上。

——教师示范表演稻子和麦子打架(动作缓慢的,以手势表现,不触及身体)。

——分组,幼儿商讨自己想表演的角色。

——幼儿商讨过程中,跟同伴说:"我想表演第一个。""我想表演第三个。"……

——教师提醒:"第一个是什么?""第三个是什么?"……(巩固幼儿对稻、麦、豆的认识)

——教师讲故事,请一组幼儿上来表演。(提出动作的要求)

——教师讲故事,幼儿集体表演。

活动效果评述:

1. 对作品的评价

(1)这个作品讲述的是稻子、麦子、豆子变形的过程,以及在变形过程中了解到吵嘴打架的危害,懂得应该与同伴友好地相处。

(2)故事生动、形象,富有趣味性。幼儿容易理解,情节能够吸引幼儿的注意。

2. 对传承形式与活动方式的反思

①与幼儿讨论的话题设计得较为合适。

②幼儿在活动中有非常积极的表现。

③本活动与设计意图相符。

六和塔

——大班民间故事集体教学活动实录

浙江师范大学杭州幼儿师范学院属附幼儿园彩虹城分园

执教:应 茵 记录:何金杰

活动目标:

• 欣赏故事,理解故事中的角色形象,感受角色的情绪变化。

• 表演故事,进一步感受六和的大无畏精神以及把握角色的情绪。

活动准备：

• 故事图片若干、表演故事的木偶一套(六和、龙王),用布做的石头一堆、铃鼓几个、木偶小舞台一个。

活动过程：

• 爱发脾气的龙王

师:钱塘江边上有座六和塔,你们知道六和塔是怎么来的吗？那就让我们一起来听听吧!(教师完整讲述故事一遍)

师:故事里有个龙王,他是一个怎么样的人?(教师讲述故事第1～3自然段)

幼:他是个爱发脾气的人。

幼:他每天都发脾气。

师:他是怎么发脾气的?

幼:他是肚子一鼓一鼓,眼睛冒出火来的。

师:我们一起来学学看。

——幼儿用肢体表演。

师:龙王发脾气以后会怎么样?

幼:他会把水涨起来,打在岸上"哗啦啦,哗啦啦,嘭"。

幼:会把渔船打翻,把渔民淹死。

幼:会把房屋淹掉。

师:老百姓对龙王怎么样?

幼:老百姓对龙王又气又怕。

幼:他还把六和爸爸的船打翻,把他爸爸也冲走了。

师:六和怎么想?

幼:六和想,长大了要想办法不让龙王发脾气。

师:六和长大了有没有想出办法不让龙王发脾气呢?让我们继续往下听。

• 六和治龙王

——教师讲述故事第4自然段到最后。

师:那天,六和跟妈妈到江边打鱼,龙王又发脾气了,发生了什么事?

幼:他把浪掀得很高很高,把六和妈妈卷走了。

师:六和心里怎么样啊?

幼:六和很难受。

幼:六和很伤心,都哭了。

师:他怎么想,怎么做呢?

幼:他想他一定要填满钱塘江,赶走龙王。

幼:他跑到山上,把石头往江里扔。

师:对,六和要为妈妈报仇,为老百姓报仇,他要把钱塘江填满,把龙王赶走。他扔了多少天石头啊?有人来帮助他吗?

幼:六和扔了七七四十九天石头,老百姓都来帮助他扔石头。

师:龙王看见石头把水晶宫的门口都堵住了,他怎么样?又是怎么说的?

幼:他气坏了。

幼:他对六和说,小孩,你要再扔石头,我就把你们都淹死!

师:他是用什么语气说的?

幼:他是用很凶的语气说的。

师:我们来学学看。

师:六和害怕了吗?

幼:没有。六和扔得更多了。

师:这时的龙王怎么样了?他对六和怎么说?

幼:龙王叹气了。

幼:他害怕了。

幼:他对六和说,我怎么做,你才会不扔石头啊?

师:龙王不敢再凶了,六和怎么说?

幼:只要你不发脾气,我就不扔了。

幼:如果还要发脾气,我就天天扔,砸你的水晶宫,堵你的门。

师:六和是用什么语气说这些话的?

幼:六和是很坚决地说的。

幼:六和是很神气地说的。

师:那我们一起来学学。

师幼:只要你不发脾气,不掀起大浪,我们就不扔石头。不然的话,我们天天扔石头,砸你的水晶宫,堵住你的门。

师:水龙王答应六和的要求了吗?

幼:答应了。

师:水龙王还答应涨潮水不超过半山腰。

幼:是的,那潮水就不会淹掉田和房子了。

师:对! 你们觉得六和是个怎么样的人?

幼:他是个很勇敢的人。

幼:他不怕水龙王。

幼:他心里想着老百姓,是个善良的人。

师:对,六和从小失去了爸爸妈妈,为了不让水龙王发脾气害百姓,小小年纪扔石头,对水龙王无所畏惧,终于制服了水龙王。从此钱塘江边上的老百姓就再也不用怕水龙王了。老百姓为了感谢六和,造了什么?

幼:造了一座六和塔。

师:是啊,六和塔就是这样来的。

• 木偶故事表演:六和塔

活动效果评述:

1. 对作品的评价

作品浅显易懂,孩子较容易理解,作品所蕴含的品格意义贴近孩子,容易让孩子学习和接纳。

2. 对传承形式与活动方式的反思

集体讲述是大班幼儿理解作品不错的形式,但是这个活动不足的是,《六和塔》作品本身较简单,所以我们在最后一个活动中增加了木偶表演,学习对话,注重角色对话的语气,从而表现角色的情绪变化,收到了很好的效果。

老古怪收徒弟
——大班民间故事集体教学活动实录

浙江师范大学杭州幼儿师范学院附属幼儿园彩虹城分园

执教:苏　姬　记录:应　茵

活动目标:

• 理解老古怪收小个子做徒弟的原因,引导幼儿用自己的语言进行表达。

• 学习小个子仔细看、认真想、主动做的良好品质。

活动准备:

• 精美的竹制品实物和图片。

活动过程:

• 老古怪想要收徒弟

——展示精美的竹制品。

师:这些东西都是用什么做的呢?

幼:木头。

幼:不对,我知道,是竹子。

师:是啊,这些其实都是用竹子做的。从前,有一个人,他用竹子做东西的本领很高,大家都叫他"老古怪"。有一天,"老古怪"要收徒弟了。他会收谁当徒弟呢? 这就是我们今天要讲的故事。

——讲述故事第1～2自然段。

• 仔细看、认真想的小个子

——讲述故事第3～6自然段。

师:知道老古怪要收徒弟,想要给"老古怪"当徒弟的人多吗? 他们都带了什么东西来?

幼:钱。

幼:好吃的。

幼:酒和烟。

师:当老古怪没有理他们的时候,他们是怎么样的?

幼:有的人吃东西。

幼:有人抽烟。

幼:去买东西吃了。

师:过了很长时间,老古怪还是没有理他们,他们是怎么做的?

幼:大声地聊天。

幼:走来走去,很不耐烦。

师:有补充的吗?

师:小个子是怎样看老古怪做东西的? 当老古怪很久都没有理睬他们时,小个子是怎么做的?

幼:很认真、很仔细地看老古怪做东西。

• 捡起扫把扫地的小个子

——讲述故事第 7 自然段。

师:小个子做了什么事?

幼:拿扫把,把地给扫干净了。

师:其他人呢?

幼:管自己回家去了。

师:小个子捡起扫把、扫地,是老古怪要他做的吗?

幼:不是,是他自己做的。

师:那小个子当老古怪的徒弟了吗?

幼:一定会的。

• 老古怪收小个子做徒弟

——讲述故事第 8 自然段。

师:老古怪为什么收小个子当徒弟呢?

幼:帮老古怪做很多事。

幼:看到有扫把掉地上,人家都跨过去,小个子把它捡起来,很爱惜它。

幼:认真地看老古怪做东西。

幼:小个子不吵到老古怪做东西。

幼:小个子很有礼貌。

师:小个子仔细看,认真想,做事情不要师傅讲,就会自己去做。这些也是我们该向小个子学习的好品质。

• 延伸活动

——哪些事情不要妈妈讲、老师讲，我们自己就去做呢？

——回家把那些事情画出来，带到幼儿园里跟大家一起分享。

活动效果评述：

1. 对作品的评价

①这个作品讲述的是关于小个子仔细看、认真想以及主动做的故事，对幼儿学习品质的培养有帮助。

②语句简单，幼儿容易理解，情节能够吸引幼儿的注意。

2. 对传承形式与活动方式的反思

①与幼儿讨论的话题设计得较为合适。

②幼儿在活动中有较积极的表现。

③本活动与设计意图相符。

三潭印月的传说
——大班民间故事集体教学活动实录

浙江师范大学杭州幼儿师范学院附属幼儿园彩虹城分园

执教：胡　群　记录：王　洁

活动目标：

• 理解故事内容，借助故事中的象声词理解黑鱼精发脾气、吃葫芦等一个个生动的场景，并懂得乱发脾气害人又害己。

• 以情景表演的方式，表现智斗黑鱼精的情景。

活动准备：

•《三潭印月》的故事。

• 三潭印月的照片。

• 文中象声词的字卡。

• 一个黑鱼精的头饰、尾巴；葫芦的服饰。

活动过程：

• 喜欢吃葫芦的黑鱼精

——教师讲述第 1、2 自然段。

师:小朋友们都去西湖玩过吧?

师:你们喜欢吃葫芦的黑鱼精吗?

幼:不喜欢。

师:为什么?

幼:吃不到葫芦会乱喷水。

幼:它会生气,把鱼都淹死了。

幼:鱼本来就在水里的,不会淹死的!

师:他吃不到葫芦的时候就发脾气乱喷水,那怎么办呢?

幼:用刀杀死它。

幼:用枪打死它。

· 大家一起想办法对付黑鱼精

——教师讲述第3、4自然段。

师:石匠是干什么的?

幼:凿东西的。

师:石匠是开采石头和用石头来做东西的人。

师:现在你们知道他们想出了一个什么好办法吗?

幼:用石头做成葫芦。

师:为什么用石头做?

幼:骗骗黑鱼精。

幼:石头那么硬,会咬断黑鱼精的牙齿。

师:那接下去听听,老石匠他们到底想了什么办法。

——教师讲述第5然段。

· 黑鱼精三咬石葫芦

——教师讲述第6~8自然段。

师:真的被你们猜对了,他们做了三个石葫芦。

师:黑鱼精看到这么大的石葫芦开心极了,他怎么样?

幼:咬石葫芦。

师:他吃掉石葫芦了吗?

幼:没有。

师:石葫芦怎么样了?"扑咙嗵","骨碌碌",是什么声音?

◆ **417**

幼:滚的声音。

幼:葫芦被扔下水的声音。

师:黑鱼精去吃第一个石葫芦,石葫芦怎么样?

幼:滚到了他的尾巴上。

师:第一个不好吃,他又怎么样? 第二个石葫芦怎么样?

幼:滚到了他的背上。

师:第二个也不好吃,他又怎么样? 最后呢?

幼:第三个咬到了。

师:黑鱼精就这样沉在了水底,那现在,它会怎么样呢?

幼:被石头压死了。

幼:它会想:"我再也不去伤害老百姓了。"

  • "噗噜噜,噗噜噜"吐泡泡的黑鱼精

——教师讲述第 9 自然段。

师:"噗噜噜,噗噜噜"是什么声音?

幼:黑鱼精吐泡泡的声音。

师:黑鱼精一边吐泡泡一边在想什么呢?

幼:他很后悔。

幼:他想害别人最后会害自己的。

师:黑鱼精最后想明白了,他吃不到葫芦就这样乱发脾气,不光会害别人,还会害自己呢!

师:其实有这三个石葫芦顶的地方就叫作"三潭印月"。(孩子们一听到三潭印月,就不由自主地朗诵起儿歌"美丽的杭州,我的家乡",兴致盎然。由此可见,生活在杭州的孩子有许多关于杭州的丰富的生活经验。这也提醒教师在选择民间故事进行集体教学时要尽量考虑到孩子的生活经验)

——出示三潭印月图片。

  • 智斗黑鱼精

——教师完整讲述故事。

师:在这个故事里有一些很特别、表示声音的词,我们一起来听一听。你听到了什么表示声音的词?

　　——幼儿一边说,教师一边把故事里的象声词(呼……哗……叮叮当、叮叮当、扑咙嗵、骨碌碌、噗噜噜,噗噜噜、啪嗒、啪嗒)一一出示(用字卡的形式),并让幼儿根据自己的理解用肢体来表示。(在这个环节上花了很长时间让孩子自己想动作,而有些背离了这个环节的目标。这个环节是让孩子通过自己的肢体语言来表达对作品的理解,也是教师通过孩子的表达来判断孩子对作品的理解程度。这里可以挑选"点题"的几个象声词进行表现,即最能体现作品主题意义的几个象声词)

　　——教师和幼儿一起表演:六名幼儿扮演故事中的角色,教师讲故事,其余幼儿当讲到象声词的时候一起在座位上做动作。(这个环节的表演应是刚才表演的升华,是将活动推向高潮的部分。而此时因为刚才的表演的拖沓,活动时间有些过长,孩子们在这个环节显得有些乱,耐不住。所以我们建议,这里就表演"扑咙嗵,骨碌碌、噗噜噜,噗噜噜、啪嗒、啪嗒"的部分,请四位孩子即可,而且需要做到与台下"观众"进行互动表演。或是把整个活动设计成两个课时,甚至是半日活动或一个小主题。在理解故事的基础上,教师可将之改写成小剧本,并和孩子们一起商讨故事中所需的道具、场景等,孩子们可以自己动手制作道具,布置场景,一起合作排练。排练成熟后还可在全园巡回演出)

活动效果评述:

1. 对作品的评价

用三潭印月的传说形象生动地表现了一个道理:乱发脾气会害人,最后还会害了自己。在日常生活中,孩子常有乱发脾气的现象。这个故事会对乱发脾气的孩子有较大的触动,是个非常适合孩子的作品。

2. 对传承形式与活动方式的反思

①该作品的活动是以集体教学活动的形式展开,由于故事所描写的地点贴近幼儿生活而且内容生动有趣,又能让幼儿明白一个简单的道理,所以还是非常适合以集体教学活动的形式展开。

②在第一个环节中,老师只需要让孩子带着问题,有意识地去听故事即可。

③活动方式上,主要是运用了故事中的象声词来展开活动。在这个过程中,孩子对象声词代表的动作都很感兴趣。但是时间拖得有些

长,建议老师自己总结每个动作,孩子学做即可,因为活动重点并不在此。

④最后表演完整的故事并不太适合,可以只表演高潮部分。老师在这个时候充当导演的角色,既要照顾台上的演员表演得如何,还要关注台下的观众是否一起互动。

学猪叫
——大班民间故事集体教学活动实录

浙江师范大学杭州幼儿师范学院附属幼儿园彩虹城分园

执教:王　洁　记录:苏　姬

活动目标:

· 倾听故事,能理解故事内容,知道吹牛会让人笑话。

· 懂得想要让别人承认自己,就要付出努力。

活动准备:

· 李大大的图片一幅、口技表演录像一段。

活动过程:

· 喜欢吹牛的李大大

——教师出示图片一。这是李大大,他喜欢吹牛,还老是闹出大笑话。

师:你们知道什么是吹牛吗?

幼:比如说,我家狗狗会飞,这就是吹牛。

幼:比如说,我可以把大象举起来。

幼:吹牛就是以前别人没看到过的、没干过的事情,现在瞎编说出来。

幼:(在教师提示后)就是明明自己不会的事情也说会,就是吹牛。

师:那我们来听听,这个喜欢吹牛的李大大是怎么吹牛的。

· 李大大吹牛

——讲述故事第1~2自然段。

师:李大大的表哥李丁丁有什么本领?

幼:学各种动物叫。

幼:他会学猪叫。

幼:他会学鸡叫、鸭叫。

幼:他还会学猫叫、狗叫。

师:邻居们觉得李丁丁怎么样?

幼:很好!

幼:很厉害!

师:李大大心里怎么想? 他说了什么?

幼:很不服气。

师:从哪些话看出他不服气?

幼:这有什么了不起的。

师:当大家让他学小猪叫的时候他怎么说的?

幼:他说自己嗓子痛,第二天再学猪叫。

　• 李大大秀本领

——讲述故事3~6自然段。

师:李大大学猪叫了吗?

幼:学了。

师:他是怎么学的?

幼:他是用手捂住嘴巴叫的。

师:那是他叫的吗?

幼:不是,是衣服里藏着的小猪叫的。

师:李大大想了什么办法让小猪叫?

幼:他把小猪装在衣服里,然后掐小猪,小猪就叫了。

师:结果呢?

幼:结果小猪被李大大掐得大便都解出来,解在李大大身上,臭都臭死了。

师:邻居们看了都怎么样了?

幼:他们笑都笑死了。

　• 我们不做吹牛的人

——完整听故事《学猪叫》。(过程中,幼儿一听到故事中出现学猪叫的内容,就马上跟着学,对故事很感兴趣,虽然是第二遍听故事,还是

很开心地跟着故事的情节笑着）

师：李大大真的会学小猪叫吗？

幼：他不会，他吹牛。

师：吹牛会有什么样的后果？

幼：吹牛会被别人笑话的。

幼：吹牛也会得到教训的。

师：我们都要做诚实的孩子，会什么样的本领就展示什么样的本领。明明自己不会，却说自己会，那就是吹牛，会闹出大笑话的。如果你想拥有真正的本领，那平时就要多努力。

• 我的本领是这样来的

师：我们班就有小朋友有本领，现在请他们上来表演给大家看，还要告诉大家自己的本领是怎么来的。

师：介绍一下你有什么本领？你是怎么学来的？

幼：我会弹钢琴。我有钢琴老师教我，然后是天天在家里练。

幼：我会画画，我刚开始画不好，画了很长时间才画好的。

师：刚学的时候，画不好，后来一直坚持，一直努力，就慢慢画得好了。

幼：我会画画，我是在少年宫学的。

幼：我会硬笔书法，我一开始也没办法学好，慢慢努力就好了。

幼：我会学认字，每天晚上都在练习，一直在学。

• 欣赏口技表演

师：刚才我们小朋友表演了本领，现在老师还请来了两位叔叔，他们可有本领了，我们一起来看看吧！

——全体观看视频。

师：他们的本领是什么？

幼：用手变各种各样的动物。

幼：用嘴巴学动物的声音。

师：叔叔也是一点点地学，慢慢地学，才学到现在这么厉害的本领。他们这些本领可不是吹牛吹出来的，而是真正努力学来的。我相信，只要小朋友也能认真、努力地学，肯定也能学到很棒的本领！

活动效果评述:

1. 对作品的评价

①这个作品的主要内容是李大大因为吹牛最终自己闹出了大笑话。通过理解故事,让幼儿知道吹牛最终吃亏的是自己,懂得想要让别人承认自己,就要付出努力。

②改编后的故事浅显易懂,富有趣味性。

2. 对传承形式与活动方式的反思

①这个故事较简单,适合放在中班。

②教师本身要清楚吹牛与幻想的区别。吹牛就是不懂装懂,逞能。

③教师的提问要精确、明了,有助于幼儿理解故事内容。

朱李浦凉亭
——大班民间故事集体教学活动实录

浙江师范大学杭州幼儿师范学院附属幼儿园彩虹城分园

执教:苏　姬　记录:王　洁

活动目标:

• 在听听、看看、讲讲中理解故事内容,体验故事中三个邻居争抢老樟树的原因,并能用自己的语言大胆表达自己的观点和想法。

• 明白"快乐与人分享,自己会更快乐"的道理,逐步养成乐于分享的良好品质。

活动准备:

• 三个邻居争吵的录音。

• 画有房子和樟树的图片。

• 朱李浦凉亭图片。

活动过程:

• 三个邻居在争吵

——教师放录音,让孩子倾听三个邻居的争吵声"这是我的,这是我的……"。

师:你听到了什么?有几个人在争吵?

幼:三个。

幼:很多……

幼:三个小偷在抢偷来的东西。

师:猜猜他们为什么要争吵呢?

幼:为了一根棒棒糖。

幼:为了很贵重的东西。

师:他们是三个邻居,争吵的原因有点奇怪,不是因为钱,也不是因为棒棒糖,而是为了他们门前的一棵老樟树。到底是怎么回事呢? 听了这个故事你就知道了。

• 三个邻居争抢死去的樟树

——教师讲述故事第1~5自然段。(出示图片)

师:这是一棵怎么样的老樟树? 它是怎么长的?

幼:这是一棵很大很大的樟树,斜的,向上长的。

幼:这棵树很奇怪的,三家人都有的。

师:噢,那这棵老樟树死了,三家人怎么样啊?

幼:三家人都很心痛。

师:为什么呢?

幼:因为他们三家人都很喜欢这棵树。

幼:村里人也喜欢在这棵树下乘凉聊天。

师:难怪这棵树死了,三家人都想拿这棵树来做家具,他们太喜欢这棵树了。那么,这棵树归谁好呢?

幼:他们都想要,所以吵架了。

幼:是第一家的,因为有树根才会有树。

幼:是大家的,因为树根是朱家的,树干是李家的,树叶是浦家的。

师:他们吵出结果了吗? 接下来还会发生什么事情? 让我们继续听故事。

• 樟树做成凉亭,给人们带去凉爽

——教师讲述故事第6~15自然段。

师:他们找谁来评理啊?

幼:村里年纪最大的老人。

师:老人说"你们小时候都在这棵树下玩,你们和这棵树一起长大。现在这棵树死了,你们难道就做不成朋友了"的话后,这三家人为什么都会脸红得说不出话来?

幼:害羞。

幼:因为他们小时候在树下玩得很开心,现在却因为抢死了的树吵架,所以很难为情。

师:村里的老人想了哪几个办法?

幼:砍下来卖掉,把钱平分。

幼:用树来做凉亭。

师:这三家人为什么不把老樟树卖掉?

幼:觉得不应该把树卖掉,他们觉得树卖掉钱很少。

师:老人的另一个好主意是什么?

幼:用树做凉亭。

师:用死了的樟树做凉亭有什么好处?

幼:可以挡风。

幼:喝茶避雨。

幼:还可以天天看见大樟树,因为这是大樟树做的。

师:对,他们都很喜欢大樟树,那用大樟树来造凉亭,他们又可以在一起喝茶聊天,就好像在大樟树下了。

幼:他们还要种一棵小樟树,以后它会长大变成大樟树的。

师:是啊,当老人建议用老樟树做凉亭时,这三家人是怎么想的?

幼:他们都觉得很好。

师:浦大说了什么? 为什么浦大要这么说?

幼:你的主意让我很快乐,比我一个人得到还要快乐。

师:这句话说得很好,我们一起来学学看。

幼:你的主意让我很快乐,比我一个人得到还要快乐。

· 分享带来更多的快乐

师:(出示朱李浦凉亭图片)凉亭造好后,三家人的关系更好了。假如开始这棵死了的大樟树归一户人家,你们觉得其他两户人家会高兴吗?

幼:其他两家人不会高兴的,又要吵架了。

师:我想也是。一户人家得到大樟树,只有一户人家快乐。大樟树变成凉亭呢?

幼:大樟树变成凉亭,给大家带来了方便,三户人家快乐,大家都快乐。

师:对! 大家都得到了大樟树的好处,这就是分享,分享可以给人们带来更多的快乐。快乐让大家分享,快乐是不是越来越多啊?

幼:是的!

师:那我们也要学会和别人分享。我们可以和别人分享什么?

幼:分享好吃的糖果。

幼:玩具。

幼:蛋糕。

幼:好看的书。

幼:自己的作品。

幼:好玩的游戏。

幼:学到的本领。

幼:自己做玩具并教大家怎么玩。

• 分享快乐

师:对啊,刚才小朋友说了那么多的东西都可以分享,分享以后大家都很快乐。现在老师就选其中的一种:游戏,而且是民间音乐游戏"套圈",里边也是三个人,就像朱三、李五、浦大一样,最后他们能一起分享,一起快乐。让我们一起来分享游戏的快乐吧!

——师幼一起玩民间音乐游戏"套圈"。

活动效果评述:

1. 对作品的评价

①这个作品讲述的是关于三个邻居从在樟树下快乐地成长→当老樟树死了,三人争抢大树→再到大家一起将死了的老樟树做成凉亭,让大家都得到快乐这样一个故事,故事包含分享的教育价值。分享能够带给别人和自己更多的快乐,对幼儿道德品质的培养有帮助。

②作品语句简单,幼儿容易理解,情节能够吸引幼儿的注意。

2. 对传承形式与活动方式的反思

①教师抓住了故事的核心,在开头以争吵声引入,引起了孩子的注意,使孩子有强烈的愿望想知道将会发生什么事情。

②教师分两段讲述故事的方式比较合适,讲了第一段以后,解决了引入部分的疑问。讲述第二段故事之前,让幼儿带着自己的猜测去听故事,激发幼儿更认真地倾听故事,幼儿积极地参与了活动,课堂气氛活跃,效果较好。

③教师与幼儿交流讨论的话题设计得合适,是理解这个作品必不可少的问题,幼儿的发言同预想的意图相符合。

友情好,喝水甜
——大班民间故事集体教学活动实录

浙江师范大学杭州幼儿师范学院附属幼儿园彩虹城分园

执教:何金杰　记录:应　茵

活动目标:

• 理解故事中的朋友之情,懂得朋友之间"友情好,喝水也甜"的含义。

• 通过回忆描述等方式,感受并表达同伴之间的友谊,并将友谊延续。

活动准备:

• 教师熟悉故事内容,能脱稿讲述故事。

• 能充分渲染"朋友之间"的友谊以及行为表现。

• 幼儿所需的画笔、纸。

活动过程:

• 友情好,喝水甜

师:你们都喝过水吗? 水是什么味道的?

幼:喝过,水是淡的。

师:可是有这么一对好朋友,说喝水是甜的,这是怎么回事呢? 让我们一起来听个故事《友情好,喝水甜》。

——教师完整讲述故事一遍,幼儿仔细倾听。

师:张三三和李四四他们是谁? 他们两家的关系怎么样?

幼:他们是很好的朋友。

幼:他们两家你帮我,我帮你,很开心的。

师:对,所以大家都很羡慕他们两家。这一天谁去看望谁了?

幼:张三三去看望李四四了。

幼:张三三想李四四了,就去李四四家,天还下大雪呢。

师:接下去的故事里,你对哪件事印象比较深刻? 为什么?

幼:李四四家里只有一碗酒,他们很穷。

幼:只有一碗酒,让给好朋友喝,他们心很善良。

师:是啊,李四四家里没什么钱。为了招待好朋友,李四四的老婆拿耳环换了一些酒和菜。可是酒不够,李四四老婆就让自己的老公喝白开水,把酒让给好朋友喝。李四四老婆好不好?

幼:好,她对朋友很好。

幼:她很大方。

幼:自己不喝,给朋友喝。

师:对,李四四老婆是真心地对待好朋友。李四四和张三三知道了这件事后,怎么样呢? 他们怎么说?

幼:他们都很感激李四四的老婆,说:"好朋友在一起,喝水也是甜的。"

师:他们虽然没有什么很好的菜,很多的酒,但他们高兴吗?

幼:他们很高兴。

幼:好朋友在一起玩、聊天很开心。

师:是啊,他们两家本来就是你帮我,我帮你,是非常要好的朋友,一些日子不见就会想念。李四四家里穷,没东西招待朋友,还把仅有的一碗酒省给朋友喝,他们的友情怎么样?

幼:很好。

幼:非常好。

师:所以,尽管没有酒喝,喝了一碗白开水,心里也是觉得甜滋滋的。现在你们知道为什么他们喝水是甜的了吧! 是真的水甜吗?

幼:不是,是他们两个友情好,心里觉得甜。

• 有朋友真好

师:什么样的人才算是朋友?

幼:很会帮助别人,喜欢别人,很大方。

幼:两个人每次都是手拉手,不打人。

幼:关心朋友。

幼:如果几天不见面就会想念的人。

师:大家说得很好,真正的朋友应该是真心地你帮我,我帮你,互相关心,就像故事中的两家人。那么,好朋友在一起,应该怎样?

幼:互相帮助。

幼:不欺负别人。

师:对了,好朋友在一起,应该互相帮助,一起进步,这才是最重要的。你的好朋友是谁? 你们之间有哪些互相帮助、互相关心的事情?

幼:×××需要磁铁,我就帮她拿。

幼:好朋友摔倒了,我去把她扶起来。

幼:××的妈妈准备了两块苹果,我把大的一块让给××吃。

幼:我看到×××一个人在玩的时候很孤单,就走过去跟她一起玩。

师:你对朋友做了这事情,你的心情怎么样?

幼:我感到很开心。

幼:好朋友会越来越喜欢我的。

师:说得真好,有好朋友,心里很开心,我们就不会孤单。

• 友谊关系网

师:小朋友们分开以后要继续联系,应该记住好朋友的哪些情况呢? 怎样才能记得清楚呢?

——老师为每个小朋友准备了一个本子,可以用来写好朋友的姓名、地址、电话,有了这些资料,朋友之间联系起来就方便多了。

——幼儿拿出"互联本",请好朋友在本子上签名并写下联系方法。

——教师巡回观察指导,并将自己的联系方法记在幼儿的"互联本"上。

——在《友谊地久天长》乐曲声中,幼儿自由寻找同伴表达友情。

活动效果评述:

1. 对作品的评价

作品通过李四四老婆用一碗酒和一碗白开水招待朋友这一件小事情,围绕着朋友间的真情来凸显朋友情谊深厚,不管吃什么,心里都是甜甜的。幼儿有交友的需求和愿望,而这个故事非常容易理解,在理解的过程中潜移默化地将交友之道渗入幼小的心田。

2. 对传承形式与活动方式的反思

在传承活动中,因为故事简单易懂,所以重点放在了围绕讨论两家之间的友情,以及领会为什么会喝水也甜的道理上。同时结合孩子生活中发生的一些事,来体验伙伴间的真实友情,加深友情。在大班这个特殊的时期,利用他们即将分别的契机,提供给孩子继续延续友谊的机会,孩子们在深情的乐曲声中记录着好朋友的信息,更为加固这份友情增添了一个砝码。

三个铜钱压岁包
——大班民间故事集体教学活动实录

浙江师范大学杭州幼儿师范学院附属幼儿园彩虹城分园

执教:钟月明 记录:徐 洪

活动目标:

• 理解故事内容,懂得节约,不浪费,把钱花在该花的地方,逐步形成勤俭的品质。

• 懂得精打细算可以让钱生钱,初步萌生理财的意识。

活动准备:

• 三个媳妇头像图片。

• 鞭炮、糖果、鸡蛋、鸡、猪、小水牛的实物图片,箭头。

• 压岁包一个(里面有三枚铜钱)。

• 画纸和笔每人一份。

活动过程:

- 老爷爷出题:三个铜钱办件事

——教师出示压岁包。

师:这是什么?

幼:这是红包。

师:这是过年的时候大人给小孩的压岁包。里面有什么?

幼:有压岁钱。

师:有多少钱呢? 我们来看看。(教师取出里面的三枚铜钱)

幼:啊? 只有三块钱啊!

幼:我的压岁包里有很多钱。

师:是啊,只有这么一点钱。可是就是这么一点钱,要用它来办件事,谁能办到呢? 她是怎么办到的? 让我们一起来听个故事《三个铜钱压岁包》。

——教师完整讲述故事。

师:谁办到了?

幼:三媳妇办到了。

师:那么,这道题是谁出的呢? 他为什么要出这道题呢? 让我们再来仔细听听。

——教师讲述故事第1～4自然段。

幼:这道题是老爷爷出的。

幼:因为他年纪大了,不能当家了,他想从三个媳妇当中选一个最能干的当家。

师:那为什么要用这道题呢?

幼:因为他们家里穷,没有钱。

幼:因为家里只有很少的钱,如果能把很少的钱变成很多的钱,不就是最能干的吗?

师:当三个媳妇拿到这三块压岁钱的时候,她们是怎么表现的?

幼:大媳妇、二媳妇都很不高兴。

幼:还说,这么点钱有什么用!

幼:三媳妇说,让我试试看。

幼:她还想了整整一夜呢!

师：是啊，尽管只有三块钱，三媳妇会用心去想，用心去做。

• 三媳妇答题：三个铜钱办成事

——教师讲述第5自然段至最后。

师：三年过去了，爷爷问："三年前我给你们的三块钱压岁包，派了什么用场呀？"

幼：大媳妇买了鞭炮。（教师出示大媳妇的头像，并在她的旁边贴出相应的鞭炮）

幼：二媳妇买了糖果。（同上）

幼：三媳妇买了小水牛。（同上）

师：啊，买了小水牛。可是大家都不相信，为什么呢？

幼：因为三块钱是不够买小水牛的。

师：因为买一头小水牛需要花很多钱，爷爷给的三块钱根本买不到小水牛。那三媳妇是怎么买到小水牛的呢？

幼：她先买了几个鸡蛋，鸡蛋孵成小鸡，小鸡长成母鸡，鸡再生蛋，蛋再生鸡，卖了鸡买了猪，等猪长大了生小猪，小猪再长大卖了买了小水牛。（幼儿回答什么，教师就出示什么，同时要贴上箭头）

师：是积少成多买来的。原来三媳妇想了整整一夜想出了这么个好办法，她还要辛辛苦苦地把鸡养大，把猪养大，你们觉得三媳妇怎么样？

幼：她爱动脑筋。

幼：她很勤劳。

幼：她很能干。

师：三媳妇为什么要买小水牛？小水牛用来干什么的？

幼：杀了吃的。

师：很久很久以前，大家都很穷苦，下地干活很辛苦，所以需要水牛来帮忙，那么他们就不用那么辛苦了。农民家有一头牛是很不容易的。三媳妇能干不能干啊？

幼：能干！

师：三媳妇把养鸡卖鸡蛋的钱一点一点积起来，最后买了小牛，小牛长大了就可以帮助家里。大媳妇、二媳妇买的东西能帮助家里吗？

幼:不能。

幼:鞭炮是玩的,玩过就没了,糖果吃了也就没了。

师:是的,大媳妇二媳妇觉得那么一点点钱,没什么事好办,就乱用完了。而三媳妇就用这么一点点钱办了一件大事。那爷爷找哪个媳妇当家? 为什么?

幼:三媳妇。

幼:因为三媳妇买了小水牛来干活,帮助了大家。

幼:因为三媳妇不乱花钱。

师:对,三媳妇勤俭办事,用三块钱做了很多事情,把家交给她,家会越来越好的。所以爷爷要请她当家。

• 我们的压岁钱

师:三媳妇能把三块钱办成这么一件有意义的事,你们的压岁钱比她多多了,更能办成有意义的事情了。现在老师给你们每人一张纸,你们先想一想,你想用你的压岁钱来办哪件有意义的事情,再把它画下来。最后我们也来比一比,谁办的事情最有意义。

活动效果评述:

1. 对作品的评价

作品围绕老爷爷为选当家人出的难题展开,通过对三个媳妇处理三块压岁钱的不同方式来凸显三媳妇聪明、能干、勤俭的品质,对现代生活中的孩子有着积极的意义。

2. 对传承形式与活动方式的反思

活动中利用孩子们原本就具有的好强特性,以破难题导入,引发孩子们积极思考,增加了故事的吸引力。同时通过对比故事中的三个角色,用图片排列成板书的形式,让孩子一目了然地理解她们的处理方式,从而很容易就使孩子们领悟到三媳妇的一些品质,最终激发孩子们也想把自己的压岁钱用得更有意义。

锄头底下出黄金
——中班民间故事集体教学活动实录

浙江师范大学杭州幼儿师范学院附属幼儿园彩虹城分园

执教:宋杨茜 记录:叶小红

活动目标:

- 聆听故事,理解故事中老爸的用意,懂得勤劳能创造财富。
- 感悟脚踏实地做事的精神。

活动准备:

- 锄头一把,农民伯伯翻土、播种、插秧、收获的过程图一套。

活动过程:

- 三个懒儿子

——教师出示锄头。

师:你们知道这是什么吗?

幼:除草的。

幼:锄头。

师:知道锄头是用来干什么的吗?

幼:挖萝卜。

幼:翻泥土。

师:锄头是农民伯伯用来种庄稼的好帮手,它可以用来翻土、除草等。可这锄头底下藏着黄金呢? 你们相信吗? 让我们一起来听个故事。

——教师完整讲述故事。

师:你们说,锄头底下有黄金吗?

幼:怎么会有黄金呢?

幼:锄头底下什么都没有。

幼:有黄金。

师:让我们再来仔细听听,这锄头底下的黄金到底是什么?

——教师讲述故事第1~2段。

师:这位勤劳老农民为什么很伤心?

幼:因为他们不干活。

幼:他们不愿意干活。

师:谁不干活?

幼:他的儿子们。

幼:三个儿子很懒惰。

师:当老农民病重的时候,三个儿子有没有干活呢?

幼:没有!

师:你怎么知道?

幼:他们不愿意干。

师:故事里讲到"地里的野草长得也越来越高"是为什么?

幼:因为没有人干活。

师:当老农民病重的时候,他的儿子们还是不愿意干活,那他们为什么要"哇哇"大哭呢?

幼:因为他们要没有饭吃了。

幼:因为他们的爸爸要死了,没有人养活他们了。

师:老农民为了让三个懒儿子下地干活养活他们自己,就对他们说:"锄头底下有黄金啊!"他们相信吗?

幼:不相信。

师:为什么三个儿子不相信锄头底下有黄金呢?

幼:因为它们都没有去做过。

师:没有做过什么?

幼:没有干过活。

师:对,他们自己都没有去做过,凭什么不相信呢。还有什么原因呢?

幼:……(说不上来)

师:他们老爸挖出黄金了吗?

幼:没有。

幼:老爸从来没有挖出过金子。

师:老农民见三个儿子不相信自己的话,他又说了什么?

幼:说地里埋着一个小金鸡。

幼:他说,地下面埋着一个罐子,里面有只小金鸡。叫他们去挖出来。

幼:他还说,去挖的时候要撒些种子,小金鸡才会出来的。

师:他们有没有按老爸的话去做呢?让我们继续往下听。

· 找金鸡

——教师讲述故事第3~6自然段。

师:三个儿子是为了什么才背起锄头的?

幼:为了得到小金鸡。

师:他们是怎么找的?

幼:……(没有反应)

幼:太阳出来了,他们在挖,太阳下去了,他们还在挖。

幼:太阳又出来了,他们还在挖。

幼:他们挖了好几天,把地都翻遍了。

师:一连挖了好几天,把地都翻遍了,他们找到了吗?

幼:没有。

师:对啊,没有挖到小金鸡。老二是怎么想的?

幼:可能挖得不够深。

师:嗯,经过老二的提醒,他们怎么做了?

幼:又把地挖了一遍。

师:找到金鸡了吗?

幼:没有!

师:这时,老三提醒大家了,他是怎么说的?

幼:他说,要撒些种子,才能把小金鸡引出来的。

师:他们又做了什么呢?

幼:撒了些种子。他们想引小金鸡。

师:小金鸡引出来了吗?

幼:没有!

师:他们心里想什么了?

幼:觉得老爸在骗人!

师:这时,老大开口说话了,他说什么?

幼:他说,反正小金鸡在地里,不会飞出来的,我们多来看看,不要让别人挖走就是了。

• 锄头底下出黄金

——师:我们来看看最后结果怎么样。

——教师讲述故事第7自然段。

师:结果呢?

幼:他们大丰收了。

幼:收了很多很多的庄稼,堆得像小山一样高。

师:最后三个儿子相信"锄头底下有黄金"这句话了吗? 为什么?

幼:相信了。因为他们有了好结果。

师:什么好结果呢?

幼:庄稼收成很好。

幼:可以赚钱了。

师:是啊,庄稼收成特别好,不仅三个儿子自己可以吃得很饱,还可以拿去卖钱,赚到钱就可以做很多事情,买很多东西。

师:为什么庄稼收成特别好? 三个儿子找小金鸡的时候都做了些什么? 让我们先来看看几张图片。

——教师出示农民伯伯种稻的过程图,引导幼儿比较农民伯伯种稻的过程和三个儿子找金鸡的过程。

师:你们有没有发现农民伯伯种稻的过程跟三个儿子找金鸡的过程很像?

幼:是的。

幼:噢,原来三个儿子找金鸡其实就是在翻土、播种,种庄稼啊!

师:是啊,其实三个儿子就是在种庄稼了。可是一开始三个儿子知道吗?

幼:不知道。

幼:他们就是在找金鸡。

师:等到他们收获了庄稼的时候,才发现自己辛勤的劳动真的有了收获,他们才真正相信了老爸的话:锄头底下出黄金。

· "黄金"是什么?

师:三个儿子经过这次找金鸡的事情,还会像以前一样懒惰吗?

幼:不会。

师:会变得怎么样呢?

幼:会变勤劳。

幼:会去干活了。

师:对,他们明白了,辛勤劳动可以养活自己。那么,黄金到底是哪里来的?

幼:是劳动得来的。

幼:是锄头底下来的。

师:那你觉得故事里说的黄金是不是我们平时看见的黄金?

幼:是庄稼。

幼:……(没有反应)

师:故事里还有一个意思,"黄金"不光是我们能看得见的那个黄金,它还是一种勤勤恳恳、认认真真的精神,只要你勤劳工作,认真工作,没有财富也可以创造财富。

幼:快点讲下去,小金鸡怎么还不出来呢?

师:地底下真的有小金鸡吗?

幼:没有。

师:这是老农民为了帮助三个懒儿子想出来的一个好办法,为了让三个儿子变得勤劳,小金鸡其实是不存在的。这个农民爸爸很聪明呢,想到了一个这么好的办法。

· 我们该怎么学习"黄金"般的精神

师:我们小朋友该怎么学习这种黄金般的精神呢?

幼:去种地。

师:不,我们小朋友能做到的,就是认真学本领,勤奋学本领,自己能做的事自己做,还要从小爱劳动。

幼:不能偷懒。

师:是啊,如果我们像三个儿子以前一样懒惰的话,能学到本领吗?

幼:不能。

师:就像我们的小脑袋,经常不用,不动脑筋,会怎么样?

幼:会转不动。

幼:会变不聪明。

幼:会想不出好办法。

师:是啊,脑筋越动越聪明,只有我们付出了努力,只有勤奋刻苦,才能收获到知识,学到本领。

• 延伸活动:翻地

——教师带领幼儿去幼儿园的种植园地,用一用锄头,感受农民伯伯的辛苦。

——参观幼儿园的种植园地,见证管理者辛苦付出所收获的果实。

活动效果评述:

1. 对作品的评价

中班幼儿思维形象具体,对"黄金"这个有比喻意义的概念,有点难以理解。教师在活动中引导比较吃力,幼儿反应不够积极,兴趣也不是特别浓厚,反而在延伸活动中幼儿表现特别积极。这个活动可能更适合大班幼儿。

2. 对传承形式与活动方式的反思

作品所揭示的"黄金"有两层含义:一层含义是因为勤劳创造的财富;另一层含义是勤勤恳恳、脚踏实地的精神。帮助孩子理解第一层含义时采用了对比的手法:①将三个儿子之前的"懒"和收获以后变得"勤劳"作对比,以及由此而产生的行为效果的对比:"地里的野草长得也越来越高"和"金灿灿的谷子堆得像小山那样高"。②将农民伯伯种庄稼的过程和三个儿子找金鸡的过程相对比。孩子们很容易就理解了通过辛勤的劳作——用锄头挖(其实就是翻土)、给金鸡撒种子(其实就是播种),就会有收获,从而理解"锄头底下出黄金"的含义。

梧桐叶治病

——中班民间故事集体教学活动实录

浙江师范大学杭州幼儿师范学院附属幼儿园彩虹城分园

执教:童灵芝　记录:叶小红

活动目标:

• 理解故事内容,明白好吃懒做的坏处,懂得勤劳才能创造财富,勤劳才能受人尊重。

• 萌生从小就做勤劳人的愿望。

活动准备:

• 叶小三、老中医、梧桐叶的图片。

活动内容:

• 懒惰的叶小三

——教师出示叶小三的图片。

师:从前有这么一个人,他叫叶小三,非常懒惰,什么活都不愿意干。爸妈在的时候,爸妈养活他;后来爸妈死了,他就用爸妈留下的钱;钱用完了,就把家里的东西都卖了,只剩下几间空房子。那他怎么生活呢?谁会帮助他?他会变勤劳吗?我们一起来听故事《梧桐叶治病》。

——教师完整讲述故事一遍。

师:谁帮助他了?

幼:老中医。

师:叶小三变了吗?

幼:变了。

师:以前的叶小三是怎么样的?

——教师讲述故事第 1 自然段。

师:叶小三是个怎么样的人?

幼:他是一个非常懒惰的人。

幼:他不愿意学本领,不愿意劳动。

幼:还整天和懒汉一起吃吃喝喝,东游西逛。

幼:把家里的钱都花光了。

师:村里的人对他怎么样?

幼:他们看不起他,不喜欢他。

幼:这么个懒东西,谁都不愿意帮他。

师:你们帮他想想办法,看有什么办法可以让大家帮助他?

幼:我都不想帮助他。

幼:店里打工去。

幼:只有他自己变好了才行。

师:嗯,我们来听听谁让他变好了。

• 扫梧桐叶的叶小三

——教师讲述故事第2~4自然段。

师:村里的人都不愿意帮助叶小三,后来他去找谁了?

幼:老中医。

师:找老中医干什么?

幼:借钱,可是他一下子就花光了。

师:是啊,老中医怎么批评他的?

幼:你不把坏毛病改掉,借给你多少钱都是没用的啊。

师:那叶小三怎么说?

幼:你再帮帮我,我会改好的,我想过好日子。

师:想过好日子,要靠谁呢?

幼:想过好日子只有靠自己,靠自己的双手。老中医说的。

师:对,只有靠自己的双手才能过好日子。老中医给他出了个什么主意?

幼:扫梧桐叶。

幼:把城里的梧桐叶都扫在一起,晒干理好,藏在屋里。

师:干什么用呢?

幼:不知道。老中医说,到时候会有用的。

师:那叶小三是怎么去做的?

幼:每天都去扫。

幼:从秋天扫到冬天。

师:虽然大家都笑话他,但是他有没有停止扫落叶?

幼:没有停止。

- 勤劳助人的叶小三

——教师讲述故事第5～9自然段。

师:春天的时候,城里爆发了一种怪病,谁可以帮助大家,为什么?

幼:老中医,还有叶小三。

幼:因为老中医的药方里需要用梧桐叶做药,而叶小三有梧桐叶。

师:现在的叶小三变成了怎样的叶小三? 人们为什么都感谢他?

幼:叶小三变成了勤劳的人,还帮助了别人。

师:叶小三明白了什么?

幼:做人要勤劳。

幼:勤劳才能过好日子。

师:对啊,就像老中医说的:好吃懒做,被人看不起;努力工作,才会受人尊重。

幼:现在叶小三还在不在?

师:叶小三现在不在了,但这样的人还是有。

- 要做勤劳的小朋友

师:你们喜欢以前的叶小三还是喜欢后来的叶小三? 为什么?

幼:喜欢后来的叶小三,因为他没有那么懒惰了,人们还感谢他。

师:是的,大家都喜欢勤劳的叶小三,愿意帮助别人的叶小三。我们要不要做勤劳的人啊?

幼:要! 勤劳的人,别人才会喜欢。

幼:勤劳才能过好日子。

师:对! 那就让我们来做个勤劳的小朋友吧!

——全体幼儿一起歌表演《我有一双勤劳的手》。

活动效果评述:

1. 对作品的评价

这个故事通俗易懂,幼儿很容易理解,同时很能激发幼儿想做个勤劳人的愿望。因为一个懒惰的人会被人瞧不起,会没有人愿意帮助他,而幼儿往往喜欢有人喜欢,喜欢听赞扬。

2. 对传承形式与活动方式的反思

在活动中利用图片加交流的方式还是比较好的,幼儿比较感兴趣,不过老师说得比较多,可以让幼儿多说说,多交流,最好加上一些表演的方式,这样可以让幼儿感受更加深刻一点。

四、日常教育活动实施范例

说话不算数的人
——大班民间故事日常教育活动实录

浙江师范大学杭州幼儿师范学院附属幼儿园彩虹城分园

执教:应 茵 记录:何金杰

活动目标:

• 通过对故事的理解,懂得答应别人的事一定要做到,做一个讲诚信的人。

活动准备:

• 小簸箕。

活动过程:

• 教师完整讲述故事第一遍。

师:你们有没有听不懂的地方?

幼:为什么淘米的筐会和肚子连在一起?

幼:因为这个神仙医生很厉害的呀!

幼:什么叫淘米的筐?

师:(出示实物)以前的人都是把米放在这种小筐淘洗好,然后放在锅里烧的。

幼:淘米的筐为什么不会漏米呢?

师:淘米的筐是用竹子编的,缝隙很小,只有水漏得出去。

• 教师讲述故事第二遍。

师:请带着几个问题再仔细地听一遍故事。(1)神医治好了他的病,结果他是怎么做的? 他为什么会这样做? (2)你觉得应该怎么做? (3)这个故事告诉我们什么呢?

——教师讲述完故事后提问。

师：神医治好了他的病，结果他是怎么做的？他为什么会这样做？

幼：他不想给钱了，因为他快没钱了。

幼：他怕自己的钱越来越少。

幼：他总是说话不算数。

师：你觉得应该怎么做？

幼：应该给钱，不想给就商量看看，能不能给十块，不能就只能都给了。

幼：答应别人的事一定做到。

师：这个故事告诉我们什么呢？

幼：这个故事告诉我们说话不能不算数。

幼：好人有好报，坏人有坏报。

幼：坏人很坏，好人很好。

幼：人要做守信的人，就像《狼来了》，后来狼真的来了，就没人帮他了。

幼：坏人不守信用，就会受到诅咒。

幼：答应别人的事一定要做到。答应之前先想好，能做到就答应，不能做到就不答应。

师：大家都说得很好。就像刚才这个小朋友说的那样，答应别人的事一定要做到。

• 集体讨论：什么样的行为才是诚实守信的行为？怎样做一个诚实守信的孩子？

师：平时生活中应该怎样做才是说话算数的表现呢？

幼：我拔牙那时候，医生叫我很长时间不能吃糖，我就不吃糖。

幼：昨天我答应妈妈练完钢琴再去看动画片，我就练完了钢琴才去看。

师：嗯，很好。那答应别人的事如果做不到怎么办？能不能说谎？

幼：不能说谎，可以商量的。有一次，我和姐姐玩跳绳，谁赢了就送礼物。可是姐姐赢了，我答应送给姐姐一个芭比娃娃。我叫妈妈买，妈妈说，男孩子玩什么芭比娃娃，不同意。后来我就去和姐姐商量，最后送了姐姐一个木头做的玩具。

师:对,我们不能像故事里的那个年轻人,说话不算数,还要撒谎,结果受到了惩罚。小朋友答应别人的事一定要做到,如果实在做不到,要及时说明原因,并努力获得对方的理解,大家同样会认为你是个诚实守信用的孩子。

停风蛛

——大班民间故事日常教育活动实录

浙江师范大学杭州幼儿师范学院附属幼儿园彩虹城分园

执教:袁　梅　记录:马双双

活动目标:

• 从故事中感受阿毛一家人为了全村人的利益,不为金钱利诱的善良品质。

活动准备:

• 图片若干。

活动过程:

• 讲述故事第一遍,请幼儿提出问题

幼:停风蛛为什么能挡风?

幼:为什么篮子不能卖给商人?

幼:拿到篮子为什么能抓到蜘蛛?

师:那让我们带着这些问题再来听一遍故事。

• 讲述故事第二遍

师:村子里的人为什么要爱护这只停风蛛?

幼:因为停风蛛在大风来的时候,会结一张大网,能挡住大风。

幼:停风蛛是大家的宝贝。

幼:停风蛛织起的大网可以挡风,保护老百姓,不让房子刮倒。

师:有钱人为什么要买阿毛的篮子?

幼:为了抓蜘蛛。

幼:有了篮子就有了蜘蛛,就能让自己过上好日子。

幼:他想拿去卖大钱。

师:有钱人非常想得到这只篮子,他是怎么做的呢?(先……然后又……)

幼:他先用两筐鱼跟阿毛换。

师:阿毛肯吗?

幼:不肯。

师:然后呢?

幼:他说用一条船来换。

师:阿毛肯吗?他是怎么说的?

幼:还是不肯。他说要回家问问爸爸妈妈。

师:第二天他是怎么跟有钱人说的?

幼:不能卖,这个篮子是我们大家的宝贝。

师:有钱人还不死心,想用很多很多的钱去买这只篮子,阿毛卖给他了吗?为什么?

幼:没有卖给他。阿毛要保护大家,不让大家受到伤害。

幼:卖了篮子,有钱人会用篮子抓蜘蛛,大家的房子就会吹倒,庄稼也没了。

师:有钱人没有得到篮子,就做了什么事情?阿毛的村子怎么样了?

幼:他放火烧了天封塔。村子很破了,房子倒了,庄稼死了。

幼:老是刮大风,下大雨。

幼:塔陷下去四层。

幼:鱼越来越少。

师:有钱人真坏,他受到了什么惩罚?

幼:被大风吹到江里死掉了。

师:阿毛好不好?他好在哪里?

幼:好。他很会帮助别人,为大家着想。

幼:阿毛为了保护大家的宝贝,不卖掉篮子。

幼:有钱人用船来换篮子时,阿毛不同意。

幼:阿毛很善良。

师:是啊,阿毛家虽然很穷,可是他们没有为了自己过上好日子卖掉全村人的宝贝。他们是非常善良的一家人。

灵桥

——大班民间故事日常教育活动实录

浙江师范大学杭州幼儿师范学院附属幼儿园彩虹城分园

执教:马双双 记录:袁 梅

活动目标

• 聆听故事,感受故事主人公的美好品德,萌生拾金不昧的意识。

活动准备:

• 图片,修鞋匠、南洋客人的木偶。

活动过程:

• 现在的灵桥

——与幼儿一起欣赏和认识宁波三江口的灵桥。(出示灵桥的图片)

——每座桥的背后都有一段故事,你知道这座桥是怎么造起来的吗?

• 灵桥背后的故事

——修鞋匠的心愿。(教师出示故事图片和修鞋匠,讲述故事第1~2自然段)

师:修鞋匠有一个怎么样的心愿?你觉得修鞋匠是一个怎么样的人?

幼:很善良,很有爱心。

幼:很聪明,以前只能坐船过江,他就想到了可以造一座桥。

——捡箱子等失主。(教师讲述故事第3~5自然段,出示南洋客人的木偶)

师:修鞋匠捡到了一箱什么东西?

幼:一箱金银财宝。

师:如果是你捡到的,你会怎么做?

幼:还给别人。

幼:去每个家庭问问。

幼:自己去找或者等他回来找。

师:修鞋匠怎么做的呢?

幼:问问来修鞋的人有没有丢东西。

师:他问到了吗?

幼:没有。

师:那怎么办呢?

幼:他一边修鞋,一边等丢东西的人来找。

师:他等了多久?

幼:很久很久。

幼:等到天黑。

幼:等了两个星期。

幼:等了三年。

师:对啊,修鞋匠就这样天天留意着来修鞋的客人,想把小箱子还给主人。他一直等了三年。你觉得修鞋匠是一个怎么样的人?

幼:是个好人。

幼:好心人。

幼:捡到东西会还给别人的人。

师:对,这样的人,我们叫他拾金不昧的人。他有没有等到那个小箱子的主人呢?

——还箱子造灵桥。(教师讲述故事第6~10自然段)

师:修鞋匠怎么会知道这个南洋客人是小箱子的主人呢?

幼:听声音听出来的。

幼:修鞋匠突然认出了那个人。(教师引导幼儿关注修鞋匠与南洋客人的对话)

幼:修鞋匠问了那个人是不是忘记了什么东西,里面装了什么,那个人都回答正确了。

幼:那个人丢东西的时间和修鞋匠等待的时间一样,都是三年。

师:修鞋匠把小箱子给南洋客人的时候,客人怎么做了?

幼:把很多银子给了修鞋匠,修鞋匠帮了他,他要感谢他。

师:修鞋匠收下了吗？为什么？

幼:他说不用了,没有要。

幼:捡到东西还给别人是应该的。

幼:他想要的话,就不会等三年了。

师:一个一定要送,一个一定不肯收,怎么办呢？

幼:他们决定用这些钱来造桥。

幼:南洋客人把小箱子里的珠宝都拿出来造桥了。

幼:那个县官也出钱了呢。

师:对,南洋客人被修鞋匠感动了,拿出所有的珠宝造了一座灵桥。修鞋匠的心愿也实现了。从此以后,人们就可以很方便地过江了。

• 讨论:我们学习修鞋匠什么？

师:你们觉得修鞋匠有什么地方值得我们学习呢？

幼:谦让。

幼:不求回报,帮助别人不是为了得到别人的钱。

幼:捡到东西要想办法还给别人。

幼:如果我们捡到别人的东西,不能自己收起来,要还给小朋友或者交给老师。

幼:还可以交给警察叔叔。

师徒变兄弟
——大班民间故事日常教育活动实录

浙江师范大学杭州幼儿师范学院附属幼儿园彩虹城分园

执教:应 茵 记录:何金杰

活动目标:

• 聆听故事,通过故事中描述的情节理解师傅宽宏博大的胸怀和徒弟虚心好学、勤奋努力的学习品质。

活动准备:

• 两位医生的画像、图片两张(一张是戴医生看老中医给人治病、一张是戴医生给生毒瘤的人治病)。

活动过程：

· 谈论师徒

师：你们知道什么是师傅？什么是徒弟吗？

幼：师傅就是唐僧，徒弟就是孙悟空。

幼：师傅比徒弟有本事。

幼：师傅就是老师，有本领；徒弟就是学生，要从老师那里学本领。

幼：学好了本领，也可以当老师。

师：师傅是对老师或者有专门手艺的人的称呼。徒弟就是拜师学艺的人。也就是说徒弟是向师傅学本领的，那师徒怎么又会成为兄弟了呢？让我们来仔细听听。

· 虚心好学、勤奋努力的戴医生

——教师完整讲述故事。

师：你们有什么地方没听懂吗？

幼：看中医要不要打针的？

幼：不用的，只要喝中药就行了。

幼：中药是什么样子的？

幼：中药是咖啡色的水，很苦的，我喝过的。

幼：那这个药水是怎么来的呢？

师：是中医根据病人的病情给病人写方子，就是给病人配很多中药。然后在这些中药中加入水，熬出来的。

幼：那中药是什么样子的？

师：中药是大自然中动植物等具有药用价值的材料，比如植物中的车前草、鲜竹等，动物中的鹿茸、海蛤壳等，以及矿物中的磁石等。

幼：什么是毒瘤？

师：毒瘤是一种病，故事里的毒瘤是在背上的皮肤上鼓出了包，毒瘤还会长在身体的不同地方。

幼：什么叫准备后事？

师：准备后事就是准备死了以后的事情。

——教师分段讲述故事，并出示两位医生的画像。

师:戴医生是一位什么样的医生?

幼:他是一位本领很高的医生。

幼:他是一位本领很高但不骄傲的医生,哪里还有本领更好的医生,他就要去学。

幼:他还是一位喜欢学习的医生。

师:当他得知义乌有一位老中医本领和神仙差不多,他想了个什么办法让老中医收他做徒弟?

幼:他说自己是药店里的小伙计,想学中医。

师:戴医生在老中医家是怎么学本领的?(教师出示挂图)

幼:他帮老中医背药箱、背雨伞,还一起去采中药。

幼:老中医每次看病的时候,他都在旁边非常认真地观察、记录。

幼:晚上他还要看医书呢!

· 能治毒瘤的戴医生

——教师分段讲述,并出示挂图。

师:有一次老中医家来了一个什么样的病人? 老中医能治好吗?

幼:有一次老中医家来了一个生毒瘤的病人,老中医没法治好他,劝他回家准备后事。

幼:老中医说这病拖得时间太长,治不好了,你们还是回去准备后事吧。

师:当老中医也治不好这个病人时,戴医生怎么办?

幼:戴医生说他多收了病人的钱,就跑到病人家给病人治病了。

师:戴医生治好了那个人的病了吗?

幼:治好了。

师:戴医生治好了病人,告诉老中医了吗? 为什么?

幼:没有。因为他是徒弟,师傅说治不好了,反而给徒弟治好了。徒弟怎么能比师傅厉害呢!

幼:这样师傅就不会教徒弟本领了。

· 师徒变兄弟

师:老中医知道是戴医生治好了病人,他怎么说?

幼:老中医知道是戴医生治好了病人,对戴医生说:"我们两个以后就互相称兄弟吧,我们兄弟两个互相帮助学习,可以更好地为大家治病啊!"

师:你觉得老中医是一位什么样的医生?

幼:他是一位很好的医生,知道戴医生治好了病人没有告诉他,也没骂戴医生。

幼:徒弟比他本领好,他也不嫉妒。

幼:他是一位宽宏大量的医生。

幼:他也是一位很谦虚的医生,愿意向戴医生学本领。

幼:所以他们成兄弟了,互相学习,本领越来越高。

师:是啊,小朋友们也有自己的本领,如果能像他们那样互相学习,本领也会越来越高的。

毡帽与老虎
——大班民间故事日常教育活动实录

浙江师范大学杭州幼儿师范学院附属幼儿园彩虹城分园

执教:苏 姬 记录:王 洁

活动目标:

• 通过理解猎人善待小老虎而得到大老虎礼物的故事,懂得只要我们善待动物,动物也会与我们友好相处的道理,而且人们还可以从动物身上学到很多本领。

活动准备:

• 毡帽一顶、图片两张(一张猎人喂小老虎吃东西、一张大老虎送毡垫给猎人)。

活动过程:

• 关于毡帽

——教师出示毡帽,请小朋友看看毡帽是什么样子,摸摸毡帽、戴戴毡帽。

幼:毡帽看起来像魔术师的帽子。

幼:毡帽黑黑的,下面平的,中间高起来的。

师:毡帽的帽檐是大大圆圆的,中间帽顶是往上凸出来的。

幼:摸上去硬硬的。

幼:戴在头上有点重。

幼:戴在头上很热的。

师:如果是冬天,戴在头上就可以保暖了。

师:你们知道这顶毡帽是怎么来的吗?今天老师要给大家讲个故事,叫《毡帽与老虎》。这毡帽和老虎有什么关系呢?仔细听。

• 山洞里遇小老虎喂食

——教师完整讲述故事。

师:有什么问题吗?

幼:为什么把这种帽子叫毡帽?

师:故事里是怎么说的?用什么做的?

幼:是大老虎给自己的孩子做的窝。

幼:是用老虎吃剩下的动物的毛做的。

师:对了,用动物的毛压紧制成的帽子就叫毡帽。

——教师分段讲述。

师:三个猎人在山上打猎,发现了谁?打中了吗?

幼:发现了一只老虎,可是没打中。

师:在他们追赶老虎的时候,天怎么了?他们怎么办?

幼:他们在追老虎的时候,天下雨了。有一个年轻的猎人发现了一个山洞,他们就进去躲雨了。

师:他们在山洞里发现了什么?他们一开始是怎么样想的?

幼:他们发现了两只很可爱的小老虎,他们想把它们带回村子。

幼:不行的,这样大老虎就会找到村子里来的。

师:那怎么办?

幼:让它们留在山洞里,大老虎会养它们的呀。

师:现在它们肚子饿了,大老虎又没回来,怎么办呢?

幼:猎人们把自己的饭团拿出来喂给小老虎吃。

幼:他们对小老虎真好。

——教师一边出示图片,一边小结这段内容。

◆ **453**

• 山洞外大老虎毡垫谢恩

——教师继续分段讲述。

师:突然,谁来了?

幼:大老虎来了。

师:大老虎有没有吃猎人?为什么?

幼:大老虎没有吃猎人,因为她看见两只小老虎好好的。

幼:大老虎看见小老虎嘴里吃着东西,就竖起尾巴,好像在说:"谢谢你们!"

师:猎人们知道没事就赶紧往洞外跑,这时大老虎做了什么?

幼:大老虎把小老虎的窝送给了猎人。

师:大老虎为什么要把小老虎的窝送给猎人呢?

幼:因为外面在下雨,小老虎的窝可以遮雨。

幼:因为猎人们没有伤害小老虎,大老虎为了感谢他们,就把小老虎的窝送给了他们。

幼:因为这个窝已经被小老虎压得很实了,不会漏水,可以用来挡雨。

师:是啊,猎人们对小老虎好,连大老虎都知道感激。如果我们人类都像这几个猎人一样去善待动物,那我们就可以和动物和谐、友好地生活在同一个地球上了。而且老虎非常聪明,把吃剩下的动物的毛堆在一起压紧就成了很好的窝了。后来猎人们就把老虎的这个本领学过来做成了现在的毡帽。其实我们人类从动物身上学到了不少的本领,你知道吗?

——幼儿讨论。建议收集各种人类受动物启发而发明的现代科技产品。

鲨

——大班民间故事日常教育活动实录

浙江师范大学杭州幼儿师范学院附属幼儿园彩虹城分园

执教：鲁杭娟　记录：叶小红

活动目标：

• 仔细聆听故事，了解故事中鲨的来历。

• 知道要想过幸福生活必须用自己的勤劳来换取，不能用不正当的手段。

活动准备：

• 鲨的图片。

• 故事主人公的图片。

活动内容：

• 教师讲述故事第一遍

师：这个故事你有没有什么听不懂的地方？

幼：这个鲨到底是什么东西啊？

师：鲨是一种海洋动物，有两对眼睛，有一个很长很锋利的尾剑，是用来防卫的武器。它的血液是蓝色的，可以做药。（教师出示鲨的图片）

幼：鲨能吃吗？

师：鲨是有毒的，最好不要吃，但海边的渔民有时会吃一点点。

幼：为什么我没看见过鲨啊？

师：鲨是生活在海里的，在杭州比较少。

• 想做老鼠的阿厚

——教师讲述故事第1～4自然段。

师：阿厚是个怎么样的人？

幼：是个很懒的人。

幼：他喜欢喝酒赌博。

幼：他是个好吃懒做的人。

师:他想做什么?

幼:他想做老鼠。

师:为什么想做老鼠?

幼:他想,做老鼠多好啊!不用动脑子,不用花力气,白天睡觉,晚上出去偷点就有得吃了。

师:他做了老鼠以后都去干了些什么事? 邻居们怎么想?

幼:他去偷东西,做坏事。

幼:他偷了肉、锅巴,还有酒。

幼:邻居们都想抓住这只老鼠。

• 阿厚夫妻变成了鲨

——教师讲述第5自然段到最后。

师:这次阿厚又想去偷什么?

幼:他想偷金银财宝。

师:他偷成了吗? 结果呢?

幼:他没偷成,结果被人追,一直追到了木杆上。

幼:后来就被猫头鹰叼走了。

幼:他老婆来救他,结果两个人都掉到海里变成了鲨。

• 讨论:怎样才能过上好日子?

师:你们愿意像阿厚那样做老鼠吗?

幼:不愿意。

幼:老鼠脏兮兮的,整天生活在角落里,白天都不敢出来。

幼:老鼠要偷东西,做坏事,没人喜欢它。

师:那么要想过上好日子,该怎么做呢?

幼:应该自己劳动。

幼:要勤劳努力地工作。

师:对,想过上好日子,要靠自己勤劳努力地工作,靠偷东西、偷懒都不会过上幸福的生活。

参考文献

....

1. Bettelheim Bruno：*The Uses of Enchantment*：*The Meaning and Importance of Fairy Tales* , Vintage Books，1977 年.

2. David R. Shaffer：《发展心理学：儿童与青少年》[M]，邹泓译，中国轻工业出版社，2002 年。

3. David R. Krathwohl：*Methods of educational social science research* ,Copyright by addison wesley Education Publishers，1997 年。

4. George S. Morrison：《当今美国儿童早期教育》，王全志等译，北京大学出版社，2004 年。

5. 阿尔弗雷德·阿德勒：《理解人性》，陈太胜、陈文颖译，国际文化出版公司，2001 年。

6. 阿良莫夫：《儿童年龄特征》，孙晔等译，人民教育出版社，1954 年。

7. 艾伯华：《中国民间故事类型》，王燕生、周祖生译，商务印书馆，1999 年。

8. 白庚胜：《民间文化传承论》，《河南大学学报》（社会科学版），2007 年 1 月。

9. 白静：《论童话对儿童心理发展的价值》，河南大学硕士论文，2007 年 5 月。

10. 伯格著：《通俗文化、媒介和日常生活中的叙事》，姚媛译，南京大学出版社，2000 年。

11. 柏拉图:《理想国》,张子菁译,光明日报出版社,2006 年。

12. 陈鹤琴:《陈鹤琴全集》,江苏教育出版社,2008 年。

13. 陈嘉映:《语言哲学》,北京大学出版社,2006 年。

14. 陈静:《民间故事中智慧老人形象的社会伦理功能》,《铜仁学院学报》,2007 年 9 月。

15. 陈敏捷:《英美儿童文学市场上的民间故事及其改编》,《民间文化论坛》,2005 年第 5 期。

16. 戴维·德沃斯(David de Vaus):《社会研究中的研究设计》,郝大海等译,中国人民大学出版社,2008 年。

17. 代茜:《20 世纪前期中国童话研究史初探》,华东师范大学硕士论文,2008 年 4 月。

18. 董小英:《叙事艺术逻辑引论》,社会科学文献出版社,1997 年。

19. 恩格斯:《德国的民间故事书》,程代熙译,《马克思恩格斯论艺术》,人民文学出版社,1966 年。

20. 饭田隆:《维特根斯坦——语言的界限》,包羽译,河北教育出版社,2001 年。

21. 弗莱:《神力的语言——"圣经与文学"研究续编》,吴持哲译,社会科学文献出版社,2004 年。

22. 高尔基:《文学论文选》,曹葆华译,人民文学出版社,1959 年。

23. 广东碧桂园学校幼儿园课题组:《幼儿园主体探究课程的研究与实践》。

24. 龚见明:《文本的力量》,《文艺研究》,1989 年 2 月。

25. 顾希佳:《从鸟崇拜到鸟神话——史前时期浙江民间故事母题寻绎》,《浙江学刊》,2003 年 1 月。

26. 黄勤锦:《民间故事与学前儿童道德启蒙资源的开发》,《佛山科学技术学院学报》(社会科学版),2007 年 5 月。

27. 黄少慧:《用民间故事熏陶幼儿心灵》,《早期教育》,2005 年第 4 期。

28. 贾芝:《民间文学与启蒙教育》,《文艺理论与批评》,1994 年第 5 期。

29. 蒋名智:《民间故事与当代儿童教育》,《华中师范大学学报》(哲社版),1994 年第 2 期。

30. 杰洛德·布兰岱尔:《儿童故事治疗》,林瑞堂译,张老师文化事业股份有限公司,2007 年。

31. 金荣华:《卑南族学前教育中的口传文学》,《民间故事论集》,三民书局,2007 年。

32. 凯萨琳·奥兰丝妲:《百变小红帽》,杨淑智译,张老师文化事业股份有限公司,2003 年。

33. 克劳德·列维-斯特劳斯:《结构人类学》,陆晓禾等译,文化艺术出版社,1989 年。

34. 克鲁捷茨基:《心理学》,赵璧如译,人民教育出版社,1984 年。

35. 劳拉·E·贝克著:《儿童发展》,吴颖等译,江苏教育出版社,2002 年。

36. 李育辉、张建新:《7～10 岁儿童的人格研究——童话故事测验的跨文化比较》,《中国临床心理学杂志》,2006 年第 4 期。

37. 李育辉、张建新:《童话故事测验(FTT)在儿童个性测量中的应用》,《中国心理卫生杂志》,2002 年第 10 期。

38. 李定开:《中国学前教育》,西南师范大学出版社,1990 年。

39. 李利安·H·史密斯:《欢欣岁月——李利安·H·史密斯的儿童文学观》,傅林统编译,富春文化事业股分有限公司,1999 年。

40. 列夫·谢苗诺维奇·维果茨基著:《思维与语言》,李维译,中国浙江教育出版社,1997 年。

41. 刘丽萍:《幼儿民间故事教育研究——民间故事用于幼儿语言教育的实践探索》,山东师范大学硕士论文,2009 年 5 月。

42. 刘守华:《故事学纲要》,华中师范大学出版社,1988 年。

43. 刘守华:《民间文学教程》,华中师范大学出版社,2002 年。

44. 刘守华:《中国民间童话概说》,四川民族出版社,1985 年。

45. 刘守华:《〈浙江民间故事史〉序》,杭州出版社,2008 年 1 月。

46. 刘守华:《中国民间故事类型研究》,华中师范大学出版社,2002 年。

47. 刘晓东:《解放儿童》,新华出版社,2002年。

48. 露丝·本尼迪克特:《文化模式》,何锡章等译,华夏出版社,1987年。

49. 鲁迅:《鲁迅全集》,人民文学出版社,1981年。

50. 罗勃·布莱:《铁约翰:一本关于男性启蒙的书》,谭智华译,张老师文化事业股份有限公司,1999年。

51. 罗朝英:《试论壮族民间故事中的传统教育意义》,《张家口职业技术学院学报》,2006年12月。

52. 麻彦坤:《维果斯基对现代西方心理学的影响》,《华东师范大学学报》,2006年9月。

53. 马林诺夫斯基:《文化论》,费孝通译,商务印书馆,1946年。

54. 麦克斯·吕蒂:《童话的魅力》,张田英译,社会科学文献出版社,1995年。

55. 闵兰斌等:《儿童故事理解的加工过程及其启示》.《幼儿教育》(教育科学版),2007年。

56. 莫·卡冈:《艺术形态学》,凌继尧、金亚娜译,三联书店,1986年。

57. 莫雷:《阅读与学习心理的认知研究》,北京师范大学出版社,2006年。

58. 莫雷等:《文本阅读研究百年回顾》,《华南师范大学学报》,2006年10月。

59. 牟群英:《民间故事与幼儿教育》,《学前教育研究》,1997年第2期。

60. 浦漫汀:《儿童文学教程》,山东文艺出版社,1991年。

61. 普什卡辽夫:《劳动是传统魔法故事中社会理想的基础》,蔡时济、沈笠译,《苏联民间文学论文集》,作家出版社,1958年。

62. 荣格:《怎样完善你的个性》,刘光彩译,中国国际广播出版社,1989年。

63. 斯蒂·汤普森:《世界民间故事分类学》,郑海等译,上海文艺出版社,1991年。

64. 舒伟:《童话心理学的童话艺术观》,《西南民族大学学报》(人文社科版),2005年第7期。

65. 舒伟、丁素萍:《20世纪美国精神分析学对童话文学的新阐释》,《外国文学研究》,2001年第1期。

66. 索绪尔:《普通语言学教程》,高名凯译,商务印书馆,2005年。

67. 谭达先:《中国民间童话研究》,商务印书馆,1981年。

68. 汤梅:《民间文学应用到儿童情商教育中的可行性研究》,《民族教育研究》,2006年第5期。

69. 王海:《试论黎族民间故事中的道德传扬》,《西南民族大学学报》(人文社科版),2005年第5期。

70. 王青:《从"孝道"的习俗化过程看民间故事中的"孝道"思想》,《宿州教育学院学报》,2006年12月。

71. 王寅:《认知语言学》,上海外语教育出版社,2007年。

72. 天鹰:《中国民间故事初探》,上海文艺出版社,1981年。

73. 王中华:《童话:儿童诚信教育的新途径》,《教学与管理》,2006年7月。

74. 维蕾娜·卡斯特:《成功解读童话》,晏松译,上海人民出版社,2003年。

75. 维特根斯坦:《哲学研究》,陈嘉映译,上海人民出版社,2005年。

76. 许建崑:《认识童话》,天卫文化图书有限公司,1998年。

77. 雪登·凯许登:《巫婆一定得死——童话如何形塑我们的性格》,李淑珺译,张老师文化事业股份有限公司,2003年。

78. 亚瑟·罗森:《童话许愿戒》,陈柏苍译,人本自然文化事业有限公司,2003年。

79. 叶奕乾、孔克勤:《个性心理学》,华东师范大学出版社,1997年。

80. 伊藤清司:《中国与日本民间文学比较研究的几个问题》,《中国日本民间文学比较研究》,辽宁大学科研处编印,1983年。

81. 赵凤玲:《撕裂的亲情:中外民间故事中家庭关系探析》,《江汉论坛》,2006年第6期。

82. 赵世林：《论民族文化传承的本质》，《北京大学学报》，2002年5月。

83. 张冠华：《中国民间故事中的生态寓意》，《郑州大学学报》（哲学社会科学版），2006年3月。

84. 张莉：《童话心理分析及其在幼儿心理教育中的运用》，华南师范大学硕士论文，2003年6月。

85. 张燕红：《试论孝教育的价值与实施途径》，《中国德育》，2006年2月。

86. 章红、李标晶、罗梅孙：《幼儿文学教程》，浙江少儿出版社，1991年。

87. 周兢：《早期阅读发展与教育研究》，教育科学出版社，2007年。

88. 周山华：《民间故事对幼儿的永恒魅力》，《红河学院学报》，2007年8月。

89. 周作人：《儿童文学小论》，河北教育出版社，2002年。

90. 珍妮·约伦：《世界著名民间故事大观》，潘国庆等译，上海文艺出版社，1991年。

91. 朱家雄：《从生态学视野看学前教育》，《教育导刊》，2006年4月。

92. 祝秀丽：《积极的家庭教育与青少年人生发展——从"浪子回头"故事谈起》，《青少年研究》，2006年2月。

作品书目

1. 陈玮君：《畲族民间故事》，浙江人民出版社，1979年。

2. 杭州市文化局：《杭州的传说》，上海文艺出版社，1979年。

3. 杭州市文化局：《西湖民间故事》，浙江人民出版社，1979年。

4. 平阳县民间文学集成办公室：《中国民间文学集成浙江省温州市平阳县卷》，浙江省民间文学集成办公室，1987年。

5. 邱国鹰、管文祖、金涛：《东海鱼类故事》，浙江人民出版社，1981年。

6. 中国民间文学集成全国编辑委员会：《中国民间故事集成·浙江卷》，中国ISBN中心，1997年。

7. 杨宇心等：《东海传奇》，四川人民出版社，1981年。

后　记

　　课题结题并结集出版之时，首先要感谢课题组所有成员。在历时数年的过程中，全体成员为课题的完成付出了艰辛的努力。徐丹撰写了本书第二章的主要章节。叶建军主持了民间故事文本的改编工作和传承实践的指导工作，撰写了第四章的部分章节和第五章的部分内容。朱良参与并组织了"民间故事传承现状"的调查，通读、校改了全部书稿。章红负责课题的整体设计，撰写了第一章和第三章、第四章、第五章的主要论述部分以及第二章第一节中的"聚焦浙江的民间故事研究"。叶小红、章瑛、施林红三位园长主持并指导了"民间故事传承实践活动的设计与实施"。王远琼和郭立立先后参与了"民间故事传承现状的调查"和"民间故事传承实践研究"的工作，对调查问卷和观察记录表进行了数据录入和统计分析。浙江理工大学的陈雪颂老师指导了调查问卷的设计，并为数据分析设计了程序。2008级研究生张倩、翟海琪进行了后期统稿和文字修订工作。浙江师范大学杭州幼儿师范学院附属幼儿园彩虹城分园和杭州市三塘实验幼托园的老师参与了"民间故事传承实践"的研究，撰写了各种活动案例，并对儿童的现场反应进行了仔细观察与认真的记录。杭州市人民政府机关幼儿园新州分园的老师参与了"民间故事传承方式"的验证工作。

　　浙江省台州市教研员高美娇、温州乐清市教研员吴培娟、湖州市许芳芳园长、宁波市的吕秀华老师以及她们所在地域的园长和教师参与了"民间故事传承现状的调查"的艰苦工作。特别需要感谢的是参与到研究之中的众多家长和孩子,没有他们的配合与支持,这项课题是无法完成的。

　　浙江师范大学杭州幼儿师范学院的秦金亮院长自始至终关注、支持本课题的研究,给予了无私的帮助和指导。浙江省社科联领导曾骅、浙江师范大学的曾祥福教授和陈华文教授在开题阶段对课题的整体设计提出了前瞻性的意见,保证了课题的顺利进行。

　　课题组全体成员衷心地感谢浙江师范大学社科处、浙江省社科联规划办的领导和工作人员、浙江大学出版社的领导与责任编辑,没有他们的支持、帮助与资助,这项课题不可能开展并顺利结题。课题结题之时,浙江省社科联约请的专家对课题报告进行了认真研读,提出了极为中肯的意见。课题组根据这些意见进行了修改。我们自始至终不知道几位专家的姓名,只能借课题报告出版之际,对他们表示诚挚的感激。

　　我们深知课题报告还有很多不足之处,恳切地希望各位读者和方家给予指正。

浙江师范大学杭州幼儿师范学院

章　红

2011 年 9 月

图书在版编目（CIP）数据

民间故事的学前教育价值与传承研究——以浙江为例
／章红等著. —杭州：浙江大学出版社，2011.12
ISBN 978-7-308-09417-7

Ⅰ．①民… Ⅱ．①章… Ⅲ．①民间故事－教学研究－
学前教育 Ⅳ．①G613.3

中国版本图书馆 CIP 数据核字（2011）第 256205 号

民间故事的学前教育价值与传承研究
　——以浙江为例

章　红　等著

责任编辑	张作梅　zhangzmei@sina.com
文字编辑	殷　尧
封面设计	张作梅
出版发行	浙江大学出版社
	（杭州市天目山路 148 号　邮政编码 310007）
	（网址：http://www.zjupress.com）
排　版	杭州好友排版工作室
印　刷	富阳市育才印刷有限公司
开　本	710mm×1000mm　1/16
印　张	30
彩　插	4
字　数	494 千
版印次	2011 年 12 月第 1 版　2011 年 12 月第 1 次印刷
书　号	ISBN 978-7-308-09417-7
定　价	46.00 元